Colaboração Premiada

Colaboração Premiada

UMA PERSPECTIVA DE DIREITO COMPARADO

2020

Olavo Evangelista Pezzotti

COLABORAÇÃO PREMIADA
UMA PERSPECTIVA DE DIREITO COMPARADO
© Almedina, 2020

AUTOR: Olavo Evangelista Pezzotti
DIAGRAMAÇÃO: Almedina
DESIGN DE CAPA: FBA.
ISBN: 9788584936311

Dados Internacionais de Catalogação na Publicação (CIP)
(Câmara Brasileira do Livro, SP, Brasil)

Pezzotti, Olavo Evangelista
Colaboração premiada : uma perspectiva de
direito comparado / Olavo Evangelista Pezzotti. --
São Paulo : Almedina, 2020.
Bibliografia.
ISBN 978-85-8493-631-1
1. Direito comparado I. Título.

20-33631   CDU-340.5

Índices para catálogo sistemático:

1. Direito comparado 340.5
Cibele Maria Dias – Bibliotecária – CRB-8/9427

Este livro segue as regras do novo Acordo Ortográfico da Língua Portuguesa (1990).

Todos os direitos reservados. Nenhuma parte deste livro, protegido por copyright, pode ser reproduzida, armazenada ou transmitida de alguma forma ou por algum meio, seja eletrônico ou mecânico, inclusive fotocópia, gravação ou qualquer sistema de armazenagem de informações, sem a permissão expressa e por escrito da editora.

abril, 2020

EDITORA: Almedina Brasil
Rua José Maria Lisboa, 860, Conj. 131 e 132, Jardim Paulista | 01423-001 São Paulo | Brasil
editora@almedina.com.br
www.almedina.com.br

*Aos meus professores, todos,
com a mais sincera expressão de gratidão.*

PREFÁCIO

É comum, nos estudos comparados, o emprego de metáforas como instrumental de apreensão e de compreensão dos fenômenos que resultam dos processos de interação e de diálogos entre os diferentes sistemas jurídicos. Watson, por exemplo, valeu-se da expressão "transplante" para ilustrar o movimento de importação e de enxerto de institutos estrangeiros.[1] Transplantes, segundo o autor, envolvem processos de replicação total ou parcial os quais resultam da imposição (dominação) ou da aceitação voluntária. Há três possíveis cenários. O primeiro supõe a transferência de uma população para um território desocupado. Assim, a ocupação física é acompanhada da ocupação jurídica em processo de expansão geográfica do sistema jurídico de origem. O segundo cenário também envolve mudanças de população. A diferença é que no espaço de destino há civilização estabelecida a qual absorve o sistema estrangeiro. A colonização seria exemplo clássico deste processo. Por fim, há a situação de aceitação voluntária do modelo estrangeiro, o que ocorre nos processos de intercâmbio e de interação entre os sistemas jurídicos.[2]

---

[1] Nesse sentido: Watson: *Legal transplants. An approach to comparative law*. Athens/London: The University of Georgia Press, 1974; A ideia foi retomada em diversos outros ensaios, dentre os quais: Aspects of reception of law. *The American Journal of Comparative Law*, v. 44, nº 2, spring 1996, p. 335-351 e From legal transplants to legal formants. *The American Journal of Comparative Law*. v. 43, nº 3, summer, 1995, p. 469-476.

[2] "Voluntary major transplants – that is, when either an entire legal system or a large portion of it is moved to a new sphere – fall into three main categories. First when a people moves into a different territory where there is no comparable civilization, and takes its law with it. Secondly, when a people moves into a different territory where there is a comparable civilisation, and takes its law with it. Thirdly, when a people voluntarily accepts a large part of the system of another people or peoples". (Watson: *Legal transplants*, p. 29-30).

A noção de transplante, que encontrou grande receptividade na comunidade acadêmica, não ficou imune a resistências. Destas as mais eloquentes foram esquadrinhadas por Pierre Legrand para quem a metáfora carrega uma boa dose de artificialismo. Legrand lembra que os institutos jurídicos se alimentam dos sentidos que lhes são conferidos pelos intérpretes e operadores o que os vincula ao organismo receptor e não ao organismo de origem.[3] Assim, em um cenário no qual as adaptações serão sempre inevitáveis, o suporte lógico estruturante da ideia dos transplantes jurídicos defendido por Watson não se sustentaria.

É em meio a esse debate que Maximo Langer, em seminal trabalho sobre os horizontes da justiça penal negociada, explora o conceito de "tradução". Enquanto nos transplantes reina a expectativa de reprodução do modelo original, as traduções supõem adaptações do modelo de origem que, dessa forma, atua como fonte de inspiração mas não como máquina reprodutora.[4] Para Langer, a expressão "tradução" é aquela que melhor capta as fontes linguísticas entre os sistemas de origem e o receptor, permitindo identificar as diferenças de sentido ocorridas no processo de aproveitamento de institutos estrangeiros.[5]

No exame específico do fenômeno de expansão das fórmulas negociadas, Langer revela, contudo, o seu ceticismo quanto à capacidade de contenção do avanço dos horizontes da justiça negociada. É nesse ponto que o autor

---

[3] "Anyone who takes the view that the law or the rules of law travel across jurisdictions must have in mind that law is a somewhat autonomous entity unencumbered by historical, epistemological, or cultural baggage. Indeed, how could law travel if it was not segregated from society?" (LEGRAND, Pierre. The impossibility of legal transplants. *Maastricht Journal of European and Comparative Law*. v.4, 1997, 114).

[4] LANGER, Máximo. From legal transplants to legal translations: the globalization of plea bargaining and the Americanization thesis in criminal procedure. *Harvard International Law Journal*. v. 45, nº 1, Winter, 2004, p. 33.

[5] "With respect to legal systems, the translation metaphor distinguishes the source language or legal system – where the legal idea or institution comes from – from the target one – into which the legal idea or institution is translated. The translation metaphor also allows a distinction to be made between the original text – the legal idea or institution as developed in the source legal system – and the translated text." (LANGER, Máximo, 2004, p. 33). Ver, ainda: ZILLI, Marcos. Transplantes, traduções e cavalos de troia. O papel do juiz no acordo de colaboração premiada. Leituras à luz da Operação Lava Jato. In. AMBOS, Kai; ZILLI, Marcos; MENDES, Paulo de Sousa (Coords.) *Corrupção. Ensaios sobre a Operação Lava Jato*. São Paulo: Marcial Pons, 2019, p. 93-132.

recorre a uma nova e metáfora: o Cavalo de Troia. O fenômeno é capturado no sentido de movimentação do organismo receptor em direção à absorção de outras características da matriz negociada e que não foram objeto da tradução inicial[6]. Há, portanto, um fator de imponderabilidade e de imprevisibilidade. Ou seja, ainda que traduções e filtragens sejam feitas por parte do sistema nacional, a abertura de espaços de negociação abre também o portal dos limites da tradução originalmente feita. É uma abertura materializada pelos operadores e que irradia uma energia expansiva para novas alterações legislativas visando a incorporação de novas fórmulas negociadas. *E pur si muove*.

No Brasil, a "revolução negociada" operou-se no campo dos crimes de menor potencial ofensivo e dos crimes de "média gravidade". A quebra do dogma da obrigatoriedade da ação penal foi informada por um utilitarismo processual temperado por doses de humanismo penal. Padrões punitivos mais brandos não justificavam persecuções penais pautadas por grande dispêndio de energia processual. Assim é que a busca por caminhos alternativos para a solução do conflito penal levou à abertura de espaços para o consenso. Por outro lado, as fórmulas consensuais foram planejadas à luz da lógica despenalizadora. A via processual tradicional, com a imposição de sanção penal, fixa um quadro de estigmatização que dificulta a reinserção social. É nesse ponto que se expressa a engenhosidade dos acordos de transação penal e de suspensão condicional do processo: solução do conflito sem culpabilização.

Tomados os dois exemplos mais significativos dos caminhos pelos quais a lógica da negociação processual penetrou em nosso sistema,[7] é possível concluir que a opção não foi pela simples importação (transplante) de institutos

---

[6] Nesse sentido: "In other words, one could think about plea bargaining as a Trojan horse that can potentially bring, concealed within it, the logic of the adversarial system to the inquisitorial one. If this happened, then the Americanization thesis would be valid even its strong version because inquisitorial systems that translate plea bargaining would gradually become 'Americanized' by adopting an adversarial conception of criminal procedure" – Em outras palavras, poder-se-ia pensar o *plea bargaining* como um Cavalo de Troia o qual carrega, às escondidas –, a lógica do sistema adversarial. Se isso acontecesse, a tese de americanização seria válida porque os sistemas inquisitórios que traduzem *plea bargaining* gradualmente se tornam "americanizados" por conta da adoção de uma concepção adversarial do processo criminal (tradução livre). (LANGER, 2004, p. 38). Ver: ZILLI, Marcos. No acordo de colaboração entre gregos e troianos, o cavalo é o prêmio. *Boletim IBCCrim*, ano 25, nº 300, nov., 2017, p. 3-6.

[7] Não se tomou aqui o exemplo da composição civil que representa, igualmente, um mecanismo da justiça negociada. Isso porque o acordo civil envolve os sujeitos da relação material e não necessariamente os da relação processual, em especial o acusador público.

consagrados em outros modelos, mas sim pela adaptação (tradução). De fato, não há uma identidade plena entre a transação/suspensão condicional e a *plea bargaining*.[8] Houve sim a concessão às partes de espaços de maior autonomia para a definição dos destinos do processo. A liberdade, contudo, é limitada.[9] Não há discricionariedade, mas sim, oportunidade regulada.[10] Há requisitos impostos pelo legislador, os quais orientam a possibilidade da proposta, o conteúdo do acordo e os seus efeitos. Mais do que isto, previu-se o controle

---

[8] Acordo celebrado entre acusador e acusado que supõe a admissão de culpa por parte do último em troca de benefícios legais relacionados com tratamentos punitivos mais brandos. A concretização do acordo leva à redução das etapas do processo acusatório. Para um estudo histórico do instituto, ver: ALSCHULER, Albert. Plea bargaining and its history. *Law & Society Review*. v. 13, nº 2, special issue on plea bargaining, p. 211-245; Grinover, Magalhães e Scarance, responsáveis pela elaboração do projeto de lei que levou à promulgação da Lei 9.099/95, sobre os Juizados Especiais Criminais, destacaram as diferenças entre os institutos da transação penal e da suspensão condicional do processo e o *plea bargaining* do direito norte-americano. Para os autores, não se concedeu ao Ministério Público brasileiro um poder amplo de celebração de acordos e, inclusive, de direção exclusiva de políticas criminais. Nesse sentido: "No plea bargaining norte-americano há uma ampla possibilidade de transação: sobre fatos, sobre a qualificação jurídica, sobre as consequências penais etc. Não é o que se passa na suspensão condicional do processo contemplada na lei nacional, cuja transação tem por objeto imediato exclusivamente o avanço ou não do processo. No sistema norte-americano o acordo pode ser feito extra processualmente. No nosso sistema, tudo tem que se celebrado 'na presença do juiz' (art. 89, §1º). O Ministério Público, destarte, não se transformou no *dominus* exclusivo da condução da política criminal no Brasil. É ele um dos grandes responsáveis por essa política, mas não o único. É que a transação processual é necessariamente bilateral (depende de aceitação do acusado e de seu defensor) e tudo tem que contar com a anuência do juiz também, a quem cabe aferir a 'adequação' da medida (art. 89, §2º)". (GRINOVER, Ada Pellegrini; GOMES FILHO, Antônio Magalhães; FERNANDES, Antônio Scarance; GOMES, Luís Flávio. *Juizados especiais criminais: comentários à Lei 9.099, de 26.09.1995*, 5ª ed., ver., atual. e ampl. São Paulo: Revista dos Tribunais, 2005, p. 255).

[9] Não se trata, portanto, de discricionariedade, mas sim, da mitigação do princípio da obrigatoriedade da ação penal em um cenário de oportunidade legalmente regulada. Nesse sentido: GIACOMOLLI, Nereu José. *Legalidade, oportunidade e consenso no processo penal na perspectiva das garantias constitucionais*. Porto Alegre: Livraria do Advogado, 2006, p. 72 e Vasconcellos: *Barganha e justiça criminal negocial. Análise das tendências de expansão dos espaços de consenso no processo penal brasileiro*. São Paulo: IBCCrim, 2015, p. 48-51.

[10] No modelo norte-americano, impera a lógica da discricionariedade que sequer poderia ser alvo de controle judicial sob pena de afronta à separação dos poderes. Nesse sentido: *US v. Cox*, 342 F. 2d 167, 170-172 (5th Cir. 1965) e *Newman v. US*, 382 F. 2d, 479, 480 (D.C. Cir. 1967).

PREFÁCIO

judicial. Assim, a incorporação da lógica da negociação no sistema brasileiro deu-se por uma espécie de experiência controlada de laboratório.[11]

Alguns anos se passaram até que a segunda onda negociada se materializasse. Diferentemente da primeira, focada na criminalidade de menor potencial ofensivo e de média gravidade, o marco regulatório dado pela Lei 12.850/13 voltou-se para a criminalidade organizada e para os crimes conexos que estão a reboque. A inovação veio com a regulamentação procedimental do chamado acordo de colaboração premiada: uma barganha sobre prova e sobre os benefícios punitivos a quem colaborar de forma efetiva com o sistema persecutório.[12] Busca-se, dessa forma, ampliar a eficiência da máquina persecutória no enfrentamento da criminalidade organizada. A lógica, portanto, não é despenalizadora. A dinâmica é punitivista.

De fato, a previsão de benefícios punitivos e a regulamentação de um acordo vinculatório entre as partes da relação processual – acusador e réu – irradiam uma força que busca atrair, para fora dos muros das estruturas criminosas, aqueles que pretendem colaborar com as estruturas legais de poder.[13]

---

[11] Aliás, ao afastarem as críticas feitas à transação penal e, especialmente à suspensão condicional do processo, Ada Pellegrini Grinover, Antonio Magalhães Gomes Filho, Antonio Scarance Fernandes e Luiz Flávio Gomes, distanciaram a proposta brasileira dos riscos trazidos pela excessiva liberdade de pactuação verificada no modelo norte-americano. Vale registrar o seguinte trecho: "Muitos argumentam que a suspensão pode dissimular 'negociações escusas entre as partes (negociatas *under the table*). Isso pode ser possível no plea bargaining. No sistema brasileiro é praticamente inconcebível, porque a negociação (transação) se dá 'na presença do juiz' (não haverá espaço para acordos *under the table*). Tudo se passa over *the table*. Tampouco o novo modelo consensual estimulará o oferecimento de denúncia a torto e a direito, só para se obter uma conformidade. Saliente-se que o juiz só suspenderá o processo 'se receber a denúncia'". (Grinover et al: *Juizados especiais criminais*, p. 259).

[12] O vácuo legal não impediu, contudo, que algumas experiências de acordos de colaboração entre investigados e Ministério Público fossem concretizadas já nos idos de 2004, no que se convencionou denominar de "Escândalo do Banestado". O caso envolveu a investigação sobre a remessa ilegal de divisas para o exterior na segunda metade da década de 1990. Durante o processo instaurado para apurar aquele escândalo, Alberto Youssef, que posteriormente viria a ser um dos protagonistas do "Caso Lava Jato", celebrou, em 2003, o primeiro acordo de colaboração processual com o Ministério Público no qual se obrigou a prestar colaborações, comprometendo-se, ademais, a não praticar novos ilícitos. Ver: ARAS, Vladimir. *Técnicas especiais de investigação*. In. CARLI, Carla Veríssimo de (Org.). *Lavagem de dinheiro: prevenção e controle penal*. Porto Alegre: Verbo Jurídico, 2011, p. 431.

[13] Não parece ter sido a preocupação primária do legislador a promoção da ressocialização do membro da organização, mas sim o aprimoramento do aparato persecutório com a regula-

Trata-se de um meio de obtenção de prova.[14] Afinal, a promessa e o acordo que a formaliza buscam romper com a solidariedade interna da organização e revelar caminhos probatórios que esclareçam a sua estrutura, a divisão de responsabilidades e os crimes cometidos. A ética é, portanto, redimensionada em prol do utilitarismo persecutório. Uma ética pós-moderna como destacaria Bauman.[15]

mentação de mecanismos que promovessem a eficácia da investigação e a obtenção de provas voltadas à desestruturação da organização.

[14] Ou de busca de prova que não se confunde com os meios de produção de prova. Estes são os instrumentos (depoimentos, exames periciais etc.) que transportam para o universo processual os elementos de prova. Aquelas são as medidas que asseguram a revelação de fontes de prova (busca e apreensão, interceptação telefônica, quebra de sigilo bancário e fiscal etc.). Se colocam em momento logicamente anterior à produção probatória. Nesse sentido, ver: GRINOVER, Ada Pellegrini: *Liberdades públicas e processo penal. As interceptações telefônicas*, São Paulo: Revista dos Tribunais, 1982, p. 201-203; CORDERO, Franco. *Procedimiento penal*, Santa Fé de Bogotá: Temis, 2000, p. 171 e GOMES FILHO, Antonio Magalhães. *Notas sobre a terminologia da prova (reflexos no processo penal brasileiro)*. In. YARSHELL, Flávio Luiz; MORAES, Maurício Zanoide (Orgs.). *Estudos em homenagem à Professora Ada Pellegrini Grinover*. São Paulo: DPJ, 2005, p. 309-310. Sobre a natureza jurídica da colaboração premiada, ver ainda: A colaboração premiada nos trópicos. Autonomia das partes e o imperativo do controle judicial. Leituras sobre a Lei 12.850/13 à luz da eficiência e do garantismo. In: FILHO, Alexandre Carneiro da Cunha; ARAÚJO, Glaucio Roberto Brittes de (Coords.) *48 Visões sobre a corrupção*. Quartier Latin: São Paulo, 2016, p. 855-875; BECHARA, Fabio. Colaboração processual: legalidade e valor probatório, *Boletim IBCCrim*, ano 23, v. 269, 2015, p. 6-7; ESSADO, Tiago Cintra. Delação premiada e idoneidade probatória. *Revista Brasileira de Ciências Criminais*. São Paulo, ano 21, v. 101, 2013, p. 203-227 e ZANELLATO, Vilvana Damiani. A colaboração premiada como instrumento de política criminal garantista em sua dupla dimensão. In. MENDES, Soraia da Rosa Mendes (Org.), *A delação/colaboração premiada em perspectiva*. Brasília: IDP, 2016, p. 106-119. A natureza jurídica da colaboração premiada, como meio de obtenção de prova, foi reafirmada quando do julgamento do HC 127.483/PR, pelo STF, em 27.08.2015, de relatoria do Min. Dias Tóffoli, do qual se destaca o seguinte trecho: "No mérito, o Plenário considerou que a colaboração premiada seria meio de obtenção de prova, destinado à aquisição de elementos dotados de capacidade probatória. Não constituiria meio de prova propriamente dito. Outrossim, o acordo de colaboração não se confundiria com os depoimentos prestados pelo agente colaborador. Estes seriam, efetivamente, meio de prova, que somente se mostraria hábil à formação do convencimento judicial se viesse a ser corroborado por outros meios idôneos de prova." Disponível em: http://redir.stf.jus.br/paginadorpub/paginador.jsp?docTP=TP&docID=10199666. Acesso em 12.10.2019.

[15] Ética que indica o que é conveniente e não o dogma das fórmulas do correto. Nesse sentido, pontua o autor: "Pensa-se a ética segundo os padrões da Lei. Como faz a Lei, esforça-se ele para definir as ações 'adequadas' e 'inadequadas' em situações em que vigora. Propõe-se

Pouco tempo se passou entre a regulamentação normativa dos acordos de colaboração premiada e sua ampla aplicação protagonizada pela *Operação Lava Jato*. Não houve maturação científica do instituto. A prática se impôs, atropelando tudo e a todos. Cinco anos depois do início da chamada fase ostensiva da Operação e algumas dezenas de acordos após, é possível ter-se um cenário razoavelmente claro entre o que foi projetado e o que foi realizado. Sob as lentes langerianas é possível afirmar-se a ocorrência de duas traduções. A primeira, a cargo do legislador, se expressou no desenho normativo de formatação abstrata e estática e que não reproduziu modelos estrangeiros. A segunda, lapidada pelas mãos do operador, para além de dinâmica, foi criativa. Não há, portanto, perfeita correspondência entre o projetado e o realizado.

Pelo desenho normativo, os acordos de colaboração premiada envolvem consensos construídos entre o investigado, acusado ou condenado, de um lado, e o órgão acusador público, de outro. Na mesa do consenso, estão os termos da colaboração processual[16] e os benefícios penais. Ainda que haja liberdade na opção pela via acordada, não reina plena autonomia na indicação dos prêmios. A lógica é a da premialidade legal e não da premialidade acordada. A indicação, pelo legislador, dos prêmios ao colaborador expressa *numerus clausus*. É o que o sistema punitivo se dispõe a pagar em prol da maior eficiência no enfrentamento da criminalidade organizada.

A fim de assegurar a observância dos parâmetros normativos, previu o legislador o controle judicial que se manifesta pela filtragem homologatória. Assim é que o juiz natural da causa, sem participar dos procedimentos prévios de negociação, examina o acordo formalizado. Assim procede sob as lentes da regularidade, da legalidade e da voluntariedade. A exceção do acordo que envolva o não oferecimento de ação penal, a homologação não põe fim ao processo e tampouco antecipa etapas do procedimento. Ao contrário, a atividade instrutória deve ser realizada em sua integralidade e à luz dos parâmetros do devido processo aplicáveis ao processo penal conflituoso. A homologação é, portanto, um rito de passagem que sacraliza a metamorfose de posições jurí-

---

um ideal (raramente atingido na prática) de produzir definições exaustivas e não ambíguas; tais como prover regras nítidas para a escolha entre o adequado e inadequado e não deixar nenhuma 'área cinzenta' de ambivalência e de múltiplas interpretações." BAUMAN, Zygmunt. *Ética pós-moderna*. São Paulo: Paulus, 1997, p. 21).

[16] Dirigidos à apuração de fatos e circunstâncias relacionados com a criminalidade organizada.

dicas processuais, conferindo o selo de eficácia jurídica ao negócio processual pactuado. O investigado, acusado ou condenado passa a assumir também o papel de colaborador.

A homologação é, portanto, uma linha divisória que eleva o negócio jurídico existente e válido ao plano da eficácia jurídica. A partir dela, a relação jurídica colaborativa se torna eficaz. É o ponto de clivagem de metamorfose de posições jurídico-processuais. O alvo da persecução (investigado, indiciado, réu ou condenado) passa a desempenhar mais uma função no drama persecutório, qual seja a de colaborador. A eficácia do negócio jurídico, ressalte-se, não se confunde com o cumprimento pelas partes. A homologação é o ponto de partida a partir do qual os atos de colaboração se concretizarão na forma de declarações[17]. Antes da homologação é possível a retratação. Após, o que se verifica é descumprimento dos termos do acordo.[18]

A prática, contudo, estabeleceu uma dinâmica diferente. Com efeito, muitos dos acordos celebrados estabeleceram prêmios não contemplados pelo legislador. Pior. Não são raras as cláusulas que restringem o exercício de direitos fundamentais como, por exemplo, a proibição do uso das vias recursais. Criou-se, assim, um dilema de difícil solução. O que fazer com os acordos homologados e cujas cláusulas extrapolam o cardápio dos prêmios legais? É nesse ponto que vem à luz a lógica contratual própria das relações privadas: o resguardo da segurança jurídica das relações construídas há de prevalecer. Fala-se, assim, em eficácia preclusiva gerada pela homologação judicial. O que foi homologado, homologado está, ainda que contrário à lei.

---

[17] A questão é bastante controversa. A Lei 12.850/13 não deu uma solução para o problema. Afinal, a depender da situação do processo, o colaborador, na condição de réu, será submetido a interrogatório, o que no desenho processual, seria o último ato da fase instrutória. Seria, portanto, aquele o momento em que forneceria o seu "testemunho" com relação aos fatos que envolvam terceiros. É, sem dúvida, uma situação *sui generis*. Ver: BITTAR, Walter Barbosa: *Delação premiada*, Rio de Janeiro: Lumen Juris, 2011.

[18] Esta é a melhor interpretação do art. 4º, parágrafo 10º da Lei 12.850/13. Nesse sentido observa Brandalise: "Certo é que a retratação considerada pela Lei ocorre ainda no momento da proposta, dotada de efeito ex tunc, pelo que retira toda a eficácia que ela pretendia externar, como forma de um arrependimento da colaboração desde a sua origem. Não se confunde, desta forma, com o descumprimento da obrigação, que caracteriza um ilícito contratual, pelo que a vontade que origina tal ilícito submete-se às consequências que forem decorrentes de sua prática". (BRANDALISE, Rodrigo da Silva. *O acordo de colaboração processual no Brasil: um negócio jurídico inserido no direito probatório*. In. MENDES, Paulo de Sousa; PEREIRA, Rui Soares (Coords.). *Prova penal teórica e prática*. Coimbra: Almedina, 2019, p. 223).

A solução proposta, contudo, toma em consideração, apenas e tão somente, os aspectos negociais que gravitam em torno do instituto. É uma visão que hipertrofia os valores da autonomia da vontade e da liberdade negocial, desconsiderando as motivações de política criminal que se prendem à lógica da premiação do colaborador. O Estado não está disposto a pagar qualquer preço para premiar aqueles que estão vinculados a uma criminalidade que se afirma grave. Não são as partes processuais as responsáveis pela definição de políticas públicas. A elas cabe concretizar os parâmetros previamente fixados pelo legislador. Daí a necessidade de controle judicial que não afasta, nem impede, a livre apreciação da prova quando adjudicação final.

De mais a mais, deixar-se às partes a definição livre dos prêmios, os quais ficariam petrificados com a homologação judicial, é pavimentar a estrada da desigualdade. A criatividade das cláusulas e dos prêmios ficará a mercê do humor dos agentes públicos de persecução em um país de dimensões continentais e de realidades sociais tão díspares. Para os zelosos da segurança jurídica, eis aqui o verdadeiro cenário da instabilidade. A insegurança jurídico-penal virá da volatilidade dos benefícios em união espúria com o poder de quem puder falar mais alto.

O ponto de equilíbrio hermenêutico dos acordos de colaboração premiada ainda está por se definir. Eis a importância e a urgência do trabalho da Academia. A compreensão de instituto, que se coloca a margem da tradição jurídico-processual de nosso sistema, não é tarefa fácil. Mais do que preencher a expectativa que os operadores nutrem em relação aos novos espaços de consenso no processo penal, torna-se importante descortinar o desenho do legislador e, portanto, a tradução por ele feita. Compreender o que se projetou é uma importante chave hermenêutica. Nesse cenário, ganham relevância as pesquisas científicas fundadas no direito comparado. Elas fornecem arsenal para compreensão dos efeitos produzidos pelos processos de intercâmbio e interação entre os sistemas jurídicos.

O trabalho que ora vem a público, produto de dissertação de mestrado no âmbito do curso de pós-graduação da Faculdade de Direito da Universidade de São Paulo, preenche uma lacuna em meio a tantos escritos sobre a colaboração premiada. Seu autor, movido pela curiosidade intelectual que é própria dos verdadeiros cientistas, debruçou-se sobre as origens históricas e comparadas da colaboração premiada. É um instigante trabalho de mapeamento das estradas e das intersecções entre os mundos anglo-saxônico e romano germânico. É, enfim, uma carta marear para a compreensão do que ainda se mostra pouco compreendido. Sem dúvida, cuida-se de obra rara e que traz alento aos que são avessos à superficialidade e que abraçam a profundidade do conhecimento como missão de fé. A esperança de dias melhores repousa nas almas comprometidas com os bons escritos e naquelas ávidas pelo conhecer. No primeiro grupo está o autor da obra. No segundo, encontra-se você leitor que, a partir de agora, nadará pelas próximas páginas.

São Paulo, novembro de 2019

Marcos Zilli

SUMÁRIO

INTRODUÇÃO — 21

CAPÍTULO 1 – A Relação Dialética entre Eficiência e Garantismo
– Norte Interpretativo à Colaboração Premiada
e às Demais Técnicas Especiais de Investigação — 29
1.1. Eficiência e garantismo na doutrina brasileira – plano conceitual — 29
1.2. Criminalidade organizada e meios especiais de obtenção de prova – justificativa — 33

CAPÍTULO 2 – O Estudo de Direito Comparado na Formação do Processo Penal Contemporâneo: *Common Law, Civil Law* e Sistemas Híbridos — 39
2.1. O manejo do direito comparado na constituição de sistemas jurídicos híbridos — 42
2.2. A adesão do Direito Processual Penal ao método comparado: cooperação jurídica internacional e a aproximação de distintos sistemas jurídicos — 46
2.3. Processo Penal comparado como ferramenta de hibridização – a experiência do Processo Penal Internacional — 52
2.4. Tradições jurídicas, modelos processuais e ordenamentos processuais — 57
2.5. Sistemas Processuais Penais Comparados — 63
2.6. Metodologia para a identificação de sistemas processuais: a metodologia do mínimo denominador comum e a teoria dos tipos ideais — 65

2.7. Movimentos que indicam a influência de um sistema processual
sobre outro – as ideias de transplante e de tradução 69
2.8. A dicotomia acusatório/inquisitivo 77
2.9. A dicotomia adversarial/inquisitorial 80
    2.9.1. Traços distintivos do modelo processual adversarial 87
2.10. O estudo histórico-normativo na identificação das tradições jurídicas e dos modelos processuais que exercem influência sobre um sistema particular 92

CAPÍTULO 3 – Raízes Comparadas da Colaboração Premiada 95
3.1. Delimitação da Abordagem 98
3.2. A Colaboração Premiada no *Common Law* 104
    3.2.1. Approvement 104
    3.2.2. Background do Crown Witness System: a ascensão dos Justices of the Peace 110
    3.2.3. As origens da discricionariedade do órgão de acusação e a consagração do Crown Witness System 122
    3.2.4. Plea bargaining e witness inducement agreements 126
        3.2.4.1. Expansão da discricionariedade do acusador e do plea bargaining 132
        3.2.4.2. Segue: a expansão da discricionariedade do acusador no plea bargaining e os movimentos de resistência judicial e de contenção normativa 142
        3.2.4.3. Alternativas ao charge bargaining: on-file bargaining, sentence bargaining e a sobrevivência dos espaços de consenso no processo penal norte-americano 149
        3.2.4.4. Federal Sentencing Guidelines: o movimento pendular entre a máxima e a mínima discricionariedade do promotor de Justiça estadunidense e a sobrevivência da colaboração premiada 157
        3.2.4.5. Conclusões gerais sobre a colaboração premiada no common law e nos Estados Unidos 170
3.3. A Colaboração Premiada na Tradição Romano-Germânica 177
    3.3.1. República Romana 177
    3.3.2. Direito Canônico 178

3.3.3. Século XX — 179
3.3.4. Reformas processuais em torno da colaboração premiada no direito italiano — 182
3.3.5. Bases principiológicas da colaboração premiada e abertura de espaços de consenso no direito italiano — 184
3.3.6. A influência do direito estadunidense sobre o processo penal italiano — 187
3.3.7. Espaços de consenso no Processo Penal Italiano e o Cavalo de Troia de Máximo Langer – houve repercussão sobre a colaboração premiada? — 192
3.3.8. A mais recente regulamentação da colaboração premiada na Itália – ausência de repercussão dos espaços de consenso — 196
3.4. Colaboração Premiada no Brasil: quais são suas raízes? — 201
   3.4.1. Contraste entre as origens e a normativa atual — 201
   3.4.2. A delação premiada na era da obrigatoriedade da ação penal — 208
   3.4.3. A Lei nº 9.099/95 e a construção de uma nova mentalidade — 212
   3.4.4. A colaboração premiada na Lei nº 12.850/13 — 217
3.5. Conclusão do capítulo — 224

CAPÍTULO 4 – O Papel das Partes no Acordo de Colaboração Premiada — 227
4.1. Quem são as partes do acordo? Uma questão de legitimidade. Acertou o STF na ADI 5508/DF? — 232
4.2. Da ausência de direito subjetivo do imputado ao acordo de colaboração — 243
4.3. Repercussões do direito à ampla defesa nas negociações pré-processuais e o direito à informação — 249
4.4. Dever de lealdade processual das partes do acordo — 262
   4.4.1. Consequências penais e processuais da deslealdade do colaborador na colaboração premiada — 267
   4.4.2. Violação do dever de lealdade processual do dominus litis na vertente negativa: as consequências processuais do estratagema da prova inexistente — 273

4.4.3. Dever de lealdade processual do dominus litis na vertente
positiva: o dever de disclosure nas negociações 287
4.5. Diferenças de compreensão em torno do *disclosure*
nas tradições do *civil law* e do *common law* 296
4.6. Há espaço para o emprego do estratagema da prova falsa
e há necessidade de *disclosure* no direito brasileiro? 299
4.7. Direito do colaborador ao procedimento comum 310
4.8. Dever de dizer a verdade e renúncia ao direito ao silêncio:
limites e impossibilidade de renúncia ao procedimento 315
4.9. Direito subjetivo ao prêmio pactuado no caso de cumprimento
do acordo 323

CONCLUSÕES 327
REFERÊNCIAS 335

Introdução

A presente obra é produto de pesquisa desenvolvida entre os anos de 2014 e 2018. Trata-se de resultado de dissertação de mestrado defendida no curso de pós-graduação da Faculdade de Direito da Universidade de São Paulo, sob orientação do Professor Dr. Marcos Alexandre Coelho Zilli.

Para o desenvolvimento deste trabalho, contribuiu pontual e precisamente o Professor Máximo Langer, da UCLA (*University of California Los Angeles*), que gentilmente respondeu aos diversos e-mails deste autor, recebendo-o posteriormente na sede da referida instituição de ensino, em meados de 2017, recomendando valiosa bibliografia e expressando opiniões sobre os rumos finais da pesquisa.

O coração do trabalho intelectual desenvolvido ao longo deste livro passa por analogias, construções abstratas e conceitos formulados pelo Professor Langer e que possuem uma singular capacidade de facilitar a compreensão de fenômenos concretos correlatos à circulação de institutos jurídicos entre distintos ordenamentos.

A aplicação da doutrina de Langer à realidade brasileira se prestou a esclarecer os motivos que levaram ao contraste existente entre as primeiras fórmulas legais relativas à delação premiada no direito brasileiro, introduzidas pela Lei nº 8.072/90 (Lei de Crimes Hediondos), e o regime jurídico mais complexo e moderno contido na Lei nº 12.850/13 (Lei de Combate às Organizações Criminosas).

Em análise preliminar, percebe-se que houve uma repaginação notável do papel que cabe a cada um dos atores do processo penal no manejo da colaboração premiada a partir da Lei nº 12.850/13. Deixou o instituto de se materializar por meio de mera norma de natureza estritamente penal e passou a se apresentar como instrumento de justiça penal consensual, expressando, concomitantemente, elementos de direito processual e de direito substantivo.

Nesse modelo, não pode mais o juiz aplicar um benefício independentemente de aquiescência ministerial. Ao contrário, as partes assumiram uma posição de reitoras da colaboração premiada, negociando diretamente e sem intervenção judicial[19].

Em uma leitura um pouco mais detida, é intuitivo presumir que, entre a Lei nº 8.072/90 e a Lei nº 12.850/13, devem ter ocorrido movimentos normativos que modificaram o contexto que envolvia o processo penal brasileiro e, assim, permitiram uma ruptura com as tradicionais fórmulas de delação premiada constantes de leis anteriores, flexibilizando a obrigatoriedade da ação penal, acolhendo espaços de consenso entre as partes e reduzindo o protagonismo judicial. Mas não é só disso que trata a obra.

Com o fim de lançar luzes sobre esse caminho a princípio obscuro, promove-se uma reconstrução histórica de direito comparado para que se

---

[19] Exceto *a posteriori*, para homologação. Preserva-se, aqui, a leitura de que se trata de instrumento de *justiça penal negociada*, capaz de: 1) conduzir o processo penal a uma forma de resolução que se expressa como alternativa ao modelo típico, este caracterizado pelo completo curso procedimental que se deflagra pela propositura da ação e que passa pelo juízo de admissibilidade, pela instrução e, finalmente, pela fase decisória (FERNANDES, Antonio Scarance. *Teoria Geral do Procedimento e o Procedimento no Processo Penal*. São Paulo: Revista dos Tribunais, 2005, p. 35) arrefecer a intensidade do *jus puniendi* estatal pelo consenso das partes. Apresentando-se esses dois caminhos como produtos do consenso das partes, não há que se falar em direito subjetivo do imputado ao benefício, sem que haja acordo entre este e o *dominus litis*. Certo é que direito subjetivo haverá se, chancelado o acordo pelo Poder Judiciário, forem as obrigações assumidas devidamente cumpridas. A possibilidade de concessão vertical do prêmio pelo Poder Judiciário ao imputado, sem acordo com o Ministério Público, contudo, descaracterizaria o instituto enquanto ferramenta de *justiça penal negociada* e o introduziria no regime jurídico clássico da delação premiada no direito brasileiro, acolhido pioneiramente pela Lei nº 8.072/90, como norma puramente substantiva. Com a adoção de procedimentos de *justiça negociada*, é natural que o poder de resolver a persecução penal seja dividido entre o juiz e as partes, que passam a gerir modelos alternativos de resolução do processo. Nesse sentido, aponta Fançoise Tulkens que, no bojo da *justiça negociada: the decision-making changes hands. From the moment when the accused chooses the procedure to be applied and the judge ratifies agreements negotiated with the public prosecutor, the judge loses his decision-making role at the trial stage, in part at least* (TULKENS, Françoise. *Negotiated justice*. In: DELMAS-MARTY, Mireille; SPENCER, J. R. *European Criminal Procedures*. Cambridge: Cambridge University Press, 2002, p. 674).

busquem as raízes da colaboração premiada, considerando a configuração posta na Lei nº 12.850/13. Todavia, essa reconstrução histórico-comparativa não é um fim em si, mas um meio para que se possa compreender de maneira mais precisa o papel que cabe a cada uma das partes do acordo. Pretende-se compreender a dinâmica que envolve o manejo do instituto.

Ao proporcionar à colaboração premiada um novo roteiro, o diploma legal utilizado como referência trouxe substanciais inovações ao processo penal brasileiro, conferindo a esse meio de obtenção de prova feições que remetem ao instituto do *plea bargaining*, típico do processo penal anglo-americano. Este, recorde-se, carrega consigo a compreensão da dinâmica processual sob um modelo de disputa e possui como referencial teórico o modelo *adversarial* de processo penal.

Nessa perspectiva, deve-se memorar que os princípios informadores de determinado ordenamento processual são extraídos do modelo processual que lhe serve de referência, repercutindo sobre os papeis que cabem a cada um dos atores do processo no manuseio dos institutos a ele inerentes. Daí a importância de conhecer as raízes ocultas sob a normativa estudada, que são indicativo do sistema processual a se ter como norte.

Para a consecução desses objetivos, a obra foi dividida em duas grandes partes. A primeira contém dois capítulos, visando proporcionar noções introdutórias que são indispensáveis à compreensão do ponto central de abordagem.

O primeiro capítulo expõe as expressões doutrinárias decorrentes da relação dialética entre eficiência e garantismo no processo penal brasileiro. Esses valores revestem-se de roupagem própria diante de meios de obtenção de prova aplicáveis à criminalidade organizada e servem, sempre, como um parâmetro de aplicação justa e equilibrada do processo penal. É por isso que, dessa abordagem inaugural, extraem-se elementos que se fazem presentes em todo o restante da obra, com remissões frequentes.

O segundo capítulo, apesar de concebido de maneira unitária, compreende dois temas correlatos ao estudo de direito comparado. A princípio, são feitas exposições gerais relacionadas ao direito comparado enquanto método, atendendo às bem expostas recomendações da banca de qualificação de mestrado nesse sentido e esclarecendo por que seu emprego se mostra admissível e recomendável no processo penal. Importantes exemplos de hibridização normativa, de resistência jurídico-cultural a influências estrangeiras e outros fenômenos compreensíveis pelo método comparado constam desses tópicos. Essas experiências ilustram os movimentos narrados no terceiro capítulo, guardando com eles claro paralelo.

Além disso, estudam-se os sistemas processuais em perspectiva comparatista, pontos efetivamente indispensáveis à compreensão da segunda parte da pesquisa. As incursões doutrinárias contidas nesses tópicos esclarecem os movimentos de importação de institutos jurídicos e as problemáticas recorrentes de rejeição, modificação e consolidação de informações normativas *transplantadas* ou *traduzidas*.

A segunda parte, por sua vez, inicia-se com o estudo das raízes da colaboração premiada em uma perspectiva de direito comparado, no terceiro capítulo da obra. Passa, após, pela análise de como ordenamentos de tradição anglo-saxônica influenciaram os ordenamentos jurídicos de tradição romano-germânica, neles inserindo mecanismos de justiça consensual. Por fim, estabelece um vínculo entre a reconstrução histórica elaborada e o regime atual da colaboração premiada no direito brasileiro.

Ao final, o que se nota é que o regime jurídico da colaboração premiada na Lei nº 12.850/13 não decorreu do acaso ou de escolhas legislativas aleatórias. Ao contrário, trata-se de produto de complexos movimentos de reforma legislativa, que só podem ser compreendidos se buscarmos as raízes do instituto jurídico em questão, adotando-se uma perspectiva de direito comparado, tal como proposto.

O emprego do método comparado neste trabalho não se limita à análise estática de semelhanças e diferenças entre os ordenamentos jurídicos estudados. Da leitura comparatista, espera-se extrair elementos que sejam capazes de nortear a modulação da aplicação prática de regramentos que tenham raízes em sistemas jurídicos estrangeiros. Para tanto, a experiência externa no manejo de institutos que lhe são tradicionais, como a colaboração premiada, pode lançar importantes luzes interpretativas sobre o nosso próprio direito, que lida há pouco com uma configuração moderna do mecanismo[20].

---

[20] Em análise superficial, por exemplo, quando da importação de características típicas do processo penal *adversarial*, os legisladores italianos possuíam crenças relacionadas ao ordenamento jurídico matriz que não condiziam com a realidade. O estudo de direito processual penal comparado permitiu que os institutos iltalianos baseados no direito norte-americano fossem corretamente interpretados. Ennio Amodio (2003, p. 186), expressa, inclusive, que a doutrina italiana foi se especializando, aos poucos, no direito estadunidense. Sobre as percepções equivocadas e a importância do estudo comparativo: *La dottrina italiana há già iniziato*

Postos esses objetivos, tem-se que a análise comparativa que proporciona a mais adequada leitura do regramento estrangeiro importado – quer por *tradução* ou por *transplante* – não se esgota na simples leitura normativa. Desta, o comparatista deve partir para a prática subjacente à norma, alcançando sua forma de incidência concreta. Depois, os institutos e temas que circundam o instrumento estrangeiro sob análise, bem como o papel que os atores do processo desempenham na sua aplicação, também devem ser estudados[21].

Por essa razão, a reconstrução de direito comparado contida no terceiro capítulo analisa o desenvolvimento normativo não apenas da colaboração premiada, mas de institutos que, de alguma maneira, na linha de desenvolvimento do trabalho, repercutiram sobre o objeto de estudo. Não se pode falar em colaboração premiada no *common law* sem compreender adequadamente o desenvolvimento dos poderes discricionários do titular da ação penal, o que passa pela análise mais ampla do *plea bargaining* e da posição dos atores do processo penal, de forma mais global[22].

No âmbito da reconstrução do *common law*, dezenas de autores foram consultados, mas houve certa predileção pela pesquisa de George Fisher no Estado de Massachusetts, em detrimento dos estudos de Lawrence Friedman e Robert Percival, na Califórnia. Isso se justifica pela metodologia empregada pelos autores, pelos resultados apresentados nos distintos

---

a compiere questa revisione critica mediante indagini comparative che collocano il nostro Paese, tra quelli dell'area continentali, in posizione avanzata negli studi sul processo penali d common law. Alcune idee fuorvianti – quella dela assoluta passiità del giudice statunitense nel corso dell'esame direto dei testi svolto dalle parte in dibattimento o quella dela quase magica e salutare eficácia deflattiva del patteggiamento – sono state ormai correte grazie ai contributi di studiosi che hanno smitazzato taluni istituti del common law facendone emerfere i reali contorni Amodio, Enio. *Processo Penale Diritto Europeo e Common Law: dal rito inquisitório al giusto processo*. Milano: Giuffrè, 2003, p. 185-186).

[21] *La comparazione esige invece, nella ricerca, da um lato, uma integrazione verticale, che si extrínseca nel passaggio dela disposizione normativa alla prassi sottostante ad essa, dall'ltro uma integrazione orizzontale, che postula unampliamento dell'indagine ai temi collaterali ala procedura, al fine di porre in rilievo la posizione istituzionale e il ruolo degli operatori dela giustizia* (idem. Ibidem).

[22] *Se ai fine di uma profícua macrocomparazione è indispensabile spingersi oltre il diritto dei giuristti, non è meno essenziale, come s˜'e detto, avvalersi dell'integrazione orizzontale che esamina la procedura penale nel contesto dell'organizzazione giudiziaria. Senza mettere a fuoco la posizione istituzionale del giudice e dell'organo dell'acusa si rischia di non capire nulle dei congegni operativi di um determinato istituto processuale, pur ricostruito com cura all'interno di uno specifico ordenamento* (Amodio, Ennio. Op. cit. p. 191).

trabalhos, bem como pelos períodos por eles cobertos. A pesquisa feita por George Fisher se inicia em meados do século XVIII e se encerra no início do século XX. A leitura feita pelo autor é suficiente para compreender o fenômeno da expansão do *plea bargaining* norte-americano e seus motivos.

Além disso, as relações dinâmicas que deram suporte à consagração da solução do processo penal norte-americano pelo consenso são expostas por George Fisher sob a perspectiva dos papeis que cabem aos atores do processo penal, o que se coaduna com o objetivo desta obra. Também merece destaque o fato de que, ao final do período estudado por Fisher, 87% dos casos criminais de Massachusetts eram resolvidos por *guilty plea*, na maioria das vezes como consectário de acordo entre as partes[23].

Por outro lado, a pesquisa de Friedman e Percival teve como ponto de partida o ano de 1870, encerrando-se em 1910, quando apenas 36% dos casos criminais da Califórnia eram solucionados por *guilty plea*, com um percentual naturalmente menor de *plea bargains*. Ao que tudo indica, os autores deixaram de explorar o movimento de *explosão* dos índices de acordos entre as partes na unidade da Federação por eles analisada. Atualmente, as Cortes californianas trabalham com um modelo pronto de *plea form*, a ser preenchido com informações simples pelas partes, bastando simples assinatura judicial de homologação[24]. Como se chegou a esse ponto de ampla difusão do *plea bargaining* na Califórnia, que encontra paralelo nos demais Estados e no âmbito Federal, não está claro na obra em questão[25].

Mesmo diante da aparente completude do trabalho de Fisher, para que se alcançasse uma visão global do fenômeno nos Estados Unidos, outras obras relacionadas a outros Estados norte-americanos e, especialmente,

---

[23] FISHER, George. *Plea Bargaining's Triumph*. Stanford: Stanford University Press, 2003, p. 162.

[24] Para acesso ao modelo: http://www.courts.ca.gov/documents/cr101.pdf. Acesso em: 29/12/2017.

[25] Para que não se seja injusto com os autores, cite-se que o escopo da excelente obra *Roots of Justice* se projeta para muito além do esclarecimento das raízes do *plea bargaining*, o que justifica a insuficiência da pesquisa nesse aspecto. George Fisher (2003, p. 162) anota adicionalmente que os promotores californianos não dispunham de poderes de *nolle prosequi*, a partir da edição de lei voltada à abolição dessa prerrogativa em 1851, razão pela qual havia apenas modestos espaços de barganha.

ao âmbito federal, foram consultadas. A pesquisa também direcionou consideráveis energias à aplicação prática dos mecanismos de solução do processo penal pelo consenso no direito norte-americano.

Houve, ainda nesse ponto, projeção para além das conclusões de George Fisher, considerando que, quando da publicação do livro do autor, a Suprema Corte norte-americana ainda não havia decidido que as *Federal Sentencing Guidelines* teriam caráter meramente *consultivo*, o que repercutiu sobre a configuração do *plea bargaining*.

Mais modesta – por serem mais recentes nessa tradição as disposições concernentes à delação premiada e aos mecanismos de solução consensual do processo penal – a reconstrução do histórico romano-germânico também foca no papel que cabe às partes do processo penal no instituto estudado e busca explicar se a abertura de espaços de consenso repercutiu sobre esse ponto.

O quarto e último capítulo traz uma análise dos novos dispositivos da colaboração premiada, conferindo-lhes uma interpretação adequada à sólida base teórica constituída pelo estudo dos capítulos anteriores. Propõe-se, ainda, uma análise detida dos papéis de cada um dos atores do processo penal na colaboração premiada, haja vista que a influência *anglo-saxônica* – a essa altura já comprovada – nos traz uma nova forma de compreendê-los.

É importante salientar, de antemão, que a reduzida experiência nacional com as inéditas disposições da Lei nº 12.850/13, nos pontos concernentes às técnicas especiais de investigação, torna conveniente, mesmo no quarto capítulo, a realização de estudos de direito comparado, especialmente a análise jurisprudencial e doutrinária de Estados que possuem ampla experiência com a matéria – como os Estados Unidos.

A intenção inicial era a de se realizar uma leitura exauriente no quarto capítulo, analisando-se todas as questões afetas aos poderes, faculdades, ônus, direitos e deveres das partes no manejo da colaboração premiada. Diante do elevado grau de complexidade das questões trabalhadas, todavia, e considerando a limitação de tempo e de espaço, foi necessário optar por alguns tópicos em detrimento de outros. Foram priorizados pontos pouco ou nada trabalhados na doutrina brasileira – como os relacionados aos mecanismos de contenção de abusos durante a fase de negociação do acordo. Deixou-se de elaborar tópicos próprios para os poderes dispositivos das partes e para o estudo do princípio da autonomia da vontade do acusador, que foram dissolvidos ao longo das exposições elaboradas.

Anote-se, ainda, que, na abordagem feita ao longo de toda a obra, ao mesmo tempo em que se preserva a noção de que as técnicas especiais de investigação tendem a expor a perigo, em maior grau, direitos e garantias fundamentais, evita-se uma leitura garantista *monocular*[26], preservando-se a busca pela eficiência do processo penal. A premissa que ilumina toda a pesquisa, sob essa ótica, é a de que o processo penal possui a finalidade essencial[27] de compatibilizar os valores da *segurança* e da *liberdade*, conferindo equilíbrio à relação entre esses dois preceitos fundamentais aparentemente (e apenas aparentemente) antagônicos.

Por fim, faz-se necessário um esclarecimento sobre a terminologia utilizada ao longo do trabalho. O emprego do termo *delação premiada* tem sido evitado por alguns doutrinadores, sob o argumento de não ser este capaz de traduzir a total extensão do instituto a que diz respeito[28]. Referida tendência refletiu na opção legislativa manifestada pelo artigo 4º da Lei nº 12.850/11, que se refere à "colaboração premiada".

Contudo, a utilização da já tradicional expressão jurídica – *delação premiada* – não tem o condão de restringir a aplicabilidade dos dispositivos legais que tratam do instituto em questão. Como se nota, tratamos os termos *colaboração premiada* e *delação premiada* sem distinção, respeitando tanto a tradição já consagrada quanto a opção legislativa.

---

[26] FISCHER, Douglas. O que é garantismo penal (integral)? In: CALABRICH, Bruno; FISCHER, Douglas; PELELLA, Eduardo (org). *Garantismo penal integral*. Salvador: JusPodivm, 2010. O autor menciona que o desvirtuamento da doutrina garantista de Ferrajoli (integral), conduz ao fenômeno que ele denomina *garantismo hiperbólico monocular*, no qual os únicos interesses tutelados são os do indivíduo, em detrimento dos interesses da sociedade.

[27] FERNANDES, Antonio Scarance. Op. cit. p. 24.

[28] Cf. ARAS, Vladmir. *Técnicas especiais de investigação*. In: VERÍSSIMO, Carla de Carli. (org.) *Lavagem de Dinheiro: prevenção e controle penal*. Porto Alegre: Verbo Jurídico, 2011, p. 426.

Capítulo 1
A Relação Dialética entre Eficiência e Garantismo – Norte Interpretativo à Colaboração Premiada e às Demais Técnicas Especiais de Investigação

1.1. Eficiência e garantismo na doutrina brasileira – plano conceitual

No direito brasileiro, os estudos relacionados à busca pelo equilíbrio no processo penal, por meio do balanceamento dos valores da eficiência e do garantismo, notabilizaram-se pelas lições de Antonio Scarance Fernandes[29], inicialmente no âmbito da teoria geral do procedimento, expandindo-se, após, para todos os institutos processuais[30]. Em síntese, o que se busca é o mesmo objetivo que a doutrina anglo-americana persegue quando da contraposição dos valores do *crime control* e do *due process*, de acordo com o explanado com maiores detalhes no próximo item.

Concebe-se que o processo penal comporta a expressão de dois direitos fundamentais distintos e aparentemente antagônicos, ambos tutelados pela Constituição Federal de 1988 – o direito à liberdade e o direito à segurança[31].

Para a consecução do objetivo de promoção da segurança como direito fundamental difuso, o processo deve se manifestar de modo que viabilize a concretização das normas de direito repressivo, sem o que o direito penal não funciona como mecanismo real de prevenção geral ou especial – na

---

[29] FERNANDES, Antonio Scarance. *Teoria Geral do Procedimento e o Procedimento no Processo Penal*. São Paulo: 2005, p. 184 e ss.

[30] FERNANDES, Antonio Scarance. *Reflexões sobre as noções de eficiência e de garantismo no processo penal*. In: FERNANDES, Antônio Scarance. ALMEIDA, José Raul Gavião de. MORAES, Maurício Zanoide de. *Sigilo no processo penal: eficiência e garantismo*. São Paulo: Revista dos Tribunais, 2008.

[31] Idem. p. 10.

perspectiva da tutela do bem jurídico como função penal[32] – ou perde sua credibilidade diante da violação concreta desacompanhada da resposta penal prometida pela lei – na perspectiva de função da pena de reafirmar a vigência da norma penal incriminadora[33].

Essa leitura expressa o ideal de *eficiência* do processo penal, que deve atuar como mecanismo apto a garantir o funcionamento do modelo repressivo. O que parcela doutrinária deixa de notar, ao defender posicionamentos *garantistas monoculares*[34], é que a ineficiência do processo penal expõe gravemente a perigo direitos e garantias fundamentais, por estimular a autotutela e, mais gravemente, o surgimento de mecanismos informais de solução de controvérsias, notadamente pela prática de atos de justiçamento promovidos por indivíduos ligados ao conflito social, por milícias e por organizações criminosas.

Esses métodos primitivos de solução de conflitos sociais diante de condutas contemporaneamente consideradas como crimes e que, portanto,

---

[32] No sentido de que o direito penal tem como fim a tutela de bens jurídicos o que, inevitavelmente, abrange a compreensão da finalidade de prevenção geral e especial da pena: *El punto de partida de toda teoría hoy defendible debe basarse en el em tendimiento de que el fin de la pena sólo puede ser de tipo preventivo. Puesto que las normas penales sólo están justificadas cuando tienden a la protección de la libertad individual y a un orden social que está a su servicio (cfr. § 2, nm. 9 ss.), también la pena concreta sólo puede perseguir esto, es decir, um fin preventivo del delito ʌ'* (cfr. nm. 15, 28). De ello resulta además que la prevención especial y la prevención general deben figurar conjuntamente como fines de la pena. Puesto que los hechos delictivos pueden ser evitados tanto a través de la influencia sobre el particular como sobre la colectividad, ambos »medios se subordinan al fin último al que se extienden y son igualmente legítimos* (ROXIN, Claus. *Derecho Penal – Parte General*. Tradução da 2ª edição alemã. Madrid: Civitas, 1997, p. 95).

[33] Para Jakobs a sanção penal não possui finalidades preventivas. O autor questiona a aptidão do direito penal de promover uma razoável tutela dos bens jurídicos. Para ele, ao proscrever condutas, o direito penal promove um ambiente de *expectativas de condutas* e, nessa perspectiva, a prática delitiva frustraria as expectavias sociais então existentes. O crime nega vigência à norma penal incriminadora, enquanto a pena reafirma sua vigência, reestabelecendo o sistema de expectativas (MOREIRA, Luiz; OLIVEIRA, Eugenio Pacelli de. *Introdução: Modernidade e Direito Penal*. In: JAKOBS, Günther. *Direito Penal do Inimigo*. 2ª tiragem. Rio de Janeiro: Lumen Juris, 2009, p. xx).

[34] Denomina-se *garantismo monocular* a leitura deturpada da obra de Luigi Ferrajoli, de modo a enxergá-la apenas da perspectiva dos direitos individuais (FISCHER, Douglas. *O que é garantismo penal (integral)?* In: CALABRICH, Bruno; FISCHER, Douglas; PELELLA, Eduardo. *Garantismo Penal Integral*. Salvador: Juspodivm, 2010, p. 34).

CAPÍTULO 1 - A RELAÇÃO DIALÉTICA ENTRE EFICIÊNCIA E GARANTISMO

deveriam ser objeto de repressão estatal, preenchem o vácuo repressivo deixado pela ineficiência do Estado, com violações jurídicas severas.

Disso, dois grandes problemas surgem. O acusado, quando sujeito ao devido processo, recebe uma sanção penal limitada pelo preceito secundário da norma penal incriminadora. Em tese, há razoabilidade e proporcionalidade na pena. Se o Estado for ineficiente na gestão da persecução penal, mecanismos sociais de vingança ganham força e, nesse âmbito, não há limites. As penas impostas pelos sistemas paralelos de solução de conflitos sociais são desprovidas de racionalidade, razoabilidade ou proporcionalidade. Retorna-se ao estado de barbárie.

É nesse sentido que Luigi Ferrajoli defende de maneira contundente, contra as propostas abolicionistas, a *forma jurídica da pena enquanto técnica de minimização da reação violenta à deviação socialmente não tolerada*. O autor concebe a eficiência do sistema punitivo, sob essa ótica, como garantia não só da coletividade, interessada na segurança, mas do próprio *acusado*, que estará protegido *contra os arbítrios, os excessos e os erros conexos a sistemas não jurídicos de controle social*[35].

Não por outro motivo, Claus Roxin acrescenta que, para o funcionamento normal do Estado Democrático de Direito e para uma tutela integral dos direitos humanos, o Estado deve assegurar, com os instrumentos jurídico-penais, não somente as condições *individuais* necessárias, *mas também as instituições estatais adequadas* para esses fins, com destaque para uma *administração de justiça eficiente*[36].

Paralelamente, quando o Estado deixa de promover a resposta penal determinada pela norma incriminadora violada, negligencia a segurança e a tutela dos direitos fundamentais dos membros da sociedade afetados ou potencialmente expostos a práticas criminosas perpetradas por terceiros. Violações de direitos humanos não ocorrem apenas por iniciativa estatal, mas também por conduta dos próprios membros da sociedade. Ambas as formas devem ser igualmente combatidas, de maneira que, sem sistema penal eficiente, não existe adequada tutela de direitos humanos, não existe *garantismo*.

---

[35] FERRAJOLI, Luigi. *Direito e Razão: teoria do garantismo penal*. 4ª Edição. São Paulo: Revista dos Tribunais, 2014, p. 231/232.
[36] ROXIN, Claus. *A Proteção de Bens Jurídicos como Função do Direito Penal*. 2ª ed. Porto Alegre: Livraria do Advogado, 2009, p. 17-18.

Daí a razão pela qual se iniciou o tópico apontando os valores da eficiência e do garantismo como apenas *aparentemente* antagônicos, pois são, na verdade, complementares[37].

Por outro lado, a eficiência da persecução penal não pode ser promovida a todo custo. Não pode o Estado, a pretexto de tutelar o direito fundamental à segurança pública, violar outros direitos de igual envergadura. Por isso, a necessidade de se buscar um equilíbrio entre eficiência e garantismo. As garantias com repercussão sobre a esfera individual devem ser observadas no curso do processo penal e na própria execução da pena.

Não se olvide que o conceito de *garantismo* admite múltiplas acepções. Sob um prisma subjetivo, deve ser compreendido como os direitos públicos subjetivos das partes e, especialmente, da defesa. No enfoque objetivo, o cerne reside na tutela do justo processo e no correto exercício da função jurisdicional[38].

Ao conceber um sistema garantista pautado em dez axiomas, Luigi Ferrajoli (2014, p. 91) expressou quatro deles com viés processual: a) princípio da jurisdicionalidade – *nulla culpa sine judicio*; b) princípio acusatório – *nullum judicium sine accusatione*; c) princípio do ônus da prova – *nulla acusatio sine pobatione*; d) princípio do contraditório ou da defesa – *nulla probatio sine defensione*.

Para fins deste trabalho, destaca-se o axioma do *nullum judicio sine accusatione*, que subjaz às leituras feitas nos mais diversos tópicos da obra, conferindo-se aos dispositivos estudados e à reconstrução histórica, feita em análise crítica, leituras voltadas à concretização do ideal acusatório,

---

[37] No sentido de que as normas constitucionais de cunho garantista impõem *ao Estado e à própria sociedade o respeito aos direitos individuais*, reforçando, assim, a compreensão de que a ausência de eficiência do sistema penal enfraquece o próprio sistema garantista: FERNANDES, Antonio Scarance. *Processo Penal Constitucional*. 6ª Ed. São Paulo: Revista dos Tribunais, 2010, p. 19. Em obra distinta, assevera o autor: *prevalece o entendimento de que não há antagonismo entre eficiência e garantismo. Entende-se ser eficiente o processo que, além de permitir uma eficiente persecução criminal, também possibilita uma eficiente atuação das normas de garantia* (FERNANDES, Antonio Scarance. *O equilíbrio na repressão ao crime organizado. In:* FERNANDES, Antônio Scarance. ALMEIDA, José Raul Gavião de. MORAES, Maurício Zanóide de. *Crime Organizado: aspectos processuais*. São Paulo: Revista dos Tribunais, 2009).

[38] FERNANDES, Antonio Scarance. *Reflexões sobre as noções de eficiência e de garantismo no processo penal. In:* FERNANDES, Antônio Scarance. ALMEIDA, José Raul Gavião de. MORAES, Maurício Zanoide de. *Sigilo no processo penal: eficiência e garantismo*. São Paulo: Revista dos Tribunais, 2008, p. 11.

visando sempre à preservação da imparcialidade do julgador e das funções autônomas do órgão de acusação.

Apresenta-se, sob essa ótica, como contrário ao ideal garantista, o modelo ofensivo do processo penal, no qual o julgador se posiciona no processo em oposição ao imputado, nele buscando a responsabilização criminal. Inexiste equilíbrio entre eficiência e garantismo, assim, no processo penal de caráter inquisitivo, que permite ao julgador a busca ativa por fontes de prova, incorporando atribuições acusatórias[39].

Também se confere especial destaque ao axioma do *nulla probatio sine defensione*, haja vista que o instituto da colaboração premiada apresenta peculiaridades que justificam a antecipação de direitos defensivos para a fase pré-processual. Não se descuida, nessas construções, da tutela da eficiência do instituto da colaboração premiada, de modo que os direitos defensivos são invocados na medida do estritamente necessário à preservação do equilíbrio entre eficiência e garantismo.

1.2. Criminalidade organizada e meios especiais de obtenção de prova – justificativa

A correlação entre a globalização da economia e o surgimento e a expansão da criminalidade organizada, no decorrer do século XX, é consenso entre os estudiosos do tema[40]. Da mesma forma, não há quem negue que o ambiente proporcionado pela sociedade global contemporânea tenha possibilitado que essa nova espécie de delinquência se revestisse de características próprias, as quais não estão presentes na criminalidade *comum*.

Essas constatações *empíricas* – não meras divagações filosóficas – conduzem à ideia de que os traços distintivos da criminalidade organizada exigem elaboração normativa particular, o que abrange o desenvolvimento de especiais meios de obtenção de prova[41], tais como a colaboração premiada.

---

[39] Citando o *modelo ofensivo* de processo penal como fator de desequilíbrio do processo penal: CRUZ, Rogério Schietti Machado. *Prisão Cautelar: Dramas, princípios e alternativas*. 2ª Ed. Rio de Janeiro: Lumen Juris, 2011, p. 3.

[40] Correlação anotada, v.g, por: CAMPBELL, Liz. *Organised Crime and the Law: a comparative analysis*. p. 1. Oxford: Hart Publishing, 2013.

[41] Assim denominam-se os meios de obtenção de prova cujo emprego não se justifica diante de casos de reduzida complexidade ou de baixa gravidade, considerando o seu alto grau de invasividade.

Em verdade, a necessidade de desenvolvimento e de aplicação de meios especiais de obtenção de prova na persecução penal correlata à criminalidade organizada pode encontrar, pelo menos, dois distintos fundamentos jurídicos. Apenas um deles merece acolhida.

Primeiramente, pode-se justificar a existência de meios de obtenção de provas mais drásticos ou invasivos por meio da invocação de um direito penal do inimigo, discurso que não será aqui acolhido, mas que merece atenção. Isso porque Günther Jakobs (2009, p. 12) aponta que, na esfera legislativa, as leis de *combate* às organizações criminosas evidenciam que o Estado, diante de um tratamento jurídico mais severo, pretende combater indivíduos que se desviaram do direito de modo duradouro, associando-se a uma organização criminosa. Nesse sentido, considerando o perigo constante que emana da criminalidade organizada, seria prioridade estatal uma reação *eficiente* a infratores responsáveis por essa espécie de ofensa permanente ao ordenamento jurídico penal. Diante de inimigos, não de cidadãos, seguindo a mesma linha de raciocínio, o Estado deveria se valer de uma *legislação de emergência*.

Filippo Giunchedi (2008, p. 22) denuncia, de maneira clara, que esse *cenário legislativo combativo* frente à criminalidade organizada influencia sensivelmente a *normativa processual* concernente ao regime probatório aplicável à persecução penal especializada. Assim, não se pode negar que o *direito penal do inimigo* tende a justificar a elaboração de normas *processuais penais* próprias, especialmente correlatas à investigação[42].

Referida linha teórica, como se nota, parece ter como foco exclusivo a *repressão ao crime organizado*, razão porque, caso fosse aqui invocada para justificar o emprego de técnicas especiais de investigação, acabaria por ceder espaço a respostas estatais desproporcionais[43].

---

[42] Giunchedi, Filippo. *Il coordinamento internazionale in funzione di contrasto della criminalità organizzata e del terrorismo.* In: Gaito, Alfredo (org.). *La Prova Penale.* V. II, p. 22. Torino: Utet giuridica, 2008. Redação original: "2. L'adeguamento del diritto processuale penale al 'diritto penale del nemico'. È opinione diffusa che la lotta alle forme di criminalità organizzata si gioca sul terreno della legislazione d'emergenza [...]. Questa impostazione del legislatore influisce anche sul regime probatorio che si pone anch'esso in termini di specialità rispetto all'ordinarietà".

[43] Em sentido semelhante, Liz Campbell (2013, p. 51) aduz que o *sentimento de crise*, típico de um *estado de emergência*, é fator que motiva reações legais *excessivas* à criminalidade organizada, em favor de uma tendência à subversão dos valores do *due process*.

CAPÍTULO 1 - A RELAÇÃO DIALÉTICA ENTRE EFICIÊNCIA E GARANTISMO

A propósito, discursos que enxergam a repressão criminal como a principal finalidade do processo penal tendem a desenhar um sistema processual permeado por valores que Herbert L. Packer (1964, p. 9) identifica como típicos do *crime control model*, com nefastas consequências aos direitos fundamentais:

> O *crime control model* é baseado na ideia de que a repressão criminal é a mais importante função do processo penal. A falha do sistema legal em submeter a criminalidade a um rigoroso controle é vista como uma forma de quebra da ordem pública [...]. Se o processo penal falhar no desiderato de prender e condenar, a tendência é que se desenvolva um geral sentimento de desprezo aos mecanismos legais de controle. Nesse sentido, ficaria o cidadão sujeito a toda sorte de violações aos seus interesses, com diminuição da sua segurança pessoal e patrimonial. [...] Para que o processo penal alcance sua função de garantidor da liberdade social, o *crime control model* requer que seu foco seja a *eficiência* [...], mediante o alcance de um alto índice de prisão e condenação. Deve-se priorizar a finalidade e a velocidade. Velocidade, por sua vez, depende de informalidade [...]. Assim, por exemplo, fatos podem ser apurados mais rapidamente por meio de interrogatório em uma delegacia de polícia do que por meio de um processo formal de *examination* e *cross-examination* junto ao Poder Judiciário[44] (tradução livre).

---

[44] PACKER, Herbet L. *Two Models of The Criminal Process*. In: *University of Pennsylvania Law Review*. Vol. 113, n° 1. Novembro de 1964, p. 9/10, tradução livre. Redação original: "The Crime Control Model is based in the proposition that the repression of criminal conduct is by far the most important function to be performed by the criminal process. The failure of law enforcement to bring criminal conduct under tight control is viewed as leading to the breakdown of public order [...]. If it's perceived that there is a high percentage of failure to apprehend and convict in the criminal process, a general disregard for legal controls tends to develop [...], citizen then becomes the victim of all sorts of unjustifiable invasions of his interests. His security of person and property is sharply diminished and, therefore, so is his liberty to function as a member of society. The claim ultimately is that the criminal process is a positive guarantor of social freedom. In order to achieve this high purpose, the Crime Control Model requires that primary attention be paid to the efficiency [...]. The model, in order to operate successfully, must produce a high rate of apprehension and conviction [...]. There must be a premium on speed and finality [...]. Speed, in turn, depends on informality [...]. Facts can be established more quickly through interrogation in a Police station than through the formal process of examination and cross-examination in a court.

O *crime control model*, em verdade, não parece se adequar ao que hoje se entende por *modelo processual*. Sua concepção parece estar mais ligada a uma cultura de negação de quaisquer formas de constrição que sejam postas pela lei à busca pela rápida repressão criminal – fim por ele colimado. A tendência, assim, é de que os *meios empregados* para a materialização do *jus puniendi* tenham relevância meramente secundária.

Pode-se dizer, por isso, que o discurso de supervalorização da repressão criminal eficiente, presente tanto no *crime control model* quanto nos reflexos processuais do *direito penal do inimigo*, subestima a importância do próprio processo penal. Trata-se de mentalidade que se mostra incompatível com uma ordem constitucional na qual o *devido processo* é garantia irrenunciável.

Postos esses conceitos, conclui-se que, considerando a necessidade inexorável de conciliação entre os valores da *eficiência* e do *garantismo* no processo penal que esteja situado em um Estado Democrático de Direito[45], é inadequado fundamentar a existência de meios especiais de obtenção de prova com base nessa primeira linha de raciocínio[46].

Para uma segunda vertente, o fundamento da existência de técnicas especiais de investigação decorre, na verdade, da própria *complexidade* das atividades desenvolvidas pelas organizações criminosas.

Nesse sentido, é de se notar que a criminalidade organizada, valendo-se das facilidades proporcionadas pela globalização da economia, pelo

---

[45] FERNANDES, Antonio Scarance. *Reflexões sobre as noções de eficiência e de garantismo no Processo Penal*. P. 13. In: FERNANDES, Antonio Scarance; ALMEIDA, José Raul Gavião de; MORAES, Mauricio Zanoide de. *Sigilo no Processo Penal: Eficiência e Garantismo*. São Paulo: Revista dos Tribunais, 2008. O autor acrescenta que, quando se busca um sistema de regras e princípios que possa conciliar eficiência e garantia, não se pretende alcançar uma fórmula procedimental rígida e específica, mas um procedimento assentado em *paradigmas processuais* extraídos de normas constitucionais. Assim, mais importante do que a adoção de um determinado modelo processual, é garantir que as regras que o compõem encontrem amparo nos postulados do *due process*.

[46] É também por isso que, quanto aos reflexos do *direito penal do inimigo* no Direito Processual Penal, Luiz Moreira e Eugenio Pacelli de Oliveira lecionam que a maior ou menor reprovação de certas práticas criminosas e as especificidades de suas execuções *não deveriam justificar a incidência de meios probatórios mais invasivos*. Cf. MOREIRA, Luiz; OLIVEIRA, Eugenio Pacelli de. *Modernidade e Direito Penal*. p. xxiii. In: JAKOBS, Günter. *Direito Penal do Inimigo*. Rio de Janeiro: Lumen Juris, 2009. Artigo introdutório.

desenvolvimento tecnológico[47] e por outros fatores econômico-sociais de repercussão global, desenvolveu elevado grau de sofisticação e distinção. Por isso, os meios ordinários de obtenção de prova tendem a ser *ineficientes* no âmbito da persecução penal correlata à criminalidade organizada, ou seja, incapazes de atingir adequadamente suas finalidades essenciais – possibilitar a apuração satisfatória dos fatos[48] e a identificação dos verdadeiros autores dos ilícitos praticados[49].

Ainda sobre o funcionamento das organizações criminosas, vale lembrar que normalmente existe um escalonamento hierárquico entre seus membros, de tal modo que, àqueles que compõem a base da estrutura hierárquico-piramidal, compete a execução, por suas próprias mãos, das infrações penais que beneficiam todo o grupo criminoso. De outro modo, os membros da direção, que se encontram no topo da pirâmide, tendem a dirigir intelectualmente os crimes praticados pelos *subordinados*, sem perpetrá-los pessoalmente[50]. Por essa razão, fica difícil associá-los às práticas criminosas com meios ordinários de investigação, pois inexistem vestígios materiais que os liguem diretamente aos delitos, mesmo que estes sejam típicos de *criminalidade de rua*.

Diante dessa leitura, pode-se dizer que, na mesma medida em que a criminalidade organizada apresenta contornos que não existem na criminalidade *de massa*[51] – os quais dificultam a atividade investigatória – as téc-

---

[47] CAMPBELL, Liz. *Organised Crime and the Law: a comparative analysis*. p. 1. Oxford: Hart Publishing, 2013.

[48] A célere e satisfatória apuração dos fatos é colocada por Jean Praedel (APUD FERNANDES: 2008, p 10) como o cerne da *eficiência* do processo penal.

[49] Além das referidas finalidades, de acordo com o que defendemos em monografia anteriormente apresentada à Escola Superior do Ministério Público, as atividades investigatórias também devem ser desenvolvidas com vistas à identificação e ao confisco de lucros ilícitos (PEZZOTTI, Olavo Evangelista. *Aspectos Processuais do Crime de Lavagem de Dinheiro*. Monografia apresentada à Escola Superior do Ministério Público de São Paulo, 2012. V., especialmente, capítulo referente ao confisco criminal).

[50] MENDRONI, Marcelo Batlouni. *Crime Organizado: Aspectos Gerais e Mecanismos Legais*. 2ª Edição. p. 14. São Paulo: Atlas, 2007.

[51] Termo recorrente no estudo das organizações criminosas para designar os delitos perpetrados pela criminalidade *comum, urbana, ordinária, desorganizada, espontânea, de rua*. Este último termo, v.g., é empregado por: MORO, Sérgio Fernando. *Crime de Lavagem de Dinheiro*. p. 97. São Paulo: Saraiva, 2010.

nicas especiais de investigação possuem características próprias, voltadas exatamente à superação desses obstáculos à correta apuração dos fatos.

Ora, se a construção normativa decorre de fatos sociais valorados, é forçoso reconhecer que, quando alterados os fatos ou a valoração social que sobre eles recai, será sempre necessário promover uma adequação normativa[52]. A justificativa jurídica à existência dos meios especiais de obtenção de prova por nós acolhida, então, não decorre dos reflexos processuais de um direito penal do *inimigo*, mas da simples relação dinâmica existente entre fato, valor e norma, ou seja, do próprio tridimensionalismo inerente ao direito, conforme lição de Miguel Reale[53]. É, assim, fruto da consciência de que, diante de fenômenos criminais que apresentam características peculiares – como é o caso da criminalidade organizada – deve o legislador elaborar normativa processual específica, considerando as particularidades enfrentadas[54].

Essas premissas expõem dois pontos que permearão toda a leitura do tema central a ser desenvolvido: a) os meios especiais de obtenção de prova e a colaboração premiada apenas serão instituídas e manejadas de maneira justa se sobre elas recair uma leitura que proporcione equilíbrio à *relação dialética existente entre eficiência e garantismo*, de acordo com os postulados contemporâneos do *due process*; b) a justificativa de existência das técnicas especiais investigação e, portanto, da colaboração premiada, não encontra amparo em um *direito processual penal de emergência*, mas na própria *necessidade* de desenvolvimento de novas ferramentas de investigação, considerada a *complexidade* inerente à criminalidade organizada.

---

[52] REALE, Miguel. *Teoria Tridimensional do Direito*. 5ª ed. São Paulo: Saraiva, 1994.
[53] Idem.
[54] Parece haver, ainda, uma *justificativa de caráter político-social para a existência das técnicas especiais de investigação*, fundada não na suposta necessidade de o direito tratar certos infratores como *inimigos* (fundamento por nós refutado), nem na necessidade de construção de leis específicas atentas às *características* peculiares de certos fenômenos criminais (fundamento por nós acolhido), mas nos males sociais decorrentes da criminalidade organizada. Parece ser o fundamento invocado por Liz Campbell (2013, p. 1), que aduz que a natureza do crime organizado – *marcada pela crueldade dos seus agentes, pelos efeitos deletérios de suas ações sobre vítimas e testemunhas e pelo potencial de corrupção dos sistemas políticos e jurídicos* – justifica respostas legais radicais.

Capítulo 2
O Estudo de Direito Comparado na Formação do Processo Penal Contemporâneo: *Common Law*, *Civil Law* e Sistemas Híbridos

A partir da última década do século XX, o direito comparado exerceu função de destaque na formação do processo penal contemporâneo, influenciando sobremaneira tanto as normativas domésticas quanto as internacionais[55]. Demonstrar, com base empírica, a forma pela qual o direito comparado pode ser manejado na construção de sistemas processuais contemporâneos é justamente o objeto de estudo da primeira parte deste capítulo.

Não se trata de um fim em si. Com suporte em uma compreensão global das formas pelas quais o direito comparado pode fomentar a constituição de novos sistemas e institutos processuais, forma-se um arcabouço teórico que facilitará o entendimento dos movimentos normativos expostos nos capítulos 03 e 04, os quais culminaram na constituição do novo regime jurídico da colaboração premiada na Lei nº 12.850/13. Essa abordagem justifica a metodologia empregada no capítulo 03 e esclarece por que deve ser ela prestigiada.

Mesmo no desenvolvimento de tópicos que aparentemente não tangenciam o cerne do trabalho – como o relativo à formação do processo penal internacional – há importantes considerações para o seu desenvolvimento, como demonstrações concretas de situações de choque entre

---

[55] Para Alan Watson: *the migration of ideas between legal systems is the most fertile source of legal development* (APUD SMITS, Jan M. National Legal Systems. In: REIMANN; Mathias; ZIMMERMANN, Reinhard (ed.) *The Oxford Handbook of Comparative Law*. Oxford: Oxford University Press, 2008, p. 515.

distintas tradições jurídico-processuais, que permitirão uma melhor compreensão do processo de formação da colaboração premiada brasileira.

Assim, ficará claro que, dentre os possíveis produtos oriundos do manuseio do processo penal comparado, destacam-se sistemas e institutos processuais híbridos.

Com segurança, poder-se-á afirmar que os processos de hibridização normativa são realidades inafastáveis do processo penal moderno, de sorte que o mesmo fenômeno da hibridização presente nas mais recentes alterações do processo penal brasileiro encontra uma série de paralelos na história do processo penal.

Antecipe-se que, no plano conceitual, define-se que *os sistemas mistos ou híbridos são aqueles sobre os quais civil law e common law exerceram influência e no âmbito dos quais essas distintas tradições jurídicas buscam o protagonismo, competindo entre si*[56].

Certo é que o referido conceito apresenta uma visão relativamente restrita do fenômeno da hibridização, como se sua composição somente fosse possível pela articulação das tradições jurídicas nele mencionadas. Constituída com fulcro em uma visão bipolar das tradições existentes, essa definição ignora que outras, não citadas, podem se inter-relacionar, como o *direito islâmico* e o *direito consuetudinário*.

Ocorre que, para o presente trabalho, apenas as tradições jurídicas expressas no conceito interessam, pois, como se verá, foram elas as influenciadoras da colaboração premiada do direito brasileiro. Não há qualquer traço de direito islâmico ou consuetudinário, por exemplo, nesse campo. Por essa razão, a concepção expressa é por nós acolhida.

É interessante ressaltar, ainda, que o conceito traduz um conflito pulsante entre as distintas tradições que compõem um eventual sistema híbrido. Historicamente, tem-se afirmado que os sistemas formados por influência romano-germânica tendem a se posicionar de maneira *defensiva*, enquanto aqueles concebidos sob a tradição do *common law* se apresentam mais agressivamente. A hibridização, então, é mais comumente produto

---

[56] PALMER, Vernon Valentine. *Mixed Legal Systems.* In: BUSSANI, Mauro; MATTEI, Ugo. *The Cambridge Companion to Comparative Law.* Cambridge: Cambridge University Press, 2012, p. 372.

de um avanço do *common law*, de uma penetração de seus valores e institutos em sistemas jurídicos formados sob a tradição do *civil law*[57].

A formação de sistemas híbridos é, portanto, dinâmica e conflituosa. Se determinados valores do *common law* se imiscuem em particular sistema predominado pela tradição *civil law*, a tendência é que este ofereça alguma resistência no manejo prático do direito, por meio de interpretações distorcidas e movimentos de rejeição cultural.

Com o decurso do tempo, as tensões das tradições em conflito são flexibilizadas e institutos eventualmente importados se amoldam aos valores do ordenamento de destino, acomodando-se na prática jurídica e se consolidando como instrumento legal. Há dupla flexibilização – do instituto importado/invasor e dos valores que com ele conflitavam – normalmente em proporção mediana.

Se o instituto e os princípios colidentes não cederem até certo ponto, alcançando convivência pacífica, é possível que a norma de origem estrangeira seja rejeitada por completo – por meio de controle de constitucionalidade, por exemplo – ou que os valores que com ela conflitavam deixem de ser acolhidos pelas gerações futuras, superando-se algum aspecto da tradição jurídica penetrada[58].

---

[57] PALMER, Vernon Valentine. *Mixed Legal Systems*. In: BUSSANI, Mauro; MATTEI, Ugo. *The Cambridge Companion to Comparative Law*. Cambridge: Cambridge University Press, 2012, p. 370. A agressividade do *common law* na formação de um processo penal internacional híbrido é evidente no decorrer do item 2.3, infra. Fatores político-econômicos no cenário internacional podem justificar essa tendência. Estados globalmente proeminentes têm seus sistemas jurídicos postos em evidência. Usualmente, a seus ordenamentos jurídicos é atribuída parcela dos méritos pela prosperidade econômico-social, o que gera um anseio de mimetização no espírito de juristas estrangeiros que se aventuram pelo direito comparado.

[58] Por óbvio, não há nenhuma garantia de que tradições jurídicas serão mantidas pelas gerações futuras, nem mesmo aquelas que julgamos serem elementares de determinados sistemas jurídicos. Não me refiro aqui a movimentos violentos de ruptura institucional, como revoluções ou golpes de Estado, porque, nesses casos, é mais do que evidente a possibilidade de absoluto rompimento com toda e qualquer tradição jurídica existente. Refiro-me às hipóteses ordinárias de transmissão de tradição jurídica para as gerações subsequentes, o que compreende 1) registro de informação normativa; 2) assimilação geral da informação; 3) transmissão do registro para a geração futura; 4) acolhimento, adaptação, modificação ou rejeição da informação normativa recebida da geração antecedente, novo registro e nova transmissão. Esses movimentos são objeto do item 2.5, infra.

Seja pela flexibilização ou pela superação da tradição jurídica eventualmente colidente com o instituto importado ou mesmo pela simples inserção de informação normativa inovadora[59], o resultado é sempre, em alguma medida, a hibridização do sistema normativo receptor.

Há apenas algumas décadas, sistemas jurídicos híbridos eram vistos como aberrações normativas e sequer eram objeto de sérias discussões acadêmicas[60]. Os próximos tópicos rompem com essa equivocada pressuposição, demonstrando que sistemas jurídicos híbridos são realidades que não podem mais ser ignoradas.

As breves incursões sobre cooperação jurídica internacional e processo penal internacional esclarecem como as técnicas do direito comparado passaram a ser manejadas por estudiosos do direito processual penal.

Após, os modelos processuais que são produto das tradições jurídicas do *common law* e do *civil law* têm, ainda neste capítulo, suas características típicas expostas, em breve leitura comparatista.

2.1. O manejo do direito comparado na constituição de sistemas jurídicos híbridos

A princípio, a metodologia de direito comparado se desenvolveu em estreita sintonia com os estudos de direito civil[61]. Merecem destaque os ensinamentos conduzidos pela Universidade de Bolonha, ao longo do século XII, os quais tomavam como referência fontes do direito romano

---

[59] Diante da colisão entre os valores do ordenamento jurídico importador e o instituto importado, é possível que informações normativas adaptativas sejam elaboradas em típico movimento de *tradução jurídica* (v. item 2.7, abaixo).

[60] PALMER, Vernon Valentine. *Mixed Legal Systems*. In: BUSSANI, Mauro; MATTEI, Ugo. *The Cambridge Companion to Comparative Law*. Cambridge: Cambridge University Press, 2012, p. 368.

[61] Há, ao longo da história do direito romano-germânico, com especial destaque para os estudos realizados na Universidade de Bologna a partir do Século XII, notáveis exemplos de estudos de direito civil comparado. Destacam-se, ademais, os realizados pelos italianos a partir da unificação do país (1861), primeiro com vistas ao direito francês, após com grande interesse no direito germânico. Apenas mais recentemente, em aspecto que muito interessa a este trabalho, que será explorado adiante, o direito italiano desenvolveu estudos de direito comparado que tinham como referência o direito processual penal estadunidense.

– especialmente o *Corpus Juris Civilis* de Justiniano – e fontes contemporâneas do Direito Canônico, que eram submetidas a análises comparativas[62].

Curiosamente, as leituras comparatistas conduzidas pelos juristas bolonheses não tinham como foco delinear as distinções entre os sistemas jurídicos estudados. Ao contrário, as análises possuíam sempre um viés conciliatório e manifestavam um genuíno esforço para a harmonização dos textos[63]. Como resultado dos estudos de direito comparado da Universidade de Bolonha, Charles Donahue aponta para a constituição de um direito romano-canônico, com a atuação conjunta de canonistas e civilistas, que culminou na formação de um sistema processual peculiar, ascendente imediato do atual sistema europeu-continental.

Parece ser a primeira constituição deliberada de um sistema jurídico híbrido[64], a partir de estudos de direito comparado, de que se tem notícia[65].

Sem prejuízo dessas construções primitivas de direito comparado, as proporções atuais desse método[66] de estudo do direito foram desenhadas apenas com a expansão do processo de globalização moderna.

---

[62] DONAHUE, Charles. *Comparative Law Before the Code Napoléon*. In: *The Oxford Handbook of Comparative Law*. Oxford: Oxford University Press, 2008, p. 09-10. Acredita-se que o Decreto de Graciano, parte do *Corpus Juris Canonici*, ainda estava sendo elaborado à época, mas que tenha sido ele o principal referencial canônico da Universidade de Bolonha.

[63] Os esforços conciliatórios se manifestaram primeiramente no âmbito do próprio *corpus juris civilis* que, por ser composto por textos redigidos em distintas épocas e por ter sofrido adaptações produzidas por Justiniano, já apresentava contradições perceptíveis. O mesmo esforço foi lançado sobre o *corpus juris canonici*, por razões similares, haja vista que os concílios da antiguidade tardia expressavam valores, não raro, contraditórios com os contidos nos concílios da baixa idade média. Depois de harmonizadas no âmbito de seus próprios corpos, as compilações de direito romano e de direito canônico foram harmonizadas entre si, como se vê a seguir.

[64] Caracteriza-se a hibridização normativa pela constituição de um novo sistema jurídico, por meio da conjugação de elementos que compõem sistemas autônomos, previamente existentes.

[65] Não seria a única. Fenômenos de hibridização normativa estiveram presentes na formação do direito processual penal internacional e, mais recentemente, de sistemas processuais domésticos. Esses pontos serão explorados mais adiante.

[66] Não se pode dizer que o direito comparado é um *ramo* do direito. Ao contrário do que ocorre com os ramos do direito, não há normas positivas que podem ser apontadas como tipicamente de direito comparado. Este, em verdade, é um método de análise e compreensão de normas e sistemas jurídicos (v. DELMAS-MARTY, Mireille. *A influência do direito comparado*

Especialmente partir da segunda metade do século XX, esse fenômeno tornou imperiosa a realização de estudos comparatistas[67], viabilizando a identificação de pontos de similitude entre os diversos sistemas jurídicos em contato e pavimentando os caminhos para processos de harmonização normativa entre eles[68].

Justifica-se. No desenvolvimento de relações estabelecidas entre distintos Estados, em um mundo globalizado que deve respeito ao princípio da soberania, eventuais contrastes entre os diversos ordenamentos jurídicos podem materializar sólidos obstáculos às relações interestatais. Sob a perspectiva dos comparatistas, pretendia-se, por isso, em prol da fluidez das relações internacionais, alcançar certa *harmonização* normativa entre os mais diversos ordenamentos jurídicos.

Harmonização – que não se confunde com *identidade* normativa, anote-se – satisfaz-se com a mera *compatibilidade* entre os sistemas jurídicos envolvidos, interessando apenas que as diversas normas em contato sejam ao menos axiologicamente equivalentes.

Partindo dessas premissas, John Merryman[69] aponta que eventuais diferenças consideráveis entre sistemas jurídicos submetidos à análise comparativa seriam fenômenos indesejáveis que, tão logo identificados, deveriam ser dissolvidos.

Seguindo essa linha de raciocínio, considerando que a finalidade do direito comparado era apenas a de permitir uma maior integração dos Estados no mundo globalizado, a observação jurídico-comparativa não

---

sobre a atividade dos tribunais penais internacionais. In: DELMAS-MARTY, Mireille; CASSESE, Antonio (org.) *Crimes Internacionais e Jurisdições Internacionais.* Campinas: Manole, 2004, p. 106.

[67] Muito embora sejam apontadas raízes remotas dos estudos de direito comparado, não interessam elas ao desenvolvimento deste ponto do trabalho. É por essa razão que, como *Elisabeta Grande*, partimos do século XX. Digno de menção, todavia, que alguns doutrinadores consideram Aristóteles o pioneiro estudioso de direito comparado, por ter procedido à compilação de 158 constituições de cidades-estados gregas, elaborando, após, uma crítica geral sobre elas e extraindo da análise comparativa uma valiosa sistematização das formas de Estado e de governo. Nesse sentido: PRÉLOT, Marcel. Prefácio. In: ARISTÓTELES. *A Política.* São Paulo: Martin Fontes, 2000, p. XV.

[68] GRANDE, Elisabetta. *Comparative Criminal Justice.* In: BUSSANI, Mauro; MATTEI, Ugo (org.). *The Cambridge Companion to Comparative Law.* Cambridge: Cambridge University Press, 2012, p. 191.

[69] APUD LEGRAND, Pierre. *The same and the different.* In: *Comparative Legal Studies: traditions and transitions.* Cambridge: Cambridge University Press, p. 245.

deveria se ater a meras distinções superficiais. Deveria visar, mais além, à identificação de núcleos comuns subjacentes às normas postas, por meio de compreensão crítica mútua e até mesmo por meio de imersões culturais[70].

O que se quer dizer é que o ponto de identidade deveria se situar no interior das normas ou dos sistemas comparados, ou seja, na *ratio* principiológica a eles subjacente, pouco importando suas construções periféricas. Assim, visualizando a norma[71] *A*, submetida à comparação diante da norma *B*, representando-se graficamente cada uma delas como duas esferas concêntricas, o que importa é que as esferas nucleares, representativas dos seus sustentáculos principiológicos, sejam compatíveis entre si, desprezando-se distinções verificadas no âmbito das esferas periféricas[72].

Pode-se afirmar, assim, que o ideal de harmonização não se realiza com a constituição de sistemas jurídicos uniformes, idênticos, mas com a simples redução, na maior medida possível, de atritos entre ordenamentos diversos, assentando-os sobre bases principiológicas compatíveis[73]. Da mesma forma, o estudo de direito comparado não pode se restringir à superficial leitura de textos legais, revestindo-se de indispensabilidade a compreensão axiológica das normas e do contexto político-jurídico-social no qual operam.

Essa mesma busca pela harmonização ocorre quando da importação de institutos jurídicos oriundos de sistemas fundados sob tradição jurídica diversa daquela que predomina no ordenamento jurídico importador. É esse anseio que justifica a dupla flexibilização – do instituto importado

---

[70] GRANDE, Elisabetta. Op. cit. p. 192.

[71] Ou o sistema.

[72] Como pontuam Mauro Bussani e Ugo Mattei (APUD LEGRAND, p. 247), a pesquisa com o fim de identificar pontos nucleares de identidade se apresenta como uma ferramenta promissora no reconhecimento de similitudes mais profundas, que podem estar ocultas sob diferenças superficiais.

[73] Parece ser o entendimento de Fábio Ramazzini Bechara (2011, p. 64), que distingue os processos de *unificação* normativa e de *harmonização* normativa, no plano internacional: "A unificação significa a substituição de um corpo de normas por outro, em que se verifica uma modificação estrutural ou orgânica. Tem-se um processo autoritário, verticalizado, de imposição de um novo modelo a partir da fusão, sem a preservação da diversidade que caracteriza cada sistema. Já a harmonização pressupõe a incorporação das normas internacionais ao direito interno, a fim de garantir-lhes aplicabilidade, de modo a se estabelecer uma relação de equivalência entre a primeira e a segunda e sem que ocorra a supressão de diferenças".

e dos valores com ele colidentes – noticiada no item anterior. O fundamento principiológico, o núcleo dos elementos normativos em conflito é que deve ser articulado de maneira harmônica para que a inevitável hibridização se concretize sem colisões estruturais.

A breve incursão histórica que aqui se faz elucida que os estudos da Universidade de Bolonha foram capazes de demonstrar empiricamente que o direito comparado pode ser ferramenta útil aos processos de harmonização e de hibridização normativa, afastando traumas que poderiam decorrer do atrito entre distintas tradições em contato.

Tais processos podem ser identificados em larga escala no processo penal praticado no mundo nos séculos XX e XXI e a sua compreensão crítica interessa à abordagem feita nos capítulos 3 e 4 do trabalho. Estes analisarão como a inserção de espaços de consenso típicos do *common law*, em sistemas jurídicos que têm como referencial teórico o *civil law*, conferiu à colaboração premiada do direito brasileiro feições híbridas.

2.2. A adesão do Direito Processual Penal ao método comparado: cooperação jurídica internacional e a aproximação de distintos sistemas jurídicos

Muito embora o foco do direito comparado contemporâneo, nesse momento inaugural, tenha sido a identificação de pontos nucleares que tornassem os sistemas jurídicos meramente compatíveis, é inegável que, a partir da observação crítica de sistemas estrangeiros, emergem possibilidades de contaminação do ordenamento jurídico sob o qual atua o jurista observador.

Nenhuma cultura é autossuficiente, pois todas se desenvolvem relacionando-se com outras culturas, em constante relação de influência e transformação recíprocas[74]. Consequentemente, conforme avançam as leituras de direito comparado, a composição de sistemas jurídicos híbridos passa a ser uma realidade quase inevitável.

Traços antes característicos dos sistemas de tradição *common law* podem ser encontrados, como resultado desses fenômenos, em sistemas jurídicos que se formaram sob a influência romano-germânica e vice-versa. Não se trataria de anomalia, mas de resultado esperado, de acordo com a linha de raciocínio aqui exposta.

---

[74] LEGRAND, Pierre. Op. cit. p. 243/244.

Ocorre que, para o já citado desiderato integrativo de um mundo submetido a um processo vertiginoso de globalização, o direito penal e o direito processual penal pouco interessavam aos estudiosos de direito comparado. Por conseguinte, durante essa fase, o direito processual permaneceu praticamente imune ao fenômeno global de hibridização.

Na realidade, enquanto os comparatistas, de um modo geral, buscavam identificar similaridades entre os diversos corpos jurídicos estudados – com a finalidade de promover leituras integrativas – aqueles que se interessavam pelo direito penal e pelo processo penal tendiam à realização de observações que revelavam contrastes superficiais entre os sistemas legais. Em vez de compreensão crítica, havia, nessa seara, mero juízo de aprovação ou reprovação de um sistema jurídico-penal estrangeiro observado, se não uma submissão à hegemonia cultural de sistemas penais considerados eficientes[75].

Dois fatores podem ser apontados como a razão pela qual o direito processual penal passou a ser adequadamente trabalhado sob a perspectiva do direito comparado. Primeiro, a expansão da criminalidade organizada transnacional, exigindo dos Estados o fortalecimento dos mecanismos de cooperação jurídica internacional[76]; não menos importante, a formação de uma justiça penal internacional, a partir do Tribunal de Nuremberg, dos Tribunais Penais Internacionais para ex-Iugoslávia e para Ruanda e, mais recentemente, do Tribunal Penal Internacional. Este último fator será abordado no próximo tópico.

Quanto ao primeiro ponto, pode-se dizer que a cooperação jurídica internacional em matéria penal, notadamente nos aspectos que concer-

---

[75] GRANDE, Elisabetta. Op. cit.. P. 192. Quando muito, para manejo de hipóteses de extraterritorialidade, procedia-se à análise do princípio da dupla tipicidade.

[76] MCDONALD, William F. *The Longer Arm of the Law: The growth and limits of international law enforcement and criminal justice cooperation*. In: NATARAJAN, Mangai (ed.). *International Crime and Justice*. Cambridge: Cambridge University Press, 2005, p. 437-438. Anota o autor que, no início do século XIX, a cooperação jurídica internacional era praticamente inexistente, prevalecendo o entendimento de que *os tribunais de nenhum país devem observância às leis de outro país*, frase atribuída a John Marshall. Diferentemente, o enfraquecimento das fronteiras nos tempos contemporâneos teria dado causa à expansão das possibilidades de cometimento de crimes transnacionais e de fuga daqueles que deveriam se submeter à Justiça Penal. Diante desse quadro, no século XXI, os Estados expandiram exponencialmente a cooperação jurídica internacional em matéria penal.

nem ao direito probatório, apenas tende a fluir de maneira corrente se os Estados solicitados desenvolverem seus atos de persecução penal com observância a um *padrão normativo universal* relacionado às garantias processuais penais[77].

Ilustrativa dessa necessidade é a constatação feita por Ada Pellegrini Grinover[78] no sentido de que dois valores, aparentemente colidentes, destacam-se na cooperação jurídica internacional: a) a necessidade de intensificação dos mecanismos de cooperação no enfrentamento à criminalidade contemporânea; b) o respeito aos direitos fundamentais, que abrangem garantias processuais, como *limite* à cooperação jurídica internacional[79].

Assim, se os Estados envolvidos no pleito cooperacional possuírem compreensões muito distintas sobre garantias processuais, é plenamente possível que o requerido se recuse a atender o pedido de assistência. Nenhum Estado pode ser compelido a colaborar com atos estrangeiros que entenda como ofensivos a direitos fundamentais[80]. A cooperação jurídica internacional, por isso, forçou a realização de estudos de direito processual penal comparado que não mais poderiam se limitar aos pontos superficiais das normas.

Cite-se como exemplo o caso apreciado pelo Superior Tribunal de Justiça por meio de agravo regimental na Carta Rogatória nº 998/IT. A República Italiana, por iniciativa do Ministério Público, requereu ao Brasil, entre outras providências, o fornecimento do exame de documentação contábil, contratual e bancária de empresas integrantes de um grupo empresarial envolvido em um esquema de *lavagem* de dinheiro, bem

---

[77] BECHARA, Fábio Ramazzini. *Cooperação Jurídica Internacional em Matéria Penal.* São Paulo: Saraiva, 2011, p. 92-93.

[78] APUD PATRÍCIA, Maria Nunes Weber. *Cooperação Internacional.* In: Lavagem de dinheiro – Prevenção e controle penal. Verbo Jurídico. Porto Alegre. 2012, p. 739.

[79] GRINOVER, Ada Pellegrini. *Processo Penal Transnacional: linhas evolutivas e garantias processuais.* In: Revista Brasileira de Ciências Criminais, nº 9. São Paulo: Revista dos Tribunais, 1995, p. 40-83.

[80] São elucidativas as considerações tecidas por Denise Neves Abade sobre a questão, lecionando que, enquanto não prosperar sólida confiança entre os Estados na cooperação jurídica internacional, subsistirão numerosas possibilidades de denegação total ou parcial do pedido de assistência, com o fim de proteger certos valores jurídicos nacionais, destacando--se a tutela dos direitos fundamentais dos indivíduos sujeitos aos pleitos cooperacionais. V. ABADE, Denise Neves. *Direitos fundamentais na cooperação jurídica internacional.* São Paulo: Saraiva, 2013, p. 63.

CAPÍTULO 2 – O ESTUDO DE DIREITO COMPARADO NA FORMAÇÃO DO PROCESSO PENAL...

como de determinadas pessoas físicas investigadas, além do sequestro de certos bens.

Ressaltou-se, inicialmente, que, apesar de o Ministério Público italiano integrar o Poder Judiciário, as atribuições do membro do *parquet* não se confundem com as do juiz, consectário do sistema acusatório. Nesse prisma, examinando-se o critério da *competência na origem*, recordou-se que o Ministério Público italiano não tem poderes para promover a quebra do sigilo bancário ou o sequestro[81] de valores diretamente, assim como ocorre no direito brasileiro[82]. Sob esses fundamentos, o relator para o acórdão foi enfático ao concluir que "o deferimento total das diligências acarretaria ofensa à Ordem Pública e à Soberania Nacional"[83].

---

[81] *Sequestro*, no processo penal italiano, pode designar: a) medida cautelar probatória; b) medida cautelar patrimonial; c) medida preventiva. Fala-se, nessa perspectiva, na doutrina processual penal italiana, em *sequestro probatorio*, *sequestro conservativo* e *sequestro preventivo*. O acórdão se refere ao *sequestro conservativo*, medida cautelar de natureza real. V. PETRUCCI, Rossana (coord.). *Codice di Procedura Penale Spiegato Articolo per Articolo*. 15ª Ed. Napoli: Simone, 2010, p. 364.

[82] Apesar da semelhança neste ponto, digno de menção que o Ministério Público Italiano, na fase de *indagini preliminari*, possui poderes para determinar diligências que, no direito brasileiro, estão sujeitas à reserva de jurisdição como, por exemplo, a expedição de mandados de busca e apreensão domiciliar, consoante se extrai dos artigos 247 a 251 do Código de Processo Penal Italiano. Para correta interpretação desses dispositivos, não se perca de vista que *autorità giudiziaria*, no direito italiano, diz respeito tanto ao juiz quando ao órgão do Ministério Público. Pode, ainda, o órgão ministerial italiano realizar interceptações telefônicas, em casos de urgência, submetendo a decisão à posterior apreciação do juiz para convalidação, de acordo com o art. 267, *comma 2*, do Código de Processo Penal Italiano. V. PETRUCCI, Rossana (coord.). *Codice di Procedura Penale Spiegato Articolo per Articolo*. 15ª Ed. Napoli: Simone, 2010, p. 255 e 358/363.

[83] O acórdão não é aqui citado com o fim de estabelecer um marco temporal, mas apenas o de ilustrar como a cooperação jurídica internacional compele os Estados à realização de estudos mais profundos de direito comparado em matéria penal e processual penal. Cf. STJ. Corte Especial. AgRg na Carta Rogatória nº 988/IT. Rel. Min. Edson Vidigal. Relator p/acórdão Min. Humberto Gomes de Barros. J: 06/12/2006; DJ: 30/04/2007, p. 258. Diversos outros exemplos podem ser identificados nos precedentes da Corte. No bojo da Carta Rogatória 1818, a Confederação Suíça formulou à República Federativa do Brasil pedido de cooperação jurídica para oitiva do réu em solo nacional, com a presença de observadores suíços. A autoridade judiciária rogante inseriu uma cláusula no pleito cooperacional, pela qual solicitava que os réus fossem proibidos de invocar o direito fundamental ao silêncio, pois, do contrário, haveria risco de os emissários do país solicitante se deslocarem em vão. Entendeu-se que a solicitação, nesse ponto, violaria a ordem pública nacional, razão pela qual o pedido de assis-

Vê-se que, se os Estados solicitados divergem quanto à observância, no caso concreto, às garantias processuais que julgam elementares, há elevado risco de recusa à cooperação jurídica internacional sob o fundamento de preservação da *ordem pública*[84].

É de se notar que o caso objeto do Agravo Regimental na Carta Rogatória 998 não foi solucionado pelo Superior Tribunal de Justiça de maneira rasa. Foram analisados os distintos papeis que cabem ao membro do Ministério Público e ao juiz como atores do processo penal italiano, independentemente da organização institucional, reconhecidamente distinta da nacional. Após, foram identificados, como comuns aos dois sistemas jurídicos, os valores inerentes ao sistema acusatório e, por fim, entendeu-se ter havido ofensa à cláusula de reserva de jurisdição consagrada pela Constituição Federal brasileira, o que motivou a recusa à assistência, nos pontos já especificados acima.

Resta evidente, com essa ilustração, que o aumento dos pedidos de cooperação jurídica internacional forçou a realização de estudos de direito comparado mais profundos na seara do processo penal, capazes de enxergar se o direito estrangeiro, nos casos concretos, poderia representar uma ameaça a valores essenciais do direito pátrio, ignorando-se as simples distinções superficiais.

Análises dessa natureza se concentram nos princípios centrais subjacentes às normas processuais penais em comparação, independentemente das suas distintas formas de expressão, o que se mostra compatível com o método de estudo comparado já consagrado por outros ramos do direito, tal como exposto no item anterior. Leituras com o mesmo viés são

---

tência foi parcialmente acolhido, garantindo-se aos investigados o direito de permanecer em silêncio.

[84] Inúmeros tratados que regulamentam a cooperação jurídica internacional preveem a defesa da *ordem pública* como fundamento idôneo à denegação do pleito de cooperação. Ocorre que os tratados que versam sobre a matéria, em regra, não conceituam *ordem pública*, empregando o termo de maneira bastante abstrata. Doutrinadores tentaram suprimir a lacuna, desenhando diversos conceitos que, em verdade, são quase sempre equivalentes. Parece-nos que o art. 4º do Código de Bustamente, raro exemplo de diploma internacional em que não se verifica a denunciada omissão, fornece uma definição bastante clara, expressando que *os direitos constitucionais são de ordem pública internacional*. Compreende-se que os preceitos *materialmente* – e não apenas *formalmente* – constitucionais, dentre os quais se destacam as garantias processuais, integram o conceito de *ordem pública*.

igualmente indispensáveis à constatação da efetiva construção, ou não, do almejado padrão normativo universal.

Por isso, também fica cristalino que o foco do processo penal comparado, como ferramenta de fortalecimento da cooperação jurídica internacional, passa a ser a busca por compatibilidades nucleares entre os sistemas jurídicos envolvidos, considerando que eventuais diferenças podem opor obstáculos sólidos ao ideal de cooperação.

Veja-se, pouco importa se os distintos ordenamentos em contato na cooperação jurídica internacional têm raízes diversas, fundadas nas tradições anglo-saxônica ou romano-germânica. O que se deve buscar é a construção de valores nucleares compatíveis.

Dada essa concepção, o que se constata historicamente é que a construção de um *padrão normativo universal* concernente à tutela dos direitos humanos, abrangendo garantias processuais, ocorreu por meio de processos de positivação no plano internacional[85] – diplomas normativos internacionais corporificaram normas gerais.

Esse movimento exerceu influência sobre sistemas nacionais, incentivando-os a incorporar determinados valores centrais como modelos. Por ter havido adesão massiva dos Estados aos tratados internacionais sobre a matéria, obteve-se uma sensível redução nos obstáculos à cooperação internacional, especialmente no âmbito de blocos regionais[86].

É intuitivo concluir que essa influência do direito internacional sobre as normativas domésticas implica um arrefecimento da divisão bipartite das duas tradições jurídicas predominantes no mundo ocidental – *common law* e *civil law*, pois entre elas também passa a ver compatibilidade nuclear

---

[85] Fábio Ramazzini Bechara (2011, p. 69), leciona que o processo de evolução dos direitos humanos passou por três fases: 1ª) positivação, caracterizada pela desconcentração do poder e pelo reconhecimento de liberdades civis; 2ª) generalização, que compreende a tutela jurídica do ser humano; 3ª) a especificação, com a passagem do tratamento dos ser humano do plano abstrato para o situacional; e, por fim 4ª) a internacionalização, manifestada pela positivação dos direitos humanos no plano internacional, concretizando o *padrão normativo*.

[86] A harmonização dos sistemas processuais domésticos na configuração das garantias processuais ocorreu, assim, por um processo vertical de influência, partindo-se do âmbito internacional para os ordenamentos jurídicos nacionais. Nas palavras de Fábio Ramazzini Bechara (2011, p. 93), a diversidade entre os sistemas acaba por ser superada pelo reconhecimento do padrão normativo universal das garantias processuais.

das normas relativas a direitos humanos, com destaque para aquelas que possuem repercussão processual penal[87].

Resta bastante claro que o direito comparado serviu como ferramenta no processo de harmonização entre ordenamentos processuais domésticos, sem prejuízo da verticalização inerente ao fenômeno, gerando oportunidades de hibridização normativa que repercutem – e muito – sobre a seara probatória[88].

Um último fator que contribuiu para a adesão dos estudiosos de direito processual penal ao método comparado foi, sem qualquer dúvida, a internacionalização do processo penal.

2.3. Processo Penal comparado como ferramenta de hibridização – a experiência do Processo Penal Internacional

Os já citados padrões de direitos humanos estabelecidos no plano internacional, a partir do pós-Segunda Guerra, elevaram indivíduos à posição de sujeitos do direito internacional que, antes, alcançava apenas as relações entre Estados. Tem-se como marco dessa transição a Declaração Universal dos Direitos do Homem de 1948[89].

O círculo de sujeitos de direito internacional passou por nova ampliação com o desenvolvimento de uma justiça penal internacional mais sólida, para além do que ocorrera nos tribunais de Nuremberg e de Tóquio. Em um primeiro momento constituída por meio das cortes *ad hoc*[90] e, depois, materializada de forma permanente[91], a justiça penal internacional passou a reconhecer como sujeitos do direito internacional não somente as

---

[87] DELMAS-MARTY, Mireille. *A influência do direito comparado sobre a atividade dos tribunais penais internacionais*. In: DELMAS-MARTY, Mireille; CASSESE, Antonio (org.) *Crimes Internacionais e Jurisdições Internacionais*. Campinas: Manole, 2004, p. 110.

[88] É o que estrai do escólio de DELMAS-MARTY (2004, p. 106), para quem o esboço de um direito *supranacional* correlato à tutela de direitos humanos *é considerado por alguns comparatistas um apelo a uma reconciliação entre do direito comparado e do direito internacional em benefício dos direitos humanos.*

[89] DELMAS-MARTY, Mireille. *A influência do direito comparado sobre a atividade dos tribunais penais internacionais*. In: DELMAS-MARTY, Mireille; CASSESE, Antonio (org.) *Crimes Internacionais e Jurisdições Internacionais*. Campinas: Manole, 2004, p. 106.

[90] Tribunal Penal Internacional para ex-Iugoslávia e Tribunal Penal Internacional para Ruanda.

[91] Tribunal Penal Internacional.

vítimas de violações de direitos humanos, mas também os indivíduos responsáveis por crimes internacionais[92].

Concebida a figura penal do crime contra a humanidade, o direito penal internacional não poderia ser materializado sem regras de processo e procedimento, até então inexistentes na arena internacional. Quando da constituição das cortes penais internacionais, por isso, atribuíram-se a elas não apenas a competência jurisdicional para processar e julgar crimes internacionais, mas também competências normativas, especialmente para elaboração dos regulamentos de procedimento.

Ocorre que os tribunais penais internacionais são compostos por juízes oriundos de diversas regiões do mundo e, consequentemente, formados sob distintas tradições jurídicas. Como esses julgadores poderiam compor normas de processo e procedimento, de forma a preservar as tradições jurídicas de cada um deles?

De plano, é seguro afirmar que a influência anglo-saxônica ou romano-germânica sobre o modelo processual dos tribunais *ad hoc*, não pode ser compreendida com a noção de *tradução*[93], porque as cortes internacionais *ad hoc*, novas, não possuíam uma tradição jurídica. Assim, não havia um sistema ao qual deveriam os institutos processuais importados se adaptar.

Diversamente, não haveria impedimento para que aludida influência fosse materializada por meio de *transplante*, extraindo-se toda a estrutura de um determinado sistema processual e mimetizando-a por inteiro para a constituição das normas de processo aplicáveis aos tribunais internacionais.

Se assim fosse, haveria um problema. O movimento de transplante na formação do processo penal internacional, desacompanhado de um estudo de direito comparado, poderia desaguar numa relação de domínio de uma *cultura jurídica* sobre outra[94]. Nesse caso, o movimento de transplante implicaria um *déficit de legitimidade* relativo à constituição do direito processual dos tribunais *ad hoc* e, depois, do TPI, levando-se em consi-

---

[92] Idem. P. 108.
[93] Para melhor compreensão dos termos *tradição jurídica* e *transplante*, v. o item 2.7, abaixo.
[94] DELMAS-MARTY, Mireille. *Comparative criminal law as a necessary tool for the application of Internacional Criminal Law*. In: CASSESE, Antonio (org.) *The Oxford Companion to International Criminal Justice*. Oxford: Oxford University Press, p. 99: "The comparative method is not just a technical tool. It implies political choices because, to *avoid the transplantation of one dominant model*, it favors hybridization inspired by pluralism".

deração justamente as composições heterogêneas dos tribunais penais internacionais[95].

É por isso que, considerando que as cortes internacionais não apenas aplicam o direito, mas também o definem – pela da elaboração do regulamento de procedimentos e prova e suas múltiplas emendas – é implícita a ideia de que o estudo comparado seria útil para *legitimar* as opções normativas (abstratas e concretas) das cortes internacionais. Diante da aludida constatação, dispõe, por exemplo, o art. 21, (1), do Estatuto do TPI, que os princípios gerais do direito identificados pela Corte, a partir de *leis nacionais* que representam os *vários sistemas jurídicos do mundo*, devem ser fonte secundária na formação do direito a ser aplicado no TPI[96].

Apesar de essa disposição ser expressa no estatuto do TPI, o estudo comparado não é citado nas resoluções de instituição das cortes *ad hoc* como fonte do direito para elas concebido. A conciliação entre as distintas formações jurídicas presentes nessas cortes trata-se, portanto, de uma ideia implícita.

Não se poderia deixar de considerar, contudo, um obstáculo de ordem prática aos estudos de direito comparado, principalmente nas cortes *ad hoc*. Como as cortes penais internacionais foram constituídas com a finalidade de materializar a concepção de *accountability*[97] diante de graves violações de direitos humanos, o tempo disponível para que estudos de direito comparado precedessem a elaboração normativa era bastante escasso[98]. A tendência, por isso, era a de que, na prática, os juízes das cortes internacionais privilegiassem seus conhecimentos pessoais, inteiramente permeados pela cultura jurídica subjacente a suas formações[99].

---

[95] Dispõe o artigo 12 da Resolução do TPIY que suas câmaras deverão ser compostas por até dezesseis juízes permanentes, *sendo vedado que dois ou mais juízes sejam nacionais de um mesmo Estado*: Article 12 [...] 1. The Chambers shall be composed of a maximum of sixteen permanent independent judges, no two of whom may be nationals of the same State [...].

[96] DELMAS-MARTY, Mireille. A influência do direito comparado sobre a atividade dos tribunais penais internacionais. In: CASSESE, Antonio; DELMAS-MARTY, Mireille (org.) *Crimes internacionais e jurisdições internacionais*. Barueri: Manole, 2004, p. 109, 112/113.

[97] Sem tradução literal que represente o real conteúdo do termo, *accountability* é aqui empregado para designar a obrigação que a comunidade internacional e os Estados nacionais têm de, diante de graves violações de direitos humanos, *prestar contas*, por meio de alguma espécie de reação que represente censura ou se revista de caráter preventivo.

[98] DELMAS-MARTY, Mireille. Op. cit. p. 109.

[99] DELMAS-MARTY, Mireille op. cit. 113.

Dessa postura judicial, dois reflexos podem ser notados. Primeiro, as sentenças exaradas pelas cortes internacionais não possuem feições homogêneas e indicam a flutuação de uma concepção jurídica à outra[100]. Não menos importante, no âmbito normativo, nota-se que, em certos pontos, as regras elaboradas indicam uma posição de domínio de um sistema jurídico sobre outro.

Quando do início dos trabalhos nos tribunais *ad hoc*, essa era a realidade existente. Diante do referido cenário, o estudo de direito comparado como norte na construção normativa das cortes *ad hoc* ficou sem espaço, instalando-se inicialmente um ambiente de dominação do sistema anglo-saxônico, fruto da preponderância das "sugestões" normativas remetidas às cortes pelos Estados Unidos da América[101]. Assim, pelo menos em um momento inicial, o modelo processual é, não apenas influenciado, mas dominado pelo modelo *adversarial*, por meio de movimento de transplante.

Contudo, ao longo dos anos, com sucessivas reformas operadas sobre as *Rules of Procedure and Evidence* dos tribunais *ad hoc*, o sistema processual internacional ganhou feições de um sistema híbrido[102].

Dois casos de resistência dos juristas com formação *civil law* à hegemonia do *common law* na formação do processo penal internacional ilustram bem esse quadro. Em 1995, os debates iniciais envolvendo a criação do TPI evidenciaram o completo domínio da *common law* na formação do direito a ser aplicado sob a jurisdição internacional dessa nova Corte, seguindo a tendência da normativa dos tribunais *ad hoc*. Consternado com a preterição do sistema *civil law*, o representante francês Gilbert Bitti alertou formalmente seu governo no sentido de que uma forte reação seria necessária para evitar um completo domínio do sistema *common law*[103].

Outro exemplo pode ser extraído do acórdão prolatado pela Câmara de Apelação do TPIY em 07 de outubro de 1997, no caso *Erdemovic*. No curso

---

[100] Idem. Ibidem.
[101] SLUITER, Göran. *Procedural lawmaking at international criminal tribunals*. In: STAHN, Garrsten; HERIK, Larissa van Den (org.). *Future perspectives on International Criminal Justice*. Haia: TMC Asser Press, 2010. P. 319: "It is common knowledge that the set of rules proposed by the United States was most influential and strengthened the common law nature of ICTY procedure".
[102] AMBOS, Kai. International criminal procedure: "adversarial", "inquisitorial" or mixed? In: International Criminal Law Review. Nº 3, 2007, p. 01-37.
[103] AMBOS, Kai. op. cit. p. 06/07.

de discussões correlatas ao que se deveria entender por "estado de necessidade", a câmara optou por soluções baseadas em *considerações práticas*. Os votos dos demais juízes levaram o presidente Antonio Cassese a formular críticas no sentido de que a Câmara estava a adotar, com exclusividade, fundamentos filosóficos dos países de *common law*, em detrimento do direito de tradição *romano-germânica* e de outros sistemas jurídicos[104]. Na oportunidade, Cassese assentou que procedimento internacional deveria ser resultado da "fusão de dois sistemas jurídicos diferentes – o dos países vindos da *common law* e o dos países de direito romano"[105].

Para Delmas-Marty, essa ideia de *combinação-fusão* remete à concepção de hibridação de sistemas jurídicos, único caminho para que se afaste o risco de *dominação* de um sistema jurídico sobre outro[106].

Em verdade, da análise das *rules of procedure and evidence* dos tribunais *ad hoc*, nota-se que, a princípio, o sistema processual da Corte Internacional para ex-Iugoslávia acolheu um modelo adversarial de processo penal, o qual se desenvolveu, posteriormente, para um modelo híbrido[107].

Se a tendência internacional é a hibridização e se o processo internacional exerce influência sobre os ordenamentos processuais nacionais, estes também podem passar a apresentar certa hibridização. Sob esse prisma, não se tem dúvida de que, em alguma medida, esses fatores que forçaram a realização de estudos comparados por aqueles que estudam e manejam o processo penal abriram portas para a hibridização dos sistemas processuais domésticos.

Acadêmicos e profissionais foram forçados a voltar seus olhos para tradições jurídicas distintas das que compuseram sua formação. A incorporação, ainda que inconsciente, de valores antes ignorados pelos sistemas domésticos, a partir de estudos de direito comparado, é consequência inevitável, especialmente por meio da atividade doutrinária e jurisprudencial – é exatamente o que se extrai das experiências tratadas acima[108].

---

[104] DELMAS-MARTY, Mireille. op. cit. p. 130.
[105] Idem. Ibidem.
[106] Idem. p. 131.
[107] AMBOS, Kai. op. cit. p. 5.
[108] Diversos doutrinadores apontam que a ampliação dos estudos de direito comparado no campo processual penal possibilita a universalização de regras procedimentais e garantias processuais nos sistemas ocidentais. V., por exemplo: HENDLER, Edmundo S. *Sistemas Penales Comparados*. Buenos Aires: Didot, 2014, p. 39.

2.4. Tradições jurídicas, modelos processuais e ordenamentos processuais

Defende-se doutrinariamente que, para melhor compreender o funcionamento de determinado ordenamento processual[109], deve-se reconhecer se o seu referencial teórico é encontrado nas construções do *common law* ou do *civil law*[110].

Não há como discordar dessa constatação, na medida em que o conhecimento das origens de determinado ordenamento jurídico e dos institutos que o compõem viabilizam interpretações mais precisas, tanto para a composição de estudos doutrinários quanto para a aplicação prática do direito. O referencial teórico, à evidência, surge como um norte a ser seguido. Se determinado instituto jurídico tem origem na tradição anglo-saxônica, *v.g*, seu manejo prático deve ser coerente com as raízes conhecidas.

Subjacente a essa afirmação, pode repousar a aceitação de um projeto taxonômico[111] voltado à categorização dos diversos sistemas jurídicos exis-

---

[109] Nota-se que, neste ponto, utiliza-se o termo "ordenamento processual/jurídico" para se referir a um corpo normativo particular, existente no âmbito de determinado Estado ou no campo internacional. O ordenamento processual, assim, é compreendido e analisado a partir da apreensão das características do seu referencial teórico, ou seja, do *modelo* jurídico que lhe serve de referência. A distinção é clara. O *modelo* é revestido de abstração, enquanto o *ordenamento* apresenta concretude. Todavia, para o presente trabalho, *ordenamento processual/jurídico* compreende não apenas o direito positivado, mas a cultura processual, as práticas jurídicas usuais e o pensamento jurídico predominante. Interessante anotar que alguns autores se referem a *sistema jurídico* como aquele em funcionamento em um determinado Estado, em oposição ao que se entende por modelo processual, conceito abstrato que estaria mais ligado à noção de *família jurídica*. Aderem a essa posição, por exemplo, Harry Dammer e Erika Fairchild (APUD, Hendler, 2014, p. 39). Citando os autores, aponta Hendler: *"El concepto de sistema legal que utilizan estos autores se define como referido a las agencias, procedimientos y reglas de creación, aplicación y juzgamiento de un país y se opone a la idea de familia o tradición legal. Estas últimas serían 4: la de derecho civil, de derecho comum inglés, socialista y religiosa".* Entendemos que, de fato, o termo *sistema processual* pode se referir a um *sistema particular*, não se confundindo com o que se denomina *modelo processual*. Nesta obra, em regra, *sistema* e *modelo* são termos equivalentes, exceto quando o substantivo *sistema* vier acompanhado por um adjetivo capaz de restringir o alcance do termo (doméstico, particular, específico, determinado, interno etc.).

[110] GLENN, Patrick. *Legal Families and Legal Traditions*. In: REIMANN; Mathias; ZIMMERMANN, Reinhard (ed.). Op. cit. p. 424.

[111] Patrick Glenn (2006, p. 425) pontua que, em meados do século XVIII, *Carolus Linnaeus* concebeu a taxonomia como a disciplina que, na biologia, tem como objeto definir os grupos

tentes no mundo. Para a materialização desse projeto, na construção dos grupos a serem utilizados como referenciais no processo de classificação, determinadas características, tidas como essenciais de cada um deles, devem ser coletadas. Com essas características centrais, desenham-se os limites de cada grupo e, após, em leitura comparativa, analisando-se objetos específicos, procede-se à alocação destes no âmbito de seus respectivos grupos. Há relação de pertencimento. Se o objeto *gama* apresenta características que o classificam como integrante do grupo *beta*, neste estará inserido. Por isso, a doutrina comparatista denominou esses agrupamentos de *famílias jurídicas*[112].

Como se sabe, essa aplicação da taxonomia na seara jurídica culminou na construção de duas *famílias jurídicas* predominantes no mundo ocidental – o *common law* e o *civil law*.

A construção de estruturas que viabilizam uma classificação razoavelmente estável no âmbito jurídico, todavia, não é tão simples quanto nas ciências físico-químicas. No direito, o objeto de estudo específico a ser acomodado no referencial abstrato é um sistema jurídico particular e, como é cediço, sistemas jurídicos sofrem constantes mutações[113]. Ressalte-se que essas transformações nem sempre ocorrem de maneira formal, podendo decorrer do surgimento de novas formas de interpretação e de valoração das normas já existentes. Até mesmo valores sociais e influências culturais repercutem sobre a interpretação do direito.

Há um fluxo constante de mudanças *normativas* – não apenas formal-legislativas – contrapostas por movimentos de resistências a elas[114]. Nesse cenário, a fixação de características de um sistema jurídico, apenas para fins de estável classificação, pode gerar confusão, por prejudicar a compreensão

---

de organismos, classificando-os com base em características comuns. Esse modelo de categorização foi empregado, a partir de então, em diversas áreas do conhecimento, inclusive no direito, de acordo com o que se desenvolve neste tópico.

[112] GLENN, Patrick. Op. cit. p. 422.

[113] Idem. p. 427.

[114] As alterações normativas relacionadas à abertura de espaços de consenso no processo penal e os movimentos de resistência a elas é bastante evidente na reconstrução feita no capítulo 03. Especificamente nessa matéria, os movimentos de resistência tendem a se materializar internamente no processo penal, por oposição de juízes que não aceitam uma aparente restrição de poderes processuais. Externamente, os espaços de consenso no processo penal tendem a enfrentar resistência no plano legislativo.

CAPÍTULO 2 - O ESTUDO DE DIREITO COMPARADO NA FORMAÇÃO DO PROCESSO PENAL...

dos fenômenos de mutação presentes. Corre-se o risco de o sistema assimilado como parte de certo grupo ter sua força normativa arrefecida, pois, diante de incongruências entre as suas características fixas e as novas formas de compreensão político-social, estas tendem a preponderar, afetando a credibilidade e a forma de compreensão do próprio sistema jurídico[115].

Prejudica-se inclusive o referencial teórico do sistema observado, pois, ao se afirmar que um determinado sistema *é common law* – como ocorre com a noção de *famílias legais* – e não mera e predominantemente *influenciado* pela *tradição common law*, nega-se aprioristicamente a possibilidade de influências externas e de hibridização, o que, como já ficou claro pelos tópicos anteriores, soa demasiadamente artificial.

Para fins de desenvolvimento deste trabalho, os referenciais comparatistas e de raiz deixam de ser as *famílias jurídicas* e passam a ser as *tradições jurídicas* e os *modelos processuais* que lhe são característicos. Mais especificamente, *civil law* e *common law* são aqui compreendidos como tradições jurídicas, no bojo das quais foram desenhados os modelos processuais *inquisitorial*[116] e *adversarial*[117], respectivamente.

---

[115] GLENN, Patrick. Op. cit. P. 427.

[116] A correlação entre o modelo processual denominado inquisitorial e a tradição jurídica do *civil law* é esclarecida por Patrick Glenn. Segundo o autor, a tradição denominada *civil law* remonta ao direito praticado na Roma Antiga e ao moderno direito europeu-continental, que se iniciou pela "redescoberta" do Direito Romano no século XI (GLENN, Patrick. *Legal Traditions of the World*. 5th Ed. Oxford: Oxford University Press, 2014, p. 132). A princípio, os romanos teriam evitado a concepção de um sistema de justiça profissional, simplesmente conferindo a nobres e patrícios o poder de resolver controvérsias específicas. Nesse primitivo estágio do Direito Romano, duas características essenciais se verificavam: 1) não havia um direito prévio a ser aplicado e a decisão era tomada de forma amadora no caso concreto; 2) não se reconhecia a qualquer cidadão o direito de se dirigir diretamente a um juiz. O acesso à "justiça" era intermediado pela atuação de um pretor, que recebia a reclamação do interessado e, depois, formulava o caso perante o "iudex", em busca de uma decisão (idem, p. 136). Diante da insegurança jurídica e da insuficiência desse modelo para manter a pacificação social, conferiu-se a um grupo – o Colégio de Pontífices – o poder de interpretar o direito. Pelo desenvolvimento da *expertise* dos pontífices e dos seus sucessores, os jurisconsultos, emergiu a ideia de direito enquanto conhecimento e aprendizado, em forma escrita e com observância a rigorosos padrões de racionalidade (idem, p. 136). Vê-se que, embora o direito codificado seja hoje considerado a primordial característica da tradição romano-germânica, a sua raiz se encontra na racionalidade dos excertos doutrinários, elaborados principalmente entre o período final da República e o fim do Império Romano. Com a queda de Roma, Justiniano mandou compilar os textos jurídicos produzidos até então, dando origem ao *Corpus*

Iuris Civilis, já citado neste livro. Das partes integrantes da compilação, destaca-se o *Digesto*, formado justamente pelos principais trabalhos dos jurisconsultos romanos. O grande legado do *Corpus Iuris Civilis* e, principalmente, do *Digesto* é a compreensão do direito como produto da predominância da racionalidade e da lógica na construção das normas. Prioriza-se o raciocínio, a dogmática jurídica, a construção normativa assentada em princípios sólidos e racionais, em detrimento da simples solução dos casos concretos. Erigida sobre a noção aristotélica de lógica, essa leitura transforma o direito em "instrumento da razão" (GLENN, Patrick. *Legal Traditions of the World...* p. 152). Se o direito é construído com bases lógicas precisas, então a sua justa aplicação pressupõe adequada apuração dos fatos. O foco não é apenas a resolução do conflito, mas a correta e lógica aplicação do sistema racionalmente construído. Por isso, os procedimentos devem ser "investigativos" ou, como querem comparatistas e adeptos do *common law*, eventualmente com viés crítico, "inquisitoriais". Pontua o autor: "since substantive law existed, there was general agreement that judges had to get the facts right, so the substantive law would be applied where it was meant to be applied. Procedure had to be investigative [...]. A substantively erroneous decision was illegal. [...] The procedures and institutions of continental Europe and latin America all reflect the existence of written law. Since it exists it must be enforced, and judges have to actively establish the facts which justify its application. Common lawyers call this, pejoratively, an 'inquisitorial' type of procedure" (GLENN, Patrick. *Legal Traditions of the World...* p. 140 e 143). *Civil Law*, então, pode ser compreendida como a tradição jurídica que se formou pela lenta consolidação dos valores praticados no Direito Romano e reelaborados pelos estudos da Universidade de Bologna, a partir do século XI. Os ordenamentos jurídicos inspirados por essas fontes – tais como o Francês, o Alemão, o Italiano, o Suíço, o Argentino, o Brasileiro e o Chileno (MERRYMAN e PÉREZ-PERDOMO, 2007, p. 1) – possuem, assim, raízes no *Civil Law* ou, sinonimamente, na tradição romano-germânica, com forte tendência de adesão ao modelo inquisitorial de processo.

[117] A tradição do *common law* ou anglo-saxônica encontra suas raízes no direito que se desenvolveu na Inglaterra a partir do ano 1.066, depois da conquista pelos Normandos. O lento desenvolvimento do *common law* e do processo adversarial é objeto da abordagem feita ao longo do terceiro capítulo, adiante. Antecipe-se que a expansão do império britânico no período colonial, especialmente entre os séculos XVII e XIX, assegurou razoável expansão do *common law*, tradição jurídica que vigora atualmente na Grã-Bretanha, na Irlanda, nos Estados Unidos, no Canadá, na Austrália e na Nova Zelândia, apresentando influência, ainda, sobre nações africanas e asiáticas (MERRYMAN, John Henry; PÉREZ-PERDOMO, Rogelio. *The Civil Law Tradition*º 3rd Ed. Stanford: Stanford University Press, 2007, p. 4). Tem-se que a difusão do *common law* para os Estados Unidos e para outros Estados ocorreu por meio de processo de *transplante*, em contexto de colonização. Assentadas as colônias nos territórios de destino, o direito praticado na origem foi transplantado, em movimento descrito teoricamente por Alan Watson (WATSON, Alan. *Legal Transplants. Legal transplants. An approach to comparative law.* Athens/London: The University of Georgia Press, 1974, p. 29-30).

Diversamente do que ocorre no desenvolvimento do projeto taxonômico que sustenta a ideia de *famílias jurídicas*, não há uma inflexível necessidade de se preservar a estabilidade de determinadas características nas *tradições jurídicas*, pois nestas não subsiste um ideal de firme categorização.

Isso ocorre porque as tradições jurídicas se desenvolvem, inicialmente, por meio do registro de informações de caráter normativo[118] existentes em determinada época. Feito o registro das informações, devem elas se constituir como padrões de conduta, de maneira que as pessoas desejem agir de acordo com isso e, mais além, promovam a transmissão dessas informações para as gerações subsequentes. Estas, por sua vez, podem acolher ou não as tradições ou mesmo desenvolver variações capazes de alterá-las em maior ou menor grau.

Qualquer que seja a forma de manejar as tradições recebidas da geração antecedente, haverá a formação de novas informações normativas que aderem à tradição, são objeto de novo registro e de nova transmissão. Ao longo do tempo, a massa de informações que manifesta a tradição se torna mais densa, consolidando sua legitimidade[119].

A força normativa da tradição, portanto, é consectário, em grande medida, da sua permanência diante do decurso do tempo. Mais além, uma tradição jurídica não se caracteriza por um apanhado de regras sobre direito penal, processual, contratos ou outros temas específicos, embora estas possam apresentar reflexos da *tradição* subjacente. Na realidade, a tradição jurídica é composta por uma massa de concepções, compreensões e valores que estão profundamente enraizados em um sistema jurídico particular, historicamente exercendo sobre ele influência, moldando o entendimento sobre o papel que o direito deve desempenhar na sociedade e como as normas devem ser desenhadas, aplicadas, estudadas, aperfeiçoadas e ensinadas[120]. É claro, assim, que as tradições jurídicas apresentam um elemento de temporalidade bastante expressivo, com desenvolvimento

---

[118] Entre outros elementos, podem ser compreendidas como informações de caráter normativo aquelas contidas em diplomas legais, resultantes de processos decisórios ou que esclareçam certas questões político-sociais que se encontravam sob discussão. Também se consideram informações normativas as percepções decorrentes da cultura jurídica e as práticas consolidadas.

[119] GLENN, Patrick. Op. cit. p. 428.

[120] MERRYMAN, John Henry; PÉREZ-PERDOMO, Rogelio. *The Civil Law Tradition*º 3rd Ed. Stanford: Stanford University Press, 2007, p. 2.

sempre dinâmico pelo citado processo de registro, transmissão e assimilação de informações normativas.

A única forma de se conceber a tradição como temporariamente estática é se ela não tiver a adesão do povo que a receber, embora as informações que a compõem possam permanecer conhecidas e disponíveis. Nesses casos, é possível que haja um hiato na aplicação de determinada tradição jurídica, justamente como ocorreu com o direito romano. Os estudos da Universidade de Bologna resgataram tradições jurídicas do direito romano que já haviam caído em desuso e foram ressuscitadas, com as adaptações normativas que a geração então presente entendeu pertinentes.

O mais importante para o presente objeto de estudo é que as distintas *tradições jurídicas* permitem contato, interpenetração e hibridização, haja vista que repousam elas em informações normativas e os sistemas jurídicos domésticos são compostos por diversas ordens de informação normativa. Doutrinariamente, diz-se ser recomendável que se busque aferir os *graus* influência que diversas tradições exerceram nos processos de formação de um sistema jurídico nacional[121].

A concepção de *tradição jurídica*, portanto, por autorizar análise dinâmica dos fenômenos que circundam formações e modificações normativas, é plenamente manejável como ferramenta de direito comparado. Ao contrário do que ocorre com os estudos de categorização, que revelam relações de pertencimento, as *tradições jurídicas* podem ser observadas em movimentos de inter-relação[122].

---

[121] Patrick Glenn (2006, p. 425) não deixa dúvidas: "The concept of legal tradition thus suggests that one look for the *degrees* to which different traditions have been influential in the make-up of different national laws".

[122] Patrick Glenn (2006, p. 429) ressalta que, para fins de compreensão de determinado fenômeno, as técnicas de categorização possuem um valor científico reduzido, se comparadas às técnicas de comparação. Por exemplo, o puramente classificatório conceito de *quente* transmite menos informação do que a ideia de *mais quente do que outro objeto*. Conclui o autor que, por essa razão, os graus de análise dos sistemas jurídicos permitidos pelo conceito de *tradição jurídica* expressam um conceito verdadeiramente comparativo, diferentemente do que ocorre com conceitos meramente classificatórios. No mais, os projetos taxonômicos poderiam permitir análises comparativas razoáveis apenas entre determinado *sistema jurídico* diante da *família jurídica* concebida no plano abstrato, mas não entre distintos sistemas jurídicos concretos.

É justamente o processo que se desenvolve ao longo dos capítulos 03 e 04. As tradições jurídicas do *common law* e do *civil law* são analisadas paralelamente nos aspectos concernentes, direta ou indiretamente, à colaboração premiada. Após, estudam-se os movimentos de inter-relação das duas tradições jurídicas predominantes nas realidades italiana e brasileira, perquirindo-se os reflexos sobre o direito pátrio.

Para tanto, parte-se da premissa de que, com base em estudos doutrinários, cada uma das tradições jurídicas viabilizou a formação de modelos processuais que servem como referenciais a sistemas processuais particulares. Resta evidente que, neste trabalho, faz-se clara distinção entre modelo e sistema processual, sendo este concreto, palpável, e aquele abstrato, idealizado[123].

Assim, ao lado da concepção de *tradição jurídica*, as noções de modelos e ordenamentos processuais complementam as ferramentas das quais dispomos para melhor interpretar normas postas, à luz de suas raízes históricas e de seus referenciais teóricos. Essas noções constituem, por isso, os objetos centrais dos próximos tópicos.

2.5. Sistemas Processuais Penais Comparados

Memore-se que o presente trabalho se propõe a explorar os papeis que cabem às partes do acordo de colaboração premiada, à luz das inovações trazidas pela Lei nº 12.850/13, que parece materializar pontos de sensível influência do processo penal praticado em países de tradição anglo-saxônica sobre a normativa nacional.

Com efeito, referido ato normativo proporcionou ao instituto um novo e detalhado roteiro, conferindo ao meio de obtenção de provas em questão feições que remetem ao instituto do *plea bargaining*, típico do processo penal adversarial praticado nos Estados Unidos da América.

Para melhor compreensão dessa afirmação que enxerga no processo penal brasileiro notas de influência da tradição anglo-saxônica, propõe-se inicialmente uma breve leitura das distintas características dos sistemas processuais concebidos sob a influência da tradição *common law*, em comparação com os sistemas baseados na tradição romano-germânica.

---

[123] Modelos processuais, então, são compreendidos como tipos ideais weberianos, o que é esclarecido no tópico 2.6, abaixo.

No desenvolvimento dessa tarefa, tomam-se como ponto de partida as anotações de Abraham Samuel Goldstein que, já em meados de 1974, desenhava distinções entre as noções de processo adversarial e de processo acusatório[124]. Pretende-se, a partir dessas leituras, demonstrar que a concepção anglo-saxônica de processo adversarial e a concepção romano--germânica de processo acusatório não se confundem. No mesmo sentido, quando estudiosos do *common law* referem-se a *modelo inquisitorial*, não o fazem com a mesma conotação pejorativa com que os partidários do *civil law* trabalham a ideia de *modelo inquisitivo*.

Assim, estudam-se os modelos processuais à luz de duas distintas dicotomias, que não se confundem: a) *modelo acusatório/sistema inquisitivo* – normalmente empregada por doutrinadores com formação romano-germânica; e b) *modelo adversarial/sistema inquisitorial*, mais comum entre os autores com formação anglo-saxônica e entre estudiosos do direito comparado[125].

Expostos, então, os contornos do modelo adversarial – ideal que se extrai da articulação de valores típicos do *common law* – poderão ser identificadas quais características deste encontram-se presentes na nova regulamentação legislativa da colaboração premiada. Mais além, será possível conferir aos dispositivos inovadores interpretação mais precisa, viabilizando o manejo da *colaboração premiada* de maneira justa e equilibrada, conforme o norte interpretativo já delineado no capítulo inaugural da obra.

Adicionalmente, considerando que o modelo processual adversarial exerceu influência sobre as novas disposições da colaboração premiada, refletindo sobre os papeis dos atores do processo, dois pontos de análise mostram-se essenciais: a) quais são os movimentos que indicam a influência de um sistema processual sobre outro; e, em uma análise mais detida, b) quais são os indicativos da influência anglo-saxônica sobre o processo

---

[124] GOLDSTEIN, Abraham S. *Reflections on two models: inquisitorial themes in American Criminal Procedure*. In: *Stanford Law Review*. Vol. 26. Nº 5, maio de 1974, p. 1.016-1.017. O autor não distinguia, contudo, a abordagem continental referente ao *modelo inquisitivo* ou *inquisitório* da abordagem anglo-saxônica referente ao *modelo inquisitorial*.

[125] ZILLI, Marcos Alexandre Coelho. *A iniciativa instrutória do juiz no processo penal*. São Paulo: Revista dos Tribunais, 2003, p. 25. Na obra, o autor sistematiza o estudo de modelos processuais utilizando essas duas dicotomias como referências. Cf. ZILLI, Marcos Alexandre Coelho. Op. cit. p. 38/53.

penal brasileiro, em termos gerais. Essas duas leituras possibilitarão uma compreensão simplificada dos pontos de influência do modelo *adversarial* sobre a Lei nº 12.850/13.

Quanto ao primeiro aspecto – movimentos de influência de um modelo processual estrangeiro sobre um sistema particular – devem ser lembradas as recomendações de Marcos Alexandre Coelho Zilli[126]. No processo de globalização jurídica, a atividade de importação de institutos processuais exige um estudo minucioso de compatibilidade entre o enxerto pretendido e o ordenamento jurídico que o acolhe. Alerta o autor que, sem essa cautela, possibilita-se grande margem de equívocos – não apenas no âmbito legislativo, mas também em sede doutrinária – os quais podem conduzir a conclusões distorcidas.

É por isso que, para que o referido juízo de compatibilidade não seja negligenciado no presente trabalho, a análise do movimento de influência de sistemas alienígenas sobre sistemas domésticos observará as distinções feitas por Máximo Langer quanto aos fenômenos do *transplante* e da *tradução*[127], que serão tratados depois de absorvidas as características centrais de cada um dos modelos processuais que nos interessam.

2.6. Metodologia para a identificação de sistemas processuais: a metodologia do mínimo denominador comum e a teoria dos tipos ideais

Há divergência entre autores no desempenho da atividade de identificação dos conteúdos típicos do processo adversarial ou do processo inquisitorial. Essa confusão decorre da ausência de critérios na delimitação das características inerentes a um ou outro modelo processual. Por essa razão, o ideal taxonômico já referido acima[128] é dificilmente concretizado com razoável precisão.

Tem-se dito que esse problema pode ser resolvido por meio de duas distintas abordagens, a do mínimo denominador comum e a dos tipos ideais. Na primeira – mínimo denominador comum – concebem-se os mode-

---

[126] Idem. Ibidem.
[127] Cf. Item 2.5, infra. LANGER, Máximo. *From legal transplants to legal translation: the globalization of plea bargaining and the americanization thesis in criminal procedure*. Harvard International Law Journal. Vol. 45, Nº 01, p. 1-64, 2004.
[128] Item 2.5.

los adversarial e inquisitorial como representações de dois grupos, cada um deles com distintas raízes históricas[129].

O modelo adversarial seria, assim, composto por características mínimas comuns a todos os sistemas com raízes anglo-saxônicas, enquanto o modelo inquisitorial seria composto por características comuns a todos os sistemas de raízes romano-germânicas[130].

Ocorre que essa abordagem apresenta alguns problemas. Guarde-se a premissa de que o mínimo denominador comum de cada modelo processual é instável e passa constantemente por mutações[131]. Adotada essa abordagem teórica, tão logo uma determinada característica mínima fosse retirada do sistema processual de uma ordem jurídica particular, deixaria ela de ser identificada como pertencente ao seu modelo tradicional. Ainda pior, se ela não preenchesse o mínimo denominador comum do modelo oposto ao qual pertencia anteriormente, passaria a ser um sistema sem qualquer referencial teórico[132].

O que se nota é que a teoria do mínimo denominador comum não é capaz de lidar com o movimento de hibridização de sistemas jurídicos, tão comum no processo penal internacional e nos sistemas contemporâneos domésticos, fazendo com que sistemas processuais em mutação e sistemas internacionais recém-concebidos situem-se em um vazio jurídico.

Como consequência dessa problemática dinâmica, os adeptos da teoria do mínimo denominador comum desenham apenas *exemplos* de características típicas dos modelos processuais, mostrando-se incapazes de apre-

---

[129] LANGER, Máximo. From legal transplants to legal translation: the globalization of plea bargaining and the americanization thesis in criminal procedure. *Harvard International Law Journal*. Vol. 45, Nº 01, p. 1-64, 2004.

[130] DAMASKA, Mirjan R. *The Faces of Justice and State Authority: a comparative approach to the legal process*. New Haven: Yale University Press, 1986, p. 04. *Promiscuously intertwined, two basic approaches to this problem can be discerned. One approach is to conceive the two types as portrayals of two distinctive groups, descendants of actual historical systems: one type embraces features common to procedures in the tradition deriving from England, while the other similarly relates to procedures in Continental tradition.*

[131] Idem. P. 5.

[132] DAMASKA, Mirjan R. Op. cit. P. 5. *The lowest common denominators of each system are unstable and constantly changing. As soon as a feature is rejected by a single country, it must be exorcised from its respective model.*

sentar características que componham genuínos padrões processuais e institucionais[133].

Por isso, parece-nos que uma abordagem mais adequada seria compreender os modelos processuais adversarial e inquisitorial como tipos ideais, de acordo com as leituras de Max Webber[134]. Tem-se constatado que, historicamente, os modelos processuais se enquadram na ideia de "tipos ideais", pois jamais existiram de forma pura em qualquer sistema processual conhecido. Nunca foram, assim, modelos concretos, cuja existência pudesse ser empiricamente constatada. Os modelos processuais são, em verdade, meras construções mentais, extraídas de práticas desenvolvidas no bojo de tradições jurídicas e que servem como norte na elaboração e no manejo de sistemas processuais particulares.

Ademais, os opostos tipos ideais de processo possuem características que, apesar de distintas, podem – e normalmente assim o é, em decorrência da contemporânea tendência de hibridização – coexistir em sistemas processuais estudados de maneira particular. Naturalmente, pode ser que algumas contradições sejam inconciliáveis, mas não se pode negar que há pontos que possibilitam o contato.

Afirma-se, por isso, que, no bojo da teoria dos tipos ideais, sistemas concretos tendem a apresentar certa hibridização, em maior ou menor grau, motivo pelo qual é a linha teórica mais adequada à compreensão de sistemas processuais contemporâneos, tanto em âmbito doméstico quanto em âmbito internacional.

O modelo processual que funciona como tipo ideal – e a conclusão é forçosa – é produto de tradições jurídicas que, diante das diversas informações normativas que as compõem ao longo da história, fornecem ao operador do direito e ao doutrinador que as internalizam ferramentas para desenhar um ideal de sistema, que deve ser assimilado e propalado como

---

[133] DAMASKA, Mirjan. Op. cit. P. 5
[134] Citando Max Rheinstein, em análise sobre as teorias dos tipos ideais de Max Weber, Langer (op. cit. P. 8) esclarece que: Tipos "puros" nunca existiram na história. Os tipos são construções artificiais similares às construções puras da geometria. Nunca existiu um triângulo, um cubo ou uma esfera em formas essencialmente puras. Ocorre que a realidade jamais poderia ser atingida cientificamente sem o uso dos conceitos artificiais da geometria. Para os conceitos "puros" criados por ele, Weber usou o termo "tipo ideal". Os "tipos ideais" são simples construções mentais que se manifestam como categorias de pensamento, cujo uso nos ajuda a compreender as infinitas possibilidades de realidade, comparando-as com os próprios tipos ideais (tradução livre).

tradição, para repercutir efetivamente sobre sistemas processuais concretos[135].

Dessa forma, a composição de tipos ideais de processo pressupõe a busca por ideias capazes de construir modelos jurídicos com base em padrões reconhecíveis, que orientam a formação e o manejo de sistemas particulares. Essas ideias são extraídas, primeiramente, pela observação de sistemas reais. Após, assumem vida própria e, encadeadas, desenham o tipo processual ideal – uma criação fictícia e abstrata[136].

Não se pode olvidar que essas ideias centrais abstratas que delineiam os modelos processuais produzem reflexos sobre uma ampla gama de questões processuais específicas. Por exemplo, cada um dos modelos opostos pode enxergar a subordinação da marcha processual à iniciativa das partes[137] ou, ao contrário, à atuação oficial de um órgão do Estado[138]. A adoção de uma ou outra ideia poderia refletir sobre a legitimidade para a propositura da ação, sobre a forma de desenvolvimento da atividade probatória e, de um modo geral, sobre os papeis dos sujeitos processuais[139].

O ponto mais positivo dessa concepção é que, ainda que o legislador não tenha pensado em todas as repercussões dos princípios e ideias centrais contidos tipo processual ideal, esses valores que servem como referencial teórico podem suprir eventuais lacunas relativas ao desenvolvimento concreto do processo penal.

Por exemplo, se o referencial teórico de determinado ato normativo acolhe o princípio da oportunidade e concebe o processo como manifestação de um modelo de disputa entre as partes, como se poderia admitir uma intervenção judicial capaz de suplantar o juízo de conveniência feito pelo titular da ação penal para lançar mão da sua prerrogativa de não-persecução penal? Ainda que não exista qualquer regulamentação sobre

---

[135] Naturalmente, esse ideal tende a ser remodelado, conforme ocorrem as mutações da própria tradição.

[136] DAMASKA, Mirjan. Op cit. p. 5: "it involves a search for and the articulation of ideas that are capable of molding forms of justice into recognizable patterns. Once obtained from observation of actual systems, these ideas assume, so to speak, a life of their own. Their implications for procedural form can be consistently traced over a wide range of procedural issues, whether or not any actual system goes so far as to embody all these implications".

[137] O que é típico do modelo adversarial.

[138] O que é típico do processo inquisitorial.

[139] DAMASKA, Mirjan. Op. cit. p. 5.

a postura que deve o julgador guardar em hipóteses como essa, a resposta é intuitiva, pela simples articulação dos valores que compõem o tipo ideal de processo que se tem como referência.

Ainda se admitindo a possibilidade de hibridização, nada impede que um sistema que possua o modelo inquisitorial como referência importe ferramentas jurídicas existentes em sistemas regidos pelos valores do *common law*. Nesses casos, qual deverá ser o modelo de processo ao qual o instituto deverá guardar fidelidade? O ideal é que, quando da importação, a norma sofra adaptações[140] que a tornem plenamente compatível com a ordem jurídica de destino, mantendo-se, para o exemplo, o referencial inquisitorial, que guardará harmonia com todo o sistema importador. Ocorre que, não raro, as raízes do instituto jurídico importado permanecem presentes, ainda que de maneira razoavelmente oculta, mesmo depois das alterações adaptativas por ele sofridas.

Se um instituto jurídico derivado da influência do *plea bargaining* tiver optado por excluir, quando da *tradução*, determinadas informações normativas que lhe são essenciais, é possível que o ordenamento de destino se depare com problemas práticos. Nem sempre, esses problemas podem ser encontrados na tradição jurídica que inspira o ordenamento importador, casos nos quais olhar para a raiz do instituto e para como o sistema matriz o maneja pode apresentar soluções satisfatórias.

2.7. Movimentos que indicam a influência de um sistema processual sobre outro – as ideias de transplante e de tradução

Estudando a moderna tendência de globalização jurídica, Alan Watson concebeu a expressão *"transplante"* legal[141]. O termo manifesta a transposição de uma metáfora proveniente da medicina e da botânica, para designar o movimento de circulação de institutos legais entre distintos corpos jurídicos.

Máximo Langer reconhece os méritos da concepção de Alan Watson, pois, assim como na medicina e na botânica, o transplante jurídico pressupõe a existência de um corpo (ordenamento jurídico) ou de um ambiente (prática jurídica) original e, por outro lado, de um corpo jurídico receptor.

---

[140] Sobre os movimentos de transplante e tradução, v. tópico a seguir.
[141] WATSON, Alan. *Legal Transplants. Legal transplants. An approach to comparative law*. Athens/London: The University of Georgia Press, 1974.

Além disso, as normas transplantadas podem ser rejeitadas pelo corpo receptor ou podem ser com ele incompatíveis, assim como ocorre no campo da medicina e da biologia[142].

No caso de incompatibilidade jurídica, a ordem jurídica receptora pode manifestar sua rejeição, por exemplo, por meio de controle de constitucionalidade, declarando a nulidade[143] ou a anulação[144] do instituto jurídico transplantado[145].

Pode-se falar, ainda, em uma incompatibilidade de ordem prática, que tende a ocorrer quando o instituto jurídico transplantado contraria a *cultura processual* do ordenamento jurídico importador, oportunidade na qual os atores processuais locais optam por condenar o novo instituto ao ostracismo[146].

---

[142] LANGER, Máximo. Op. Cit. P. 30
[143] No sistema de Marshall.
[144] No sistema de Kelsen.
[145] Esses são alguns dos motivos pelos quais Máximo Langer acredita que a metáfora criada por Watson tenha feito sucesso entre os estudiosos de direito comparado.
[146] LANGER, Máximo. op. cit. p. 30. Há, neste ponto, espaço para uma ilustração dessas constatações no plano empírico. Um exemplo de alteração legislativa nacional que representa uma tentativa de aproximação do sistema processual penal brasileiro do modelo *adversarial* é a reforma operada pela Lei nº 11.690/08 sobre o art. 212, CPP. Este dispositivo prestigia o sistema de *cross-examination* para inquirição de testemunhas, reconhecendo ao magistrado possibilidade de inquirição complementar e, portanto, *posterior à das partes*. Como se sabe, no modelo *advesarial*, há grande preocupação com a preservação da imparcialidade do juiz e, por isso, quando do manejo de meios orais de prova, não lhe é admitida uma atividade protagonista, mas meramente subsidiária à das partes. Então, as próprias partes devem formular perguntas diretamente às testemunhas. Ao juiz compete observar atentamente como o exame cruzado do inquirido se desenvolve, garantindo a manutenção da ordem e impedindo o cometimento de abusos na atividade de inquirição. Após, poderá complementar a inquirição, buscando extrair da testemunha elementos capazes de elucidar os fatos em apuração. Ocorre que muitos dos julgadores nacionais, apegados ao modelo presidencialista da gestão da prova, continuam a agir como protagonistas na inquirição de testemunhas, formulando as perguntas antes das partes.
Isso não ocorre por desrespeito isolado ao novo artigo 212, mas por uma compreensão global do processo que, internalizada pelo julgador, contradiz a reforma legislativa. Se o juiz compreende o processo penal à luz do *impulso oficial*, em detrimento da *responsabilidade das partes pela marcha do processo*; se o juiz entende que deve chegar o mais próximo da *verdade dos fatos* subjacentes à ação penal, independentemente de as partes alcançarem ou não um consenso sobre como eles tenham ocorrido, é natural que ele guarde uma postura mais ativa na instrução, buscando dar vida aos valores processuais nos quais acredita. Até mesmo no plano

CAPÍTULO 2 - O ESTUDO DE DIREITO COMPARADO NA FORMAÇÃO DO PROCESSO PENAL...

Sem prejuízo desses pontos que justificam o sucesso da metáfora do *transplante* entre estudiosos do direito comparado, Langer tece sensíveis críticas a ela. A terminologia proposta por Alan Watson ignoraria que, em alguns casos, a influência do sistema jurídico de origem se limitaria a pontos conceituais, ocasiões nas quais o instituto imitado ou transportado poderia ganhar novos contornos na ordem de destino.

É certo que esses novos contornos nem sempre seriam suficientes para caracterizar a existência de um novo instituto jurídico, distinto daquele que lhe inspirou, mas possivelmente descaracterizariam um genuíno *transplante*. Langer utiliza como exemplo o *constitutional review* norte-americano que, quando importado pelo sistema continental, foi revestido de substanciais distinções[147]. Sob essa perspectiva, o autor sugeriu a substituição do termo cunhado por Watson pela ideia metafórica de *tradução* legal, que representaria não apenas uma tradução linguística, mas também jurídica, viabilizando a adaptação do instituto transplantado à ordem jurídica de destino[148].

Todavia, retomando o exemplo utilizado pelo autor, deve-se reconhecer, que, mesmo diante de consideráveis diferenças adaptativas, não se pode deixar de falar em *constitutional review*, pois a ideia central do controle judicial sobre atos normativos considerados inferiores às normas constitucionais manteve sua essência nos ordenamentos jurídicos importadores. Identifica-se, portanto, um núcleo central, um pilar principiológico inerente ao *constitutional review* que, sem prejuízo das modificações adaptativas realizadas pelos ordenamentos jurídicos de tradição continental, foi preservado.

Por isso, para o presente trabalho, admite-se que os conceitos de *tradução* e de *transplante* podem coexistir, pois não manifestam ideias necessariamente excludentes.

Nas hipóteses em que o ordenamento jurídico matriz e o ordenamento de destino tiverem raízes jurídicas comuns, como, por exemplo, se ambos

---

doutrinário continuou-se a defender o protagonismo judicial na inquirição de testemunhas (vide, *v.g*, NUCCI, Guilherme de Souza. *Manual de Processo Penal e Execução Penal*. 5ª Ed. São Paulo: Revista dos Tribunais, 2008, p. 474/475).

[147] Idem. P. 32.
[148] LANGER, Máximo. op. cit. p. 35.

forem sistemas com tradição *anglo-saxônica*, a influência de um sobre o outro poderá ocorrer por meio de um típico *transplante legal*.

No nosso âmbito de estudo, pode-se dizer que, se não há divergências quanto à forma de compreender o processo penal e quanto à leitura que se faz sobre os papeis dos distintos atores processuais, é possível que haja total compatibilidade entre o texto legal transplantado e o ordenamento que o acolhe[149]. Nesse sentido, o instituto poderia ser incorporado nos mesmos moldes em que foi concebido, sem necessidade de grandes adaptações e sem que haja o problema de compatibilidade para o qual Marcos Alexandre Coelho Zilli alerta[150].

Até porque, ao tratar do fenômeno do *transplante* jurídico, Watson pontuou que a circulação de institutos jurídicos e a sua recepção por parte do ordenamento importador pressupõe certa similitude entre os sistemas de origem e de destino[151].

---

[149] Uma das críticas de Langer (2004, p. 31) à utilização do termo *transplante* é a de que, por mais que se tente imitar uma ideia legislativa ou uma prática jurídica de maneira fiel, sempre haverá transformações decorrentes de estruturas de interpretação, da forma como os poderes e as instituições são concebidos e outras características do sistema de destino. Para ilustrar sua crítica, contudo, faz uso de um exemplo falho. Menciona que a Itália tentou importar o princípio *adversarial* de que a prova a ser produzida na audiência de instrução deve ser consectário de requerimento das partes (art. 190, CPP italiano). O problema, segundo o autor, seria que o código italiano previu uma exceção – após a atividade probatória das partes, o juiz, caso entenda absolutamente necessário, poderá determinar a produção de novos *meios de prova* (a restrição a *meios de prova* é clara no art. 507), de ofício. Ocorre que a tradição inquisitorial italiana teria conferido à aludida exceção ampla aplicabilidade, garantindo-se ao magistrado grande iniciativa probatória, o que não ocorre no sistema do qual a regra se originou. Diz-se, aqui, que referido exemplo é falho, pois trata justamente de influência entre sistemas jurídicos de raízes distintas, o que, de fato, dificulta o *transplante*. Entretanto, se as raízes jurídicas são as mesmas, não há, no plano teórico, uma absoluta impossibilidade de se realizar um *transplante jurídico*.

[150] *Uma globalização jurídica exige, todavia, cautelas redobradas. Em primeiro lugar, por demandar um estudo acurado acerca daquilo que se pretende importar e instituir como padrão. Em segundo, por impor um exame minucioso da compatibilidade entre o enxerto pretendido e a compleição do organismo que vai acolher. Lamentavelmente, porém, tais cautelas não têm sido adotadas, o que tem dado margem a equívocos, não só terminológicos, mas especialmente na obtenção de conclusões distorcidas* (ZILLI, Marcos Alexandre Coelho. *A iniciativa instrutória do juiz no processo penal*. São Paulo: Revista dos Tribunais, 2003, p. 38).

[151] LEGRAND, Pierre. *The same and the different*. In: *Comparative Legal Studies: traditions and transitions*. Cambridge: Cambridge University Press, p. 246/248

Destarte, a leitura correlata à compatibilidade entre os ordenamentos jurídicos – indispensável para que se possa fazer um prognóstico acerca da possível aceitação do instituto eventualmente importado – deve ser conduzida com vistas à identificação dos fundamentos principiológicos que os regem, dispensando-se as distinções meramente superficiais[152].

Mais do que se preocupar com a terminologia empregada no sistema estrangeiro ou com a classificação imposta pelo legislador, deve o comparatista perquirir a *ratio* subjacente a cada um dos institutos submetidos à análise, buscando, assim, identificar similitudes ou contrastes.

Assim, se houve importação da lógica inerente ao instituto, com preservação dos princípios que norteiam sua aplicação, promovendo o legislador importador meras alterações superficiais, preserva-se a ideia de *transplante jurídico*.

De outra sorte, em se tratando de sistemas jurídicos com raízes diversas, distinções quanto à forma de compreender o processo penal e os papeis que cabem a seus atores emergem facilmente. Nesses casos, a influência de um sistema sobre outro tende a se materializar por meio da absorção de algumas das características essenciais do instituto jurídico de origem, as quais devem ser complementadas por uma atividade de *criação adaptativa* a ser desenvolvida na ordem jurídica de destino.

A tendência é que um instituto processual originário do modelo adversarial, por exemplo, passe por um processo de *tradução jurídica*[153] – não meramente linguística – antes de ser incorporado por um sistema de tradição predominantemente inquisitorial.

A leitura ora proposta faz sucumbir a linha de críticas que Langer direciona a Watson. Veja-se:

Uma das críticas de Langer (2004, p. 31) à utilização do termo *transplante* é a de que, por mais que se tente imitar uma ideia legislativa ou uma prática jurídica de maneira fiel, sempre haverá transformações decorrentes de estruturas de interpretação, da forma como os poderes e as instituições são concebidos e outras características do sistema de destino. Para ilustrar sua crítica, contudo, faz uso de um exemplo falho. Menciona que a Itália tentou importar o princípio adversarial de que a prova a ser produ-

---

[152] LEGRAND, Pierre. Op. cit. P. 247.
[153] Que abrange um processo de adaptação do instituto jurídico importado aos princípios e às tradições jurídicas locais.

zida na audiência de instrução deve ser consectário de requerimento das partes (art. 190, CPP italiano).

O problema, segundo o autor, seria o fato de o Código Italiano ter previsto uma exceção – após a atividade probatória das partes, o juiz, caso entenda absolutamente necessário, poderá determinar a produção de novos meios de prova (a restrição a meios de prova é clara no art. 507), de ofício. Ocorre que a tradição inquisitorial italiana teria conferido à aludida exceção, na prática, ampla aplicabilidade, garantindo-se ao magistrado grande iniciativa probatória, o que não ocorre no sistema do qual a regra se originou.

Diz-se, aqui, que referido exemplo é falho, pois trata justamente de influência entre sistemas jurídicos de raízes predominantes distintas, o que, de fato, dificulta o transplante e aumenta o risco de rejeição cultural. Entretanto, se as raízes jurídicas são as mesmas, não há, pelo menos no plano teórico, uma absoluta impossibilidade de se realizar um transplante jurídico.

Por isso, na contenda entre Langer e Watson, propomos uma leitura conciliatória – ambos conceberam ideias essenciais para a compreensão dos movimentos de influência entre distintos sistemas jurídicos. Uma linha teórica se mostra mais adequada quando os sistemas em contato possuem raízes idênticas; a outra, quando as raízes são diversas.

Em síntese, o movimento de transplante pode ocorrer sem que haja a necessidade de a ordem jurídica receptora proceder a uma reconstrução principiológica do instituto importado. Diversamente, o movimento de tradução tende a preservar algumas das ideias do instituto traduzido, mas adaptando-o principiologicamente ao sistema de destino[154].

A compreensão dos movimentos de *transplante* e de *tradução*, como expostos acima, é indispensável à análise dos fenômenos que viabilizaram a construção do instituto da colaboração premiada, nos moldes delineados pela Lei nº 12.850/13.

---

[154] Por exemplo, a importação do *plea bargaining* pelo ordenamento jurídico italiano pressupôs uma reconstrução principiológica, Assim, o *patteggiamento* é introduzido no direito italiano com amparo no princípio da *oportunidade controlada* da ação penal, abandonando-se o princípio da discricionariedade pura que circunda o *plea bargaining*. Entretanto, uma das características centrais do instituto – solução consensual de controvérsias penais – foi preservada.

Também se mostra necessário ter a consciência de que, quando uma informação normativa estrangeira – seja ela uma prática jurídica, um princípio processual ou uma regra – é incorporada por um sistema particular, é possível que diversas mudanças estruturais sequer previstas sejam desencadeadas[155].

Iniciado esse processo, a tradição jurídica importada ganha força autônoma e não pode mais ser contida ou manipulada, desenvolvendo-se conforme os processos de consolidação ou rejeição explicados no item 2.4. Equivoca-se a geração presente ao pensar que pode proceder à importação de uma determinada tradição jurídica, limitando deliberadamente sua influência sobre o direito pátrio a certos aspectos. A forma pela qual essa tradição será trabalhada ao longo do tempo é absolutamente imprevisível e não comporta contenções aprioristicas minimamente seguras[156].

Como exemplo, cite-se que a Itália importou, quando da edição do Código de Processo Penal de 1988, substituto do Código Rocco, não apenas elementos do processo penal anglo-americano, mas, em certa medida, a própria compreensão do processo penal em um contexto de disputa entre as partes. Se essa nova perspectiva do processo for incorporada aos valores praticados por juízes, promotores e defensores, é possível que haja uma grande reconfiguração dos papéis que cabem aos atores do processo penal italiano, em proporção que não era inicialmente desejada[157].

Por isso, Langer se refere à lógica do consenso inerente ao *plea bargaining* como um *cavalo de Troia*. Ao importar, por meio de tradução, mecanismos de solução consensual do processo penal baseados no *plea bargaining*, o ordenamento jurídico de tradição romano-germânica abre as portas para

---

[155] GRAZIADEI, Michele. *Comparative Law as The Study of Transplants and Receptions*. In: REIMANN; Mathias; ZIMMERMANN, Reinhard (ed.). Op. cit. p. 442. Anota a autora: *The comparative study of transplants and receptions investigates contacts of legal cultures and explores the complex patterns of change triggered by them* (não há grifos no original). Da mesma forma, aponta LANGER (op. cit. p. 32): The transference of legal rules, ideas and practices, may produce a deep transformation not only in the transferred practice itself but also in the receiving legal system as a whole.

[156] GLENN, Patrick. Op. cit, p. 432. Traditions, by their nature rub against one another, and overlap. They are more, or less, influential, in different places and with different peoples. In that respect, *they are insidious since they will persist in spite of all efforts of exclusion and control* (não há grifos no original).

[157] LANGER, op. cit. p. 32. Not only has the imported US trial been transformed in its new italian context, but it has also introduced some elements of the dispute into the Italian system.

a lógica do processo sob a perspectiva de um modelo de disputa, o que tende a repaginar os papeis dos atores do processo e a expandir os mecanismos de solução consensual nele cabíveis[158].

Esse fenômeno ocorreu no direito brasileiro, a partir da importação de institutos processuais que admitem o consenso como ferramenta de solução do conflito penal[159]. Quando da importação consciente de institutos que permitiam o acordo entre o titular da ação penal e o suposto autor do fato, evitando-se o ordinário curso do processo penal, os autores do anteprojeto de lei que culminou na edição da Lei nº 9.099/95 rechaçaram expressamente *as soluções dos sistemas que adotam o princípio da oportunidade da ação penal, como o norte-americano, com o plea bargaining, o francês (art. 4º, CPP), o alemão (art. 153, CPP) e outros*[160].

Tentou-se impor limites à abertura de espaços de consenso no processo penal brasileiro. Ocorre que a informação normativa importada e os princípios subjacentes aos institutos despenalizadores incutiram no espírito dos operadores do direito do Brasil a ideia de que a obrigatoriedade da ação penal não é um princípio intangível – como outrora foi – e de que o processo penal admite negociação entre as partes e a solução por consenso. Ocorre que, naturalmente, não havia limites para o desenvolvimento dessas ideias pelas gerações subsequentes.

Apesar de ter sido inicialmente recusado o modelo do *plea bargaining*, enfraqueceram-se em demasia as distinções estruturais antes existentes entre os princípios que sustentam referido instituto anglo-americano e aqueles que desenham o processo penal brasileiro. Superados os obstáculos principiológicos, deu-se margem para que os espaços de consenso no processo penal fossem ampliados gradualmente, o que nos levou à normativa atual relativa à colaboração premiada.

---

[158] LANGER, Maximo. op. cit. p. 38: "one could think about *plea bargaining* as a Trojan horse that can potentially bring, concealed within it, the logic of the adversarial system to the inquisitorial one. [...] inquisitorial systems that translate *plea bargaining* would gradually become *Americanized* by adopting an adversarial conception of criminal procedure".

[159] Mais uma vez, refiro-me ao conflito penal material, não a eventual lide, cuja existência é discutível no Processo Penal.

[160] GRINOVER, Ada Pelegrini; GOMES FILHO, Antonio Magalhães; FERNANDES, Antonio Scarance; et. al. Anteprojeto de Lei para a Conciliação, Julgamento e Execução das Infrações Penais de Menor Potencial Ofensivo. In: *Juizados Especiais Criminais: Comentários à Lei nº 9.099, de 26.09.1995*. 5ª Ed. São Paulo: Revista dos Tribunais, 2005, p. 418.

Essa trajetória do processo penal brasileiro relacionada ao acolhimento gradual do princípio da oportunidade será, por isso, ilustrada neste trabalho com a análise dos movimentos de *transplante* e *tradução* que repercutiram sobre nosso sistema jurídico, não sem antes se assegurar a compreensão dos distintos modelos processuais envolvidos nessas transformações.

2.8. A dicotomia acusatório/inquisitivo

Na doutrina de tradição romano-germânica, quando se estudam modelos processuais abstratamente, ou mesmo quando se procede à análise de um sistema processual penal particular, é corriqueiro o emprego da dicotomia *acusatório/inquisitivo*. Como é cediço, referida abordagem dualística tem como foco a divisão ou não de poderes entre distintos atores do processo[161].

Sucintamente, o processo penal acusatório apresenta como característica central a identificação três *sujeitos processuais* – acusado, acusador e julgador[162]. A iniciativa da ação penal, nessa perspectiva, deve ficar a cargo de sujeito distinto do juiz. A caracterização de um processo como acusatório, entretanto, não se restringe à fase de iniciativa. Quando Abraham Samuel Goldstein procurou, já em 1974, estabelecer as distinções entre as noções de modelo adversarial e de modelo acusatório, anotou que este teria como coração o princípio da presunção de inocência e a preservação da imparcialidade do julgador, o qual não poderia investigar por conta própria. Como consequência, no modelo acusatório, caberia ao julgador um papel relativamente passivo ao longo de toda a ação penal, especialmente quanto à dilação probatória[163].

---

[161] AMBOS, Kai; LIMA Marcellus Polastri. *O processo acusatório e a vedação probatória perante as realidades alemã e brasileira*. Porto Alegre: Livraria do Advogado, 2009, p. 31. No mesmo sentido: ZILLI, Marcos Alexandre Coelho. *A iniciativa instrutória do juiz no processo penal*. São Paulo: Revista dos Tribunais, 2003, p. 38. Sobre as características do modelo acusatório, Marcos Zilli conclui que: *a separação equilibrada de poderes exercidos ao longo da persecução penal (é) o seu traço fundamental*.

[162] AMBOS, Kai; LIMA, Marcellus Polastri. Op. cit. p. 34.

[163] GOLDSTEIN, Abraham S. *Reflections on two models: inquisitorial themes in American Criminal Procedure*. In: *Standford Law Review*. Vol. 26. Nº 5, maio de 1974, p. 1.016-1.017. Anote-se que Antonio Cassese, citando LaFave, Israel e King, também enfatiza as distinções entre as concepções adversarial e acusatória de processo: "The adversarial element assigns to the

De outra sorte, o modelo *inquisitivo* é trabalhado com um sentido pejorativo entre os estudiosos formados sob a tradição do *civil law*, para designar um processo penal no qual o magistrado, por reunir as funções de acusar, defender e julgar, não atua com a imparcialidade exigida pelos contemporâneos postulados do *due process*.

Adotando-se uma perspectiva histórica – e o exame histórico das diferentes feições da persecução penal em distintos ordenamentos é a base da presente dicotomia[164] – a noção de modelo inquisitivo remonta ao processo penal instituído pelo Papa Inocêncio III (1161-1216), em meados do século XIII, para persecução de hereges (*inquisitio haereticae pravitatis*). Além da reunião das funções de acusar, defender e julgar em um mesmo órgão, o processo penal inquisitivo do direito canônico tinha como ponto distintivo a finalidade de busca pela verdade material (*veritas delicti*)[165].

participants the responsability for developing the legal and factual issues of the case, while the accusatorial element allocates burdens as between the parties with respect to the adjudication of guilt. An accusatorial procedure requires the government to bear the burden of establishing the guilt of the accused, as opposed to requiring the accused to bear the burden of establishing his innocence".

Assim, na mesma linha de Goldstein, Cassese parece entender que a ideia de modelo adversarial guarda mais relação com a marcha processual, enquanto a noção de modelo acusatório possui estreita sintonia com o princípio da presunção de inocência, destacando-a enquanto norma probatória, e com a preservação da imparcialidade do julgador. Por óbvio, não se afiguram como incompatíveis com o modelo acusatório poderes instrutórios residuais do juiz no processo penal. O que não se admite é que o magistrado atue ativamente na busca por fontes de provas. Todavia, sendo estas reveladas pela atuação das partes, nada impede que o juiz as explore de maneira complementar.

[164] ZILLI, Marcos Alexandre Coelho. *A iniciativa instrutória do juiz no processo penal*. São Paulo: Revista dos Tribunais, 2003, p. 36.

[165] AMBOS, Kai; POLASTRI, Marcellus. *O processo acusatório e a vedação probatória perante as realidades alemã e brasileira*. Porto Alegre: Livraria do Advogado, 2009, p. 18.

É esse ponto que nos permite dizer que, apesar de o Direito Romano de *Justiniano* comportar algumas hipóteses de ajuizamento de ofício de ação penal, sem necessidade da figura de um acusador autônomo, não poderia ser ele comparado ao modelo processual *inquisitivo stricto sensu* do direito canônico (Cf. AMBOS, Kai; LIMA, Marcellus Polastri. Op. cit. p. 12, 17 e 18). Apesar de nesses momentos históricos (Roma imperial sob a gestão de Justiniano I – entre 482 d.c e 565 d.c - e direito canônico instituído por Inocêncio III, no século XIII) a busca pela verdade material ser uma nota distintiva do processo inquisitivo *stricto sensu*, deixa de sê-lo após o advento da codificação do *Sachsenspiegel* (1220-1235), no qual eventual iniciativa privada da acusação não era óbice à *inquisição* (origem do brocardo *remedium accusationis non faciat cessare remedium inquisitionis*). O emprego da tortura passa a ser característica presente

O desiderato de se alcançar a verdade conduziu o processo inquisitivo aos conhecidos excessos praticados no desenvolvimento da atividade probatória, com a institucionalização da tortura como *meio de obtenção de prova*, cujo fim era extrair do acusado a *confissão*. Nesse contexto, competia ao juiz-inquisidor dirigir a atividade probatória em busca da verdade material[166], razão porque o processo inquisitivo, em sua concepção histórica, não guarda compatibilidade com o ideal de preservação da imparcialidade do julgador, em nenhum grau.

Ocorre que, com o advento da Revolução Francesa e com a progressiva consagração do Estado de Direito, o processo inquisitivo, com suas feições originais, foi gradativamente abandonado no mundo ocidental, *deixando de ser uma realidade tangível na sociedade contemporânea*[167].

Deve-se ressaltar, entretanto, que essa conclusão não retira a validade de qualquer análise atual que empregue a dicotomia *acusatório/inquisitivo*. Sabe-se que o modelo processual atualmente visto como um *tipo ideal* nos sistemas jurídicos de tradição romano-germânica é o *acusatório*. Sob essa ótica, as noções de processo inquisitivo e de suas características podem ser invocadas contemporaneamente justamente para que se possam denunciar tendências que contradigam o ideal visado. Por isso, pode-se dizer que o modelo inquisitivo, nos países de tradição romano-germânica, é referência negativa, no sentido de servir para apontar quais rumos o processo penal não deve tomar, viabilizando correções.

---

tanto nos processos iniciados na forma acusatória quanto naqueles iniciados de forma inquisitiva, como *consequência do sistema da prova tarifada*.

Por essa razão, Kai Ambos e Marcellus Polastri Lima afastam a posição de Ekkehard Kaufmann, que enxergava a existência de uma relação causal entre a forma inquisitiva de se *iniciar* o processo e a utilização da tortura para a obtenção de prova (op. cit. p. 28). *Assim, como já dito, em uma concepção contemporânea, a contraposição das ideias de modelo acusatório e modelo inquisitivo tem como foco a divisão de poderes entre distintos atores do processo.*

[166] ZILLI, Marcos Alexandre Coelho. *A iniciativa instrutória do juiz no processo penal*. São Paulo: Revista dos Tribunais, 2003, p. 86.

[167] AMBOS, Kai. International criminal procedure: "adversarial", "inquisitorial" or mixed? In: *International Criminal Law Review*. Nº 3, 2007, p. 01-37. Também, SERRANO, Nicolás González--Cuéllar. *Ecos de Inquisición*. Madrid: Castillo de Luna, 2014, p. 278: *Es obvio que, configurado del modo expuesto, dentro de nuestra órbita cultural occidental, el modelo inquisitivo no es predicable de ningún ordenamiento vigente, pues felizmente, em su estado puro, há passado a ser objeto de estúdio po los historiadores de Derecho.*

2.9. A dicotomia adversarial/inquisitorial

Diversa é a dicotomia utilizada pelos doutrinadores com formação anglo-saxônica, quando da promoção de estudos correlatos aos modelos processuais que podem ser adotados como *tipos ideais*. Nesse caso, é comum que se oponham conceitualmente os modelos *adversarial* e *inquisitorial*.

A princípio, pode-se dizer que a concepção de modelo *inquisitorial* não carrega o mesmo conteúdo pejorativo que circunda a noção de processo *inquisitivo*[168]. Diferentemente do que ocorre na dicotomia anterior, nenhum dos dois modelos ora trabalhados é reconhecido como essencialmente incompatível com os postulados do *due process*. Em verdade, os termos *adversarial* e *inquisitorial* servem para designar dois sistemas conceituais que, mais do que duas simples maneiras de distribuir poderes entre os atores do processo penal, representam diferentes culturas jurídicas, que carregam consigo duas formas básicas de compreender como o processo deve se desenvolver[169].

O critério distintivo entre os modelos processuais *adversarial* e *inquisitorial* é a *preponderante atuação do juiz no desenvolvimento da marcha processual – característica primordial do primeiro – e o envolvimento prevalente das partes processuais – crucial no segundo*[170]. Como consequência da adoção de um ou outro modelo, geram-se reflexos sobre cada um dos atos processuais e sobre os papeis que cabem a cada um dos atores do processo.

Preservada a ideia de modelos processuais como manifestações culturais, a doutrina anglo-saxônica costuma correlacionar o modelo adversarial aos sistemas jurídicos de tradição *common law*, enquanto o modelo

---

[168] SERRANO, Nicolás González-Cuéllar. Op. cit., p. 280: *La esencia del principio inquisitivo, según explican los juristas ingleses y norteamericanos se hallaría en la atribuición a um funcionario público de la obligación de intentar descobrir la verdade con objetividad y su sujeción al deber de consignar tanto las circunstancias favorables como desfavorables para el sospechoso, ya sea um juez o um fiscal* (grifos nossos).

[169] LANGER, Maximo. From legal transplants to legal translation: the globalization of plea bargaining and the americanization thesis in criminal procedure. *Harvard International Law Journal*. Vol. 45, Nº 01, 2004, p. 04. Conforme o autor: *The adversarial and the inquisitorial systems can be understood not only as two different ways to distribute powers and responsibilities between various legal actors – the decision maker, the prosecutor, and the defense – but also as two different procedural cultures and thus, two different sets of basic understandings of how criminal cases should be tried and prosecuted.*

[170] ZILLI, Marcos Alexandre Coelho. Op. cit. p. 42.

inquisitorial guarda, nessa mesma linha, maior sintonia com o processo penal dos Estados de tradição *civil law*[171].

Além disso, deve-se ressaltar que a principal característica do processo acusatório – divisão das funções de acusar, defender e julgar entre distintos atores processuais – faz-se, hoje, presente tanto nos sistemas inquisitoriais quanto nos adversariais. Trata-se de característica consolidada no processo penal de todo o ocidente.

Essa conclusão torna evidente que o processo *inquisitorial*, conforme concebido pelos doutrinadores de tradição anglo-saxônica, é plenamente compatível com o que os doutrinadores de formação romano-germânica entendem como processo *acusatório*. Não se deve, por isso, confundir a ideia de modelo *adversarial* com a noção de modelo *acusatório*, nem a concepção anglo-saxônica de modelo *inquisitorial* – baseada em uma análise cultural moderna – com a concepção romano-germânica de processo *inquisitivo* (com conteúdo predominantemente histórico), haja vista que apenas esta é incompatível com o *ideal acusatório*[172].

Em sentido semelhante, Abraham S. Goldstein traça distinções entre as ideias de sistema *adversarial* e de modelo *acusatório*. Aduz o autor que o ideal acusatório, ao contrário do *adversarial*, diz mais respeito à neutralidade estatal na condução da *persecutio criminis* do que à *forma* de desenvolvimento do processo. O coração do sistema acusatório, assim, seria o princípio da presunção de inocência e a tutela da imparcialidade do julgador[173].

No mesmo diapasão, as lições de Marcos Alexandre Coelho Zilli conferem destaque às distinções entre as duas dicotomias aqui trabalhadas[174] no ponto em que o autor deixa claro que a base do sistema *inquisitorial* reside no *impulso oficial* do processo penal, *respeitada a iniciativa da propo-*

---

[171] LANGER, Maximo. Op. cit. p. 08. Na mesma linha, DAMASKA, op. cit. p. 03: "it is only more recently that it came to be used by comparativists on a broader scale, mainly to express the contrast between Continental and Anglo-American administration of justice".

[172] Distinguindo processo *inquisitivo* de *inquisitorial*: ZILLI, Marcos Alexandre Coelho. *A iniciativa instrutória do juiz no processo penal*. São Paulo: Revista dos Tribunais, 2003, p. 38/40 e 43/44.

[173] GOLDSTEIN, Abraham S. *Reflections on two models: inquisitorial themes in American Criminal Procedure*. In: *Standford Law Review*. Vol. 26. Nº 5, maio de 1974, p. 1.016-1.017.

[174] Acusatório/inquisitivo e *adversarial/inquisitorial*.

situra da ação a cargo de órgão diverso daquele encarregado do julgamento[175]. É dizer, o modelo *inquisitorial* apresenta peculiaridades relacionadas à marcha processual, mas preserva a principal característica do modelo acusatório – separação das funções de acusar e julgar. Evidente, portanto, a compatibilidade do modelo *inquisitorial* com o ideal *acusatório*.

As diferenças entre processo *inquisitorial* e *adversarial* também podem ser compreendidas sob uma visão mais ampla, relacionando esses modelos à forma pela qual a autoridade estatal se manifesta no processo penal. Para os que se formam sob a influência da tradição anglo-saxônica, o processo penal *inquisitorial* parece se expressar como um veículo de execução de políticas estatais. Se o Estado compreende o processo como uma ferramenta de implementação política, tende a avocar a condução da marcha processual. Não há sequer necessidade de se reconhecer um efetivo conflito entre partes para que o processo se inicie e prossiga seu curso regularmente. Mais. Se o processo carrega consigo o objetivo de atingir certas metas políticas, a imparcialidade do julgador, ao menos em tese, pode ficar prejudicada pelo seu comprometimento prévio com a implementação política que se pretende[176].

Por outro lado, adotando-se uma visão da manifestação da autoridade estatal no processo como um meio de *solução de conflitos*, estaríamos diante do que corresponde ao processo *adversarial*. Nessa ótica, o processo é desenhado como uma disputa entre dois adversários, que estão em conflito e travam um duelo do qual apenas um lado sairá vencedor. O Estado-Juiz não tem qualquer interesse em um ou outro resultado, desejando apenas a solução do conflito. Para que se tenha uma disputa justa, as regras do embate devem assegurar paridade de armas – as partes devem ter iguais oportunidades de vitória. No mais, os limites da disputa devem ser delineados pelas próprias partes – cabendo ao acusador desenhar a imputação e ao acusado traçar os limites da sua reação defensiva, que pode compre-

---

[175] ZILLI, Marcos Alexandre Coelho. Op. cit. p. 43. O autor pontua, todavia, que a principal linha de críticas ao sistema inquisitorial encontra amparo justamente na suposta "impossibilidade de se resguardar, em um modelo inquisitorial, a imparcialidade do julgador. Nessa linha, o envolvimento do julgador na apuração fática conduziria, invariavelmente, ao estabelecimento de juízos valorativos prematuros que dificilmente seriam superados".

[176] ZILLI, Marcos Alexandre Coelho. Op. cit. p. 43 e 57. Talvez seja sob essa mesma ótica que se torna discutível a existência de lide no processo penal para doutrinadores familiarizados com os ideais romano-germânicos.

ender parcelas de efetiva defesa combinadas com a parcial admissão do alegado pelo acusador[177].

Torna-se claro que o acusado, no processo penal adversarial, possui um *poder dispositivo*, que o permite reconhecer a imputação sem objeção estatal que o force a litigar. O poder dispositivo do averiguado no *guilty plea* desincumbe o órgão de acusação do ônus de provar. É intuitivo, portanto, que nesse modelo seja reconhecida a possibilidade de solução do conflito processual penal por meio do *consenso*[178].

Não é demais reconhecer-se que o *plea bargaining*, nessa ótica, é instituto que expressa por excelência a estrutura do processo *adversarial* – se as partes são reitoras da marcha processual, podem dispor do andamento do feito e do litígio a ele subjacente[179].

Então, o processo *adversarial* toma forma diante de uma disputa de dois adversários perante um julgador relativamente passivo. O processo inquisitorial, diferentemente, manifesta-se como uma atividade oficial do Estado, que deve ser conduzida e controlada por seus órgãos[180].

Essa concepção inquisitorial da persecução penal como uma atividade oficial do Estado, que deve ser conduzida na primeira fase, em regra, sob direção do órgão do Ministério Público[181], possivelmente reflete sobre a credibilidade que o julgador confere às versões apresentadas pela acusação e pela defesa. Isso porque, teoricamente, em se tratando de uma atividade oficial do Estado, a persecução penal deve visar à elucidação dos fatos, sem compromisso apriorístico com uma tese acusatória ou defen-

---

[177] Idem. P. 60-64.
[178] Sobre o poder dispositivo do acusado em sistemas processuais que se desenvolveram sob a influência da tradição anglo-saxônica, em leitura crítica: FERNANDES, Antonio Scarance. *Teoria Geral do Procedimento e o Procedimento no Processo Penal*. São Paulo: Revista dos Tribunais, 2003, p. 264-266.
[179] AMODIO, Ennio. *Processo Penale, Diritto Europeo e Common Law*. Milano: Giuffrè, 2003, p. 220.
[180] DAMASKA, Mirjan. Op. cit. p. 03: *The adversarial mode of proceeding takes its shape from a contest or a dispute: it unfolds as na engagement of two adversaries before a relatively passive decision maker whose principal duty is to reach a verdict. The nonadversarial mode is structured as an official inquiry. Under the first system, the two adversaries take charge of most procedural action; under the second, officials perform most activities.*
[181] Nos modelos inquisitoriais, em regra, a investigação é deixada a cargo do próprio órgão de acusação, como esclarece Nicolás González-Cuéllar Serrano (2014, p. 280). É conclusão lógica que ao titular da ação penal devem ser conferidos poderes de investigação.

siva, ainda que permaneça oculta a intenção de implementação política por meio do processo. É dizer, todo e qualquer elemento de convicção relacionado ao fato deve ser revelado, seja ele favorável ou desfavorável ao investigado. A atuação da entidade estatal responsável pela persecução penal, portanto, deve ser objetiva[182].

Nesses mesmos modelos, a defesa não tem obrigação de expor os elementos de convicção que são desfavoráveis ao investigado ou acusado. Este pode, inclusive, mentir em juízo, sem qualquer prejuízo penal ou mesmo processual[183]. Como consequência, diante da possível mentira defensiva e da esperada atuação objetiva e leal do órgão estatal responsável pela persecução penal em juízo, é possível que o julgador confira maior credibilidade à versão acusatória, recebendo com certo receio a reação defensiva. É evidente que, diante dessa postura do julgador, haveria violação ao princípio da paridade de armas[184].

---

[182] É expressão da característica ministerial como entidade pública o dever de coletar elementos de convicção com objetividade, ainda que sejam eles favoráveis ao investigado, o que não retira do Ministério Público o seu caráter de parte do processo penal. Nesse sentido: BARGI, Alfredo. *Cultura del Processo e Concezione della Prova*. In: GAITO, Alfredo. *La Prova Penale*. Vol. Primo. Torino: Utet, 2008, p. 61: *Né il ruolo di parte del pubblico ministero è smentito dall' art. 358, la cui previsione dell'oblbligo dell'organo dell'accusa di raccogliere anche elementi favorevoli all'indagato è espressione del ruolo istituzionale, di parte pubblica, del pubblico ministero e della sua caratteristica di organo dello Stato.*

[183] Assim que se interpreta o direito ao silêncio no ordenamento brasileiro (art. 5º, LXIII, CF). Veja-se: EMENTA: – "Habeas corpus". Falsidade ideológica. – No caso, a hipótese não diz respeito, propriamente, à falsidade quanto à identidade do réu, mas, sim, ao fato de o então indiciado ter faltado com a verdade quando negou, em inquérito policial em que figurava como indiciado, que tivesse assinado termo de declarações anteriores que, assim, não seriam suas. Ora, tendo o indiciado o direito de permanecer calado e até mesmo o de mentir para não auto-incriminar-se com as declarações prestadas, não tinha ele o dever de dizer a verdade, não se enquadrando, pois, sua conduta no tipo previsto no artigo 299 do Código Penal. "Habeas corpus" deferido, para anular a ação penal por falta de justa causa. (HC 75257, Relator(a): Min. MOREIRA ALVES, Primeira Turma, julgado em 17/06/1997, DJ 29-08-1997 PP-40219 EMENT VOL-01880-02 PP-00431).

[184] SERRANO, Nicolás González-Cuéllar. Op. cit. p. 280: la obligación de la investigación objetiva del hecho introduce un innegable sesgo em la causa, puesto que el tribunal, a la hora de la valoración de la prueba, conoce que, frente al deber de conducirse con objetividad del Ministerio Fiscal, la defensa no tiene la obligación de exponer lo desfavorable y puede incluso faltar a la verdad impunemente.

CAPÍTULO 2 – O ESTUDO DE DIREITO COMPARADO NA FORMAÇÃO DO PROCESSO PENAL...

Para evitar que esse indesejável fenômeno ocorra, o julgador deve buscar apreciar as provas constantes dos autos também com objetividade e de maneira racional. A argumentação das partes deve ser posta à prova, assim, por meio da articulação das alegações apresentadas com os elementos de convicção constantes dos autos, evitando-se subjetividades[185].

Diversamente, em percepção equivocada, poder-se-ia dizer que, num modelo *adversarial puro*, a exigência de *disclosure* – ou seja, a imposição sobre a autoridade responsável pela persecução penal do dever de apresentar à defesa todo e qualquer elemento de convicção a ela favorável – descaracteriza esse tipo ideal de processo, como se a objetividade, típica da atuação ministerial no processo inquisitorial, dele não fizesse parte[186].

Ocorre que a reconstrução histórica tomada brevemente por Nicolás González-Cuéllar Serrano nos recorda que o desenvolvimento do processo *adversarial* se deu em sintonia com a expansão dos mecanismos de reação defensiva no processo penal[187]. Por isso, a interpretação que se tem dado à atuação do órgão de acusação nos processos penais que adotam uma concepção processual marcadamente *adversarial* é a de que o órgão do Ministério Público se apresenta *não como uma parte ordinária da controvérsia,* mas como manifestação concreta de parcela da soberania do Estado, cujo

---

[185] Idem. P. 281. Recomendação nesse sentido consta da *Propuesta de Código Procesal Penal* apresentada ao Ministério da Justiça da Espanha pela Comissão Institucional para a Reforma da *Ley de Enjuiciamiento Criminal*, nos seguintes termos: *Así el Tribunal conocerá que el Fiscal habrá tratado de esclarecer el hecho desde la objetividad, pero también sabrá que la tesis acusatoria, por generarse desde la sospecha contra el acusado, puede obedecer a prejuicios inconscientes y ha de ser situada en el mismo plano que la versión de la defensa, por lo que su juicio deberá guiarse tan sólo por las pruebas que las partes presenten.*
De maneira absolutamente equivocada, conclui a exposição de motivos que, dessa maneira, a justiça penal se converte na resolução judicial de uma *contenda entre adversários*. O fato de haver neutralidade judicial na apreciação das provas não é capaz de afastar o caráter predominantemente inquisitorial de determinado sistema processual penal. A *persecutio criminis* continua sendo compreendida como uma atividade conduzida por agentes oficiais do Estado.
[186] Foi o que expôs a Suprema Corte dos Estados Unidos em *United States v. Bagley* (1985): *by requiring the prosecutor to assist the defense in making its case, the Brady rule represents a limited departure from a pure adversary model.*
[187] SERRANO, Nicolás-González Cuéllar. Op. cit. p. 283/285.

interesse no processo penal não é *ganhar* a causa a todo custo, mas assegurar o resultado mais justo[188].

Essa leitura de nenhuma maneira causa confusão entre os modelos *adversarial* e *inquisitorial*, pois mais se relaciona à tutela do *due process* do que à forma de desenvolvimento da marcha processual.

Percebe-se – o que merece destaque – que o dever do órgão de acusação de apresentar os elementos de convicção que são favoráveis à defesa parece decorrer naturalmente da estrutura processual inquisitorial. No modelo *adversarial*, parece ter sido o *disclosure* uma construção *artificial*, necessária ao equilíbrio do processo penal, muito embora Serrano (2014, p. 282) expresse que, nem mesmo num modelo *adversarial* puro, a busca pelo Ministério Público de uma condenação injusta – por meio da ocultação de informações favoráveis – seria admissível, pois em nenhum momento histórico do desenvolvimento do ideal *adversarial* se caminhou nessa direção.

Em síntese, a contraposição das ideias de *processo acusatório/processo inquisitivo* tem foco na existência ou não de divisão de poderes entre os atores do processo penal e no grau de imparcialidade do julgador no curso da persecução penal. De outra mão, a dicotomia *adversarial/inquisitorial* centra-se na *cultura processual* subjacente a sistemas jurídicos com tradições distintas, com produção de reflexos sobre a forma de desenvolvimento da marcha processual. O processo inquisitorial tende a deixar a marcha processual a cargo do *impulso oficial*, enquanto o processo adversarial tende a vincular o andamento do processo à *iniciativa das partes*, o que reflete consideravelmente sobre os papéis dos atores processuais, notadamente na gestão da atividade probatória[189].

---

[188] The prosecutor's role transcends that of an adversary: he "is the representative not of an ordinary party to a controversy, but of a sovereignty ... whose interest ... in a criminal prosecution is not that it shall win a case, but that justice shall be done". (*US Supreme Court – Unites States v. Bagley* – 1985).

[189] Naturalmente, as distintas formas de condução da marcha processual na dicotomia *inquisitorial/adversarial* também produzem reflexos sobre a imparcialidade do julgador, porém nenhum dos dois modelos a anula por completo. Distintamente, no seio da dicotomia acusatório/inquisitivo, parece intuitivo afirmar que o modelo *inquisitivo* se mostra *absolutamente* incompatível com a imparcialidade do magistrado.

2.9.1. Traços distintivos do modelo processual adversarial

Adotada a metodologia dos *tipos ideais*, as características do processo adversarial abaixo identificadas são baseadas nos reflexos concretos que os objetivos conceituais *anglo-saxônicos* produzem sobre sistemas processuais específicos[190].

Atualmente, tanto no modelo adversarial quanto no modelo inquisitorial, a iniciativa da ação penal compete, em regra, a um órgão estatal distinto do julgador. Ocorre que o órgão de acusação nos modelos adversariais goza de grande margem de discricionariedade para propor ou não a ação penal, ainda que convencido da materialidade delitiva e da respectiva autoria. Nesse sentido, enquanto nos países de tradição *civil law* tende a prevalecer o princípio da obrigatoriedade da ação penal, com determinadas exceções de disponibilidade regrada, os países de tradição *common law* prestigiam a oportunidade da ação penal, a discricionariedade pura do acusador[191].

A ideia de oportunidade da ação produz reflexos sensíveis sobre toda a compreensão anglo-saxônica de processo penal. A compreensão da

---

[190] Segundo Damaska, esses objetivos conceituais de um modelo processual – que o autor diz serem "ideias capazes de desenhar formas de justiça com padrões reconhecíveis" – os quais orientam a formação e o manejo de sistemas particulares, são extraídos, primeiramente, por meio da observação de sistemas reais. Após, assumem vida própria e, encadeados, desenham o *tipo processual ideal* – uma criação fictícia e abstrata, conforme explicação constante do item anterior. Ainda para Damaska, essas ideias centrais abstratas, por sua vez, produziriam reflexos sobre uma ampla gama de questões processuais. Por exemplo, cada um dos modelos opostos pode enxergar a subordinação da marcha processual à iniciativa das partes ou, ao contrário, à atuação de um órgão do Estado. A adoção de uma ou outra ideia refletiria sobre a legitimidade para a propositura da ação, sobre a forma de desenvolvimento da atividade probatória, e etc. (DAMASKA, Mirjan R., op. cit. p. 05). Essa ideia nos parece equivocada, por *pressupor que sistemas processuais particulares precedem modelos abstratos*. Como defendido por nós no item anterior, modelos processuais são reflexos de valores culturais e, considerando que o direito jamais pode estar separado do meio social em que é concebido e aplicado, é forçoso reconhecer que são os valores culturais que desenham modelos e sistemas processuais, nessa ordem, nunca em sentido contrário. Não é possível, assim, admitir a compreensão de que o modelo processual é desenhado por meio de ideias tangíveis de sistemas concretos para, apenas depois, ser revestido de abstração. O *tipo ideal de processo* – seja lá como a cultura de um povo o imaginar em determinado local e em determinada época – **precede a construção do sistema particular e a orienta**. Não se parte do concreto para o abstrato; ao contrário, parte-se do abstrato para o concreto.

[191] CASSESE, Antonio. Op. cit. p. 367.

verdade no processo adversarial, por exemplo, é mais flexível e pode ser objeto de consenso entre as partes. Assim, se acusação e defesa chegam a um acordo sobre os fatos que circundam a persecução penal, deixa de ser tão importante determinar por meio de provas como esses fatos realmente ocorreram[192]. Emblemático nesse aspecto é o caso North Carolina v. Alford (1970), julgado pela *U.S Supreme Court,* no qual o acusado se declarou culpado para fins processuais (*guilty plea*), fazendo ressalva expressa de que, na realidade, era inocente[193]. A corte reconheceu a validade do acordo entre as partes.

É cediço que, diversamente, a concepção de verdade para a estrutura inquisitorial é mais rígida. Ainda que as partes alcancem pontos de consenso com relação aos fatos, os órgãos estatais responsáveis pela atividade investigatória devem procurar desvendar como eles realmente ocorreram, não sendo suficiente à prolação de um decreto condenatório a mera admissão de culpa por parte do acusado.

Isso subsiste mesmo no âmbito da delação premiada. A admissão de culpa por parte do réu colaborador não isenta o órgão de acusação do dever de provar, acima de qualquer dúvida razoável, a sua responsabilidade penal, consectário do princípio da corroboração mínima, que será explorado mais adiante.

No que concerne à atividade probatória, a regra é que, no sistema adversarial, cada parte seja responsável pela colheita do material probatório que tende a fundamentar suas teses acusatórias ou defensivas. Por isso, os ordenamentos jurídicos de influência anglo-saxônica reconhecem a possibilidade de realização de investigação defensiva autônoma[194].

---

[192] LANGER, Máximo. op. cit. P. 10. O autor diz que essa afirmação pode soar exagerada, pois, nos EUA, por exemplo, o magistrado ainda se obriga a verificar o substrato fático subjacente ao *guilty plea*. Ocorre que, na prática, os magistrados norte-americanos são deferentes com os acordos que envolvem os fatos.

[193] É cediço que eventual declaração nesse sentido por parte de um acusado no processo penal brasileiro não produziria qualquer reflexo sobre o processo penal. Não seria diferente sob a ótica do direito penal substantivo, nem mesmo para fins de incidência de atenuante genérica pela confissão.

[194] CASSESE, Antonio. Op. cit. p. 367.

Por outro lado, os sistemas romano-gemânicos, por compreenderem a investigação como uma atividade oficial do Estado, tendem apenas a discutir os limites da intervenção defensiva na investigação estatal, oficial.

Entretanto, considerando que a acusação desenvolve a investigação com o apoio de todo o aparato estatal, enquanto a defesa o faz com seus próprios recursos, nota-se, nesse ponto, uma situação material de desequilíbrio entre as partes[195]. Em nome da paridade de armas, por isso, reconhece-se à acusação a obrigação de apresentar à defesa todo material probatório que for favorável ao investigado. À defesa, por lógico, não é imposta obrigação semelhante[196]. Com a mesma finalidade, admite-se a utilização de investigadores particulares pela defesa[197].

Em favor do contraditório, cada parte, antes das audiências de instrução, deva disponibilizar à outra os elementos de convicção obtidos – *disclosure*[198]. Ademais, pelo fato de o modelo adversarial enxergar as partes como protagonistas da marcha processual, em detrimento do princípio do *impulso oficial*, o magistrado guarda postura passiva, porém atenta, diante da atividade probatória, enaltecendo o valor heurístico do contraditório[199].

Além disso, alguns sistemas jurídicos, como o norte-americano, com o fim de se preservar a imparcialidade do julgador, não admitem que qualquer relatório prévio lhe seja entregue enquanto não iniciada a audiência de instrução[200]. As provas documentais previamente produzidas pelas partes são a ele apresentadas, no curso da audiência de instrução, conforme se desenvolve a colheita dos meios orais de prova.

Disso decorre que, nos sistemas de inspiração adversarial, a audiência de instrução se desenvolve de maneira mais dinâmica, com fortes notas do princípio da oralidade. As audiências são estruturadas para que haja alternância na apresentação das provas. Uma inquirição de testemunha, por exemplo, é imediatamente seguida de reinquirição que fica a cargo da parte contrária, em *cross-examination*[201].

---

[195] ZILLI, Marcos Alexandre Coelho. op. cit. p. 48.
[196] Sobre a investigação pelas partes e o princípio da paridade de armas no direito processual penal internacional, conferir SCHABAS, William A. *An introduction to the International Criminal Court*. 2ª Ed. Cambridge: Cambridge University Press, 2004, p. 99.
[197] ZILLI, Marcos Alexandre Coelho. op. cit. p. 48.
[198] CASSESE, Antonio. p. 367. A atividade de apresentação de provas de uma parte à outra, antes da audiência de instrução, é denominada *disclosure* no sistema anglo-saxônico.
[199] ZILLI, Marcos Alexandre Coelho. Op. cit. p. 45.
[200] Idem. p. 47. No mesmo sentido: CASSESE, Antonio. Op. cit. p. 369.
[201] ZILLI, Marcos Alexandre Coelho. Op. cit. p. 48.

O protagonismo das partes na atividade probatória é também assegurado pela *concentração* dos atos probatórios e pela ideia de *imediatidade*. A produção conjunta dos meios de prova em uma audiência concentrada possibilita que o julgador enxergue os fatos de maneira mais sólida do que ocorreria se o julgamento se desenvolvesse de forma desconcentrada[202]. A dinamicidade e a imediatidade dos atos de exame e de reexame de provas, perguntas e reperguntas de testemunhas, produção de prova e apresentação de contraprova também enriquecem o valor heurístico inerente ao princípio do contraditório[203].

Ademais, considerando a ideia lançada acima de que os modelos adversarial e inquisitorial representam distintas *culturas jurídicas*, duas formas *básicas de compreensão* do processo penal, a adoção de um ou de outro modelo repercute sobre o papel que cabe a cada um dos atores do processo penal.

Nesse diapasão, anote-se inicialmente que o grau de disponibilidade do acusado com relação aos seus direitos é muito superior no sistema adversarial do que no inquisitorial. Como exemplo, cite-se o *guilty plea*, por meio do qual o acusado, reconhecendo-se culpado logo no início da ação penal, abre mão do direito de confrontar os termos da acusação contra ele proposta. Nota-se que, enquanto no modelo inquisitorial o princípio do contraditório é indisponível, não podendo dele o réu abrir mão nem mesmo por meio de confissão da prática delitiva que lhe é imputada[204], o modelo adversarial comporta certo grau de disponibilidade de garantias que, sob a ótica romano-germânica, não poderiam ser destacadas do processo penal.

O *guilty plea*, se analisado à luz dos valores romano-germânicos, não apenas possibilita a prolação de sentença condenatória sem contraditório e sem ampla defesa, mas também inverte a lógica da presunção de ino-

---

[202] GOMES FILHO, Antonio Magalhães. *Direito à prova no Processo Penal*. São Paulo: Revista dos Tribunais, 1997, p. 140.

[203] Idem. p. 141.

[204] Antonio Scarance Fernandes ressalta a distinção de conteúdo do princípio do contraditório no processo civil e no processo penal, sob a ótica da cultura romano-germânica – subjacente à análise do autor. Enquanto no processo civil basta a *possibilidade de contraditório*, no processo penal do *civil law* deve ser o *contraditório efetivo e real*, a fim de se assegurar a liberdade jurídica do indivíduo envolvido na *persecutio criminis* (FERNANDES, Antonio Scarance. *Processo Penal Constitucional*. 6ª Ed. São Paulo: revista dos Tribunais, p. 58/60).

cência, como *norma do juízo* e como *norma probatória*, evidenciando-se a sensível incompatibilidade do instituto com o processo penal de tradição *civil law*[205]. Entretanto, à luz do modelo adversarial, nenhum desses problemas subsiste[206].

Ainda no que tange ao papel do acusado no processo penal adversarial, sua presença é indispensável à realização da audiência de instrução, consectário do protagonismo que cabe às partes. Por isso, em regra, julgamentos à revelia são vedados. Será admitida a realização sem a presença do réu, contudo, se este, com o seu comportamento, tumultuar os trabalhos ou se ele escapar após o início do julgamento[207].

Distinta também a interpretação que os sistemas jurídicos de tradição *common law* conferem ao direito ao silêncio do acusado. Naturalmente, reconhece-se a este o direito de não produzir prova contra si mesmo e, como consequência, o direito de permanecer em silêncio no curso das audiências. Contudo, caso queira o réu falar em seu favor, será ele submetido ao *cross-examination* e prestará compromisso de dizer a verdade. Sob essa ótica, é o acusado compreendido, no interrogatório, como uma testemunha que se manifesta em seu próprio favor[208]. Não se lhe assegura, assim, o direito de mentir em juízo.

Quanto ao papel da vítima, pode-se memorar que esta poderá dar início a uma persecução particular no modelo adversarial. Contudo, se o órgão estatal de acusação entender que deve *avocar* o caso, realizando investigações e instaurando procedimentos, nenhum papel mais caberá à vítima. Assim, apenas podem as vítimas aparecer perante as Cortes na condição de testemunhas. Também não se aplica o princípio da adesão,

---

[205] MORAES, Maurício Zanoide de. *Presunção de inocência no processo penal brasileiro: análise de sua estrutura normativa para a elaboração legislativa e para a decisão judicial*. Rio de Janeiro: Lumen Juris, 2010, p. 461-462. Como *norma probatória*, por desincumbir o órgão de acusação do ônus que sobre ele recairia. Como *norma do juízo*, por dispensar que o magistrado se certifique de que o material probatório produzido pela acusação é suficiente para dar sustentáculo à condenação. Acrescente-se que essas afirmações não são contrariadas pelos institutos da suspensão condicional do processo e da transação penal, pois neles não há juízo de culpabilidade, tampouco a prolação de sentença condenatória.

[206] O princípio do contraditório no processo penal anglo-saxônico parece ser satisfeito com a mera *possibilidade de contraditório*, dispensando o exercício *efetivo* do contraditório. V. nota de rodapé nº 37.

[207] CASSESE, Antonio. Op. cit. p. 371.

[208] Idem ibidem.

nem mesmo em sua forma mitigada, ao processo penal adversarial, o que quer dizer que, caso a vítima pretenda obter eventual indenização por prejuízos decorrentes do crime, todas as questões que envolvem aludida pretensão devem ser objeto de ação cível autônoma[209].

A postura do julgador nas audiências de instrução é mais passiva no sistema adversarial do que no sistema inquisitorial. Considerando o fato de que o juiz, no início das audiências de instrução, não tem conhecimento das provas produzidas pelas partes, compete a ele observar atentamente a dinâmica atividade probatória protagonizada por defesa e por acusação. Justamente pela atividade das partes em audiência que o juiz toma conhecimento dos fatos. Deve o magistrado presidir a audiência, assegurando observância aos parâmetros do *fair trial* e conhecendo os pedidos das partes, deferindo-os ou não.

2.10. O estudo histórico-normativo na identificação das tradições jurídicas e dos modelos processuais que exercem influência sobre um sistema particular

Já se expôs que a identificação das raízes de determinada norma ou de específico instituto jurídico é de extrema relevância para a correta interpretação do direito e para sua adequada aplicação prática.

Por certo, nenhuma informação normativa de um ordenamento processual pode ser interpretada isoladamente, devendo ser compreendida em sintonia com todo o contexto normativo que a circunda, o que pode pressupor o reconhecimento das tradições jurídicas que lhe inspiram.

Ocorre que, em um ambiente global no qual a hibridização da normativa processual é comum[210], não são raros os institutos jurídicos que possuem raízes em tradições distintas. Nesses casos, recomenda-se que a pesquisa da origem se desenvolva sob uma perspectiva comparatista, que seja capaz de revelar de que forma e em que medida cada tradição reper-

---

[209] Memore-se que a origem do princípio da adesão é germânica. Nesse sentido: AMBOS, Kai; LIMA, Marcellus Polastri. *O processo acusatório e a vedação probatória perante as realidades alemã e brasileira*. Porto Alegre: Livraria do Advogado, 2009, p. 15.

[210] Em estudo recente, identificaram-se 91 (noventa e um) sistemas jurídicos predominados pela tradição do *civil law* e 42 (quarenta e dois pela tradição do *common law*. Ocorre que a maioria dos sistemas analisados, mais especificamente 94 (noventa e quatro) deles, foram considerados sistemas jurídicos híbridos (PALMER, op. cit, p. 368).

cutiu sobre a norma. Mais além, quais movimentos de transformação do direito culminaram na sua composição – é o que se pode denominar *estudo histórico-normativo*.

Essa espécie de revelação não pode ser alcançada pela simples leitura da informação normativa, em comparação com um ideal abstrato previamente definido como *tradição jurídica*, pois inexistente um referencial teórico que seja produto de um projeto taxonômico de sucesso, com limites precisos. Em verdade, resta consolidada a concepção de que as tradições se desenvolvem lentamente e estão sujeitas a constantes mutações.

Os elementos de certa tradição jurídica inseridos em ordenamentos concretos, portanto, percorrem um extenso caminho cronológico. Nesse sentido, como, ao longo do tempo, um sistema jurídico particular e os institutos que o compõem podem receber influências de distintas tradições, em diferentes graus, a *formação* de um instituto processual, sob a perspectiva do direito comparado, apenas se apresentará como satisfatória com crítica análise histórica.

A forma de desenvolvimento dessa análise histórica é objeto do tópico inaugural do capítulo 03. Por ora, anote-se apenas que, no desempenho dessa tarefa, é natural que se façam incursões no direito praticado em outros países. As tradições se consolidam e se transmitem por meio de sistemas jurídicos concretos. É por isso que o estudo histórico-normativo pressupõe certas incursões.

Ilustrando-se com o objeto central de estudo deste trabalho, tenha-se em mente que a colaboração premiada, tal como posta na Lei nº 12.850/13, é produto da influência de institutos jurídicos estrangeiros oriundos de ordenamentos permeados pelas tradições do *common law* e do *civil law*, mais especificamente do direito norte-americano e do direito italiano, respectivamente. Os movimentos que culminaram na sua formação, portanto, ocorreram parcialmente no interior desses ordenamentos jurídicos. Eles compõem, assim, em alguma medida, o código genético do instituto hoje aplicado no Brasil.

Atualmente em voga neste país, a colaboração premiada tem suscitado inúmeras controvérsias práticas relacionadas ao papel das partes no acordo. Não se socorrer das sólidas experiências estrangeiras para apontar possíveis soluções parece bastante contraproducente.

Se o instituto, para nós ainda novo, foi aplicado durante séculos[211] em sistemas jurídicos estrangeiros, produzindo-se com isso vasto material doutrinário e jurisprudencial amparado por experiências concretas, por que razão seria recomendável ignorar tudo o que já foi registrou sobre a matéria[212]? Os estudos relacionados aos direitos italiano e estadunidense, portanto, são indispensáveis ao bom desenvolvimento deste trabalho acadêmico.

Em decorrência da posição desses ordenamentos jurídicos matrizes na relação histórico-normativa que desenhou a colaboração premiada da Lei nº 12.850/13, serão eles reconhecidos como representações concretas das tradições do *common law* (direito estadunidense) e do *civil law* (direito italiano), permeando boa parte da reconstrução histórica materializada no capítulo 03.

---

[211] É o que se verá do histórico anglo-americano com o instituto da colaboração premiada.

[212] Jan M. Smits (2006, p. 520) pontua exatamente que a experiência estrangeira normalmente se desenvolve pela solução de problemas similares aos enfrentados no âmbito nacional. Por essa razão, mostra-se crescente a percepção sobre o quão útil pode ser o estudo de direito comparado: *the increasing use of comparative arguments has more to do with the growing feeling among many (in particular supreme) courts that it may be counter-productive not to benefit from foreign experience. This is all the more so if similar problems arise in different countries.* No mesmo sentido, Edmundo S. Hendler, citando *Dammer* e *Fairchild*, aponta três propósitos práticos do estudo comparado, destacando *aprovechar la expeciencia ajena*, que se soma a *ampliar el conocimiento de otras culturas, abandonando el etnocentrismo* e, por fim, *encarar los problemas de los delitos transnacionales.* O último ponto foi por nós abordado, acima – item 2.3 (HENDLER, Edmundo S. *Sistemas Penales Comparados.* Buenos Aires: Didot, 2014, p. 39).

Capítulo 3
Raízes Comparadas da Colaboração Premiada

O estudo das raízes de um instituto jurídico pressupõe uma atividade de reconstrução de fatos passados a ele ligados em uma relação de causa e efeito. Isso porque institutos jurídicos não surgem do nada, mas de fatos sociais que, valorados, dão origem à norma[213]. Nesse sentido, a pesquisa da gênese de um instituto jurídico é, a princípio, uma pesquisa histórica, que busca identificar os fatos relevantes e os valores sociais que explicam sua existência.

Leituras puramente históricas, todavia, possuem um caráter predominantemente narrativo[214], que seria pouco interessante para um trabalho da seara jurídica. É por isso que a presente proposta abrange uma leitura *crítica* das raízes da delação premiada, em uma abordagem de direito comparado, que busca compreender as relações políticas, jurídicas e sociais que, de maneira dinâmica, repercutiram sobre o objeto de estudo.

Presente o elemento histórico, contudo, não se pode olvidar que a materialização da *pesquisa* de reconstrução histórica pode seguir dois caminhos distintos, diametralmente opostos. Em uma vertente, é possível que o estudioso parta do próprio fenômeno em análise e, a partir dos fatos político-jurídico-sociais que lhe deram causa imediata, siga uma ordem

---

[213] REALE, Miguel. *Teoria Tridimensional do Direito*. 5ª Ed. 9ª Tiragem. São Paulo: Saraiva, 2014, p. 101. Diz o autor que *nenhuma norma surge ex nihilo, mas pressupõe sempre uma tomada de posição perante **fatos sociais**, tendo-se em vista a realização de determinados **valores*** (grifos nossos).

[214] PHILIPS, John Edward. *Writing African History*. New York: University of Rochester Press, 2005, p. 507. O autor explica que, apesar de predominantemente narrativo, o estudo histórico tem se revestido de um caráter cada vez mais expositivo, crítico, consectário da natural correlação existente entre as ciências sociais e a história.

cronológica reversa[215] em busca de suas raízes mais remotas. Diversamente, pode-se partir das próprias raízes do fenômeno estudado, quando de antemão conhecidas, e, em ordem cronológica direta, reconstruir os fatos sucessivos que nele culminaram.

O questionamento inicial que aqui se deve fazer, portanto, é se a colaboração premiada possui raízes já conhecidas. Ocorre que as respostas podem variar de acordo com o *ordenamento jurídico* que se pretende explorar, o que ganha especial relevo em um estudo de direito comparado.

Por exemplo, ao tratar das origens da delação premiada no direito brasileiro, conforme previsão na Lei nº 8.072/90, Julio Fabbrini Mirabete e Renato Nascimento Fabbrini apontam que o instituto tem "raízes no procedimento do *plea bargaining* corrente nos Estados Unidos e no instituto do *patteggiamento* do direito penal italiano, utilizado no caso dos *terroristi pentiti*"[216]. Como se nota, para apontar as raízes da delação premiada no direito brasileiro, os autores invocaram duas tradições jurídicas distintas, autônomas e revestidas de razões e características próprias, sem explicar os movimentos históricos que teriam dado causa à suposta dupla influência.

O método por eles utilizado para indicar essas raízes parece ter sido o da identificação de semelhanças entre o instituto estudado e a sua suposta origem[217]. Sua aplicação, porém, deu-se de maneira imprecisa, porque foram ignorados os movimentos históricos de influência entre os distintos ordenamentos jurídicos em comparação. A fragilidade da conclusão é evidenciada, ademais, pelo fato de que a delação premiada tem feições e lógicas distintas na tradição anglo-saxônica e na tradição romano-germânica.

Nessa linha de raciocínio, Frederico Valdez Pereira leciona que, na tradição anglo-saxônica, a delação premiada tem sua existência justificada pelo princípio da oportunidade, reitor da ação penal[218].

---

[215] Idem. Ibidem.
[216] MIRABETE, Julio Fabbrini; FABBRINI, Renato Nascimento. *Manual de Direito Penal: parte geral*. 27ª Ed. São Paulo: Atlas, 2011, p. 224.
[217] Para melhor compreensão dos métodos de identificação de semelhanças e identificação de diferenças no âmbito do direito comparado, v. DANNEMANN, Gerhard. *Comparative Law: study of similarities or differences?* In: REIMANN, Mathias; ZIMMERMANN, Reinhard. *The Oxford Handbook of Comparative Law*. New York: Oxford University Press, 2006.
[218] PEREIRA, Francisco Valdez. *Delação Premiada: legitimidade e procedimento*. 2ª Ed. Curitiba: Juruá, 2014, p. Afirmação que, do ponto de vista histórico, tem validade relativa, como será exposto adiante.

CAPÍTULO 3 – RAÍZES COMPARADAS DA COLABORAÇÃO PREMIADA

De maneira distinta, anota Ennio Amodio, a instituição da delação premiada no direito italiano surgiria como fruto de uma legislação de emergência, tratando-se de produto de política criminal necessário ao combate às organizações criminosas que assolavam o país na década de 1970[219].

Destarte, considerando a imprecisão no apontamento das raízes da delação premiada no direito brasileiro, a *pesquisa* de reconstrução histórica tende apresentar maior credibilidade se seguir uma cronologia reversa[220]. Nada impede, entretanto, que, uma vez concluída a pesquisa, a *exposição* do desenvolvimento histórico do instituto seja feita em ordem cronológica direta.

A situação será distinta se o objeto de estudo for, por exemplo, o ordenamento jurídico inglês, pois, nele, as raízes da delação premiada já são claramente conhecidas, conforme leciona Ennio Amodio[221]. Nesse caso, a análise da evolução do instituto em ordem cronológica direta é suficiente para a compreensão da configuração atual da delação premiada no direito inglês.

Assim, em uma pesquisa de direito comparado correlata às raízes da delação premiada, as peculiaridades de cada ordenamento jurídico inviabilizam uma exposição cronológica linear, direta ou reversa. O método de *exposição* aqui utilizado é, portanto, o de narrativas paralelas[222] que, ao final, convergem, explicando o estado atual do fenômeno estudado e viabilizando a análise crítica que aqui se pretende fazer. A necessidade de narrativas paralelas acarretou a divisão deste capítulo em quatro partes.

---

[219] AMODIO, Ennio. *I pentiti nella common law*. Rivista ITaliana di Diritto e Procedura Penale, Milano, v. 29, p. 991-1004, 1986.

[220] Foi justamente o caminho trilhado na pesquisa para este trabalho. Partiu-se da atual configuração da delação premiada na Lei nº 12.850/13. Diante da clara percepção da existência de espaços inéditos de consenso no referido diploma, surgiu dúvida acerca dos movimentos jurídico-sociais que teriam antecedido a inovação legislativa em análise. A partir daí, em cronologia reversa, o autor passou pela inserção de espaços de consenso no direito brasileiro, buscando, posteriormente, suas raízes no direito italiano e, por fim, buscando a causa da reforma italiana que influenciou o Brasil, o que conduz à disciplina norte-americana sobre a matéria. Naturalmente, esta pequena nota não torna a questão clara, o que ocorrerá apenas ao final do trabalho, prestando-se apenas a explicar, grosseiramente, o caminho de pesquisa percorrido.

[221] AMODIO, Ennio. *I pentiti nella common law*. Rivista Italiana di Diritto e Procedura Penale, Milano, v. 29, p. 991-1004, 1986.

[222] PHILIPS, John Edward. Op. Cit. p. 507.

Destarte, toma-se como ponto de partida, diante das considerações acima, uma incursão individualizada nas tradições anglo-saxônica (primeira parte) e romano-germânica (segunda parte) concernente à delação premiada, com identificação dos valores, princípios e características existentes em cada uma delas. Posteriormente, passa-se à análise da influência do *plea bargaining* sobre a normativa italiana e por fim, estuda-se a colaboração premiada no Brasil e o seu desenvolvimento ao longo dos últimos 25 anos, com especial atenção aos movimentos de influência de outros diplomas que vieram a repercutir, intencional ou acidentalmente, sobre o instituto em análise.

É evidente que a colaboração premiada, no estado em que atualmente se encontra na legislação nacional (Lei nº 12.850/13), possui feições completamente distintas das que revestiam o instituto originalmente (Lei nº 8.072/90). Ao longo da presente exposição, ficará claro que as novas feições da colaboração premiada na Lei nº 12.850/13 não são produto do acaso ou de escolhas legislativas feitas aleatoriamente, mas de um complexo movimento de evolução normativa, influenciado por institutos estrangeiros e por reformas legislativas nacionais que, a princípio, não guardavam nenhuma relação com o nosso objeto de estudo.

3.1. Delimitação da Abordagem

As reconstruções históricas e as incursões de direito comparado realizadas a seguir precisam ser delimitadas, por razões evidentes. Na busca pelas raízes da colaboração premiada desenhada pelo art. 4º da Lei nº 12.850/13, tomam-se como referência os diversos elementos normativos[223] que compõem o instituto referido.

São três as ordens de informação normativa predominantes no art. 4º e §§ da Lei nº 12.850/13, que instituiu a colaboração premiada: 1) admite-se a concessão de benefícios ao investigado, acusado ou condenado, em caso de colaboração com a persecução penal (norma de direito premial); 2) a colaboração é resultado de um *acordo* entre as partes, fruto de negociações livres de intervenção judicial – portanto, o benefício pressupõe o consenso entre as partes (instrumento de justiça negocial), com o prota-

---

[223] Mais uma vez, informações normativas ou elementos normativos podem ser considerados princípios reitores de determinadas regras, as próprias regras, decisões judiciais que decidem questões de direito até então controvertidas e até mesmo a cultura jurídica reinante.

gonismo delas, sem intervenção da autoridade judiciária na formação do acordo (compreensão do processo penal sob a ótica adversarial – modelo de disputa entre as partes, pouca preocupação com a apuração efetiva dos fatos); 3) admite-se que a colaboração resulte na não-persecução penal (acolhimento do princípio da oportunidade[224])[225].

Por isso, os estudos de direito comparado focam nesses três elementos – direito premial, processo penal negocial e princípio da oportunidade em contraposição à obrigatoriedade da ação penal – bem como sobre os poderes dos atores penais que os circundam, especialmente os poderes discricionários do *dominus litis* e os poderes dispositivos do imputado.

Importante salientar que, na experiência estrangeira, não necessariamente a abertura de espaços de consenso no processo penal repercutiu sobre a colaboração premiada. Isso ocorreu no direito brasileiro, como é evidente, mas talvez não tenha ocorrido no direito italiano, por exemplo.

Independentemente dessa questão, é indispensável o estudo da expansão dos espaços de consenso no direito processual penal italiano, pois foi este ordenamento o veículo que transportou instrumentos típicos de processo penal negocial para o direito brasileiro.

A abertura de espaços de consenso no processo penal pátrio, por sua vez, repercutiu sobre a colaboração premiada na Lei nº 12.850, como é de se notar. Por essa razão, afirma-se que a abertura de espaços de consenso no processo penal italiano integra a cadeia causal de fatos histórico-normativos que culminaram na atual configuração da colaboração premiada brasileira.

Destaque-se que, dentre essas três informações normativas predominantes extraídas do regime jurídico da colaboração premiada na Lei nº 12.850/13, apenas uma delas estava presente na pioneira fórmula legal da delação premiada no direito pátrio – sua construção como norma de direito premial. As demais – aceitação de espaços de consenso entre acusação e defesa, com protagonismo das partes na negociação, e acolhimento do princípio da oportunidade – não constavam do art. 8º, parágrafo

---

[224] O que também expressa um benefício, o qual, porém, só se torna viável pelo acolhimento do princípio citado.
[225] Anote-se que os dois últimos valores não constavam do art. 8º, parágrafo único, da Lei nº 8.072/90. Para uma análise mais cautelosa dos contrastes entre as origens da delação premiada no brasil e a disciplina da Lei nº 12.850/13, v. item 3.4.1, abaixo.

único, da Lei nº 8.072/90. Por outro lado, também não foram inseridas de maneira inovadora na Lei nº 12.850/13.

Pode-se afirmar, em verdade, que, entre os anos de 1990 e 2013, houve considerável mudança do contexto processual, a ponto de se admitir, não sem críticas, mas sem rejeições principiológicas, a inserção do novo regime jurídico da colaboração premiada, que em muitos aspectos se aproxima do instituto do *plea bargaining* – notadamente quanto à natureza jurídica de acordo – conferindo, ainda maior margem de discricionariedade ao órgão ministerial, condizente com o princípio da oportunidade[226].

Uma compreensão global das sucessivas reformas que desaguaram na configuração da normativa vigente, então, pressupõe a compreensão das alterações operadas sobre o *contexto normativo processual* brasileiro. Para tanto, recomendável a adoção das estruturas metodológicas delineadas por Mirjan Damaska em *Evidence Law Adrift*.

Para explicar a configuração do direito probatório na tradição anglo-saxônica, o autor aponta para a existência de duas formas de se buscar a *ratio* de um instituto jurídico: a) adotando-se uma perspectiva histórica, por meio da identificação dos fatores *causais* que deram origem ao instituto; b) adotando-se uma perspectiva analítica e interpretativa, promovendo-se a identificação dos fatores racionais, que desenham uma *justificativa razoável* para a sua existência[227].

Na realidade, as duas abordagens estão intimamente ligadas. Não raro, determinado fator que se apresenta como uma justificativa racional para a existência do instituto encontra, paralelamente, lugar na cadeia causal descritiva de sua origem.

Exemplificando com o direito probatório do *common law*, Damaska anota que o princípio da concentração[228] dos atos probatórios encontra justificativa no julgamento pelo júri[229]. Adicionalmente, em uma perspec-

---

[226] Oportunidade não se confunde com arbítrio como se verá adiante.
[227] DAMASKA, Mirjan. *Evidence Law Adrift*. New Haven: Yale University Press, 1997, p. 3.
[228] *Continuous trial*.
[229] Jurados são leigos, o que confere justificativa racional às *exclusionary rules* e ao princípio da oralidade, bem como aos seus subprincípios. O sistema probatório anglo-saxônico, nessa perspectiva, visa garantir que o jurado tenha a melhor percepção possível dos elementos de convicção, excluindo-se aqueles que estão viciados e evitando-se que o decurso do tempo ou a burocracia forense tornem os fatos confusos na percepção dos julgadores populares.

tiva histórica, referido princípio pode ser apontado como *consectário* da consagração do julgamento pelo júri.

Mutatis mutandis, no presente trabalho, em uma perspectiva racional, chega-se à conclusão de que os princípios da oportunidade e da disponibilidade, além do reconhecimento do acordo como meio apto a resolver eventual conflito social de caráter penal[230], justificam a existência da colaboração premiada como ferramenta de justiça penal consensual, nos termos forjados pela Lei nº 12.850/13. São eles o alicerce do instituto, sem os quais sua construção normativa ficaria prejudicada[231].

Paralelamente, o estudo histórico das sucessivas reformas experimentadas pelo Processo Penal Brasileiro nos últimos 28 anos indica uma relação de causa e efeito entre a expansão dos espaços de consenso, com o gradual acolhimento do princípio da *oportunidade*, e a transmutação da delação premiada – antes instituto puramente de direito penal – em uma ferramenta de natureza processual/negocial, sem prejuízo de suas possíveis repercussões na órbita penal.

As leituras analítica e histórica reforçam-se reciprocamente, conferindo credibilidade à argumentação, mas é importante mencionar que não viabilizam a construção de uma conclusão imune a subjetividades. Tecnicamente, não pode ser assim. Nem mesmo quando se fala em *Ciência do Direito*, está-se a falar em ciência exata, como já admite o senso comum. Ocorre que, ainda mais além, a busca pelas razões fundantes de determinados modelos normativos sequer se situa no âmbito da *Ciência do Direito*, inserindo-se mais adequadamente na seara da *Filosofia do Direito*[232]. Esta, por sua vez, visa ao estudo da experiência jurídica integral, apreciando toda a estrutura composta pela articulação fático-axiológica-normativa, que se apresenta como força *geradora* de modelos e significados jurídicos[233].

---

[230] Não me refiro à lide, cuja existência é bastante discutível no processo penal. Refiro-me ao conflito *social* subjacente à prática delitiva, que justifica o próprio *jus puniendi* do Estado.

[231] Veja-se que essa conclusão, apesar de lógica, só encontrará efetivo sustento por meio da observação dos movimentos histórico-normativos que circundaram o instituto nas distintas tradições processuais examinadas. Há evidente relação entre os dois métodos de abordagem utilizados de maneira precisa por Damaska.

[232] REALE, Miguel. *Teoria Tridimensional do Direito*. São Paulo: Saraiva, 2014, p. 13.

[233] Idem. P. 14.

Por isso, quando se propõe a compreensão do *contexto* histórico-normativo-axiológico que conduz à transformação de um determinado instituto jurídico, a abordagem realizada estará subordinada ao que se pode denominar *Filosofia do Direito*. É assim que se caracteriza o estudo que busca as raízes de um instituto.

Muito embora haja espaços a subjetividades no desempenho de trabalhos dessa natureza, ficam elas limitadas pela lógica e pela razoabilidade que devem acompanhar o raciocínio daquele que se envereda pelos caminhos da *Filosofia do Direito*. Apenas com a exposição de fontes seguras que confiram suporte às reconstruções *históricas* e aos alicerces principiológicos invocados é possível uma leitura *analítica* revestida de credibilidade.

Sob esse prisma, por exemplo, talvez não haja perfeita comprovação histórica para a afirmação de *Mirjan Damaska* de que o princípio da concentração dos atos de instrução processual se justifica pela consagração do julgamento pelo júri. Todavia, a lógica inerente ao raciocínio é evidenciada pela reconstrução histórica do *common law* e pela estrutura argumentativa desenhada pelo autor, conferindo a ela credibilidade.

O que se pretende com essa explanação é expor o quão complexa é a tarefa de promover uma reconstrução global do *contexto processual* que, ao sofrer mutações sucessivas, cedeu espaço para o regime jurídico da colaboração premiada na Lei nº 12.850/13. Nem sempre, em reconstruções histórico-normativas, obtém-se demonstração direta da influência de um determinado ordenamento jurídico ou sistema processual sobre outro, pois raramente os anteprojetos são acompanhados de razões claras e nem todos os raciocínios feitos pelo *legislador* quando das opções normativas são expressos. Contudo, as hipóteses que não encontram suporte documental direto devem ser acolhidas, no mínimo, pela lógica argumentativa e pela articulação de diversos elementos indiciários.

Apesar de não se confundir com ela, a pesquisa jusfilosófica influencia sensivelmente a própria *Ciência do Direito*. A compressão axiológica da norma e o conhecimento de suas raízes repercute demasiadamente na interpretação feita pelo jurista, que tem como instrumento de atuação os modelos postos pelo legislador.

É por isso que se justifica a reconstrução histórica do instituto, em busca de suas raízes, pela possibilidade de identificação das premissas principiológicas que lhe dão suporte. Obtida essa visão pela pesquisa jusfilosófica, os alicerces principiológicos indicados devem ser *sempre* lembrados no manejo da ciência do direito, garantindo-se a mais correta *interpretação* do modelo normativo posto, que tende a ser *aplicado* de maneira mais coerente.

É importante lembrar que os princípios norteadores dos modelos processuais utilizados como referência na construção do sistema normativo refletem sensivelmente sobre os papeis que cabem a cada um dos atores do processo penal. Se determinado instituto acolhido pelo legislador carrega consigo a lógica adversarial, sua interpretação e sua aplicação devem considerar essas raízes, sob pena de manifestarem-se distorções que podem culminar no desequilíbrio do processo penal, como se verá ao longo do capítulo 04 deste trabalho.

De toda forma, especificamente a dinâmica das alterações legislativas que culminaram no evidente contraste entre a colaboração premiada da Lei nº 12.850/13 e da Lei nº 8.072/90 pode ser compreendida com argumentos que se revestem de elevado grau de credibilidade, praticamente anulando os espaços de subjetividades.

Isso porque os elementos de influência da tradição jurídica do *common law* sobre o sistema processual penal italiano foram estudados à exaustão, tanto pelos próprios juristas italianos como por aqueles que se formaram sob a tradição anglo-saxônica. Os pontos centrais que evidenciam a influência anglo-saxônica sobre a novo regime jurídico da colaboração premiada no direito pátrio – influência massiva do *common law* sobre o direito processual italiano e, subsequentemente, influência deste sobre a normativa brasileira – não resultam de exercícios especulativos formulados pelo autor deste trabalho, pois analisados amplamente pela doutrina.

Por fim, considerando o posicionamento dos sistemas jurídicos estadunidense e italiano na cadeia histórico-normativa que desenhou a colaboração premiada da Lei nº 12.850/13, são eles reconhecidos como representações concretas das tradições do *common law* e do *civil law*, respectivamente, servindo como grandes referenciais no estudo comparado que aqui se faz.

Desenhadas todas as premissas que imaginamos serem indispensáveis à compreensão do trabalho, resta-nos dar início à antecipada reconstrução histórica.

3.2. A Colaboração Premiada no *Common Law*
3.2.1. *Approvement*

As origens da delação premiada no *common law* remontam ao instituto do *approvement*, do direito inglês e, quanto a esse aspecto, há considerável uniformidade doutrinária[234]. Deve-se perquirir, neste ponto, quais eram as razões inerentes ao instituto, como ele era manejado e em que contexto histórico.

Margaret H. Kerr[235], explicando as reformas operadas por Henrique II da Inglaterra sobre o sistema criminal inglês, fala na existência de duas formas de ação penal após a edição do *Assize of Clarendon*[236] (1166) – a *appeal of felony*[237], espécie de ação penal privada, de iniciativa da vítima,

---

[234] KING JR, Hon H. Lloyd. *Why prosecutors are permitted to offer witness inducements: a matter of constitutional authority.* Stetson Law Review. Gulfport, Vol. XXIX, p. 155-180, 1999-2000; BERNASCONI, Alessandro. *La Collaborazione Processuale: incentivi, protezione e strumenti di garanzia a confronto com l'esperienza statunitense.* Milano: Giuffrè, 1995, p. 3-4.

[235] KERR, Margaret H. *Angevin Reform of the Appeal of Felony.* Law and History Review. Cambridge, Vol. 13, Issue 2, p. 351-391, outono de 1995, p. 352.

[236] O Assize of Clarendon de 1166 é um diploma normativo de extrema importância para o desenvolvimento do processo penal no *common law*. A partir dele, inicia-se a superação de um modelo de decisão baseado nas ordálias e nas batalhas entre as partes, viabilizando a consagração de um modelo probatório que toma como referência a investigação, bem como a colheita de materiais que podem, efetivamente, viabilizar uma reconstrução dos fatos que são objeto de julgamento. Naturalmente, essa não foi uma mudança que se efetivou de maneira imediata, considerando a necessidade que havia de se construir uma nova cultura jurídica. Ademais, o próprio Assize of Clarendon previa clara e expressamente as ordálias como forma de julgamento, mas, por ter instituído um corpo oficial responsável por atos de investigação, forneceu a estrutura necessária para um modelo probatório racional. Após o IV Concílio de Latrão, que vedou as ordálias, e com a estrutura do Assize of Clarendon, pavimentou-se o caminho da ascensão do julgamento pelo júri no *common law*. (KERR, Margaret H. Op. Cit. P. 352/353). Ainda associadando a vedação às ordálias à ascensão do julgamento pelo júri: GROOT, Roger D. *The Jury of Presentment Before 1215.* In: American Journal of Legal History. Vol. XXVI, Oxford, p. 1-24, 1982: *When the Fourth Lateran Council in 1215 forbade clerical participation in ordeals,' that important mode of proof lost its value as a judgment of God and fell into disuse. The procedural void thus created was filled on the continent by the confession as proof; [...] But in England the void was filled by the jury verdict as proof.*

[237] O *appeal of felony* foi introduzido na Inglaterra pelos normandos e era regra geral antes do Assize of Clarendon. A vítima decidia se a persecução penal teria ou não início. A parte interessada deveria fazer uma acusação oral e sustentá-la em uma série de audiências, nas quais cabia ao imputado defender-se. Se o autor não fosse deficiente ou idoso, o julgamento era realizado por batalha; se fosse um homem isento do dever de batalhar ou uma mulher,

e a *plea of the Crown*[238], ação penal pública, conduzida pela Coroa e restrita a crimes graves[239].

Paralelamente, havia o *approver's appeal* que, para autora, seria uma forma especial de ação. Em verdade, o instituto tinha feições de processo incidental, conforme será exposto mais adiante. De toda forma, o *approvement* (*approver's* appeal) foi documentado no *Dialogue of the Exchequer*[240], escrito aproximadamente em 1179[241], nos seguintes termos:

> Quando algum conhecido e contumaz criminoso é detido pelos oficiais de paz do Rei, os juízes ocasionalmente admitem, como uma medida extrema para livrar o país de criminosos, que o indivíduo confesse o crime e se torne uma fonte de prova contra seus comparsas em favor do Rei e, provando por batalha a responsabilidade de um coautor ou mais, fica o colaborador livre da morte que merecia, preservando sua vida, com cassação de direitos políticos e banimento do reino[242].

Como se nota, o instituto era visto como um instrumento de eficiência na aplicação da lei penal, com a finalidade de *livrar o país de criminosos*, o que lhe empresta um caráter público que é mais compatível com as *pleas of the Crown*. Segundo John Langbein, todavia, o *approvement* é um desdobramento da *appeal of felony* e sua leitura faz sentido. Isso porque as *pleas*

---

o julgamento tomaria por base a ordália (MAITLAND, Frederic William; MONTAGUE, Francis C. *A Sketch of English Legal History*. New York: G. P. Putnam's Sons, 1915, p. 47-50 – *When a criminal charge is made – an appeal of felony – the accuser and the accused, if they be not maimed, nor too young, nor too old, will have to fight in person*). V., ainda, PLUCKNETT, Theodore F. R. *A Concise History of the Common Law*. 5ª Ed. Boston: Little, Brown and Co., 1956.

[238] Sobre as *pleas of the Crown*, a autora aduz que se tratava de forma de ação penal pública, cabível apenas nos casos de crimes graves, como homicídio, roubo e estupro. Acrescenta que, antes do Assize of Clarendon, não se pode provar, mas apenas especular, que havia formas de persecução penal conduzidas pela Coroa (KERR, Margaret H. op. cit. p. 352).

[239] KERR, Margaret H. *Angevin Reform of the Appeal of Felony. Law and History Review*. Cambridge, Vol. 13, Issue 2, p. 351-391, outono de 1995.

[240] No século XII, sob o reinado de Henrique II, na Inglaterra, o *Exchequer* era dividido em dois ramos – um com funções administrativas de gestão do tesouro e outro com funções jurisdicionais. O *Dialogue of Exchequer* documentou a atuação prática de ambos os ramos do *Exchequer* no século XII. (v. PLUCKNETT, Theodore F. R. *A Concise History of the Common Law*. 5ª Ed. Boston: Little, Brown and Co., 1956, p. 18 e 146-147).

[241] KERR, Margaret H. Op. Cit. p. 353.

[242] Idem. Ibidem.

of the Crown foram instituídas apenas com a superveniência do Assize of Clarendon (1166). Antes disso, tem-se como provável que todas as ações penais dependiam da iniciativa de cidadãos, que tinham à sua disposição, como instrumento de persecução penal, apenas o *appeal of felony*[243].

Contudo, não se pode negar que, mesmo nessa fase, o Estado já possuía um crescente interesse no controle da Justiça Penal, o qual se manifestava no único instrumento de persecução penal até então existente.

Evidência disso é o fato de que, diante da inexistência de uma ação penal de iniciativa pública e visando aumentar seu controle sobre a persecução penal, Henrique II, entre 1155 e 1156, promoveu reformas sobre a própria *appeal of felony*, tornando viável o seu manejo, no seu próprio interesse, nos casos de crimes que afetassem bens jurídicos da Coroa. Para tanto, o Rei recrutava cidadãos, caso a caso, para que propusessem as ações penais em seu favor[244].

Vê-se, portanto, que o *approvement* só poderia se manifestar como um incidente da própria *appeal of felony*, tanto diante de delitos que atingissem bens jurídicos de interesse individual, tais como a vida, quanto diante de práticas criminosas que viessem a afetar interesses estatais[245].

Explica-se, assim, porque o *approvement*, instrumento cujo manejo se justificava por questões de interesse público, permaneceu vinculado à *appeal of felony* – espécie de ação penal de iniciativa privada – durante o século XII.

Certos autores estimam que o *approvement* tenha caído em desuso em meados do século XVI, quando foi substituído pela *crown witness system*[246].

---

[243] Aduz Margaret H. Kerr (op. cit. p. 352): "Between the Norman Conquest and the Assize of Clarendon, however, and specially during Stephen's reign (1135-54) [...] it can only be speculated whether there was a formal mechanism for the king to pursue offenders. It was the victim who prosecuted the agressor through the appeal of felony". Em suas conclusões, acrescenta a autora: "Although *appeal of felony* was use to prosecute pleas of the Crown, serious offenses over wich the king had jurisdiction, it was controlled by individual appelors and not by the Crown" (p. 382).

[244] KERR, Margaret H. op cit. p. 354. Esses indivíduos também eram denominados *approvers*. Durante o reino de Henrique II, portanto, havia duas categorias distintas de *approver*: a) uma composta por criminosos que se tornavam *approvers*, acusando terceiros com o fim de salvar sua própria vida; b) uma categoria especial de *approvers*, criada com o fim de promover a persecução penal em favor da Coroa (p. 355).

[245] KERR, Margaret H. Op. cit. p. 353.

[246] KING JR, Hon H. Lloyd. Op. Cit. p. 159/160.

A prática do *approvement*, todavia, é relatada detalhadamente no *Historia Placitorum Coronae*, escrito em 1736, com a ressalva de que já se encontrava há certo tempo em desuso[247].

Dois são os principais motivos atribuídos doutrinariamente à queda do *approvement*. O primeiro, exposto no próprio *Historia Placitorum Coronae*, seria o fato de que o instituto teria causado mais danos a cidadãos inocentes do que benefícios ao interesse público na descoberta e na efetiva punição de infratores. Indivíduos desesperados com as acusações contra eles formuladas seriam capazes de acusar qualquer pessoa com o fim de se verem livres da sanção penal[248]. Como a apuração dos fatos não ocorria de maneira racional, mas por meio de batalhas e ordálias, o instituto se distanciava em demasia de um ideal de justiça.

Outra corrente doutrinária atribui a superação do *approvement* ao custo-benefício do instituto sob a ótica individual do delator[249]. Essa linha de raciocínio pressupõe conhecimento do funcionamento prático do instituto. Conforme documentado em textos datados do século XVIII, acusado de um delito sancionável com a pena de morte, o indivíduo, reconhecendo integralmente a procedência da acusação contra ele formulada (*guilty plea*), poderia apontar outros sujeitos que supostamente teriam concorrido para o crime. O delator, assim procedendo, avocava o ônus de provar que o delatado havia efetivamente praticado o crime a ele imputado, dentro de um prazo previamente fixado. Caso a culpa do suposto coautor restasse comprovada, este seria executado e o delator seria perdoado, livrando-se da pena de morte. Diversamente, se o delator fracassasse no desempenho da atividade probatória, seria ele condenado à morte com base no prévio reconhecimento da procedência da acusação[250].

Nota-se que, por ter como pressuposto o reconhecimento da culpa, o *approvement* consistia em um mecanismo processual de elevado risco ao delator. A propósito, o delator era executado não apenas nos casos em que o delatado era absolvido, mas também quando este não era locali-

---

[247] HALE, Matthew. Op. Cit. p. 226.
[248] HALE, Matthew. Op. Cit. p. 226: more mischief hath come to good men by these kind of approvements by false accusations of desperate villains, than benefit to the public by the discovery and convicting of real offenders.
[249] LANGBEIN, John H. *Shaping the eighteenth-century criminal trial: a view from the Ryder sources*. The University of Chicago Law Review, Chicago. Vol. 50. Nº 1, 1983 p. 91.
[250] Idem.

zado, bem como se houvesse contradição nas informações prestadas, entre outras hipóteses[251].

Talvez os dois fatores – elevado risco ao delator e reduzidos benefícios ao interesse público – conjuntamente, tenham contribuído para que o *approvement* tenha caído em desuso.

Interessante notar que, da comparação entre o que consta do *Dialogue of Exchequer* e os documentos do século XVIII, pode-se perceber que, entre os séculos XII e XVIII, houve poucas transformações sobre o *approvement*. De acordo com o documentado no século XVIII, se o delator obtivesse sucesso, seria perdoado, enquanto no *Dialogue of Exchequer* falava-se em perda de direitos civis e banimento, de acordo com o texto já colacionado acima[252].

No século XII, o *approvement* era um desdobramento processual que ocorria no bojo do *appeal of felony*[253]; no século XVIII, o *Historia Placitorum Coronae* aponta claramente que o instituto não se aplicava às *appeal of felony*[254].

Os motivos dessa distinção são claros. No século XII, a *appeal of felony* era o principal ou, antes do advento do Assize of Clarendon, o único instrumento para o exercício da persecução penal. Reformas operadas sob os reinados de Henrique II e Henrique III, todavia, deram início a um movimento de esvaziamento das *appeal of felony*, com a finalidade de viabilizar o crescimento do controle estatal sobre a persecução penal. Como a delação premiada está historicamente vinculada a crimes graves e no século XVIII os delitos mais graves encontravam-se fora do alcance da *appeal of felony*, não havia razão para manter a antiga vinculação entre os dois institutos[255].

Quanto à natureza jurídica, o *approver's appeal* tinha feições de um processo incidental, decorrente da *appeal of felony*, por meio do qual se esta-

---

[251] KING JR, Hon H. Lloyd. Op. Cit. p. 160.
[252] Sobre o perdão no *approvement*, conforme as anotações feitas por Dudley Ryder no Século XVIII, v. LANGBEIN, John. Op. Cit. p. 92: "The coinage of approvement was pardon". Acrescente-se, todavia, que os motivos que deram ensejo a essa distinção não estão claros para este autor.
[253] KERR, Margaret H. op. Cit. p. 382.
[254] HALE, Matthew. Op. Cit. p. 227.
[255] Para compreender o início do movimento de oficialização da persecução penal no *common law*: KERR, Margaret H. *Angevin Reform of the Appeal of Felony*. Law and History Review. Cambridge, Vol. 13, Issue 2, p. 351-391, outono de 1995.

belecia uma nova relação jurídica entre o delator e o delatado, o que fica claro até mesmo pelos termos empregados, na época, para designá-los – *appellor* e *appellee*. Esses termos eram ainda empregados no *Historia Placitorum Coronae*[256].

Trata-se, portanto, de um equívoco a afirmação corriqueira de que, no *common law*, a delação premiada encontra-se historicamente vinculada ao princípio da oportunidade da ação penal[257]. Essa pode ser a configuração atual do instituto, mas, a princípio, a delação premiada não estava submetida a uma lógica de barganha criminal e não abrangia a possibilidade de não oferecimento de denúncia contra o delator[258].

Ao contrário, a propositura de ação contra o delator era pressuposto da delação premiada no século XII. O *approver's appeal* só fazia sentido diante de uma perspectiva concreta de imposição de pena de morte ao delator, que se materializava justamente pela propositura de ação penal contra ele. Sem ação proposta, não haveria lógica no *approver's appeal* que, memore-se, pressupunha reconhecimento de culpa (lato senso) na prática de um crime capital e se materializava como um processo incidental cuja improcedência implicava, invariavelmente, a morte do delator.

Veja-se que a relação jurídica no processo incidental do *approvement* se estabelecia entre delator e delatado. Também não havia uma relação negocial entre o autor da ação penal e o *approver*.

Pode-se concluir, com tranquilidade, que nas profundas raízes do *common law*, a delação premiada podia ser compreendida sob a perspectiva do direito processual premial, haja vista que o *delator* buscava, pelo manejo de instrumentos processuais, um benefício de ordem material – atenuação da pena que, a princípio, seria a morte e, com a delação, limitar-se-ia ao banimento. Diversamente, sob a ótica do processo penal negocial, o *approvement* é instituto estranho, pois não há qualquer acordo entre as partes

---

[256] HALE, Matthew. Op. Cit. p. 227.
[257] No sentido ora criticado: PEREIRA, Frederico Valdez. *Delação Premiada: legitimidade e procedimento*. 2ª Ed. Curitiba: Juruá, 2014, p. 41.
[258] Isso não quer dizer que o autor da ação, normalmente a própria vítima-acusadora, era obrigada a propô-la. Vigorava, sim, na *appeal of felony*, o princípio da oportunidade, mas este não guardava relação com o instituto da colaboração premiada. A delação não só não podia proporcionar ao delator o benefício de não-persecução penal, como tinha como pressuposto a efetiva propositura da ação contra ele, razão pela qual vincular historicamente a delação premiada ao princípio da oportunidade é um evidente equívoco.

no processo penal incidental que se estabelece entre delator e delatado, tampouco na ação penal originária. Também não há razão para se falar em princípio da oportunidade, a se concretizar por meio da *não-persecução penal*, considerando que a propositura da ação era *pressuposto* do *approvement*.

A delação premiada perde sua natureza de processo incidental tão logo o *approvement* é substituído pelo *Crown witness system*, que teve sua configuração adequada à nova realidade de gestão da persecução penal pelos denominados juízes de paz (*Justices of the Peace*), a partir do momento em que passaram a deter atribuição para a propositura da ação penal, com certa margem de discricionariedade[259]. O processo que levou a isso, todavia, foi bastante complexo.

3.2.2. Background do *Crown Witness System*: a ascensão dos *Justices of the Peace*

Os *juízes de paz* não surgiram como ordinários titulares de ações penais, com discricionariedade suficiente para delas dispor em troca de colaboração processual. Suas atividades foram regulamentadas pela primeira vez, de maneira ampla e formal, em 1361 pelo *Statute of the Westminster*, como produto de uma evolução dos antigos *Keepers of the Peace*, existentes desde o século XII[260]. Estes, até a edição do citado diploma, possuíam apenas

---

[259] LANGBEIN, John H. *Shaping the eighteenth-century criminal trial: a view from the Ryder sources*. The University of Chicago Law Review, Chicago. Vol. 50. Nº 1, 1983, p. 92. A complexa figura dos juízes de paz, para *John H. Langbein* os primeiros promotores de Justiça do *common law*, será analisada no tópico a seguir (v. LANGBEIN, John H. *The Origins of Public Prosecution at Common Law*. In: *The American Journal of Legal History*. Vol. XVII, Nº 4, Oxford, outubro de 1973).

[260] OSBORNE, Bertram. *Justices of the Peace: 1361-1848*. Shaftesbury: Sedgehill, 1960, p. 03. Sobre o *background* que justificou o surgimento de tão peculiar corpo administrativo – e, inicialmente, apenas administrativo – importante lembrar que não se pode confundir a antiga figura do *sheriff* com a de um chefe contemporâneo de Polícia, que possui um corpo armado e institucionalizado à disposição. Thomas Skyrme esclarece bem que a figura do *sheriff*, responsável pela cobrança de tributos e, a partir do Assize of Clarendon, pela manutenção da ordem e pela garantia de aplicação da lei, tornou-se insuficiente diante da escalada de tensão social e de criminalidade nos séculos XII e XIII. Sem fiscalização efetiva de seus trabalhos, os *sheriffs* também se viam constantemente envolvidos em atos de corrupção ou de extorsão, fazendo mau uso do poder que detinham de decretar a prisão de cidadãos. Esse contexto fez com que Henrique II e seus sucessores pensassem em alternativas administrativas para a manutenção da ordem, o que levou à figura dos juízes de paz no século XIV (SKYRME, 1991, p. 2-3)

atribuições típicas de polícia administrativa, notadamente de contenção de tumultos e de detenção de infratores[261].

Os *keepers*, predecessores dos *Juízes de Paz* e ao contrário destes, não exerciam poderes jurisdicionais, não eram genuínos *juízes* e, por essa razão, não eram assim denominados[262].

Durante a transição do reinado de Eduardo II para o de Eduardo III, especificamente no ano de 1329, alguns decretos de nomeação de *keepers* conferiam a eles atribuições adicionais para conduzir o julgamento de crimes determinados, o que deu ensejo para que fossem chamados, pela primeira vez, de *justices de la pees*[263]. No ano seguinte, essa política foi suplantada e passou-se a determinar aos *keepers* que encaminhassem para os *Justices of Assizes* quaisquer notícias de crime. Esses movimentos pendulares, ora conferindo poderes jurisdicionais aos keepers, ora privando-os de tê-los, continuaram por aproximadamente 30 (trinta) anos, até que o *Statute of Westminster* (1361) normatizou o caráter híbrido dos *Justices of the Peace*, preservando suas funções administrativas e concedendo-lhes competências jurisdicionais[264].

---

[261] "These keepers could lead the *posse comitatus* even into another county. They were to suppress all offences against the peace and to arrest all malefactors and keep them in custody to await instructions from the Crown" (SKYRME, Thomas. *History of The Justices of The Peace*. Vol I. Chichester: BPCC Wheatons, 1991, p. 9).

[262] Autores exploram a questão da formal mudança de nomenclatura de *Keepers* para *Justices of the Peace*. Com a concessão de poderes jurisdicionais, os *JP's* passaram a atuar efetivamente como juízes. Por algum tempo – e entendo que isso se deve a uma questão cultural, não técnica – os termos *Keepers* e *Justices of the Peace* foram utilizados como equivalentes. Depois, estabilizou-se a ideia de *Juízes de Paz*, que traduzia de maneira mais adequada as funções dos JP's, e o termo *keepers* se tornou obsoleto. Os *keepers*, então, tornaram-se julgadores: *It was no doubt in emphasis of this enlarged authority that in some of the Commissions the term Justice was used in place of Keeper. There was no consistency in the use of the new title – for a time Keeper and Justice were interchangeable terms. But gradually the Justice displaced the Keeper. By 1361 though the old name was occasionally used afterwards, the transformation of the Keeper into the Justice was virtually completed* (OSBORNE, Bertram. op. cit. p. 4).

[263] SKYRME, Thomas. op. cit. p. 37.

[264] Dizia o diploma, citado por SKYRME (1991, p. 31, grifos meus): in *every shire of the England shall be assigned for the keeping of the Peace one lord, and with him three or four of the most worthy [...] they shall have power to restrain the offenders, rioters, and all other barrators, and to pursue, take, and* **chastise them**, *according to their trespass or offence; and to cause them to be* **imprisoned and duly punished** *[...] and also to inform themselves and to inquire of all those who have been pillagers and robbers I the parts beyond the sea; [...] and* **they are also to hear and determine** *at the king's suit all manner of*

Individualmente, os juízes de paz também detinham poderes para, fora das audiências de instrução e julgamento que conduziam, apurar preliminarmente notícias de fatos criminosos que recebiam das vítimas e prender os supostos autores, até que fossem levados a julgamento. Era possível, ainda, que tomassem fiança de sujeitos suspeitos de determinada prática delitiva[265].

O que nos pode causar estranheza é que as funções de polícia e judiciais foram reunidas em uma mesma figura no século XIV e, mesmo diante disso, diferentemente do que se vê da história do processo penal brasileiro, não se pode afirmar que essa configuração conferia a titularidade da ação penal aos *JP's*[266].

Isoladamente, a leitura do diploma de 1361 até nos leva a crer que os juízes de paz conduziam um processo com feições inquisitivas, dando início a ele por atuação policial usualmente individualizada – especialmente por meio da detenção, da prisão e da apresentação de infratores em juízo – e depois participando como magistrados das *Quarter Sessions*[267].

Entretanto, na prática, sem prejuízo das funções de polícia administrativa que cabiam a eles, os *juízes de paz* não se preocupavam em produ-

---

felonies and trespass). Os juízes de paz compunham uma corte criminal com assento trimestral. As funções administrativas e de caráter policial dos *Justices of the Peace* foram deles retiradas apenas no Século XIX. A partir de então, passaram a exercer exclusivamente funções de caráter jurisdicional (Skyrme, Thomas. Op. cit, p. xxi). Anote-se que foi igualmente no século XVIII que a Inglaterra institucionalizou a Polícia, como conhecemos hoje.

[265] Idem. P. 37.

[266] Quando da reforma processual penal brasileira em 1841, promovida pela Lei nº 261, implantou-se o que aqui se convencionou chamar de *policialismo judiciário*. A Polícia prendia, acusava e pronunciava supostos autores de crimes de menor gravidade. A iniciativa da ação cabia, portanto à Polícia, cujos chefes e delegados eram indicados dentre desembargadores e juízes de Direito, respectivamente. Chefes de Polícia, a propósito, julgavam contravenções e crimes para os quais se previa pena de prisão de até 06 (seis) meses (Cruz, Rogério Schietti Machado. *Prisão Cautelar*. 2ª Ed. Rio de Janeiro: Lumen Juris, 2011, p. 35).

[267] É o que se nota do excerto colacionado logo acima, que expressa os deveres dos juízes de paz de prender, ouvir, julgar e punir supostos criminosos. A doutrina esclarece que, individualmente, os *JP's* preservavam suas funções policiais, mas sua competência jurisdicional só poderia ser exercida coletivamente, nas *Quarter Sessions* – sessões de julgamento: *Originally the criminal jurisdiction of the Justices was confined to Quarter Sessions. The individual Justice had no authority to hear and determine or to punish. His part in keeping the peace was to investigate complaints and, where necessary, take security from the accused for his appearance at the Sessions* (Osborne, Betram. Op. cit. p. 6).

zir provas que pudessem esclarecer os fatos criminosos, haja vista que os júris possuíam um sistema de *autoinstrução*. Jurados eram escolhidos com observância a um *requisito de vizinhança* – só poderiam atuar em casos ocorridos no interior de suas próprias comunidades. A intenção era a de que, assim, os próprios jurados coletassem os elementos de convicção relevantes, levando-os ao conhecimento das autoridades estatais. Isso tornava os juízes de paz dispensáveis para o desenvolvimento da primeira fase da persecução penal, motivo pelo qual permaneceram dela distantes. Nesse contexto, em que se dava início à ação penal por iniciativa dos próprios cidadãos – vítimas ou integrantes do *jury of presentment* – que também apresentavam provas em juízo, não havia necessidade de institucionalização de um *dominus litis* à custa do Estado. Diante do mecanismo de autoinstrução do *jury of presentment*, seus integrantes funcionavam simultaneamente como testemunhas e titulares da ação[268].

Nesse sistema do século XIV, apenas com muitas ressalvas se pode falar em discricionariedade do titular da ação penal. Por um lado, é correto que a vítima poderia levar ou não os fatos ao conhecimento do *jury of presentment*. Os cidadãos que o integravam, todavia, não tinham mera faculdade de apurar fatos criminosos que chegassem, ainda que por rumores difusos, ao seu conhecimento, mas verdadeiro dever legal, sob pena de responderem eles próprios por crimes[269]. Era usual, portanto, que o processo penal

---

[268] The Angevin system of self-informing juries had required no outside officer to investigate crime and to inform the jurors of the evidence. Jurors "were men chosen as being likely to be already informed; "2 the vicinage requirement, the rule that jurors be drawn from the neighborhood where the crime had been committed, was meant to produce jurors who might be witnesses as well as" triers.3 Denunciation (to the jury of accusation) and proof of guilt (to the jury of trial) operated informally, that is, out of court and in advance of the court's sitting. In the thirteenth century "it is the duty of the jurors, so soon as they have been summoned, to make inquiries about the facts of which they will have to speak when they come before the court. They must collect testimony;
they must weigh it and state the net result in a verdict." 4 Medieval juries came to court more to speak than to listen (LANGBEIN, John H. *The Origins of Public Prosecution at Common Law*. In: *The American Journal of Legal History*. Vol. XVII, N° 4, Oxford, outubro de 1973, p. 314).

[269] If they forget a crime they incur amercement for concealment; 9 if they become confused over any of the details relevant to the Crown's manifold interest therein, an amercement for false presentment will follow; 1o if in their eagerness to escape these penalties they give unwanted information, they are amerced again, though it be only "for speaking stupidly." (LANGBEIN, Irwin L. *The Jury of Presentment and the Coroner*. Columbia Law Review, vol. XXXIII, 1933, p. 1329-1265).

tivesse seu início formal a partir da conclusão dos trabalhos do *jury of presentment*, cujos membros colhiam os elementos de convicção e emitiam opinião sobre a culpa do averiguado, encaminhando-o ao *trial jury*[270].

Por isso, o *approvement* sobreviveu ao século XIV, mesmo com a ascendente figura dos juízes de paz – por não existir um titular oficial da ação penal com poderes discricionários, o Estado ainda não tinha fichas de *barganha* que pudessem viabilizar um sistema de colaboração premiada mais moderno.

Não se nega que há registros que dão conta que, de alguma forma, era possível aos juízes de paz opor obstáculos ao início da ação penal contra determinado infrator, mas esses mesmos registros esclarecem que, caso houvesse alguma vítima-acusadora que pretendesse dar continuidade à persecução penal, nada poderiam fazer os *Justices of the Peace* para impedi-la. Assim, não há dúvida sobre quem eram os verdadeiros titulares da ação penal até então. Por isso nos parece perigoso reconhecer, nesse contexto, poderes discricionários dos *Justices of the Peace*[271].

Por outro lado, o que essas construções não nos impedem de afirmar é que a ascensão dos *juízes de paz* como titulares da ação penal pública ocorreu de maneira gradual entre os séculos XIV e XVIII na Inglaterra. Se já exerciam, de alguma forma e de maneira excepcional, a titularidade da ação penal no século XIV, certamente não o faziam com a mesma amplitude que se vê nos séculos seguintes[272]. Além do mais, como já ficou

---

[270] The prosecution of suspected offenders had been initiated from early times by a jury of presentment which was required to present on oath to the shire court, and later to the King's itinerant justices, all crimes of which they had personal knowledge or which were reputed in their neighborhood [...] The jury were told of the matters into which they were to inquire and they heard reports from the constables and others on the state of law and other in the county. It was for the jury to say whether offences had been committed [...]. Then they made their presentment. [...] The presentment was no more than a statement of offences and often included the opinions of the jurymen at what was wrong in the area [...] (SKYRME, Thomas. op. cit. p. 27, 36 e 37). Também por esse desenho fica difícil falar em processo inquisitório, pois o órgão que dava início à ação penal (*jury of presentment*) era distinto do órgão que decidia a causa (*jury trial*).

[271] In many cases at gaol delivery the Judges intervened and stopped the trial without putting the issue to a jury, unless an accuser objected (SKYRME, Thomas. op. cit. p. 37)

[272] Casos excepcionais de persecução penal contra autores de crimes graves praticados em detrimento da Coroa foram registrados desde o século XII, como já esclarecido no tópico antecedente.

manifesto – e este é o ponto que mais interessa ao trabalho – a discricionariedade do titular da ação penal também não esteve sempre presente no *common law*, em especial se considerarmos a abrangência da atuação discricionária do *dominus litis* anglo-americano nos dias atuais.

Durante o século XV, em continuidade ao processo de fortalecimento institucional que que os envolvia, os *juízes de paz* foram contemplados com amplos poderes discricionários a serem manejados quando da dosimetria da pena. Alguns diplomas legais sequer estabeleciam patamares mínimos ou máximos que deveriam ser seguidos pelos julgadores na sentença[273].

Nunca é demais lembrar que, quanto maior a discricionariedade assegurada ao julgador na sentença, menor a possibilidade de barganha do *dominus litis* na fase pré-processual[274].

Os estatutos do século XV também exigiam dos *juízes de paz* uma proatividade inédita. Foram eles incumbidos de apurar não apenas os fatos que eram levados ao seu conhecimento, mas também de conduzir inquéritos contra meros suspeitos de uma série de crimes que, antes, não se sujeitavam a sua jurisdição[275]. Essa expansão dos poderes discricionários dos juízes no século XV não repercutiu sobre a titularidade da ação penal, o que somente ocorreria especialmente a partir do século XVI.

---

[273] SKYRME, Thomas. op. cit. p. 50: *Two other differences which distinguish the legal system administered by the fifteenth century justices from that of their successors today were [...] secondly, although some statue specified the penalties which were to be imposed on conviction, others stated that the punishment was to be left to the discretion of the justices without prescribing a maximum or giving any guidance as to what might be considered appropriate.*

[274] É possível que esse sistema de dosimetria penal do século XV seja a origem da discricionariedade judicial anglo-americana na dosimetria da pena, a qual foi objeto posterior de contenção em dois momentos históricos, ambos com expressiva repercussão sobre a colaboração premiada – final do século XIX, durante os *liquor cases*, e década de 1980, com o advento das Federal Sentencing Guidelines. Mais adiante, veremos que existe uma relação íntima entre as discricionariedades judicial e ministerial no *plea bargaining*. Quanto maior a discricionariedade do *promotor*, menor a do *julgador* e vice-versa.

[275] Aponta SKYRME (1991, p. 50) que os juízes de paz: *not only tried the offences presented at their sessions, but in many cases were required also do carry out inquires and to pursue and apprehend suspected offenders.* Esses poderes eram assegurados aos juízes individualmente, não apenas quando tomados seus assentos nas cortes. Era nesse sentido o diploma normativo editado por Eduardo IV, em 1477: *the statute also made it clear that most of the duties which it placed on the justices, or anyone of them "shall have full Power to inquire, hear, and determine, by their Discretions, as well as by Examination or otherwise, the Defaults, Offences, and Trespasses which shall happen to be committed contrary to this ordinance".*

O procedimento criminal das *Quarters Sessions* não mudou expressivamente ao longo dos séculos XV e XVI. Os *Justices of the Peace* as conduziam em companhia do *jury of presentment* e do *trial jury*, que tinham respectivamente as funções de: a) analisar a viabilidade das acusações relacionadas a casos mais complexos, que os *JP's* não podiam solucionar individualmente ou em dupla; b) formar um juízo definitivo sobre a culpa do acusado. Concluídos os trabalhos dos jurados, a prolação da sentença competia aos *Justices*[276].

O que mudou consideravelmente, a partir do século XVI, foi a composição do *jury of presentment*. Os jurados deixaram de ser membros da comunidade local, que tomavam conhecimento dos fatos, de ofício os apuravam e os submetiam aos *Justices*, para que fossem pautados[277]. O sistema de *self-informing juries* de Henrique II começou a ruir, por causas não esclarecidas pela doutrina[278].

Recorde-se que, até então, o processo penal tinha início por duas principais formas – por acusações formalizadas pelas vítimas dos crimes e pela atuação dos integrantes dos *jury of presentment* que, em caso de notícia de fatos criminosos ocorridos em suas próprias comunidades, iniciavam investigações *motu proprio* e as levavam à apreciação das cortes. Assim, com a queda do sistema de *autoinstrução* dos jurados, apenas as vítimas podiam dar início à ação penal.

Dois problemas daí decorreram. Primeiro, diante de delitos sem vítimas ou no caso de omissão destas, não havia mais um sistema oficial de início da persecução penal em funcionamento. As indicações pontuais de acusadores em nome da *Coroa*, comuns entre os séculos XIII e XV, também não eram mais suficientes. Ademais, se os jurados, que antes possuíam postura ativa no *judicium acusationis*, não tinham mais conhecimento

---

[276] SKYRME, Thomas. Op. cit. p. 136.
[277] Nesse momento é que possuíam a discricionariedade, desenvolvida na prática, mas não normatizada, de deixar de apresentar o caso ao *jury*, justamente como mencionado acima, desde que não houvesse exigência de persecução penal por parte da vítima.
[278] *The Angevin system of of self-informing juries was breaking down in the late Middle Ages. This transformation of the active medieval juries into passive courtroom triers is among the greatest mysteries of English legal history [...] Probably in the later fifteenth century, but certainly by the sixteenth, it had become expectable that jurors would be ignorant of the crimes they denounced and determined* (LANGBEIN, John H. *The Origins of Public Prosecution at Common Law*. In: *The American Journal of Legal History*. Vol. XVII, Nº 4, Oxford, outubro de 1973, p. 315).

dos fatos que iriam julgar, alguma nova figura processual precisaria incorporar a função de instruí-los[279].

Posta essa conjuntura, o *common law* passou a precisar da figura do promotor de Justiça, capaz de dar início à persecução penal pública e de sustentar em juízo a tese acusatória.

A partir do momento em que os jurados deixaram de ter conhecimento prévio sobre os fatos que eram levados a julgamento, tornou-se necessária uma concreta atuação do Estado na primeira fase da persecução penal, com o fim de coletar elementos de convicção que serviriam à elucidação dos fatos e ao convencimento do *jury of presentment*, agora passivo. É intuitiva a conclusão de que esse papel seria inevitavelmente confiado aos *JP's*, considerando o *background* posto acima.

Dois diplomas principais demonstram que foram eles incumbidos dessas funções – o *Marian Bail Statute* (1554) e o *Marian Committal Statute* (1555). O primeiro foi editado para melhor regulamentar as atribuições dos juízes de paz correlatas à concessão de fiança. Desde o *Statute of Westminster*, os *JP's* possuíam poderes para prender aqueles que fossem flagrados cometendo infrações, até que fossem apresentados à *Coroa*. Possuíam, adicionalmente, poderes para arbitrar fiança[280].

A princípio, a liberdade provisória mediante fiança poderia ser concedida individualmente pelos *JP's*, mas, no século subsequente, sob a justificativa de que os atos de soltura haviam permitido a fuga de homicidas e criminosos perigosos, ato editado por Henrique VII em 1487 passou a

---

[279] Idem. p. 318. *The citizen volunteer was expected in the sixteenth-century criminal trial [...] The obvious drawback to any system of gratuitous citizen prosecution is that it is unreliable. There will be cases where there are no aggrieved citizens who survive to prosecute, and others where the aggrieved citizens will decline to prosecute, or be inept at it. Because the public interest in law enforcement cannot allow such gaps, the English had to admit an official element into their system of citizen prosecution.* Quanto à instrução dos jurados, mesmo depois do *Marian Committal Statute*, continuava a preponderar o sistema de altercação, em que as partes, em regra leigas, expunham os fatos oralmente sem assistência de profissionais do direito. A regra era a contenda entre a vítima e o acusado em juízo, o que será mais bem explorado adiante. Para melhor compreensão do *altercation system*, v. LANGBEIN, John H. *The Origins of Adversary Criminal Trial*. Oxford: Oxford University Press, 2003, p. 1-66.

[280] LANGBEIN, John H. *The Origins of Public Prosecution at Common Law*. In: *The American Journal of Legal History*. Vol. XVII, Nº 4, Oxford, outubro de 1973, p. 320.

exigir a atuação conjunta de dois juízes de paz na concessão de liberdade provisória mediante fiança[281].

Ocorreu que a Coroa constatou que os juízes, em burla ao ato normativo de Henrique VII e em comum acordo, aceitavam lançar a segunda assinatura nos atos de concessão de fiança editados por seus pares, ainda que não soubessem nada sobre o caso concreto. Isso teria levado à libertação e à fuga de *alguns dos maiores criminosos* da época[282].

O *Marian Bail Statute de 1554* tornou, por isso, mais rígido esse sistema, estabelecendo um procedimento que formaria a base do *pre-trial*. A partir de sua edição, exigia-se que os juízes que subscrevessem o ato de concessão de fiança deveriam ter dele participado efetivamente, conhecendo o caso concreto. Aqueles que violassem essa determinação legal seriam punidos[283].

As principais alterações, no entanto, consistiram na formalização de um procedimento de instrução que deveria preceder o ato de concessão da fiança. Antes de libertar o averiguado, os *JP's* deveriam colher suas declarações, bem como das vítimas e testemunhas que o conduziram, esclarecendo os fatos e todas as suas circunstâncias. Também deveriam reduzir a termo todas as informações que fossem úteis à prova dos crimes apurados. Esses documentos seriam analisados posteriormente para aferir se a concessão de liberdade provisória mediante fiança era realmente devida ou se os *juízes de paz* teriam atuado equivocadamente[284].

O *Marian Committal Statute* estendeu esse procedimento a todos os crimes, mesmo nos casos em que não era a fiança cabível. Assim, antes de recolher o indivíduo ao cárcere, o *Justice of the Peace* deveria proceder à instrução preliminar instituída no ano anterior. A finalidade da colheita de informações determinada pelo diploma, contudo, se projetava para muito

---

[281] SKYRME, Thomas. Op. cit. p. 133. Curiosamente, os juízes podiam prender individualmente, mas apenas poderiam conceder liberdade em conjunto com outro magistrado.
[282] Idem. Ibidem.
[283] Idem. Ibidem.
[284] LANGBEIN, John H. *The Origins of Public Prosecution at Common Law*. In: *The American Journal of Legal History*. Vol. XVII, Nº 4, Oxford, outubro de 1973, p. 320. O texto legal dizia que os juízes deveriam: *take the examination of the said Prisoner and information of them that bring him, of the fact and circumstances thereof, and the same, or as much thereof as shall be material to prove the felony shall be put in writing before they make the ... Bailment, which said examination together with the said Bailment the said Justices shall certify at the next general Gaol Delivery.*

além dos propósitos subjacentes ao *Marian Bail Statute*, até porque essas determinações não mais se aplicavam apenas nos casos de concessão de fiança. A ideia central passou a ser a de fornecer subsídios para o próprio julgamento da causa, o que se torna transparente pelo fato de que o *Marian Committal* continha uma cláusula adicional de caráter instrutório – os juízes intimavam vítimas e testemunhas, obrigando-as a comparecer à audiência de instrução e julgamento. Todavia, não deveriam fazê-lo com relação a quaisquer vítimas e testemunhas, mas apenas quanto àquelas que efetivamente pudessem fornecer, em juízo, elementos de convicção capazes de provar o crime. Daí se nota que os *JP's* passaram a exercer a discricionariedade do *promotor* no traçado da estratégia acusatória[285].

Todas as oitivas tomadas pelo *Justice of the Peace* nos termos determinados pelo *Marian Committal Statute* de 1555 deveriam ser reduzidas a termo e autuadas, compondo os autos das *pretrial dispositions*. Pretendia-se *congelar a prova, de sorte a mantê-la fresca para quando do julgamento*[286]. Não raro, com os autos em mãos, o *Justice* lia as declarações do acusado na fase processual, com o intuito de formar o convencimento dos jurados. Trata-se de mais um aspecto que reverbera na atuação do promotor moderno – apresentação da tese acusatória e das provas que a embasam, em juízo e oralmente[287].

A *mens legis* do diploma de 1555 expressava o desejo de transformar concretamente o *Justice of the Peace* em um investigador proativo que, mesmo nos casos de autoria incerta, deveria identificar o infrator e testemunhas

---

[285] LANGBEIN, John H. *The Origins of Public Prosecution at Common Law*. In: *The American Journal of Legal History*. Vol. XVII, Nº 4, Oxford, outubro de 1973, p. 322: *It was not every accuser whom the committal statute directed the JPs to bind over, but only those who could "declare anything material to prove the [...] Felony". The JPs were expressly empowered to separate the "material" witnesses from the others in a case where many accusers had come forward.*

[286] LANGBEIN, John H. *The Origins of Adversary Criminal Trial*. Oxford: Oxford University Press, 2003, p. 41-42: *By recording the statements of accusers and accused when recollections were fresh, restricted the scope for subsequente vacillation (in the argot of modern criminal justice, contemporaneous record has been describes as "freezing" the evidence, in the sense of keeping it fresh for the trial.*

[287] Essa leitura histórica pode gerar questionamentos sobre como o processo penal anglo-saxônico se tornou, pouco depois, predominantemente oral. Na verdade, já nos registros do século XVIII, há anotações de que os *justices* passaram a se socorrer menos dessas declarações documentadas, priorizando a produção oral da prova. Havia uma noção de que a prova oral se enquadraria no ideal de *best evidence* e, assim, apenas pontualmente se recorria aos apontamentos decorrentes dos *pretrial examinations*.

que servissem à elucidação dos fatos[288]. Nos séculos anteriores, reforce-se, os juízes mantinham postura passiva, na medida em que os próprios jurados promoviam a instrução ou a própria vítima-acusadora o fazia.

Pode-se dizer que os *justices* eram *backup prosecutors* ou acusadores de reserva, porque a regra continuava a ser a ação penal privada e o *Marian Committal Statute* também se propôs a fortalecê-la. A vítima conhecida, que antes detinha a faculdade de dar ou não início à persecução penal, passou a ser obrigada pelo *JP* a fazê-lo, assim que levasse os fatos ao conhecimento do Estado.

O *Justice* a obrigava a apresentar a acusação em juízo e a expor o fato criminosos com todas as suas circunstâncias. Dessa maneira, a ação penal seria de iniciativa pública apenas nos casos em que não houvesse acusadores privados ou quando os elementos de convicção por eles angariados não fossem suficientes, casos em que os juízes de paz deveriam investigar, identificar testemunhas, apresentá-las em juízo e orquestrar a acusação[289].

Duas, então, foram as principais medidas de correção do vácuo deixado pela queda do sistema de *self-informing juries* – tornar obrigatória a ação penal privada e impor aos *Justices of the Peace* o dever de presidir uma investigação pré-processual, apresentando em juízo os elementos de convicção coligidos. A obrigatoriedade da ação penal privada e as novas atribuições

---

[288] Idem. Ibidem. Não obstante, o diploma deixou de estabelecer cláusula nesse sentido, uma lacuna provavelmente acidental, resultado do fato de que boa parte da redação das disposições relacionadas à instrução preliminar foram copiadas do *Marian Bail Statute*. Com isso, não houve qualquer prejuízo, conquanto a prática jurídica assimilou bem o novo papel dos juízes de paz como *backup prosecutors* e estes passaram a buscar fontes de prova para além daquelas que lhes eram apresentadas. É o que se vê do trecho do *handbook* dos *JPs* escrito por Michael Dalton em 1618, citado por John Langbein, no sentido de que os *Justices of the Peace*, depois de colher os depoimentos da vítima e das testemunhas, deveriam diligenciar para identificar e ouvir quaisquer pessoas que pudessem esclarecer os fatos, intimando-as a comparecer às suas presenças. Essa oitiva pré-processual tinha a clara finalidade de instruir a ação penal. Veja-se trecho da obra citada por Langbein: *and if after [committing the accused and binding over the "bringers"] the said Justice shall heare of any other persons that can informe any materiall thing against the prisoner (toprove the felony whereof he is suspected) the said Justice may grant out his Warrant for such persons to come before him, and may also take their Information, &c. and may binde them to give in evidence against the prisoner: For every one shall be admitted to give evidence for the King.*

[289] LANGBEIN, John H. *The Origins of Public Prosecution at Common Law*. In: *The American Journal of Legal History*. Vol. XVII, Nº 4, Oxford, outubro de 1973, p. 323.

dos *JP's* substituíram, nesse sentido, a antiga atuação de ofício dos membros do *jury of presentment*.

Ao se proceder à análise de documentos específicos do século XVI, vê-se que a teoria de *John H. Langbein* de que os *Justices of The Peace* daquela época foram os primeiros promotores de Justiça do *Common Law* merece credibilidade. Nos resultados de sua pesquisa sobre a matéria, John Howes Gleason apresenta o conteúdo de uma carta remetida para o *Justice of the Peace* Nathaniel Bacon por seu pai. Não é possível exatamente saber as circunstâncias das infrações penais que eram objeto da persecução penal conduzida por Nathaniel, mas não há dúvidas de que, àquela altura, já se tinha uma figura equivalente à do promotor anglo-americano moderno, com o dever de conduzir, de fato, investigações preliminares. Depois de colher as provas, o *Justice of the Peace* deveria sujeitá-las ao órgão pleno dos JP's. A carta expressa recomendações para que o novo *promotor* de Norfolk pudesse atuar de maneira eficiente aos olhos dos demais magistrados e da Coroa, conduzindo a investigação de maneira ampla, identificando os autores dos crimes e apresentando as provas em juízo por meio das *pretrial dispositions*[290].

Dentre as explanações feitas pelo remetente a Nathaniel, destaca-se a previsão de que, provavelmente, os mentores dos crimes em apuração não admitiriam a responsabilidade penal a eles atribuída. A recomenda-

[290] Vejam-se alguns trechos da carta, que destacam funções equivalentes às do Promotor moderno: *The best advise that I can give you is, first [...], to apprehend as many of the offenders and to stay their ships and goods in them according to the tenor of the of the Counsell's letter, lest else if you should fall to examination before their apprehension it is possible they will start aside. The second degree is to examine men of the best credit that you can get, whereby their offenses may be proved and the offenders also. You are particularly to examine to see what by their confessions may be understood as how many prizes they have taken, where, when, and whom, and to whom their have made sale. After you understand the cause and the quantity and quality of the offences, then are you to take bonds for their appearance, of such before the counsel as by their letters you are appointed. And therein you are to give them such day as by that time your certification of your examinations and proceedings may be there also... If you come not up, then shall it be well done, that besides your letter and certification to the counsel you send me a copy of both.* Nota-se que o *Justice of the Peace* deveria esclarecer todas as circunstâncias da infração penal, individualizando as condutas. Os elementos de convicção colhidos poderiam ser apresentados pessoal e oralmente pelo *JP* ou poderiam simplesmente ser remetidos por correspondência para apreciação do Conselho. Acrescente-se que o remetente da carta, Nicholas Bacon, genitor de *Nathaniel*, integrava a cúpula do Conselho (GLEASON, John Howes. *The Justices of the Peace in England: 1558-1640*. Oxford: Clarendon Press, 1969, p. 97).

ção foi no sentido de que, para suprir essa deficiência probatória, fosse dispensada atenção especial aos depoimentos de coautores ou partícipes dos crimes que atuaram como subordinados dos principais infratores[291].

Não houve qualquer menção à concessão de prêmios de caráter penal ou processual, mas o excerto demonstra que os *Justices of the Peace* do século XVI enxergavam os *coimputados* como fontes de prova úteis à comprovação da culpa de autores mediatos. Havia, então, interesse estatal em eventuais acordos.

A ascensão dos *Justices of the Peace* como os primeiros titulares da ação penal pública, desenhando as origens do moderno promotor de Justiça norte-americano torna-se indubitável diante dessa reconstrução histórica. Com a titularidade pública da ação penal e com os novos poderes atribuídos aos *juízes de paz*, passaram eles a dispor de alguns poderes discricionários, o que gerou o contexto processual para que o *approvement* começasse a cair em desuso no século XVI, quando foi substituído pelo *Crown witness system*[292].

3.2.3. As origens da discricionariedade do órgão de acusação e a consagração do *Crown Witness System*

Quando os *Justices of the Peace* assumiram parcialmente a titularidade da ação penal pública, o ambiente processual penal do *common law* não parecia simpático a espaços de solução consensual. A ação penal privada passou a se revestir de obrigatoriedade, os *JP's* vinham sendo cobrados havia séculos por supostos tratamentos lenientes com criminosos[293] e a Coroa havia editado reformas legais para fortalecer a persecução penal, sob uma perspectiva aparente de repressão eficiente. Com a tentativa de garantir punição a quem quer que viesse a cometer crimes, a Coroa concedeu aos *Justices of the Peace* novas atribuições em cenário que aparentava ser incom-

---

[291] Idem. Ibidem. *Albeit the principals will not confess at all, yet perchance by their mariners and servants you shall find the rest.*

[292] KING JR, Hon H. Lloyd. Op. Cit. p. 159/160.

[293] *Under all the Tudor monarchs, except Mary, the justices were subject to constant criticism and rebuke for failing to perform their duties. Usually this came from the Council in a letter addressed to all justices in a particular county and occasionally it invites them to spy on their colleagues and to report cases of misconduct in confidence to the Judges of the Assize or to the Council itself.* (SKYRME, Thomas. Op. cit. p. 113).

CAPÍTULO 3 – RAÍZES COMPARADAS DA COLABORAÇÃO PREMIADA

patível com poderes discricionários relacionados à não-persecução penal ou à concessão de perdão.

Contudo, provavelmente com o mesmo fundamento teleológico do *approvement*, os *Justices of the Peace* passaram a exercer poderes discricionários quanto à conveniência da propositura da ação penal nos casos específicos de colaboração do imputado com as investigações estatais[294]. Nessa perspectiva, tinham, no âmbito de suas atribuições, elementos que conferiram a eles potencial poder de barganha com eventuais colaboradores[295].

A partir desse contexto, sim, passa a ser correto dizer que a delação premiada se apresenta como um consectário do princípio da oportunidade. Isso porque o benefício concedido ao delator consiste em uma garantia, pelo órgão de acusação, de *não-persecução penal*. Em contrapartida, exige-se a colaboração do delator na persecução penal contra os cúmplices delatados.

Acrescente-se que o órgão de acusação não possuía poderes para a concessão de perdão, apenas de *não-persecução*. O perdão era aplicado no sistema de *Crown witness* apenas excepcionalmente, caso o acusador descumprisse o acordo com o delatado, propondo a ação que deveria se abster de propor. Nessas hipóteses, a corte mantinha a ação, determinava a soltura do colaborador e pleiteava o perdão junto ao Rei[296]. Essa foi a forma prática que se construiu para conter eventuais posturas desleais dos titulares da ação penal que, descumprindo os termos do acordo, colocavam em xeque a própria credibilidade do instituto e geravam uma situação de evidente injustiça.

---

[294] Os registros da pratica do *Old Bailey* no século XVIII dão conta de que esses poderes discricionários dos acusadores eram realmente limitados, provavelmente circunscritos, de fato, ao manejo da *Crown Witness System*. Não se admitia, por exemplo, que o *Justice* responsável pelo caso deixasse de atuar diante de crimes graves, ainda que entendesse que o averiguado não foi responsável pelo crime. Veja-se excerto de obra de Richard Burn (APUD LANGBEIN, 2003, p. 47), datada de 1756, tratando dos limites dos poderes discricionários dos juízes de paz: *if a felony is committed, and one is brought before a justice upon suspicion thereof, and the justice finds upon examination that the prisoner is not guilty, yet the justice shall not discharge him, but he must either be bailed or committed; for it is not fit that a man once arrested and charged with felony, or suspicion thereof, should be delivered upon any man's discretion, without further trial".

[295] Mesmo diante da figura dos *Justices of the Peace*, a não-persecução penal era benefício que poderia ser concedido apenas a colaboradores, inexistindo *plea-bargaining* que permitisse a concessão de benefícios em troca de simples *guilty plea*.

[296] LANGBEIN, John H. Op. Cit. p. 93.

Claro fica que a decisão de não persecução penal pelo órgão de acusação não produzia efeitos de "coisa julgada material". Tratava-se de uma simples decisão do *dominus litis* que, na prática, poderia ser descumprida por ele e por seus pares. Por isso, o tratamento dispensado às *Crown witness* pelos juízes de paz dependia do respeito dos demais à decisão tomada por um deles[297].

Além disso, alguns autores apontam que, diferentemente do que ocorria com o *approvement*, o *Crown witness system* não tinha como pressuposto o reconhecimento de culpa e, por isso, implicava riscos menores ao delator[298]. Não é exatamente o que se vê dos registros do *Old Bailey* do século XVIII[299].

De toda maneira, a obrigação do delator era apenas e de empreender o "melhor esforço[300]" na colaboração, sem compromisso com o *resultado* da persecução penal. Por isso, se os delatados fossem absolvidos, nenhuma consequência negativa poderia ser imposta ao colaborador que tivesse sido diligente na contribuição com o órgão de acusação. Esse novo tratamento menos severo ao colaborador tinha como finalidade revestir o instituto de credibilidade no submundo do crime. Tinha-se em mente que nenhum infrator colaboraria se não houvesse garantia de que o acordo seria cumprido e, a essa altura, a delação premiada era o único instrumento eficaz no esclarecimento de crimes graves praticados por grupos criminosos[301].

---

[297] Idem. P. 95.
[298] KING JR., Hon H. Lloyd. Op. Cit. p. 160.
[299] Na prática, é difícil se imaginar a colaboração efetiva do corréu ou do partícipe sem assunção de culpa e, dentre os casos concretos colacionados por John H. Langbein, parece que todos ocorreram com admissão de culpa, considerando a narrativa fática exposta pelas *Crown witness*. (LANGBEIN, John. *Shaping the eighteenth-century criminal trial: a view from the Ryder sources*. The University of Chicago Law Review, Chicago. Vol. 50. N° 1, p. 1-136, 1983).
[300] Falava-se em *best effort*.
[301] LANGBEIN, John. Op. Cit. p. 92. No Reino Unido, a Polícia se institucionalizou com funções mais complexas e de *Polícia Judiciária* apenas no século XIX, especialmente a partir de 1829, com a criação da primeira força policial moderna em Londres, por iniciativa de Robert Peel. Antes disso, preponderando a ação penal de iniciativa privada, como visto acima, a atividade inicial de colheita de elementos de convicção era feita pela própria vítima que, apresentava testemunhas aos *Justices of the Peace*, ou por cidadãos que viviam nas próprias comunidades em que ocorreram os fatos apurados. A primeira fase da persecução penal era conduzida com amadorismo e, mesmo nos casos em que os *Justices of The Peace* conduziam as investigações, a falta de uma Polícia minimamente organizada dificultava a colheita de ele-

CAPÍTULO 3 – RAÍZES COMPARADAS DA COLABORAÇÃO PREMIADA

Veja-se que a discricionariedade naquela época era limitada – só se podia oferecer a não-persecução penal como moeda de troca pela colaboração. Não havia possibilidade de disposições sobre a sentença ou sobre a execução da pena, como ocorre, de maneira mais aberta, no âmbito do *plea bargaining*.

No processo contra os delatados, a *Crown witness* depunha normalmente como uma testemunha, mas, na segunda metade do século XVIII, as cortes inglesas instituíram a regra de que o depoimento por ela prestado deveria ser corroborado por elementos de convicção independentes (corroboração mínima). A exigência de corroboração mínima do alegado pelo colaborador expressa bom senso. É evidente que aquele que colabora com a persecução penal com o fim de obter benefícios não age de maneira imparcial, de modo que suas declarações devem ser valoradas com cautela[302].

O *colaborador ideal*, se existe um, é aquele que indica *fontes de prova* que, quando exploradas pelo órgão estatal de persecução penal, fornecem os elementos de convicção que elucidam satisfatoriamente pontos antes obscuros para o Ministério Público. Nesses casos, não há razão para se retirar em qualquer medida a credibilidade das declarações do colaborador, que se sustentam pela própria exploração frutífera das fontes de prova por ele indicadas.

Naturalmente, esses institutos ingleses influenciaram o direito norte-americano no que concerne à colaboração premiada. Apenas para ilustrar a prática que passou a ser comum nos Estados Unidos, em persecução penal de 1817, em *New York*, o *District Attorney* Hugh Maxwell, em caso de fraudes bancárias, ofereceu o benefício de não persecução penal aos coau-

---

mentos de convicção. Por isso, a persecução penal dependia tanto da colaboração de coautores e partícipes em casos minimamente complexos. Sobre a origem da Polícia institucionalizada no Reino Unido: ADEGBILE, Debo P. *Policing Through an American Prism. The Yale Law Journal*, New Haven, Vol. 126, nº 7, maio de 2017, p. 2222-2259. Sobre a institucionalização da Polícia e o impacto das funções de Polícia Judiciária sobre a qualidade e a confiabilidade dos elementos de convicção colhidos na fase preliminar da persecução penal: ABEL, Rick; LACEY, Nicola. *Jury Trials & Plea Bargaining*. Oxford: Hart Publishing, 2005, p. 4-5.

[302] LANGBEIN, John. H *Shaping the eighteenth-century criminal trial: a view from the Ryder sources. The University of Chicago Law Review*, Chicago. Vol. 50. Nº 1, 1983, p. 98: When a prosecution case founded upon accomplice testimony was not supported by corroborating evidence, the court dismissed the case without hearing defensive evidence.

tores John Ridley e John G. Welsh, para que estes revelassem a dinâmica dos crimes e depusessem contra o imputado James Malone[303].

O curioso é que nessa época os promotores estadunidenses não dispunham de poderes discricionários amplos que os permitisse manejar o *plea bargaining*, instituto que se consolidou apenas entre o final do século XIX e meados do século XX. A discricionariedade ministerial para concessão de prêmios pela colaboração premiada, portanto, precede a discricionariedade ampla que sustenta o *plea bargaining* moderno.

Mais genericamente, no julgamento do *The Whiskey Cases* de 1878 a Suprema Corte estadunidense, citando as práticas do *approvement* e o *Crown witness system*, defendeu a importância da discricionariedade do órgão de acusação quanto à determinação dos casos que deveriam ou não ser objeto de persecução penal. Essa discricionariedade incluiria o oferecimento de vantagens às *government witness*[304]. No mesmo contexto, decidiu que ao delator deveria ser reconhecido o direito de ter seu julgamento atrasado, para que pudesse pleitear a aplicação de perdão junto ao Executivo. A discricionariedade do titular da ação penal nos Estados Unidos da América, então, tem claras raízes nas práticas do *common law* aqui analisadas.

Ademais, o desenvolvimento da ampla discricionariedade subjacente ao *plea bargaining*, nessa construção, ocorreu paralelamente à aceitação de formas de colaboração premiada. Essa linha de raciocínio adotada nos *The Whiskey Cases* foi mantida nos julgamentos posteriores da Corte, consolidando a ideia de que os acordos com o delator se incluem no normal exercício da discricionariedade do órgão de acusação e construindo o ambiente existente, no qual o *plea bargaining* e o *witness inducement agreements* são práticas consagradas no direito norte-americano, cuja adequada compreensão pressupõe a análise dos papeis dos atores processuais nesses institutos e das bases principiológicas que os sustentam.

3.2.4. *Plea bargaining* e *witness inducement agreements*

Ao conceituar o *plea bargaining*, parcela da doutrina estadunidense adota uma concepção restritiva, considerando que o instituto se caracteriza pela

---

[303] McConville, Mike; Mirsky, Chester L. *Jury Trials & Plea Bargaining*. Oxford: Hart Publishing, 2005, p. 88-89.

[304] King Jr., Hon H. Lloyd. Op. Cit. p. 162.

concessão, pelo titular da ação penal, de benefícios no âmbito da persecução penal ou do *jus puniendi*, em troca, exclusivamente, da autoincriminação do acusado (*guilty plea*)[305]. Essa concepção limitada exclui do *plea bargaining* qualquer acordo que envolva outras concessões do imputado, tais como o fornecimento de informações sobre supostos coautores ou a reparação dos danos causados à vítima[306].

Mesmo no âmbito dessa leitura restritiva, parece que, se o *guilty plea* for acompanhado por outras concessões do acusado, não restará descaracterizado o *plea bargaining*. Isso porque os elementos *mínimos* necessários à configuração do instituto estariam presentes – oferecimento de benefícios processuais ou penais pelo titular da ação penal e autoincriminação do imputado[307].

Há, ainda, aparentemente, correntes que adotam uma concepção mais ampla de *plea bargaining*, nele incluindo os acordos com os coautores de crimes que passam a colaborar com a persecução penal em troca de benefícios penais[308]. É razoável que assim se entenda, pois o ofereci-

---

[305] Nota-se que o *plea bargaining* contém um *guilty plea*, mas este pode existir independentemente daquele. George Fisher esclarece: é necessário distinguir os acusados que se declaram culpados por arrependimento ou para não ter de suportar o curso do processo daqueles que o fazem em decorrência do *plea bargaining*, esperando receber algum benefício em troca (FISHER, George. *Plea Bargaining's Triumph*. Stanford: Stanford University Press, 2003, p. 5. Tradução livre. Original: *we must use other methods to distinguish those **defendants who pled guilty** out of remorse for their crimes or to shorten their engagement in court **from those who did so as a part of a plea bargaining**, expecting to win some concession in exchange*).

[306] ALSCHULER, Albert W. *Plea Bargaining and Its History*. In: *Law & Society Review*, vol. 13, nº 2, winter, 1979, p. 211-245. Esclarecendo que o conceito de *plea bargaining* "excludes the exchange of official concessions for actions other than entry of a guilty plea, such as offering restitution to the victim of a crime, giving information or testimony concerning other alleged offenders".

[307] Assim, essa concepção de *plea bargaining* abrangeria a forma como a colaboração premiada brasileira foi desenhada – ressalvadas as peculiaridades do nosso ordenamento, exploradas mais adiante – pois esta, além de outras possíveis concessões do acusado ou investigado, pressupõe o reconhecimento de culpa e a renúncia do direito ao silêncio por parte do colaborador.

[308] É o que se vê do acórdão prolatado pela Corte de Apelações para o Quinto Circuito em *United States v. Cervantes-Pacheco*: *No practice is more ingrained in our criminal justice system than the practice of the government calling a witness who is an accessory to the crime for which the defendant is charged and having that witness **testify under a plea bargain** that promises him a **reduced sentence*** (793 F2d 689 – 1986. Grifos nossos). Igualmente: *it is commonplace for the government to make bargains shortening defendants sentencing in exchange for their cooperation in testifying against other*

mento de benefícios ao colaborador deve ser compreendido, sob a ótica anglo-americana, como um desdobramento da ampla discricionariedade reconhecida ao órgão de acusação. Esta pode se manifestar em favor do colaborador por meio de escolhas relacionadas a quais fatos delituosos devem ou não ser objeto de persecução penal, a quais tipos penais devem compor a imputação e a concessões de benesses penais a serem aplicadas na sentença[309]. A mesma compreensão circunda os benefícios do *plea bargaining* que desagua em mero *guilty plea*, sem outros atos de colaboração processual[310]. Estruturalmente, não há diferenças.

No direito norte-americano, todavia, costuma-se falar especificamente em *witness inducement agreements*, nos casos em que o coautor ou partícipe do crime se propõe a colaborar com a persecução penal, servindo como testemunha de acusação contra outros infratores, em troca de benefícios a serem oferecidos pelo órgão de acusação[311].

O aspecto mais relevante é que, em essência, não há importantes distinções entre o *plea bargaining* e o *witness inducement agreement*, senão o fato

---

defendants (HOLLIS, Timothy. An offer you can't refuse? United States v. Singleton and the effects of witness/prosecutorial agreements. In: *Boston University Public Interest Law Journal*. Boston, Vol. 9, Nº 1, outono de 1999, p. 433-462). Mais do que a mera assunção de culpa, a moeda de troca do acusado no *plea bargaining*, nesses casos, é o testemunho sobre os fatos que são objeto de persecução penal. Assim, o *plea bargaining* seria gênero e os *witness iducement agreements*, explorados a seguir, oferecidos para coautores de crimes, seriam espécies. Aderimos a essa corrente mais abrangente. Na linha mais restritiva, o *witness inducement agreement* abrangeria o *plea bargaining* (benefícios em troca da autoincriminação), com cláusulas adicionais de colaboração premiada. Meramente conceituais, essas diferenças não apresentam consequências práticas, pois *witness inducement agreement* e *plea bargaining* possuem os mesmos fundamentos principiológicos.

[309] Nesse sentido: *Witness inducement agreements are merely an extension of those decisions that are more readily associated as being a matter of prosecutorial discretion – the decision of whether to prosecute, the determination of the charges to be filed, and concessions and recommendations at sentencing* (KING JR, Hon H. Lloyd. Op. cit. p. 179). Os benefícios concedidos em contrapartida ao *guilty plea* possuem a mesma essência daqueles concedidos em troca da colaboração do coautor ou do partícipe.

[310] O próprio *guilty plea* manifesta ato de colaboração processual, considerando que o acusado, assumindo a responsabilidade penal que lhe é atribuída, abre mão da possibilidade de exercer ampla reação defensiva à imputação.

[311] KING JR, Hon H. Lloyd. *Why prosecutors are permitted to offer witness inducements: a matter of constitutional authority*. Stetson Law Review, Gulfport, Vol. XXIX, p. 155-180, 1999-2000.

de que, neste acordo, o imputado aponta terceiros como corresponsáveis pelos delitos que supostamente praticou[312].

Veja-se: o fundamento de ambos os institutos é a discricionariedade do órgão de acusação no manejo da *persecutio criminis*[313]. No *plea bargaining*, em que o acusador se contenta com o *guilty plea*, o titular da ação penal pode abrir mão da persecução penal em relação a parcela da imputação (*charge bargaining*)[314] ou mesmo arrefecer a intensidade do *jus puniendi* (*sentence bargaining*). Em contrapartida, o imputado assume a responsabilidade penal em alguma medida, aceitando as penas correspondentes a certas imputações.

No *witness inducement agreement*[315], o acusador também pode garantir diminuição de pena ao colaborador ou mesmo imunidade penal, dispondo

---

[312] Também, se o *witness inducement agreement* não envolver reconhecimento de culpa por parte do colaborador, outra distinção se verificará. O *plea bargaining*, como sempre compreende o *guilty plea*, acarreta o encerramento antecipado do processo penal, com supressão de fases. Essa dinâmica é explorada ao longo do capítulo 4.

[313] Hon H Lloyd King Jr (op. cit. p. 156) esclarece que as faculdades do órgão de acusação de oferecer benefícios ao colaborador são consectário natural da sua autoridade discricionária de envergadura constitucional e, como fundamento dos *witness inducement agreements*, invoca o precedente *Brady v. United States* (1970), considerado por múltiplos autores como o *leading case* da Suprema Corte Estadunidense que, nos tempos contemporâneos, reconheceu a constitucionalidade do *plea bargaining*.

[314] *Charge bargaining* permite que, no caso de concurso de crimes, assumindo o imputado a responsabilidade penal por parcela deles, o órgão de acusação deixe de oferecer denúncia com relação aos demais. Também haverá *charge bargaining* nos casos em que o órgão acusador deixar de considerar na imputação qualificadoras ou causas de aumento de pena (FISHER, George. Op. cit. p. 12: [...] *charge bargainin – in Exchange for the defendant's plea to too ne or more of several charges, the prosecutor dropped other charges or reduced the charge to a lesses offense*).

[315] A doutrina estadunidense reconhece que os witness inducement agreements são essenciais à descoberta de atos de corrupção por agentes públicos e à identificação dos autores de crimes de colarinho branco, notadamente porque, nessas espécies infração, os idealizadores dos crimes e aqueles que possuem domínio sobre toda a cadeia delitiva escudam-se atrás de intermediários. Igualmente, trata-se de ferramenta essencial no combate à criminalidade organizada. V. HOLLIS, Timothy. *An offer you can't refuse? United States v. Singleton and the effects of witness/prosecutorial agreements*. In: *Boston University Public Interest Law Journal*. Boston, Vol. 9, N° 1, outono de 1999, p. 433-462: *the most likely situations for this practices include cases of murder, corruption, organized crime, and narcotics prosecutions-all situations often containing secretive conduct and no available victim*. Manifestando o mesmo juízo de valor: KING JR, Hon H. Lloyd. *Why prosecutors are permitted to offer witness inducements: a matter of constitutional authority*. Stetson Law Review, Gulfport, Vol. XXIX, p. 155-180, 1999-2000: *prosecutors will find accomplice testimony to*

do manejo da persecução penal, sem prejuízo da possibilidade de lhe assegurar benefícios patrimoniais – como parcela dos valores eventualmente recuperados[316].

Merece destaque o fato de que, ao fazer uso do *charge bargaining*, modalidade de *plea bargaining*, o promotor de Justiça pode propor a ação penal imputando ao autor dos fatos apenas a modalidade fundamental do crime praticado, deixando de mencionar as qualificadoras ou causas de aumento de pena[317]. Pode, ainda, no caso de concurso de crimes, denunciar o averiguado apenas por alguns delitos, abstendo-se de fazê-lo quanto aos demais (não-persecução penal)[318]. Veja-se que, apenar de estarmos a tratar especificamente de *plea bargaining* em sentido estrito, existe ampla margem para que o acusador trate de maneira absolutamente distinta coautores de um mesmo crime. Isso permite que o *dominus litis* ofereça benefícios típicos de *charge bargaining* em troca da colaboração processual de um dos infratores[319].

---

be an essential tool in piercing the veil of secrecy surrounding the leaders of organized crime and narcotics trafficking, as well as detecting corruption by public officials and white-collar criminals.

[316] Nesse sentido: *Today, federal prosecutors are permitted to extend a variety of benefits or inducements to prospective government witnesses in exchange for their truthful testimony about the criminal activities of others. These benefits to the government witness may take the form of a reward; immunity from prosecution for his criminal acts or an assurance that his testimony will not be used to build a case against the witness; a recommendation to dismiss or reduce charges against the witness; a favorable sentencing recommendation to the court; a motion for a sentence reduction or downward departure from applicable mandatory minimum sentences or sentencing guideline provisions; an agreement for other favorable government action, such as return of seized property that is subject to forfeiture; or an agreement involving some combination or permutation of these benefits* (KING JR, Hon H. Lloyd. Why prosecutors are permitted to offer witness inducements: a matter of constitutional authority. Stetson Law Review, Gulfport, Vol. XXIX, p. 155-180, 1999-2000). A abordagem feita pelo autor confere especial atenção aos *inducements offered to witnesses who participated in criminal activity in return for their testimony against their former accomplices.*

[317] *Vertical charge bargaining*.

[318] *Horizontal charge bargaining*.

[319] BIBAS, Stephanos. *Judicial Fact-Finding and Sentence Enhancements in a World of Guilty Pleas*. In: *Yale Law Journal*. New Haven, Vol. 110, p. 1.167, abril de 2001: *prosecutors have power to select what offenses to charge. Prosecutors can use this power arbitrarily **to favor certain defendants over others who have committed the exact same crime**. This maneuver is known as **charge bargaining, in which prosecutors allow some defendants to plead guilty to less serious charges and drop the remaining charges*** (grifos nossos).

Por isso, anotamos acima que, em essência, não há consideráveis distinções entre *plea bargaining* e *witness inducement agreements*, pois os dois institutos se sustentam sobre as mesmas bases lógicas e principiológicas[320]. Ao longo deste e do próximo capítulo, portanto, todas as considerações aplicáveis ao *plea bargaining* também devem incidir sobre o *witness inducement agreements*, haja vista a identidade principiológica presente nas bases dos institutos. Para as análises de direito comparado, também fica claro que as comparações da colaboração premiada com aspectos que afetam o *plea bargaining* são absolutamente pertinentes.

Esse recorte torna claro, também, que a discricionariedade do promotor norte-americano não se esgota na materialização do princípio da oportunidade, por meio de cláusula de não-persecução penal, como ocorria no *Crown witness system*. Há vários outros possíveis desdobramentos da *autonomia da vontade do acusador* no desenvolvimento das negociações com o colaborador que não contemplam cláusula de *não-persecução*. Ilustrativamente, se o benefício ajustado for uma diminuição de pena, haverá persecução penal com efetiva sanção, repercutindo o acordo sobre a sentença, exclusivamente. Nesse caso, a opção do *dominus litis* não se limita à questão da conveniência ou não de propositura da ação penal, mas haverá evidente exercício de poderes *discricionários* pelo acusador. A discricionariedade acusatória norte-americana, destarte, projeta-se para além do princípio da oportunidade. Além disso, resta claro que existem espaços de discricionariedade que podem conviver com o princípio da obrigatoriedade[321].

Como consequência dessa ampla margem de discricionariedade do titular da ação penal, os institutos do *plea bargaining* e do *witness induce-*

---

[320] Especialmente o controle das partes sobre os rumos da persecução penal e o reconhecimento de poderes dispositivos ao imputado e de poderes discricionários ao titular da ação penal pública.

[321] No exemplo dado, ainda que a propositura da ação penal fosse obrigatória, haveria exercício de discricionariedade pela concessão de benefício que repercute sobre a dosimetria da pena, tornando mais branda a intensidade do *jus puniendi*. Entender que a discricionariedade do órgão de acusação só pode se manifestar por meio de cláusula de não persecução penal restringe indevidamente as possíveis diferentes gradações do poder discricionário do titular da ação penal. Concordamos com Kate Stith: *In the context of the criminal law, to exercise discretion means, most simply, to decide not to investigate, prosecute, or punish to the full extent available under law* (STITH, Kate. *The Arc of the Pendulum: judges, prosecutors and the exercise of discretion*. In: *The Yale Law Journal*. Vol 117, n. 07, New Haven, maio de 2008, p. 1420-1497).

ment agreement inserem-se na lógica da justiça negocial, do direito premial e permitem a concessão de benefícios ao imputado que preste colaboração processual, quer pela autoincriminação, quer pela cooperação com o desenvolvimento da persecução penal.

Considerando, assim, que os dois institutos se sustentam pelas mesmas bases principiológicas, analisá-los de maneira conjunta é salutar. Os estudos relacionados à expansão da discricionariedade do órgão de acusação no direito norte-americano, no contexto da justiça penal negocial, são indispensáveis para que se compreenda o impacto desses pilares principiológicos peculiares sobre os papéis dos atores do processo penal.

Na medida em que se expandiram os poderes discricionários do titular da ação penal, foram reconfigurados os papéis de todos os atores do processo e, para a análise de direito comparado aqui proposta, essa reconstrução é essencial.

3.2.4.1. Expansão da discricionariedade do acusador e do *plea bargaining*

A ampla incidência do *plea bargaining* sobre o processo penal norte-americano nos dias atuais transmite a impressão de que o instituto sempre foi parte inseparável dessa tradição jurídica, talvez um natural corolário de suas raízes do *common law*.

Na realidade, os elevados percentuais de acordo perceptíveis hoje nos Estados Unidos[322] não encontram paralelo na prática do *common law* inglês durante os períodos medievais e nem mesmo na idade moderna. Durante os séculos XVI e XVIII, o *guilty plea* era pouco interessante para o acusado e até mesmo as cortes desencorajavam o imputado a lançar mão da assunção de culpa e de renunciar ao julgamento, pois não havia benefícios reais àquele que se declarava culpado[323].

O contexto processual em que estavam inseridos os julgamentos e a atividade das cortes penais, todavia, era absolutamente distinto e justificava

---

[322] *Approximately ninety-four percent of state covictions and ninety-seven percent of federal convictions result from guilty-pleas* (WYNBRANDT, Katie. *From False Evidence Ploy to False Guilty Plea: an unjustified path to securing convictions*. The Yale Law Journal, New Haven, Vol. 126, Nº 2, p. 545-563).

[323] LANGBEIN, John H. op cit. p. 20. No mesmo sentido, FISHER (2003, p. 155) esclarece que os principais pesquisadores ingleses sobre a matéria não encontraram qualquer indício de *plea bargaining* na prática do *Old Bailey* do século XVIII.

o raro manejo do *guilty plea*. Especialmente a partir da edição do *Marian Committal Statute* (1555), a margem de discricionariedade do acusador era quase inexistente, mesmo considerando que a ação penal ainda era predominantemente de iniciativa privada[324]. O diploma instituiu a figura do *juiz de paz*, cuja função principal era a de assistir o acusador privado na produção de provas incriminadoras. Ocorre que, feita a intervenção do juiz de paz, este impunha ao acusador-vítima o *dever* de apresentar a causa ao *jury of presentment* contra o suposto autor dos fatos. Não havia, portanto, nesse modelo, margem de não-persecução penal por decisão do titular ordinário da ação penal – a vítima. Passou a existir obrigatoriedade de propositura da ação penal privada no *common law*, não havendo discricionariedade nesse ponto[325].

Ainda que preponderassem as situações de ação penal privada, haja vista que a regra era que a própria vítima deveria oferecer a denúncia contra o suposto autor dos fatos, os *Justices of the Peace* assumiam excepcionalmente a condução da persecução penal, nos casos de crimes graves e quando houvesse falha na atuação da vítima – como a omissão na apresentação das provas, por exemplo. Mesmo quando esses agentes oficiais manejavam a persecução penal por completo, desde a instrução pré--processual – sua função primordial – até a defesa da acusação em juízo, passando pelo oferecimento da denúncia, não havia espaço de disponibilidade da ação penal, salvo no caso excepcional de acordo com réu colaborador, como já visto acima[326].

---

[324] Referimo-nos, aqui, evidentemente, à grande massa de casos que se submetiam à ação penal privada. Nos casos em que o titular da ação penal era um *Justice of the Peace*, havia possibilidade de não-persecução dentro do *Crown Witness System*.

[325] LANGBEIN, John H. *The Origins of Adversary Criminal Trial*. Oxford: Oxford University Press, 2003, p. 47: *The Marian JP* (Justice of the Peace – Juiz da Paz) *who bound over the private prosecutor to testify at trial effectively stripped the victim of his discretion not to prosecute.*

[326] Idem. P. 47. As formas pioneiras de persecução penal pública no *common law* com as *pleas of the Crown*, obviamente, também não eram compatíveis com o princípio da oportunidade. O titular absoluto do poder, ao escolher determinado indivíduo para representar a Coroa na persecução penal de crime de elevada gravidade, naturalmente não conferia poderes discricionários ao acusador. Isso seria absolutamente incompatível com a *ratio* das próprias *pleas of the Crown* e com o cenário político existente. Nem mesmo o acusador privado em *appeal of felony* possuía a discricionariedade de dispor da ação penal depois de proposta: *Fines for non-prosecution or retraction of an appeal were imposed on appellors with impressive regularity in the*

Não era possível ao titular da ação penal pública deixar de agir por entender que as provas não seriam suficientes à condenação ou que a persecução penal não seria vantajosa para o Estado[327].

Além da impossibilidade de proporcionar ao imputado o benefício da não-persecução penal, o simples *guilty plea* também não viabilizava a concessão de prêmios de natureza penal, tais como uma diminuição de pena ou o perdão. Ilustrativo nesse sentido é o caso de *Stephen Wright*, submetido à apreciação do *Old Bailey* em 1743. Acusado da prática de um roubo com emprego de arma, *Wright* se declarou inicialmente culpado, mas foi alertado pela Corte de que, se ele mantivesse sua declaração de culpa, caso existissem quaisquer circunstâncias a ele favoráveis no caso concreto, os

---

eyre rolls from the time of the Norfolk eyre of 1198 through Henry III's reign (KERR, Margareth H. op cit. p. 364). Esse contexto processual persistiu até o século XVII, conforme se vê a seguir.

[327] LANGBEIN, John H. *The Origins of Adversary Criminal Trial.* Oxford: Oxford University Press, 2003, p. 47: *The Marian system was unable to resolve important matters in the pre-trial. Into the eighteenth century, the JP's had no power to dismiss felony charges for insufficiency of the evidence. It followed that virtually all decision making had to be left for the convening of the two juries.*

Abraham Samuel Goldstein, todavia, anota que, ao final do século XVI, a Coroa poderia lançar mão de *nolle prosequi* em casos de ações penais privadas frívolas, injustificadas ou que pudessem interferir e, alguma persecução penal de interesse da Coroa. Decisão nesse sentido só poderia ser tomada pelo *attorney general* (GOLDSTEIN, Abraham Samuel. *The Passive Judiciary: prosecutorial discretion and the guilty plea.* Baton Rouge: Louisiana State University Press, 1981, p. 12).

No sistema atualmente vigente na Inglaterra, a decisão de não-persecução penal, com base em prognóstico de absolvição por insuficiência probatória deve seguir alguns parâmetros. O *Code for Crown Prosecutors* (parágrafo 4.4), estabelece um teste probatório que obriga o acusador a fundamentar sua decisão de não persecução penal nesse sentido. Diz o diploma que, para que os acusadores ofereçam denúncia: *devem estar convencidos de que o material probatório colhido lhes permite um prognóstico de condenação de cada um dos suspeitos por cada um dos crimes imputados. Eles precisam considerar as possíveis linhas de defesa e como essas linhas podem afetar o prognóstico de condenação. O caso concreto que não superar esse estágio de análise probatória não deve ser objeto de ação penal, não importe o quão graves ou sensíveis sejam os fatos.* Tradução livre. Redação original: *must be satisfied that there is sufficient evidence to provide a realistic prospect of conviction against each suspect on each charge. They must consider what the defence case may be, and how it is likely to affect the prospects of conviction. A case which does not pass the evidential stage must not proceed, no matter how serious or sensitive it may be.* (DUFF, Antony. *Discretion and Accountability in a Democratic Criminal Law.* In: LANGER, Máximo; SKLANSKY, David Alan. *Prosecutors and Democracy: a cross-national study.* Cambridge: Cambridge University Press, 2017, p. 20).

julgadores delas não tomariam conhecimento e, consequentemente, não poderiam considerá-las em seu favor[328].

O *guilty plea*, na época em análise, à vista disso, não se inseria no contexto de justiça penal negocial e tampouco permitia expressões de direito premial. Não havia genuíno *plea bargaining*. O acusador nada podia oferecer ao acusado em troca da sua autoincriminação. Veja-se que o ponto central que justificava o baixo índice de *guilty pleas* nos séculos XVI a XVIII na prática do *common law*, assim, era a própria ausência de discricionariedade do órgão de acusação na concessão de benefícios ao suposto autor dos fatos. Então, em uma perspectiva de *custo-benefício*, o *guilty plea* trazia pouca ou nenhuma vantagem ao imputado. Este tinha algo a oferecer – o poder dispositivo sobre o seu direito de defesa e o seu direito ao julgamento – mas nada receberia em troca.

Não é demais afirmar que a reduzida ou quase nula margem de discricionariedade do titular da ação penal repercutia sobre a configuração dos papeis dos atores do processo penal de um modo geral. O acusado não podia angariar benefícios penais ou processuais por dispor do seu direito de defesa. Logo, teria poucos motivos para fazê-lo[329]. Além disso, eventuais benefícios como o perdão ou a condenação por crime menos grave do que aquele que era objeto de imputação poderia ocorrer, não por decisão do titular da ação penal, mas dos julgadores que decidiam o caso. Havia, assim, pouco ou nenhum compromisso em se assegurar a correlação entre a acusação e a sentença e, no mais, a disponibilidade dos fatos descritos pela acusação não ficava à critério das partes, mas dos jurados[330]. Existia

---

[328] Dos registros oficiais do julgamento consta que *Wright* foi informado de que "if there were any favorable circumstances in his case, if he pleaded guilty, the Court could not take any notice of them; and that the Jury cannot report any favorable circumstances, because the circumstances do not appear to them: Upon which he agreed to take his trial" (LANGBEIN, John H. op. cit. p 20).

[329] *The trial court's role in sentencing and clemency also militated strongly against guilty pleas, even in cases in which convictions were certain. Unless he pleaded **not guilty**, the accused would lose all opportunity for the court to consider evidence of mitigating factors* (LANGBEIN, John H. *The Origins of Adversary Criminal Trial*. Oxford: Oxford University Press, 2003, p. 20, grifos nossos).

[330] *The trial jury exercised an important role in what was functionally the choice of sanction, **through its power to manipulate the verdict by convicting in a charge that carried a lesser penalty** [...]. The historical literature has settled on the term 'partial verdict' to describe this verdicts that convicted the defendant but reduced the sanction [...] For example, if the jury convicted a defendant of burglary, the punishment was death; bur if, **on the same facts**, the jury convicted of the clergyable offense of mere*

ampla margem de discricionariedade em torno dos poderes do julgador, não do *dominus litis*.

É por todo esse cenário, também, que o acusado se via obrigado a falar em juízo, em tentativa de convencer os jurados de que seria merecedor de um tratamento penal mais leniente do que aquele que poderia advir da imputação. Sem possibilidade de acordo com o acusador, tentar convencer ou sensibilizar os julgadores pelo exercício da autodefesa era a única chance do réu de obter benefícios penais. A propósito, o exercício do direito de defesa era precário e quase compulsório, sempre por meio da autodefesa, considerando a vedação prática de utilização de defesa técnica[331].

Essas conclusões são corroboradas diante da situação excepcional relatada por *J. S. Cockburn*. O autor menciona que, especificamente entre os anos de 1587 e 1590, aproximadamente metade dos acusados que foram levados a julgamento perante as *assize courts* da *English Home Circuit* se declararam culpados por meio de *guilty plea*. Em troca, aqueles que assumiam a responsabilidade pelos fatos imputados recebiam dois tipos dis-

---

theft, the convicted would be transported (LANGBEIN, John H. *The Origins of Adversary Criminal Trial*. Oxford: Oxford University Press, 2003, p. 58. Grifos nossos). O autor diz que existe um vestígio dessa discricionariedade judicial nos tempos atuais, pela possibilidade de o corpo de jurados julgar parcialmente procedente a pretensão punitiva, condenando o acusado por apenas alguns dos crimes supostamente perpetrados em concurso ou por um crime menos grave que esteja contido na acusação – desclassificação. Ocorre que essas possibilidades contemporâneas são mesmo um mero *vestígio* da ampla discricionariedade judicial do século XVI, pois devem elas respeito ao princípio da correlação.

[331] *The denial of defense counsel was, however, only one of a number of attributes of early modern criminal procedure that put pressure on the accused to speak in his own defense [...]. Because the main purpose of defending such a case was to present the jury with a sympathetic view of the offender and of the circumstances of the crime that would encourage a verdict of mitigation, the criminal defendant labored under an enormous practical compulsion to speak in his own defense [...].* **Thus, the same factors that caused the procedure to prefer trials over guilty pleas also included criminal defendants at trial to speak to their knowledge of the events** (LANGBEIN, John H. *The Origins of Adversary Criminal Trial*. Oxford: Oxford University Press, 2003, p. 48 e 59). Assim, esses dois fatores conjugados – ausência de defesa técnica e anseio pela obtenção de benefícios penais – na prática, obrigavam o acusado a falar em juízo. Mencione-se, ainda, o fato de que o acusado não podia requerer a intimação de testemunhas de defesa que seriam obrigadas a depor. Os juízes de paz apenas poderiam obrigar testemunhas de acusação a comparecer. Sem testemunhas de defesa, ninguém poderia falar em favor do acusado, senão o próprio réu (LANGBEIN, John H. op. cit. p. 51).

tintos de benefícios, ambos concedidos diretamente pelos juízes, sem interferência do acusador – uma redução das imputações contidas na acusação, com consequente diminuição de pena, ou o *benefício de clero*, que permitia que o condenado se livrasse da pena de morte[332].

Pode-se falar que, nesse específico período, desenhou-se um ambiente de barganha implícita entre juízes e acusados, que não se confunde com ferramentas de solução consensual do processo penal existentes em processos que se desenvolvem sob um *modelo de disputa*. Não havia qualquer conotação *adversarial* nessa prática.

Como se vê e conforme adiantado, sem mecanismos de solução consensual do processo penal no início da idade moderna, todos os atores processuais do *common law* possuíam papéis bastante distintos do que os atualmente consagrados no direito norte-americano.

Portanto, durante os séculos XVI e XVIII, os poderes discricionários do titular da ação penal pareciam se limitar à decisão de não-persecução penal exclusivamente na *Crown witness system*. Em casos de crimes graves, nem mesmo a absoluta falta de elementos de convicção mínimos que dessem suporte à ação penal justificava a não propositura da ação[333].

Até o início do século XIX, especificamente nos Estados Unidos da América, o *nolle prosequi*, predominantemente, só poderia ser utilizado pelo titular da ação penal nos casos em que o imputado colaborador revelasse coautores ou partícipes, depondo contra eles[334]. A discricionariedade do *dominus litis*, portanto, ainda parecia muito restrita.

Nessa mesma época, todavia, surgiram as primeiras ilhas de registros de *plea bargaining* encontradas pela doutrina do *common law*, em persecuções penais relacionadas aos *liquor cases* em Massachussets. Até então, os amplos poderes discricionários dos julgadores não deixavam grande margem para o exercício de poderes discricionários pelo órgão de acusação.

---

[332] FISHER, George. *Plea Bargaining's Triumph*. Stanford: Stanford University Press, 2003, p. 243, footnote 1. Como se vê, não havia discricionariedade do acusador. Acrescente-se, por oportuno, que relatos episódicos de *plea bargaining*, em determinados momentos da história do *common law*, não são considerados de maneira profunda neste trabalho, pois manifestam exceções muito pontuais.
[333] LANGBEIN, John H. *The Origins of Adversary Criminal Trial*. Oxford: Oxford University Press, 2003, p. 47, nota de rodapé nº 181.
[334] MCCONVILLE, Mike; MIRSKY, Chester L. *Jury Trials and Plea Bargaining*. Oxford: Hart, 2005, p. 88.

Reformas legislativas do século XVIII que, por questões de política criminal, pretendiam conferir maior efetividade no combate a certas espécies de crimes, dentre os quais o de comércio ilícito de álcool, começaram a mudar esse cenário[335].

Os diplomas legais que regulamentavam o tratamento penal do comércio ilegal de álcool naquele Estado determinavam aos juízes a imposição de penas certas, retirando-lhes em absoluto a discricionariedade judicial na dosimetria penal. Em um ambiente no qual os juízes não podem manipular a pena, toda a discricionariedade relacionada à intensidade da resposta penal ao caso concreto, de modo que se observem critérios de proporcionalidade, é passada ao órgão de acusação, que tende a manipular o conteúdo da própria imputação[336].

Nesse mesmo contexto do século XIX, em casos capitais, os acusadores livravam da pena de morte, obrigatória pela lei diante de determinados crimes, aqueles que se declaravam culpados por delitos menos graves[337]. Desenhado estava o ambiente necessário para a ascensão do *charge bargaining*, sem oposição judicial.

A princípio, a dinâmica dos *charge bargainings* identificados por *George Fisher* em Massachussets era bastante clara. Feito o acordo entre as partes, o acusador apresentava denúncia mais severa, com múltiplas imputações. O réu declarava *guilty plea* em relação a parcela delas e o promotor reti-

---

[335] FISHER, George. Op. cit. p. 13.
[336] Essa é uma tendência sempre presente quando se expandem os poderes discricionários do acusador – o julgador se torna mais passivo e a atua com menor grau de discricionariedade. Existe uma relação de equilíbrio entre os papéis que cabem aos atores do processo penal, conforme disponham eles de maiores ou menores poderes. Nos sistemas de tradição inquisitorial, por exemplo, é natural que os juízes tenham uma postura mais ativa na condução do processo penal e exerçam maior controle sobre a atividade das partes. Estas, por se sujeitarem aos poderes do magistrado, atuam de maneira mais restrita, não possuindo margem de discricionariedade que os permita ditar os destinos do processo – sujeito ao impulso oficial nos estritos moldes determinados pela lei. Em contrapartida, na tradição *adversarial*, na qual o processo penal é visto como um instrumento de manifestação de uma disputa entre as partes diante de um juiz passivo, estas possuem maiores poderes – podem dispor dos fatos, do processo e das consequências penais com maior liberdade (LANGER, Máximo. Op. cit. p. 12-13). Essa relação de equilíbrio é sensivelmente afetada quando são ampliados os poderes discricionários do juiz ou do promotor. Se este atua com maior discricionariedade, o julgador atuará com menor e vice-versa. Trata-se de conclusão forçosa ao se analisar a história do *plea bargaining*.
[337] FISHER, George. Op. cit. p. 13.

rava as demais acusações, manifestando-se pela não-persecução penal. As partes não precisavam recear um eventual tratamento mais severo do julgador para compensar o acordo feito sem anuência judicial, porque a lei não conferia margem de discricionariedade ao juiz na dosimetria penal[338].

Vê-se que, nesses casos de Massachusetts relacionados aos *liquor cases*, o órgão de acusação oferecia o benefício de não-persecução em troca do *guilty plea* dos acusados, fora de um contexto de colaboração premiada. Isso pode ser esclarecido pelos estudos de Abraham S. Goldstein, que identificou o caso *Commonwealth v. Massachusetts* (1806), julgado pela Suprema Corte do Estado, como o primeiro acórdão dos Estados Unidos a reconhecer de maneira ampla os poderes discricionários de *nolle prosequi* do titular da ação penal pública. A corte anotou, quando da decisão do caso, que a decisão de não-persecução penal era de responsabilidade exclusiva do promotor, não cabendo ao Poder Judiciário proceder a qualquer espécie de revisão quanto a isso[339].

Chama a atenção o caminho de introdução do princípio da oportunidade da ação penal pública nos Estados Unidos identificado pelo autor. Defende Goldstein que o poder de não-persecução penal, fora do contexto da colaboração premiada, existiu inicialmente na Inglaterra, a partir do final do século XVI, em alguns casos de ação penal privada com contornos bastante particulares. Como já visto acima, em regra, não poderia a vítima exercer poderes discricionários naquela época, por força do que havia no corpo do *Marian Committal Statute*. Apenas nos casos específicos de acusação privada absolutamente inútil, sem qualquer suporte probatório ou que pudesse interferir em ações penais do interesse do Estado, o próprio procurador-geral da Coroa poderia proceder à decisão de *nolle prosequi*. Transplantado o sistema jurídico do *common law* para os Estados Unidos, seguindo-se com o desaparecimento da ação penal privada, os *district attorneys* foram contemplados com a titularidade exclusiva da ação penal. Com isso, houve uma presunção de que eles teriam herdado a prerrogativa de *nolle prosequi* do *Attorney-General* inglês, o que teria refletido na

---

[338] Assim foi nos dois casos, de 1808 e 1809, citados pelo autor. Apenas alguns crimes da *Liquor's License Law* permitia ao julgador alguma discricionariedade na dosimetria da pena: FISHER, George. Op. cit. p. 21 e 22. Acrescento que, enquanto no *guilty plea* o acusado assume a responsabilidade penal, no *nolo contendere* declara apenas que não deseja se defender.

[339] GOLDSTEIN, Abraham Samuel. *The Passive Judiciary: prosecutorial discretion and the guilty plea*. Baton Rouge: Louisiana State University Press, 1981, p. 12.

decisão da Suprema Corte de Massachusetts, que reconheceu o poder de *nolle prossegui* de maneira genérica aos *district attorneys*[340].

George Fisher (2003, p. 156) ainda esclarece que o poder de *nolle prosequi* no direito inglês era reconhecido exclusivamente ao *attorney-general*. A generalização do poder de não-persecução, portanto, ocorreu apenas nos Estados Unidos. Esse parece ter sido o primeiro *cavalo de Troia* nos movimentos de transplante e tradução subjacentes aos mecanismos de solução consensual do processo penal, ocorrido dentro da própria tradição do *common law*. Quando da importação dos poderes discricionários reconhecidos com exclusividade ao *Attorney-General*, não se percebeu o risco de subversão da lógica do próprio processo penal, o que condenaria o julgamento pelo júri, tornando-o exceção, e consagraria a solução do processo penal pelo consenso das partes como a regra.

Consagrado o amplo poder de não-persecução do *dominus litis* e fechados os caminhos que o réu antes poderia percorrer em busca da leniência judicial, o *guilty plea* passou a ser interessante para o acusado no contexto de solução consensual do processo por meio de acordo com o titular da ação penal, em busca de sanções mais brandas. A expansão do *plea bargaining*, a partir de então, ocorreu paralelamente à ampliação dos espaços de discricionariedade do titular da ação penal, o que repercute sobre os *witness inducement agreements*[341].

---

[340] GOLDSTEIN, Abraham Samuel. Op. cit. p. 12. Memore-se que, em relação à vítima-acusadora, o exercício da ação penal era obrigatório.

[341] Há multiplicidade de teses visando esclarecer os motivos pelos quais ocorreu a expansão do *plea bargaining* nos Estados Unidos da América, provavelmente porque há uma concorrência de diversos fatores. Sob a perspectiva principiológica e de compatibilidade com o sistema processual existente, todavia, aderimos com segurança à corrente de Theodore Ferdinand, que faz irrefutável *link* entre a mudança do papel do *dominus litis* no processo penal, passando a exercer maiores poderes discricionários, e a expansão do *plea bargaining* como método de solução consensual do processo penal (FERDINAND, Theodore. *Boston's Lower Criminal Courts – 1814-1850*. Newark: University of Delaware Press, 1992, p. 97-98). Allen Steinberg é também bastante claro nesse sentido, ao tratar da substituição da persecução penal privada pelo modelo moderno, revestido de oficialidade: *the new ethic of state initiation and control of criminal prosecution guided changes in the structure and culture of criminal justice after the era of private prosecution. Now having assumed the discretion that formerly allowed private parties to settle cases, the court needed new methods for rapidly processing the many cases within the criminal courts. One method, plea bargaining, explicitly recognized the control of the district attorney over prosecutions. It gave him the power to decide how and when to dispense justice in much the same way that it had been dispensed*

Antes, o *Crown witness system* funcionava apenas com a possibilidade de não persecução penal, de forma global. Nos tempos atuais, em decorrência da larga discricionariedade do acusador, os *witness inducement agreements* podem se desenvolver diante de típico *charge bargaining* ou por *sentence bargaining*, o que não ocorria no sistema anterior de *Crown witness*[342].

Outros fatores não exatamente relacionados ao papel das partes no processo penal colaboraram para a expansão do *plea bargaining*. Primeiro, os *liquor cases* geraram uma sobrecarga de trabalho com a qual os acusadores e as cortes não mais conseguiam lidar[343]. Segundo, os julgamentos haviam se tornado muito mais complexos do que nos séculos anteriores, consectário da consagração das garantias processuais, especialmente do direito à ampla defesa e à defesa técnica, e do desenvolvimento das *rules of evidence*[344].

---

most of the time under the control of private litigants (STEINBERG, Allen. *The Transformation of Criminal Justice: Philadelphia, 1800-1880*. Chapel Hill: The University of North Carolina Press, 1989, p. 230-231).

[342] Conquanto nos pareça clara a correlação entre a expansão dos poderes discricionários do órgão acusador com o surgimento e a expansão do *plea bargaining*, George Fisher identificou três *ondas acadêmicas* que visavam explicar a expansão do *plea bargaining* no processo penal norte-americano, a partir do século XX. Os autores que conceberam as teorias da primeira onda imputam a ascensão do *plea bargaining* ao *caseload pressure*. Os *liquor cases* teriam gerado um volume insuportável de trabalho, que precisava ser solucionado de alguma maneira. Moley ainda afirma que, com o *plea bargaining*, promotores atingiam elevados índices de condenação que eram invocados em seu favor; juízes viam reduzidas as chances de recurso ou de reforma da sentença prolatada. Moley acreditava que os juízes atuariam para conter a ascensão do *plea bargaining*, mas a presunção estava errada, de acordo com o desenvolvimento posterior do instituto, que será exposto adiante (sobra as três ondas – FISHER, George. Op. cit. p. 6 e ss).

[343] É a explicação que se vê do que George Fisher (2003, p. 6) identifica como a primeira onda acadêmica que visa explicar a expansão do *plea bargaining*.

[344] John Langbein esclarece que, até o século XVIII, os julgamentos eram extremamente céleres, notadamente porque o acusado sequer poderia ser assistido por um defensor, evitando-se longas discussões técnicas, e porque as normas relativas ao direito probatório ainda eram muito escassas. Por dia, o *Old Bailey* julgava entre 12 e 20 casos, em uma única sala de julgamento (LANGBEIN, John H. *The Origins of Adersary Criminal Trial*. Oxford: Oxford University Press, 2003, p. 17-18). De uma maneira geral, Rick Abel e Nicola Lacey consideram que a *profissionalização* dos atores do processo penal – todos eles – foi o fator determinante para que os ritos se tornassem mais complexos, impactando sensivelmente a duração razoável do processo (MCCONVILLE, Mike; MIRSKY, Chester L.. *Jury Trials & Plea Bargaining*. Oxford: Hart Publishing, 2005, p. 5-6).

Não se perde de vista, todavia, que o fator mais relevante é que, quando os poderes discricionários do julgador foram comprimidos durante o século XIX, promotores passaram a exercer a discricionariedade necessária à expansão dos *plea agreements*. Depois disso, houve um movimento de reação dos magistrados, que retomaram poderes discricionários e, por consequência, diminuíram os poderes dos promotores. Em um terceiro e mais recente movimento, a partir do século XX, ocorreu nova expansão da discricionariedade ministerial, com consagração do *plea bargaining* e razoável recolhimento dos poderes judiciais sobre os rumos do processo penal[345].

Pode-se afirmar, por isso, que a ascensão da discricionariedade do órgão de acusação e dos *plea agreements* no direito estadunidense não ocorreu de maneira linear. De toda maneira, a conclusão central a que se chega é que quanto maiores os poderes discricionários do titular da ação penal, maiores são os espaços de solução consensual do processo e menor o grau de intervenção judicial sobre os rumos da ação penal.

3.2.4.2. Segue: a expansão da discricionariedade do acusador no *plea bargaining* e os movimentos de resistência judicial e de contenção normativa

A relação entre o grau de discricionariedade reconhecido ao *dominus litis* e os espaços de solução consensual do processo penal está clara. Durante os *liquor cases*, os promotores norte-americanos passaram a exercer poderes de *não-persecução* de maneira que fosse possível obter uma solução consensual do processo penal nos casos de concursos de crimes, lançando mão da técnica denominada *horizontal charge bargaining*. Nesta, diante de múltiplas supostas condutas que se enquadram em um ou mais tipos penais, o titular da ação penal deixa de processar o imputado por parcela dos crimes, em troca do *guilty plea* sobre os delitos remanescentes[346].

Veja-se que o *charge bargaining* horizontal decorre pura e simplesmente de uma decisão de *nolle prosequi* do *dominus litis* em situação de concurso

---

[345] Essa dinâmica será evidenciada nos tópicos subsequentes.

[346] *Charge bargaining may either be horizontal or vertical. Horizontal charge bargaining – also called count bargaining – refers to a plea agreement, according to which the prosecutor does not file additional charges or counts for other crimes against the accused in exchange for a guilty plea of the defendant to the remaining counts listed in the charging document.* (KOBOR, Susanne. *Bargaining in the Criminal Justice Systems of the United States and Germany.* Frankfurt: Peter Lang, 2008, P. 64).

de crimes. Não há qualquer margem de disponibilidade do titular da ação penal relacionada a *como* os fatos ocorreram. A situação fática desvendada pela primeira fase da persecução penal permanece inalterada, apenas não é integralmente objeto de ação penal – os fatos não são levados a juízo ou são dele retirados.

O *charge bargaining vertical*, que ocorre no âmbito de uma única imputação, diferentemente, pressupõe poderes discricionários maiores do titular da ação penal. Deve-se reconhecer a possibilidade de o *dominus litis* ignorar deliberadamente circunstâncias qualificadoras ou causas de aumento de pena como se, de fato, elas não tivessem ocorrido. Para facilitar a visualização, diante de um roubo com emprego de arma, é possível ao titular da ação penal barganhar com o imputado, atribuindo a ele um roubo simples, em troca da sua assunção de culpa (*guilty plea*) – os fatos são levados a juízo, mas de maneira modificada pelo consenso das partes[347].

Não nos parece que seja correto falar em *nolle prosequi* nesse caso, pois, diante de um único crime, se houvesse decisão de não-persecução penal, nada restaria para se atribuir ao imputado. A disponibilidade aqui recai sobre os próprios fatos, reconhecendo-se ao acusador o poder de, para fins processuais (*plea bargaining*), fazer renúncias e modificações em torno do aspecto substantivo da imputação.

A princípio, parece ser esse o entendimento de *George Fisher*, que diz que esse tipo de barganha *envolve um único crime, razão pela qual não há opção de se retirar uma imputação inteira da denúncia*[348]. Na realidade, o autor entende que o *vertical charge bargaining* expressa uma decisão de *nolle prosequi* parcial, que reduz a intensidade da imputação[349]. Mais uma vez,

---

[347] Idem. p. 65. O conceito apresentado pela autora é teoricamente perfeito, mas alguns de seus exemplos são confusos justamente por envolverem mais de uma imputação e por terem sido retirados de um caso concreto que envolvia *witness inducement agreement*. O exemplo que julgamos equivocado não será citado a seguir, mas será retomado mais adiante no trabalho: *vertical charge bargaining means that the defendant pleads guilty to a less serious charge – for example manslaughter instead of murder – than the one originally filled by the prosecutor. Thus, the charge's severity is reduced.*

[348] Tradução livre. Original: *generally involved but a single offense, so there was no option to nol pros whole counts of the indictment* (FISHER, George. Op. cit. p. 37).

[349] Cita exemplos concretos que reforçam a ideia de *partial nollo prosequi*: em 1848, em caso de se pode apontar como originário do *vertical charge bargaining*, imputou-se ao acusado a prática do crime de homicídio doloso. O acusado se declarou inocente e exigiu um julgamento. Todavia, em juízo, declarou-se culpado de homicídio culposo e, concordando com uma condena-

entendemos que a disponibilidade nesse caso recai sobre como os fatos ocorreram, não sobre a própria propositura da ação.

E isso também expressa uma nova reconfiguração dos poderes discricionários de juízes e promotores no processo penal norte-americano. No item 3.1.3.1, esclareceu-se que o poder de alterar a adequação típica, modelando os fatos independentemente de como eles efetivamente ocorreram, não era reconhecido ao acusador nas raízes *common law*, depois de iniciada a ação, mas poderia ser exercido pelos julgadores. Então, os acusados tentavam convencer os jurados de que eles mereciam um tratamento mais brando e uma condenação por fatos menos graves do que os efetivamente cometidos, independentemente de correlação entre o *verdict* e o *presentment*[350].

Nos casos de crimes capitais, todavia, a partir de 1841 em Massachusetts, essa faculdade judicial foi transferida aos promotores, que passaram a exercer o *vertical charge bargaining*, evitando a execução de acusados[351]. A nova forma de exercício de poderes discricionários tinha como fundamento a decisão da Suprema Corte de Massachusetts em *Commonwealth v. Tuck* (1848), em que se expressou que o poder de decidir pelo *nolle prosequi sobre a integralidade da denúncia ou sobre um dos crimes em concurso torna forçoso o reconhecimento da possibilidade de fazê-lo sobre uma parte substantiva da imputação*[352].

Em comparação com as raízes do *common* law, pode-se afirmar que o fato de os promotores terem passado a exercer poderes de disposição sobre como os fatos ocorreram retirou do Poder Judiciário mais um espaço de discricionariedade que antes lhe pertencia.

Diante dos elementos que integravam a fórmula do *plea bargaining* até então – disponibilidade do acusador sobre a persecução penal e sobre os fatos a ela subjacentes, reduzida margem de discricionariedade do julgador na dosimetria da pena em algumas espécies delitivas e poder dispositivo do acusado – alterações legislativas que viessem a criar novas

---

ção mais branda, o acusador retirou a acusação principal. Entendo, todavia, que não houve decisão de *não-persecução*. Esta ocorreu. Houve acordo em torno de aspectos substantivos – crime e suas qualificadoras, prosseguindo-se a ação penal com imputação mais branda.

[350] Veja-se no tópico anterior o poder do *trial jury* de *manipular* o veredito.

[351] Fisher, George. Op. cit. p. 34.

[352] Tradução livre. Original: *If the attorney general may enter a nolle prosequi as to the whole of the indictment, or of a count, so he may do it as to any distinct and substantive part of it.*

modalidades de crimes qualificados ou privilegiados aumentariam o poder de barganha do órgão ministerial. Foi o que aconteceu ao final da década de 1850.

Os *vertical charge bargainings* encontravam suficiente espaço de aplicação nos crimes capitais pela forma como o legislador previu abstratamente as penas, justamente como havia ocorrido com os *liquor cases*. Antes de 1858, o crime de homicídio não era dividido em graus. Homicídio doloso sempre era punido com a morte. Homicídio culposo – *manslaughter*[353] – era punido com prisão de até 20 anos e, com relação a essa imputação, havia boa margem de discricionariedade judicial imune à interferência ministerial, haja vista que o promotor não poderia determinar no acordo o tempo exato da sentença.

Logo, uma condenação por *murder* teria destino certo, sendo impossível qualquer forma de leniência judicial. Contudo, feito o *plea bargaing* com *guilty plea* por *manslaughter*, o acusador assumia o risco de o julgador fixar penas irrisórias. Vê-se que não existia a possibilidade de o órgão ministerial fazer acordo com o imputado em torno da sentença – *sentence bargaining*, preservando-se a discricionariedade judicial nesse aspecto[354].

Em 1858 o crime de homicídio foi dividido em primeiro e segundo graus. Passou a ser usual que o acusador oferecesse uma redução da imputação de homicídio de primeiro grau, punível com a morte do condenado, para a de homicídio de segundo grau – apenável com prisão perpétua. Com uma gama maior de opções à disposição dos promotores, o número de acordos cresceu exponencialmente na década de 1860 em casos relacionados a homicídios[355].

---

[353] O conceito de *manslaughter* não é tão preciso doutrinariamente. Há necessidade de se socorrer de cada diploma normativo criminalizador específico para se compreender exatamente do que se trata. Em meados do século XV, o termo era utilizado aparentemente apenas para designar o homicídio culposo. A partir do século XVIII, passou-se a distinguir *voluntary manslaughter* de *involuntary manslaughter*. Este termo designava o homicídio culposo; aquele, o homicídio com circunstâncias privilegiadoras (v. GARNER, Bryan A. (ed.). *Black's Law Dictionary*. 10ª ed. Saint Paul: Thomson Reuters, 2014, p. 1.108).

[354] FISHER, George. Op. cit. p. 38.

[355] O mesmo fenômeno é notável na história do *plea bargaining* em Nova Iorque. Antes do Código Criminal de 1829, as previsões abstratas de penas eram bastante rígidas, não deixavam margem de discricionariedade ao *dominus litis*. Além disso, não se reconhecia a possibilidade de manejo parcial dos poderes de *nolle prosequi*. Esses fatores, somados, reduziam sensivelmente a margem de manejo de *charge bargaining*. Com o advento do diploma em questão,

Possivelmente, os acusadores deparavam-se com casos concretos em que acreditavam que o homicida não merecia a morte, mas entendiam que a pena por *manslaughter* seria extremamente benevolente. As novas barganhas em torno de crimes capitais, ao contrário das que antecederam a reforma, não deixavam margem de discricionariedade judicial, pois as penas para os homicídios de primeiro e segundo grau eram de aplicação obrigatória[356].

Esses movimentos iniciais de explosão do *plea bargaining* no século XIX foram recebidos com reticência pelos julgadores. Isso fica claro pelo fato de que os acordos aconteciam apenas nos casos em que o rígido sistema de penas proporcionou ao acusador um ambiente favorável à solução do processo pelas partes – *liquor cases* e crimes capitais. Se os juízes tivessem aderido à tendência de formalização de acordos, estes seriam notados em várias outras espécies criminosas, bastando aos julgadores que aceitassem disposições diretas de *sentence bargaining*[357].

Além desse claro indicativo de não-adesão judicial à prática do *plea bargaining*, no ano de 1852, nova lei estadual editada para lidar com o comércio ilícito de álcool retirou dos promotores o poder de lançar mão do *nolle prosequi* de maneira unilateral nos *liquor cases* em Massachusetts. A partir de então, a decisão de não persecução penal dependia de anuência judicial. Acredita-se que o dispositivo tenha sido produto da própria resistência da magistratura à solução consensual do processo penal. O impacto sobre o percentual de acordos nos *liquor cases* foi imediato. Em 1849, em *Middlesex*, 20 (vinte) dentre 56 (cinquenta e seis) casos relacionados ao comércio ilícito de álcool foram resolvidos com *plea bargainings*. Em 1853, depois de o acusador perder a prerrogativa de decidir unilateralmente pela não--persecução penal, apenas 3 (três) casos foram resolvidos por acordo. Mais além, em nenhum deles se utilizou a técnica de *charge bargaining* horizontal, comum nos *liquor cases* antes da reforma legal e que foi substituída por

---

diversos crimes foram divididos em graus, razão pela qual o *charge bargaining* vertical passou a ser amplamente utilizado, nos mesmos moldes do que ocorria em Massachusetts (FISHER, George. Op. cit. p. 169).

[356] FISHER, George. Op. cit. p. 38.
[357] FISHER, George. Op. cit. p. 51.

CAPÍTULO 3 - RAÍZES COMPARADAS DA COLABORAÇÃO PREMIADA

uma forma de acordo muito similar à suspensão condicional do processo da nossa Lei nº 9.099/95, que será analisada adiante[358].

Entre 1853 e 1910, apenas mais 04 (quatro), dentre 602 (seiscentos e dois) *liquor cases*, foram encerrados com *charge bargaining* vertical no modelo praticado no início do século XIX, indicativo de que a contenção planejada pelo legislador e apoiada pela magistratura surtiu efeito.

A insurgência judicial contra os poderes discricionários do *dominus litis* não ocorreu exclusivamente em *Massachusetts*. Parece ter sido um fenômeno generalizado em meados do século XIX nos Estados Unidos. Em *New York*, os *Revised Statutes of the State of New York* (1829) foram mais além e atacaram o poder de não-persecução penal do titular da ação penal de maneira bastante ampla, afetando, inclusive a própria colaboração premiada. O *nolle prosequi* só poderia ser utilizado em favor de imputado colaborador, ou por qualquer outra circunstância, se a Corte entendesse ser tal medida adequada[359].

George Fisher acredita que o movimento de resistência judicial ao *plea bargaining* tenha ocorrido por diversas causas. Primeiro, os magistrados não sofriam tanto com a sobrecarga de trabalho como os promotores, pois possuíam melhor estrutura de apoio e recebiam melhores salários – por isso, atuavam com dedicação exclusiva. Além disso, na maioria dos casos, os julgadores ainda contavam com grande margem de discricionariedade para a dosimetria da pena. Especialmente nessas hipóteses, o *plea bargaining* lhes era bastante incômodo. Tome-se como exemplo o já citado caso de *vertical charge bargaining* que viesse a se encerrar em um *guilty plea* por *manslaughter*. O juiz poderia fixar uma pena de *zero* a *20 anos* de prisão, mas sem a instrução que revelaria as circunstâncias do caso concreto, o *background* do acusado e a sua personalidade, faltar-lhe-iam critérios para a fixação da reprimenda. Por essa razão, mesmo nos casos de *guilty plea*,

---

[358] Idem. p. 54. Reforma legislativa similar ocorreu em 1851 na California, como uma tentativa de conter o *charge bargaining*, de um modo geral. Promotores perderam o poder unilateral de *nolle prosequi* (FISHER, George. Op. cit. p. 168).

[359] *The District Attorney's Right to terminate the prosecution of an indictment by entering a nolle prosequi because of the co-operation of the accused or upon other extenuating circumstances became limited by the statute of 1829 to those instances where the court considered such action appropriate* (MCCONVILLE, Mike; MIRSKY, Chester L. *Jury Trials & Plea Bargaining*. Oxford: Hart Publishing, 2005, p. 35).

os juízes procediam a uma instrução para viabilizar uma mais consciente dosimetria penal[360].

Trata-se de indicativo de que os magistrados não aceitavam dispor de seus poderes discricionários sobre sentença e faziam questão de ditar os seus termos, angariando mais elementos do que aqueles fornecidos pelo acusador. A aceitação do *sentence bargaining* pressupõe o compartilhamento da autoridade judicial sobre a aplicação da pena com o *dominus litis* e a isso não pareciam estar dispostos os resistentes julgadores da época.

O movimento de contenção dos espaços de consenso no processo penal passou a constar expressamente dos acórdãos prolatados pelas mais altas cortes de todo o Estados Unidos no final do século XIX e no início do século XX. Em 1897, a Suprema Corte de Rhode Island, diante de um caso no qual o promotor havia optado pelo *nolle prosequi*, condicionando sua decisão ao pagamento de prestação pecuniária pelo imputado, expressou:

> A Corte tem conhecimento da prática que se consolidou, em grande medida, de se reconhecer ao promotor, em casos como o presente, a possibilidade de solucionar o feito pelo pagamento de um montante financeiro pelo acusado em favor do Estado. Essa prática merece nossa censura. Não há qualquer lei autorizando uma sentença ou outra forma de solução do processo pelo consenso das partes, sem determinação nesse sentido pelo Poder Judiciário[361].

A Suprema Corte de Maine, em decisão de 1913, expôs que, por meio das decisões de *nolle prosequi* condicionadas ao pagamento de determinado valor em dinheiro pelo imputado, os promotores de Justiça vinham *usurpando* poderes confiados ao Judiciário, notadamente o poder de determi-

---

[360] FISHER, George. Op. cit. p. 57. Sem maiores discussões relacionadas à proatividade do magistrado com essa postura e a sua compatibilidade ou não com o sistema *adversarial*.

[361] Tradução livre. Original: *we are aware that the custom has obtained, to a considerable extent, for the attorney-general to compromise or settle this class of cases, as well as cases arising under liquor law, upon the payment of a certain sum of money to the State by the defendant; but the practice is a vicious one, and meets with our entire disapproval. There is no law authorizing a sentence or any legal substitute therefor by consent of parties, without the imposition thereof by the court* (UNITED STATES. Supreme Court of Rhode Island. State v. Conway. 20 R.I. 270 R.I. 1897).

nar qual pena, dentro dos limites fixados pelo legislador, deve ser aplicada ao caso concreto[362].

Havia uma evidente crise de autoestima nas cortes diante da expansão dos poderes discricionários dos promotores, o que parece justificar esse primeiro movimento de resistência à justiça penal negociada.

3.2.4.3. Alternativas ao *charge bargaining*: *on-file bargaining*, *sentence bargaining* e a sobrevivência dos espaços de consenso no processo penal norte-americano

Esses movimentos judiciais de resistência não significam que a solução consensual do processo penal tenha sido extirpada da prática jurídica norte-americana entre a segunda metade do século XIX e o início do século XX. Outras formas de acordo foram desenvolvidas para substituir o *charge bargaining* horizontal, permanecendo também intocado o *charge bargaining* vertical, continuadamente aplicado aos crimes capitais.

Merece destaque a prática que *George Fisher* denomina *on-file bargaining*[363], por sua semelhança com o instituto da suspensão condicional do processo, previsto no art. 89 da Lei nº 9.099/95[364]. Nesses casos, o acusado declarava *nolo contendere* ou *guilty plea* em face das imputações que lhe eram dirigidas e se comprometia a pagar determinada quantia em dinheiro à Corte, como garantia de que compareceria se chamado e, especialmente, de que não mais praticaria qualquer atividade criminosa. O feito, então,

---

[362] Original: *This practice is a plain, inexcusable usurpation of power entrusted to the courts, the power of determining what penalty should be within the limits fixed by the legislature* (acórdão citado por: FISHER, George. op. cit. p. 58).

[363] Preferiu-se manter o termo original *on-file plea bargaining* sem qualquer tradução, porque *on-file* apenas muito grosseiramente poderia ser traduzido como *no arquivo* ou *em pasta*. Igualmente, não se pôde pensar em um termo equivalente ao original que poderia ser articulado em tradução livre. Não seria razoável falar-se em *arquivo*, pois o arquivamento no processo penal brasileiro é ato que encerra o procedimento, sem prejuízo da possibilidade de desarquivamento posterior por fatos novos. A doutrina processual penal brasileira não faz o uso do termo *arquivamento* nos casos em que o procedimento permanece suspenso enquanto o imputado se submete a uma espécie de período de prova, como ocorre no *on-file plea bargaining*.

[364] A diferença é que a suspensão condicional do processo pressupõe especificamente uma postura de *nolo contendere* do imputado, enquanto o *on-file plea bargaining* funcionava, alternativamente, com *nolo contendere* ou *guilty plea*. Além disso, a suspensão condicional do processo tem prazo determinado, enquanto o instituto analisado implicava a suspensão do processo por prazo indeterminado.

era encaminhado para um arquivo específico e permanecia suspenso indefinidamente. Caso o indivíduo apresentasse *mau comportamento*, o promotor poderia retomar a persecução penal, porque o acordo não abrangia formal decisão ministerial de *nolle prosequi*, com arquivamento[365].

A questão que se pode fazer em torno dessa específica forma de *plea bargaining* é qual a autoridade estatal detinha o poder de conceder a suspensão do processo em favor do imputado. Diante das premissas delineadas no capítulo 02, pode-se afirmar que, se o *on-file plea bargaining* abranger uma concessão do *dominus litis*, pode-se falar em solução consensual do processo penal sob a perspectiva de um *modelo de disputa*, no qual as partes ditam os rumos do feito, sem prevalência da noção de impulso oficial.

Diversamente, sendo a concessão da suspensão do processo feita por decisão unilateral da corte, independentemente da anuência do titular da ação penal, haverá a caracterização indiscutível de um instrumento típico do modelo de persecução penal oficial.

Sabe-se que, ordinariamente, a partir do *guilty plea* do imputado, deve-se seguir com a prolação da sentença condenatória. No *on-file plea bargaining*, percebe-se uma anomalia nesse quesito. Em vez de o feito seguir para a sentença, é posto em suspensão indefinidamente. Então, para que se analise qual autoridade detém o poder de dispor do andamento do feito em prol dessa forma peculiar de solução do processo penal, deve-se perquirir quem detém o próprio poder de optar pela suspensão da sentença, pois esta seria o movimento processual subsequente[366], de maneira ordinária.

Em verdade, como consectário justamente da compreensão do processo penal sob a perspectiva do modelo de disputa, no qual as partes devem impulsionar o feito diante de um julgador mais passivo, o entendimento que preponderava no ambiente processual então existente era de que os poderes de disposição do promotor de Justiça no processo penal se aplicavam ao longo de todo procedimento, não só quando da decisão pela propositura ou não da ação penal.

Ilustre-se com a possibilidade de o acusador lançar mão da decisão de *nolle prosequi* depois do veredito condenatório do corpo de jurados, mas

---

[365] FISHER, George. op. cit. p. 64-65.
[366] Sem prejuízo da já citada possibilidade de instrução judicial prévia à sentença, para aferição das circunstâncias a serem consideradas na dosimetria da pena.

antes da sentença, de acordo com o decidido pela Suprema Corte de Massachusetts no já citado caso *Commonwealth v. Tuck*[367].

Então, antes da sentença, o titular da ação penal possui espaço de manifestação para expor se nela tem interesse ou se deseja dispor da ação penal. Em 1899, um dos promotores de Plymouth declarou em relatório ao Poder Executivo que o *promotor tem o poder de requerer a sentença ou de se abster de fazê-lo*, acrescentando que, *até que ele formalmente se manifeste pela sua prolação, a corte nada pode fazer*. Esse poder, de uma maneira geral, pode ser confirmado por decisões posteriores da Suprema Corte de Massachusetts – especialmente *Commonwealth v. Kossowan* (1929) e *Commonwealth v. Carver* (1916)[368].

No *on-file plea bargaining*, assim, o benefício que o *promotor* oferecia ao imputado era a garantia de *não prolação de sentença*, sem necessidade de manifestação expressa de *nolle prosequi* e sem risco de oposição judicial à suspensão do feito, que poderia voltar a ser impulsionado pelo *dominus litis* no caso de necessidade constatada durante o *probation*[369].

Até o momento estudado, os promotores norte-americanos não possuíam poderes de disposição sobre a sentença condenatória diretamente. Exceto nos casos em que o legislador havia imposto penas obrigatórias, sem deixar margem de discricionariedade aos juízes, existia um elevado risco de leniência judicial que os titulares da ação penal não assumiam em casos de crimes graves.

Não se pode perder de vista que o *on-file plea bargaining* resultava na soltura imediata do indivíduo, sem maiores consequências presentes – o que já o tornava, para a maior parte dos promotores, inaplicável aos crimes

---

[367] *Expressou a Corte: after a verdict of guilty is rendered, the defendant* **is to be sentenced on motion of the attorney general**; *and we have no doubt of his authority to enter a nolle prosequi after verdict.*

[368] FISHER, George. Op. cit. p. 74. Reconhece o autor que esses poderes provavelmente tenham sido abalados especificamente no âmbito dos *liquor cases* depois da edição da lei de 1865.

[369] *Because the court could not pass sentence until the prosecutor so moved, the prosecutor had a unilateral power to prevent the imposition of sentence, leaving no other option that to file the* case (FISHER, George. op. cit. p. 76). (FISHER, George. Op. cit. p. 70-71). Entre o final do século XIX e o início do século XX, em *Commonwealth v. Macey*, passou-se, ainda, a entender que o julgador não era obrigado a prolatar sentença por requerimento ministerial, depois de o feito ter ficado suspenso por longo tempo.

graves. Tratava-se de uma barreira considerável à consagração generalizada da solução do processo penal pelo consenso entre as partes.

Também é certo que se passou a entender que os juízes poderiam, em caso de condenação, submeter o imputado à *probation*, independentemente de anuência do acusador[370].

Da análise global, constata-se que os poderes discricionários do *dominus litis* que lhe foram essenciais à inicial ascensão do *plea bargaining* no início do século XIX sofreram restrições que permitiram ao *charge bargaining* sobreviver apenas na modalidade vertical, em torno dos crimes capitais. Essas constrições deram espaço à emergência do *on-file plea bargaining*, que inseriu novos espaços de solução consensual no processo penal norte-americano.

Mencione-se, todavia, que uma comissão legislativa tomou conhecimento da prática do *on-file plea bargaining*, recebendo-a como uma burla ao diploma normativo que limitou as possibilidades de *nolle prosequi* nos *liquor cases*. Em 1865, editou-se novo ato para impedir o *on-file plea bargaining* nos *liquor cases* especificamente[371].

Entre o final do século XIX e o início do século XX, em *Commonwealth v. Macey* (julgado aproximadamente em 1898), passou-se, ainda, a entender que o julgador não era obrigado a prolatar sentença por requerimento ministerial, depois de o feito ter ficado suspenso por longo tempo[372].

Mantido o *charge bargaining* apenas na modalidade vertical e com o *on-file plea bargaining* restrito, pela prática ministerial, a crimes menos graves, a solução do processo penal pelo consenso das partes em *Massachusetts*[373]

---

[370] Idem. p. 81 e 87. As reiteradas concessões de *probation* nesse contexto geraram um ambiente implícito de barganha entre réus e juízes, similar ao que ocorria na prática do *Old Bailey*. Aqueles que se declarassem culpados tinham mais chances de receber o benefício da suspensão do processo, submetendo-se a um período de prova.

[371] A prática, todavia, expandiu-se para além dessa espécie delitiva e sequer é possível saber se, de fato, houve uma contenção efetiva a partir do diploma normativo citado. (FISHER, George. Op. cit. p. 70-71 e 112).

[372] FISHER, op. cit. p. 80.

[373] Movimentos de resistência foram sentidos também na Califórnia, especialmente por meio de diploma normativo que, em 1851, vedou o manejo de *nolle prosequi* por decisão unilateral do titular da ação penal. A ascensão do *plea bargaining* em Nova Iorque, diferentemente, ocorreu de maneira muito mais linear. A divisão de diversos crimes em distintos graus pelo Código Criminal de 1829 fez emergir inúmeras possibilidades de utilização do *charge bargaining*. A partir de então, o crescimento dos índices de *plea bargaining* foi perceptível. O mesmo

respirava por aparelhos, mantendo-se diante de limitadas práticas delitivas. Em 1899, portanto, não se tratava de um método de aplicação geral no processo penal.

Houve, todavia, nas últimas duas décadas do século XIX, uma inegável mudança no padrão das sentenças prolatadas pelo Poder Judiciário em casos de *guilty plea*. Nas mais diversas práticas delitivas e independentemente de acordo entre as partes, a dosimetria da pena para condenados que se declararam culpados era manifestamente menos severa do que para aqueles que exigiam o julgamento e acabavam condenados. No caso de violação de propriedade privada, por exemplo, aqueles que eram condenados depois do julgamento ficavam sujeitos a penas de prisão duas vezes maiores do que aquelas impostas aos imputados que aderiam ao *guilty plea*[374].

Conquanto não fosse esse quadro um indicativo da adesão dos magistrados aos métodos de solução do processo pelo consenso das partes, havia um ambiente implícito de barganha, suficiente para demonstrar que os juízes passaram a assimilar a ideia de que a colaboração processual do imputado poderia ser recompensada com benefícios de natureza penal.

No primeiríssimo ano do século XX, então, os juízes conduziam pessoalmente uma forma de *sentence bargaining*, sem intervenção do titular da

---

diploma, não se pode deixar de mencionar, previa uma restrição ao *nolle prosequi*, mas em termos mais restritos do que aqueles que foram expressos pelos legisladores de Massachusetts e da Califórnia. O Código de 1829 vedava que o titular da ação penal pública desistisse da ação proposta sem anuência da Corte competente. Aparentemente, o *charge bargaining* não foi afetado por essa previsão, até porque a modalidade vertical de *charge bargaining* não pressupõe que a imputação seja por completo retirada, como já esclarecido. Em projeto de novo código criminal para Nova Iorque, apresentado em 1849, havia proposta de se retirar em absoluto, inclusive do procurador-geral, poderes de *nolle prosequi*, atribuindo-se aos juízes com exclusividade o poder de, discricionariamente, fazer cessar o curso da ação penal. Em providência condizente com a essência do processo penal acusatório, o projeto foi modificado nesse aspecto. Depois de 32 anos de discussão e outras alterações, o Código foi aprovado com o banimento ao *nol pros*, mas, na prática, a adesão judicial ao *charge bargaining* já havia se consolidado. Com o aumento da demanda cível a partir da década de 1880, difícil seria que os juízes se opusessem efetivamente à solução do processo penal pelo consenso (FISHER, George. Op. cit. p. 170-174).

[374] FISHER, George. op. cit. 113-114.

ação penal. Em troca do *guilty plea*, concediam aos réus uma dosimetria penal mais leniente[375].

É evidente que, naquele período, os poderes discricionários sobre a sentença, em caso de *sentence bargaining*, permaneciam das mãos da magistratura[376]. No mais, a discricionariedade dos promotores que permitia o manejo do *plea bargaining* se encontrava sufocada pelos movimentos judiciais e legislativos de resistência.

O *sentencing bargaining* por iniciativa do magistrado poderia ocorrer implícita ou explicitamente. Determinados juízes simplesmente construíam um padrão de julgamento em casos decididos por *guilty plea*, distinto do que se empregava nos casos resolvidos por julgamento. Advogados da comarca e acusados, de um modo geral, possuíam uma expectativa de leniência judicial no caso de assunção de culpa, considerando o histórico do magistrado diante de colaboração processual[377].

---

[375] Sobre o aumento exponencial dos índices de *guilty plea* num cenário em que promotores possuíam discricionariedade limitada ao *vertical charge bargaining* e ao *on-file plea bargaining*: *in 1900 reached its highest point in our period. It stayed constant in 1910 [...]. The conclusion is hard to escape that judges had begun to engage in sentence bargaining. We cannot attribute the enormous growth in guilty pleas to a change in the power or preferences of prosecutors [...]. IN fact, sentencing patterns suggest that judges rewarded defendants for their pleas* (FISHER, George. op. cit. p. 113).

[376] Fisher (2003, p. 114) atribui a três fatores a resistência anterior de juízes ao *plea bargaining*. Primeiramente, eles não possuíam o mesmo volume de trabalho dos promotores. Também não lhes agradava a prolação de sentenças sem conhecimento real das circunstâncias do caso concreto. Por fim, juízes orgulhosos se sentiam ofendidos por ter de dividir poderes discricionários com os promotores. Ocorreu que, nos últimos vinte anos do século XIX, o número de demandas de natureza cível, especialmente envolvendo indústria e transportes, multiplicou-se. É de se questionar os motivos pelos quais o aumento do número de processos cíveis culminou na expansão de mecanismos de solução alternativa dos processos penais. A resposta é simples – no âmbito cível, os juízes não podiam forçar acordos. No criminal, diante do exercício de poderes discricionários sobre a sentença, magistrados possuíam elementos de coerção sobre os imputados. Nas palavras de FISHER (2003, p. 123): *overworked judges [...] could make the defendant a hard-to-refuse offer*. No que se refere às informações necessárias à adequada dosimetria da pena, na medida em que se consolidaram as funções dos *probation officers*, não mais necessitavam os julgadores de informações que só poderiam ser obtidas por meio de audiência de instrução e julgamento.

[377] *In an implicit-bargaining regime, defendants simply guess, perhaps based on the judge's past practice, that his sentence will be more lenient after a plea than after a trial. For an implicit-bargaining regime to account for the very high percentages of guilty pleas that prevailed in the last decades of the nineteenth century, judges must have sentenced in highly predictable ways* (FISHER, George. op. cit. p. 129).

Na gestão de suas próprias comarcas, juízes de Massachusetts das últimas décadas do século XIX sentiam-se confortáveis com a prática implícita do *sentencing bargaining*. O mesmo não se pode dizer em relação à prática explícita.

O envolvimento de juízes nas negociações típicas de *plea bargaining* coloca o imputado em posição de invencível desvantagem. Se o magistrado possui amplos poderes discricionários relacionados à dosimetria da pena na sentença, qualquer oferta do julgador que expresse virtual sentença condenatória severa – caso o acusado opte pelo julgamento, em oposição a uma sanção leniente, na hipótese de adesão imediata ao *guilty plea*, manifesta-se como uma ameaça de concretização certa.

Ilustrativa a oferta feita por juiz de primeira instância de Michigan, em caso apreciado pela Suprema Corte Estadual, declarando que *se o acusado se declarar culpado, a tendência é que eu lhe proporcione uma punição menos severa do que a que eu normalmente lhe aplicaria depois de uma condenação pelo júri*[378].

Do ponto de vista do imputado, a *oferta* feita pelo julgador tem peso muito superior à proposta ministerial, pois a previsão relativa à sentença não é meramente estimada pelas partes, mas certa, indubitável. Por esse motivo a Suprema Corte de Michigan censurou a postura do juiz de primeiro grau no caso citado acima.

Os acordos implícitos traziam um problema de insegurança jurídica que poderia desencorajar o *guilty plea*. Os acordos explícitos expunham os juízes à censura das cortes superiores. Interessados na célere solução do processo penal, juízes passaram a homologar acordos das partes que

---

O mesmo padrão de *implicit bargaining* identificado por George Fiscer em Massachusetts foi encontrado por Lawrence Friedman e Robert Percival (1981, p. 178) na California.

[378] Tradução livre. Original: *if the respondent should plead guilty, I should view his case as one meriting less punishment than I should feel disposed to impose should he be convicted after a trial by jury*. Caso *People v. Brown* (1984) citado por: FISHER, George. op. cit. p. 131.

Também na Califórnia foram encontrados registros do início do século XX de envolvimento direto de juízes nas negociações do *plea bargaining*, com evidente poder coercitivo sobre o imputado. Veja-se a manifestação do judge *Everett Brown no caso de* Louis Schroeder, em 1910: *I am going to be lenient now and give you the full benefit... for the plea of guilty... I am going to give you the credit of it. I am going to give you a great deal lighter sentence than I would have given you. You can rest assured if you had gone on the witness stand and told some perjured tale about this affair, you would have received a heavier sentence* (FRIEDMAN, Lawrence; PERCIVAL, Robert. *Roots of Justice: Crime and punishment in Alameda County*, California, 1870-1910. Chapel Hill: University of North Carolina, 1981, p. 181).

continham *recomendações* relativas à dosimetria da pena. Um comitê do Poder Legislativo de Massachusetts descreveu em 1923 essa prática, então já consolidada, apontando que *dominus litis* e *defensor* do imputado firmavam um acordo que previa a imputação criminal e a sanção a ser aplicada. O juiz, então, era chamado a lançar um *carimbo de borracha* com um *OK* no termo de acordo[379].

Ao contrário do *charge bargaining* do início do século XIX, por meio do qual os promotores manipulavam penas à revelia do Poder Judiciário e independentemente da anuência de seus membros, a nova forma de *sentence bargaining* gerida pelas próprias partes não suprimia poderes judiciais. O julgador, em tese, mantinha absolutos poderes para recusar a homologação do acordo.

Todavia, pelo cenário desenhado acima, juízes passaram a ter interesse no *plea bargaining*. Permitir que o *sentence bargaining* fosse conduzido diretamente pelos promotores lhes poupava tempo, que se tornara escasso, evitava desgastes com cortes superiores e tornava o *guilty plea* mais atraente do que seria diante de um implícito e inseguro *sentence bargaining* judicial.

Logo, apenas em meados do século XX os promotores norte-americanos passaram a exercer poderes discricionários na amplitude do que se vê nos dias atuais, abrangendo poderes de *charge bargaining* e de *sentence bargaining*.

Das *Massachusetts Rules of Criminal Procedure*, Regra 12, (*b*), 5, (A), nota-se que o Estado em questão reconheceu legislativamente a gestão direta das partes sobre ambas as técnicas predominantes de *plea bargaining*. Homologada judicialmente a pena acertada pelo *dominus litis* com o acusado, o magistrado deve impor a pena de acordo com os termos da avença e, caso entenda que o caso comportará sanção mais severa, dará ao imputado a oportunidade de se retratar de seu *guilty plea*[380].

---

[379] FISHER, George. op. cit. p. 132.
[380] *(A) A plea agreement may specify both that the parties agree on a specific sentence, including the length of any term of probation, and that the prosecutor will make one or more of the following charge concessions: amend an indictment or complaint; dismiss, reduce, or partially dismiss charges; not seek an indictment; or not bring other charges. The judge shall follow the procedures set forth in Rule 12(d) when the parties enter into a plea agreement that includes both an agreement to a specific sentence and a charge concession. If the judge accepts the plea agreement and the defendant's plea, Rule 12(d) requires the judge to sentence the defendant according to the terms of the plea agreement.*

De acordo com o antecipadamente exposto, não restam dúvidas de que os amplos poderes discricionários judiciais não convivem com grandes poderes discricionários das partes, indispensáveis à expansão dos mecanismos de solução consensual do processo penal.

3.2.4.4. *Federal Sentencing Guidelines*: o movimento pendular entre a máxima e a mínima discricionariedade do promotor de Justiça estadunidense e a sobrevivência da colaboração premiada

Existem diferentes formas de regulamentação dos poderes discricionários dos juízes sobre as sentenças por eles prolatadas. Sempre haverá repercussão sobre os poderes discricionários do *dominus litis* e, no caso ora estudado, sobre o *plea bargaining*.

Diante de sentenças fixas, como aquelas impostas pelas *liquor laws* entre os séculos XVIII e XIX, o poder de barganha do titular da ação penal cresce substancialmente, notadamente em sistemas jurídicos que reconhecem a legitimidade da decisão de *nolle prosequi*.

Sistemas que consagram sentenças absolutamente indeterminadas, suprimindo por completo a prerrogativa do Poder Judiciário de determinar a pena a ser cumprida, praticamente arruínam os espaços de consenso do processo penal, pois promotores e juízes perdem a possibilidade de oferecer benefícios penais aos imputados, mantendo-se ao *dominus litis* somente a possibilidade de oferecimento de benefícios de caráter processual relacionados ao princípio da oportunidade[381].

[...]
(6) Sentencing. After accepting the plea agreement and the plea or admission, the judge shall impose sentence according to the terms of the plea agreement. If the plea agreement includes a term of probation, the judge, with the assistance of probation where appropriate and after considering the recommendations of the parties, shall impose appropriate conditions of probation.
Disponível em: http://www.mass.gov/courts/case-legal-res/rules-of-court/criminal-procedure/crim12.html. Acesso em: 29/12/2017.

[381] Diversas correntes acadêmicas defenderam as sentenças indeterminadas nos Estados Unidos, argumentando que a pena deve ser cumprida na medida do estritamente necessário à ressocialização do indivíduo, o que só poderia ser aferido no curso da execução penal, nunca na sentença, que deveria expressar condenação simples, sem prever o tempo de cumprimento de pena (FISHER, George. Op. cit. p. 182). Evidentemente, haveria nesse sistema irremediável prejuízo ao *charge bargaining* e ao *sentence bargaining*, que cairiam em desuso. Os mecanismos de colaboração premiada seriam preservados, mas poderiam ser recompensados somente com a absoluta impunidade por meio de decisão de *nolle prosequi* do titular da ação penal.

Em nosso sistema jurídico, pode-se afirmar que também reduz substancialmente o poder de barganha do titular da ação penal eventual notória leniência do juízo competente na prolação de sentenças condenatórias. Com um prognóstico de pena mínima ou próxima ao mínimo, com a fixação de regime inicial de cumprimento de pena na prática inexistente, fica difícil ao *dominus litis* convencer o imputado a colaborar com o processo penal em troca de benefício que pouco lhe interessa.

No sistema norte-americano, o *Sentencing Reform Act 1984* teve grande impacto sobre a discricionariedade dos magistrados na dosimetria da pena em caso de sentenças condenatórias. Referido diploma deu origem às *Federal Sentencing Guidelines*, que entraram em vigor em novembro de 1987. Antes de sua edição, magistrados estadunidenses dispunham de ampla discricionariedade na dosimetria da pena. Não raro, as cominações abstratas não expressavam pena mínima, somente máxima. Diversos delitos podiam ser sancionados com penas de 0 (zero) a 20 (vinte) anos de prisão, por exemplo[382].

Com o advento da nova normativa, estabeleceu-se uma rígida tabela de penas, baseada em seis possíveis níveis de antecedentes criminais do imputado, de acordo com suas condenações pretéritas, bem como em 43 possíveis patamares de gravidade da conduta perpetrada. As pontuações relacionadas aos antecedentes constam das colunas da tabela, enquanto os níveis de gravidade compõem suas linhas. Para cada condenado e para cada delito, o magistrado sentenciante deveria buscar na tabela o ponto de intersecção entre os fatores antecedente/gravidade que correspondesse ao caso concreto. No ponto localizado, o julgador encontraria limites bastante restritos de pena mínima e máxima, de modo que o tempo máximo de pena previsto jamais excedesse 25% da menor sanção possível. Se 25% acima do mínimo não alcançasse pelo menos 06 (seis) meses de diferença, este lapso temporal seria a diferença entre o mínimo e o máximo abstratamente cominados[383].

Exatamente como ocorreu nos *liquor cases* de Massachusetts no início do século XIX, as *Federal Sentencig Guidelines*, por comprimirem a discricionariedade judicial, ampliaram os poderes ministeriais de barganha no

---

[382] Fisher, George. op. cit. p. 331: 18 U.S.C § 113 (1982) *which punished various assault crimes with terms of zero to twenty years, zero to ten years, and zero to five years.*
[383] Idem. p. 332.

âmbito do *charge bargaining*, haja vista que o poder de *nolle prosequi* dos promotores permaneceu intacto. A capacidade do *dominus litis* de oferecer ao imputado, nos acordos de colaboração premiada ou de assunção de culpa, uma estimativa mais precisa da pena aplicável tornou-se ainda mais sólida, independentemente de *sentence bargaining*, que pressupõe sempre homologação judicial[384].

Com a intenção de garantir a efetiva aplicação dos parâmetros desenhados e de conter a expansão da discricionariedade ministerial, a *United States Sentencing Commission*, responsável pela edição das *Sentencing Guidelines*, previu a possibilidade de os juízes considerarem na sentença outros fatores que pudessem agravar a situação do acusado – atenuando ou anulando eventual benefício concedido pelo *dominus litis* – como a não persecução de crimes praticados em concurso – e ajustando a sanção à gravidade do caso concreto. A ideia de busca pelo *real offense* era proporcionar aos juízes meios para conhecer da prática criminal em sua inteireza, independentemente das partes. Entretanto, parece pouco racional a crença de que juízes habituados ao modelo *adversarial* e ao *plea bargaining* empregariam recursos para desvendar fatos que as partes não levaram a juízo, apenas para materializar um ideal de justiça mais severo do que aquele contido nos limites da ação penal. Além disso, as *Guidelines* não agradaram a magistratura, de maneira que dificilmente juízes se esforçariam para preservar sua essência de repressão eficiente[385].

---

[384] Para deixar de acusar, o *dominus litis* não depende de autorização judicial, o que dá espaço para negociações sem qualquer necessidade de aprovação judicial, até mesmo informalmente. Nos casos em que o julgador mantém sua discricionariedade ampla sobre a dosimetria, eventuais distorções por ele percebidas podem ser corrigidas considerando o amplo *gap* entre o mínimo e o máximo abstratamente cominado: *to be sure, prosecutorial charging practices have always affected the sentence, but when judges had discretion to impose any sentence up to the statutory maximum or down to the statutory minimum, prosecutorial power was potentially limited or counterbalanced by the possibility of judicial discretion* (STITH, Kate. *The Arc of Pendulum: judges, prosecutors and the exercise of discretion. The Yale Law Journal*, New Haven, vol. 117, nº 07, maio de 2008, p. 1422-1497).

[385] *There's simply no reason to suppose, however, that a modern American trial judge should want to frustrate a prosecutorial deal in the average case by demanding harsher terms than the prosecutor thinks is right* (FISHER, George. op. cit. p. 213).

É natural que na tradição *adversarial* as partes podem ajustar como os fatos ocorreram, alterando a imputação. Como resultado dessa carga cultural: *Even when a probation officer presents the court with evidence of conduct warranting a tougher sentence the the lawyers have proposed, the judge*

Houve resistência cultural da magistratura estadunidense a esse ponto da reforma, que pretendia transformar os julgadores em juízes proativos, cujas funções de pesquisa dos fatos como eles "realmente ocorreram", independentemente de acordo entre as partes, seria mais compatível com o modelo inquisitorial de processo penal[386].

Sem prejuízo da desaprovação da classe, os termos empregados no *Sentencing Reform Act 1984* não deixavam dúvidas de que as *Guidelines* seriam de aplicação obrigatória pelos juízes. O diploma previu a possibilidade de as partes recorrerem da sentença condenatória sob o fundamento de que o julgador aplicou equivocadamente os parâmetros previstos ao calcular a pena imposta[387].

Não se perca de vista a premissa estabelecida acima, no sentido de que a expansão dos poderes discricionários do *dominus litis* tendem a repercutir igualmente sobre o *plea bargaining*, de uma maneira geral, e sobre os acordos de colaboração premiada.

Pois bem. Dentre as limitadas hipóteses que permitem ao magistrado se distanciar dos parâmetros estabelecidos pelas *Sentencig Guidelines*, destaca-se a prevista no item 20, § 5K1.1 do *Sentencing Commission Guidelines Manual*. O dispositivo prevê que o magistrado pode deixar de sentenciar dentro dos limites impostos de maneira estrita pelas *Sentencing Guidelines*, caso os órgãos de persecução penal apresentem requerimento nesse sentido, declarando que o imputado colaborou com outras investigações[388]. Nesses moldes, poder-se-ia aplicar pena abaixo do mínimo previsto.

Com isso, os acordos de colaboração premiada, normalmente expressos por meio de cláusula própria em termo que abrange o *guilty plea*, passaram a contar com a assunção pelo *dominus litis* do compromisso de pleitear

---

often ignores such findings in favor of facts as presented by parties (idem. p. 214). Fisher enumera alguns casos em que os juízes podem se afastar dos parâmetros das *sentencing guidelines* para aplicar pena menos severa ao condenado, mas as hipóteses são tão restritas que não alteram o cenário global.

[386] No sentido de que esse aspecto da reforma ofende valores consagrados na tradição do *common law*: STITH, Kate. Op. cit. p. 1436-1437.

[387] STITH, Kate. *The Arc of Pendulum: judges, prosecutors and the exercise of discretion*. The Yale Law Journal, New Haven, vol. 117, n. 07, maio de 2008, p. 1422-1497.

[388] STITH, Kate. Op. cit. p. 1429. DAVIS, Angela J. *Arbitrary Justice: the power of the American prosecutor*. Oxford: Oxford University Press, 2007, p. 106.

o benefício em questão junto ao Poder Judiciário, em caso de efetiva colaboração[389].

Veja-se que essa previsão deixa manifesto que a constrição dos poderes judiciais sobre a sentença ampliou demasiadamente o poder de barganha do *dominus litis* nas negociações prévias à colaboração premiada. Antes do *Sentencing Reform Act 1984*, os juízes poderiam aplicar penas excessivamente lenientes em inúmeros casos que não comportavam pena mínima. Em tese, determinados crimes com pena máxima de 20 (vinte) anos de reclusão poderiam ser sancionados pelos julgadores com uma pena privativa de liberdade de poucos *dias*.

Diante de negociações com o titular da ação penal, imputado e defensor poderiam sondar juízes sobre um prognóstico de pena e, não raro, buscar com eles um acordo direto, sem participação do *dominus litis*.

Com a reforma, as penas mínimas foram previstas nas *Sentencing Guidelines* em patamares severos, bastante próximos às penas máximas. Adicionalmente, o magistrado, em regra, não poderia fixar a pena abaixo do mínimo e, se o fizesse, sua sentença certamente sucumbiria diante de recurso de apelação interposto pelo acusador, de acordo com previsão literal da Lei.

Nesse cenário, uma das únicas formas de o juiz sentenciante se livrar das firmes amarras impostas pelas *Sentencing Guidelines* era por meio de requerimento específico do *dominus litis*, em caso de colaboração premiada. Salta aos olhos a amplitude dos poderes discricionários do titular da ação penal depois da reforma.

Sob a ótica do imputado, o acordo de colaboração passou a ser uma das poucas possibilidades de se obter um tratamento mais leniente, já que não era mais possível contar com eventual benevolência discricionária do julgador. Canais informais de diálogo com os juízes também foram fechados, pois os poderes de aplicação de pena aquém do mínimo se concentravam em maior parte nas mãos dos próprios promotores.

Essa relação dinâmica entre discricionariedade ministerial e judicial, como visto ao longo deste capítulo, não era nenhuma novidade histórica. É do senso comum a compreensão de que a história se repete e, justa-

---

[389] É o que se vê do acordo de colaboração premiada subscrito por Michael Flynn em 30 de novembro de 2017: https://www.lawfareblog.com/michael-flynn-plea-agreement-documents. Acesso em 03/12/12017.

mente por isso, optou-se por uma reconstrução nesse sentido. A larga experiência do *common law* no balanceamento de poderes discricionários entre distintos atores do processo penal proporciona conhecimento de experiência prática que ainda não possuímos na nossa tradição.

Se a edição do *Sentencing Reform Act* e das *Federal Sentencing Guidelines* tivesse sido precedida de um estudo histórico de dimensão do publicado em 2003 por George Fisher, a previsão do que ocorreria com a distribuição de poderes no âmbito dos espaços de consenso do processo penal seria facilitada. Números posteriores confirmam que o diploma em questão colaborou com um novo movimento de expansão da solução do processo pelo acordo entre as partes. Entre 1984 e 2001, os índices de *plea bargaining* subiram de 84% para 94%.

Os índices de benefícios penais concedidos por colaboração processual nos moldes das *Sentencing Guidelines*, que não podem ser aplicados pelo julgador *ex officio* ou pleiteados unilateralmente pela defesa, também tomaram grandes proporções, alcançando de 15% a 20% do total de sentenças prolatadas em diversos juízos[390].

Com o decurso do tempo, percebeu-se que os poderes dos magistrados de sancionar o acusado de acordo com a gravidade da conduta efetivamente praticada, ultrapassando os limites da imputação feita pelo titular da ação penal, não eram exercidos como se esperava. Consequentemente, a uniformização das sanções nos termos postos pelas *Guidelines* não havia sido alcançada, pois os Promotores mantinham poderes que os permitiam se distanciar dos critérios desenhados pela *Sentencing Commission*, especialmente nos casos de colaboração premiada ou *plea bargaining*. Os titulares da ação penal, então, passaram a ser os novos alvos de medidas aparentemente constritivas de seus poderes discricionários, sempre com vistas à efetiva aplicação dos parâmetros impostos pelas *Federal Sentencing Guidelines*[391].

Antes de delas tratar, há necessidade de se tecer alguns esclarecimentos sobre a organização do *United States Department of Justice*. No âmbito federal, o *Attorney-General* estadunidense é indicado pelo Presidente e seu nome deve ser aprovado pelo Senado, por voto da maioria simples de seus

---

[390] STITH, Kate. Op. cit. p. 1444.
[391] WHITING, Alex. *How should prosecutors exercise their discretion now that the Sentencing Guidelines are advisory? Issues in Legal Scholarship*. Vol. 08, n. 02, 2009, p. 1-25.

membros. Trata-se da autoridade máxima do *Department of Justice (DoJ)*, em cuja estrutura orgânica estão inseridos todos os promotores com atuação federal[392].

O *DoJ* se divide em 93 (noventa e três) distritos, cada qual sob a coordenação de um *U.S Attorney*. Os *United States Attorneys*,' com função de coordenação regional, são igualmente indicados pelo Presidente e sujeitos à aprovação do Senado. Na camada imediatamente inferior, submetidos à cotidiana supervisão dos *U.S Attorneys*, posicionam-se os *Assistant U.S Attorneys* – ou *federal prosecutors*. Muito embora a Lei confira ao *Attorney--General* a atribuição de nomear os *federal prosecutors*, essa função é desempenhada, na prática, de maneira descentralizada por cada um dos *U.S Attorneys* que, em seus respectivos distritos, têm plena liberdade para nomear e exonerar os promotores federais[393]. Estes, portanto, não têm qualquer garantia de permanência no cargo, não dispõem de prerrogativas aptas a blindá-los de eventuais interferências de seus superiores e se sujeitam a uma estrita supervisão hierárquica.

Teoricamente, essa estrutura hierárquica assegura que, em um ambiente processual marcado pelo princípio da oportunidade, com reconhecimento de amplos poderes discricionários aos promotores, o *Department of Justice* apresente uma atuação relativamente coerente. Dentro de cada um dos 93 (noventa e três) distritos, os *U.S Attorneys* estão aptos a exercer efetivo controle sobre as decisões dos promotores federais e aquele que atuar em dissonância com as diretrizes recebidas pode ser simplesmente exonerado do cargo ocupado. Reforce-se: teoricamente.

Mais além, no topo da estrutura hierárquica, o *Attorney-General* possui a faculdade de estabelecer as diretrizes a serem observadas pelos distri-

---

[392] DAVIS, Angela J. *Arbitrary Justice*...p. 94.
[393] "There is a U.S attorney for each of the ninety-three districts in the country. The president nominates the attorney general and the U.S attorney for each district, and the Senate must confirm the appointments by a simple majority vote. Although federal law indicates that the attorney general appoints the assistant U.S attorneys (AUSAs) who serve in each U.S. attorney's office, the practical reality is that each U.S attorney hires and fires the AUSAs in her office and has daily supervisory authority over them" (DAVIS, Angela J. *Arbitrary Justice*... p. 94). Nota-se, então, que não há eleição de qualquer integrante dos órgãos de persecução penal no âmbito federal.

tos e pelos promotores a eles vinculados[394]. De forma global, as diretrizes constam do *Justice Manual*, documento revisado e rebatizado em 2018, em substituição ao antigo *United States Attorneys' Manual*[395]. Em relação a matérias específicas, para regulamentação pontual, o *Attorney General* pode se valer de *memorandums*.

Nesse contexto hierárquico, o *Attorney General John Aschcroft*, em setembro de 2003, elaborou diretrizes aos promotores federais, com o fim de restringir os espaços de discricionariedade em acordos com o imputado, especialmente para preservar os parâmetros punitivos delineados pelas *Federal Sentencing Guidelines*[396]. Se estas foram concebidas com o objetivo de promover uma aplicação uniforme e coerente de sanções penais em casos similares, de nada adiantaria restringir a discricionariedade judicial na sentença, mantendo-se paralelamente a discricionariedade ministerial intacta nos acordos processuais, com ampla possibilidade de *charge bargaining*, inclusive com *fact bargaining*.

---

[394] *The attorney general can set the tone and provide guidance on the types of case each office should pursue* (DAVIS, Angela J. *Arbitrary Justice*...p. 96).

[395] UNITES STATES. Department of Justice. *Justice Manual* – 2019. S/L: 4th Watch Publishing Co., 2019.

[396] O critério the processar "the most serious offense" foi anunciado primeiramente pelo *Attorney General Benjamin Civiletti*, logo após a aprovação das Federal Sentencing Guidelines. Posteriormente, foi endossado pelo *Attorney General Dick Thornburgh*, por meio do *Plea Policy for Federal Prosecutors*, também conhecido como *Thornburgh Memorandum*. Desde então, foi reproduzido de maneira sistemática até o *Aschcroft Memorandum* que, por sua vez, trazia elementos adicionais de constrição da discricionariedade ministerial, como se verá a seguir. Veja-se: "Department has constrained the discretion of line attorneys requiring them, in one form or another, to "charge the most serious, readily provable offense or offenses consistent with the defendant's conduct," and to adhere strictly to the requirements of the Sentencing Guidelines. This policy represented a (voluntary) decision by the Department to limit prosecutorial discretion in order to match the (mandatory) constraints imposed on the judges' discretion by the Sentencing Guidelines. To ensure that the Guidelines achieved their goal of sentencing uniformity, the Department required prosecutors to charge defendants according to a consistent formula (the mostserious provable offense), to pursue plea-bargains reflecting those charges, and to apply the Guidelines faithfully. The focus of the Department's policy has been, therefore, on sentencing; constraining discretion at the charging and pleabargaining stages is designed to ensure uniform application of the Guidelines at the sentencing phase" (WHITING, Alex. *How should prosecutors exercise their discretion now that the Sentencing Guidelines are advisory? Issues in Legal Scholarship.* Vol. 08, n. 02, 2009, p. 1/2).

Dentre as disposições do *Aschcroft Memorandum*, destaca-se a imposição de uma obrigação geral de seus destinatários processarem os crimes mais graves dentre os comprovadamente praticados pelo imputado, aderindo-se absolutamente aos critérios das *Guidelines*[397]. Adicionalmente, visando à punição completa dos fatos criminosos ocorridos, vedou-se expressamente o *fact bargaining*[398]. Sem a possibilidade de o promotor reconstruir com a parte adversa os fatos ocorridos para fins de elaboração de *plea agreement*, não resta espaço para a subsistência do *vertical charge bargaining*.

Vê-se, então, que esses critérios sufocariam os poderes de *nolle prosequi* e os mecanismos de *charge bargaining vertical* do *dominus litis*. Se este for obrigado a propor a ação penal pela prática do crime mais grave dentre aqueles para os quais há justa causa à ação penal, benefícios de não-persecução penal e de tratamento penal mais leniente do que o cabível não podem ser oferecidos. Era justamente essa a intenção[399].

Talvez seja até excessivo afirmar, neste momento, diante das premissas desenhadas no capítulo 02 do livro, que essas limitações à discricionariedade do *dominus litis* colidem frontalmente com toda a lógica do processo penal norte-americano e com a longa construção histórica do modelo que hoje se pratica em sistemas com raízes no *common law*. Por isso, doutrinariamente, críticas severas foram lançadas às restrições impostas à discricionariedade de promotores de Justiça pelo *Thornburgh e pelo Aschcroft Memorandum*[400]. Argumentava-se que o ideal visado de uniformização das decisões de controvérsias penais prejudicaria a possibilidade de se buscar a solução mais justa para o caso concreto[401].

---

[397] WHITING, Alex. *How should prosecutors exercise their discretion now that the Sentencing Guidelines are advisory? Issues in Legal Scholarship.* Vol. 08, n. 02, 2009, p. 1.
[398] Idem. p. 6-7.
[399] The focus of the Department's policy has been, therefore, on sentencing; *constraining discretion at the charging and plea bargaining stages* is designed to ensure uniform application of the Guidelines at the sentencing phase (WHITING, Alex. Op. cit. p. 1).
[400] Entre eles, outros Procuradores-Gerais editaram seus próprios *memorandums*, ora com imposição mais explícita do critério ora em debate, ora com linguagem mais flexível, apontando para o caráter facultativo das disposições mencionadas (VINEGRAD, Alan. *Justice Department's New Charging, Plea Bargaining and Sentencing Policy. New York Law Journal.* Vol. 243, nº 110, New York, junº 2010).
[401] WHITING, Alex. Op. cit. p. 7.

Se linearmente aplicadas, as diretrizes desenhadas por *John Aschroft* fatalmente aumentariam o número de julgamentos pelo júri, reduzindo-se expressivamente o número de casos solucionados por meio de *plea agreements*[402].

Provavelmente, para a sobrevivência do *plea bargaining*, relutantes promotores, juízes, defensores e imputados, todos interessados na manutenção dos espaços de consenso no processo penal, desenhariam formas de contornar as restrições em questão, possivelmente pelo fortalecimento do *charge bargaining horizontal*, quando cabível, ou por meio de soluções alternativas, como ocorreu com a concepção do *on-file plea bargaining* em meados do século XIX, em Massachusetts[403]. Diretrizes administrativas, por certo, não teriam a força necessária para fazer com que todos os atores do processo penal renunciassem aos papeis que estavam acostumados a desempenhar.

Porém, considerada a estrutura hierárquica do *Department of Justice*, como poderiam os promotores federais seguramente se afastar dos parâmetros desenhados pelo *Procurador-Geral*, exercendo amplamente, em acordos processuais, os poderes discricionários que *John Aschcroft* pretendia reduzir?

A composição orgânica do *DoJ* pode explicar. A forma de provimento dos cargos dos *U.S Attorneys* guarda pefeito paralelo com a do *Attorney-General* – nomeação pelo Presidente e aprovação pelo Senado. Embora sejam os promotores federais livremente nomeados e exonerados, os *U.S Attorneys* possuem maior segurança para o exercício independente de suas funções, quase tanto quanto o Procurador-Geral. Há grande autonomia no funcionamento dos distritos. Além disso, considerando a enorme pro-

---

[402] A mesma leitura foi feita por Angela J. Davis: "The requirement that prosecutors seek the most serious charges in every case and the prohibition against dismissing charges pursuant to plea bargains except under very narrow circumstances could have provoked a vast increase in jury trials. Since well over 90 percent of federal cases were resolved through leas before Aschcroft's Memorandum, his directive could not have been carried out without a drastic increase in federal prosecutors, judges, defense attorneys and courts" (*Arbitrary Justice...* p. 118).

[403] Sem apontar exatamente como, Alex Whiting reconhece que os Promotores continuaram a exercer poderes discricionários, mas informalmente, sem controle: *prosecutors under the current approach have continued to find ways to exercise discretion, but out of view* (WHITING, Alex. Op. cit. p. 10).

porção da estrutura administrativa do *DoJ*, não é possível ao *Attorney-General* avaliar a atividade fim desempenhada pelos promotores federais, tanto que a seleção destes e as exclusões dos quadros do *DoJ* são atividades delegadas, na prática, aos *U.S Attorneys*[404]. Além disso, a introdução do *Manual* sempre pontuou que suas disposições não criam direitos para as partes ou deveres de caráter legal para os promotores[405].

Por isso, as diretrizes só surtiriam efeito se fossem capazes de impactar a cultura processual dos promotores federais. Antes que isso pudesse ocorrer e antes que houvesse qualquer perceptível impacto nos percentuais de *plea agreement*, a Suprema Corte dos Estados Unidos da América, em *Booker v. United States* (2005), decidiu que as *Federal Sentencing Guidelines* possuem caráter meramente consultivo, não podendo ser compulsoriamente impostas aos juízes[406].

Por simetria, se a discricionariedade dos julgadores não pode ser comprimida pelas *Federal Sentencing Guidelines*, naturalmente as diretrizes do *Department of Justice* que restringiam os poderes dos promotores deixam de fazer sentido. O ideal a elas subjacente era simplesmente o de garantir efetividade às *Guidelines*. Sendo estas facultativas, os parâmetros de *real offense* que exigiam uma postura proativa do juiz sucumbem, juntamente

---

[404] Como consequência, os poderes de coordenação do *Attorney-General* ficam prejudicados: "the extent to which federal prosecutors in individual offices follow the policies and procedures in the U.S Attorneys' Manual depends largely on the on the U.S Attorney in charge of each office" (Davis, Angela J. *Arbitrary Justice...* p. 97).

[405] Assim dispunha a introdução do *USAM*, reproduzida atualmente no *Justice Manual*: The Justice Manual provides internal DOJ guidance. It is not intended to, does not, and may not be relied upon to create any rights, substantive or procedural, enforceable at law by any party in any matter civil or criminal. Nor are any limitations hereby placed on otherwise lawful litigation prerogatives of DOJ (Unites States. Department of Justice. *Justice Manual* – 2019. S/L: 4th Watch Publishing Co., 2019, p. 1).

[406] Isso não quer dizer que as *Sentencing Guidelines* perderam, em absoluto, a utilidade. O decido em *Booker* exige que o juiz considere o que consta das *Guidelines*, mas permite que o juiz se distancie dos parâmetros penais mínimo e máximo aplicáveis ao caso, desde que o faça de maneira moticada. Se houver vício de motivação, a sentença deve ser reformada pela via recursal. V: Davis, Angela J. *Arbitrary Justice...* p. 112: "*Booker* requires judges to consider the guidelines but allows them to depart as long as they give reasons. Sentences may be appealed and overturned for unreasonableness".

com outros mecanismos que carregavam a mesma finalidade de aplicação irrefutável das diretrizes de dosimetria de pena[407].

A retomada da discricionariedade judicial sobre a sentença a partir da decisão da Suprema Corte proporcionou aos julgadores ampla liberdade para analisar as circunstâncias do caso concreto, em um procedimento bifásico de dosimetria penal. Primeiro, os juízes devem avaliar como o caso concreto em tese se enquadra na tabela das *Sentencing Guidelines*. Após, diante de diversas circunstâncias previstas no Título 18, § 3553[408], do *United States Code*, analisa-se se as penas previstas na *Sentencing Guidelines*

---

[407] WHITING, Alex. Op. cit. p. 2-3.
[408] (a)Factors To Be Considered in Imposing a Sentence. – The court shall impose a sentence sufficient, but not greater than necessary, to comply with the purposes set forth in paragraph (2) of this subsection. The court, in determining the particular sentence to be imposed, shall consider – (1) the nature and circumstances of the offense and the history and characteristics of the defendant; (2) the need for the sentence imposed – (A) to reflect the seriousness of the offense, to promote respect for the law, and to provide just punishment for the offense; (B) to afford adequate deterrence to criminal conduct; (C) to protect the public from further crimes of the defendant; and (D) to provide the defendant with needed educational or vocational training, medical care, or other correctional treatment in the most effective manner; (3) the kinds of sentences available; (4) the kinds of sentence and the sentencing range established for – (A) the applicable category of offense committed by the applicable category of defendant as set forth in the guidelines – (i) issued by the Sentencing Commission pursuant to section 994(a)(1) of title 28, United States Code, subject to any amendments made to such guidelines by act of Congress (regardless of whether such amendments have yet to be incorporated by the Sentencing Commission into amendments issued under section 994(p) of title 28); and (ii) that, except as provided in section 3742(g), are in effect on the date the defendant is sentenced; or (B) in the case of a violation of probation or supervised release, the applicable guidelines or policy statements issued by the Sentencing Commission pursuant to section 994(a)(3) of title 28, United States Code, taking into account any amendments made to such guidelines or policy statements by act of Congress (regardless of whether such amendments have yet to be incorporated by the Sentencing Commission into amendments issued under section 994(p) of title 28); (5) any pertinent policy statement– (A) issued by the Sentencing Commission pursuant to section 994(a)(2) of title 28, United States Code, subject to any amendments made to such policy statement by act of Congress (regardless of whether such amendments have yet to be incorporated by the Sentencing Commission into amendments issued under section 994(p) of title 28); and (B) that, except as provided in section 3742(g), is in effect on the date the defendant is sentenced.[1] (6) the need to avoid unwarranted sentence disparities among defendants with similar records who have been found guilty of similar conduct; and (7) the need to provide restitution to any victims of the offense.

são razoáveis ou se promovem uma punição excessiva[409]. Nesses termos, podem os julgadores se afastar dos limites previstos nas *Sentencing Guidelines* para aplicar a pena mais razoável ao caso concreto.

Todavia, aos promotores com atuação no âmbito federal manteve-se a imposição, pela procuradoria-geral, de observância aos termos do *Aschcroft Memorandum*, especialmente no que concerne à busca pela imposição de penas nos moldes das *Sentencing Guidelines*, à proibição de *fact bargaining* e a necessidade de propositura imediata de ações penais diante dos crime mais grave que se pode provar com os elementos de convicção disponíveis – o que, em tese, impactaria imediatamente sobre o percentual de acordos na esfera federal.

Avaliar exatamente o impacto das restrições impostas pelo Departamento de Justiça estadunidense sobre os promotores federais no âmbito do *plea bargaining* demandaria uma pesquisa à parte, considerando a reduzida bibliografia apta a esclarecer como foi possível manter o percentual de acordos ao longo dos anos, sem prejuízo dos esclarecimentos já feitos acima. Todavia, outro fator relevante é que, na prática, em sua maioria, os juízes continuaram a aplicar os critérios estabelecidos nas *Sentencing Guidelines*, deles se dissociando em apenas 10% dos casos, aproximadamente[410]. Subsiste uma grande margem de previsibilidade das decisões judiciais, provavelmente pela exigência de suficiente motivação para se afastar dos parâmetros das *Guidelines*[411], o que preserva o grande poder de barganha dos promotores federais, que atuam inseridos em uma estrutura administrativa que lhes permite, na prática, recusar observância às diretrizes do *Attorney-General*.

O ponto que mais nos interessa, para o momento, é que o *Justice Manual*, §9º, no item 27.300, prevê atualmente que o critério de *"charging the most serious offense"* deve ser aplicado somente depois de feita a avaliação de que o caso efetivamente deve ser objeto de propositura de ação penal, ou seja, superada a possibilidade de decisão de não-persecução penal ou de acordo com o imputado. Além disso, ressalva-se que o caso concreto pode justifi-

---

[409] WHITING, Alex. Op. cit. P. 12-13.

[410] BOSS, Bary; ANGARELLA, Nicole L. *Negotiating Federal Plea Agreement Post-Booker. Same as it ever was? Criminal Justice*. Vol. 21, Nº 2, verão de 2006, p. 22-27.

[411] Sentenças sem suficiente motivação têm sido objeto de recursos e reformas pelas instâncias superiores (DAVIS, Angela J. Op. Cit. p. 112).

car um tratamento mais leniente, caso em que o promotor deverá contar com a aprovação de um superior para se afastar dos parâmetros das *sentencing guidelines*, expressando de maneira clara os motivos que embasam essa decisão[412]. Da mesma forma, toda decisão de não-persecução penal em troca da colaboração do imputado pressupõe aprovação do superior hierárquico ao qual se encontra vinculado o promotor (*Justice Manual*, §9º, item 27.600), aplicando-se normativa similar nos casos em que, em termos de acordo, recomende-se ao juiz a aplicação de pena em patamares distintos dos previstos nas *guidelines* (*Justice Manual*, §9º, item 27.630)[413].

3.2.4.5. Conclusões gerais sobre a colaboração premiada no *common law* e nos Estados Unidos

Adotando-se um *overview* de nossa reconstrução histórica, fácil concluir que a colaboração premiada no *common law* precedeu a ampla discricionariedade do titular da ação penal no *plea bargaining*. Após, passou a funcionar exclusivamente por meio de concessões de *nolle prosequi*, no *Crown witness system*.

Com possibilidades mais amplas de concessões de benefícios processuais e materiais no *plea bargaining*, a discricionariedade do órgão de acusação dos Estados Unidos se expandiu gradualmente, afetando igualmente referido instituto e a colaboração premiada. Por fim, quando a discricionariedade dos promotores federais foi comprimida pelo *Department of Justice*,

---

[412] Once the decision to prosecute has been made, the attorney for the government should charge and pursue the most serious, readily provable offenses. By definition, the most serious offenses are those that carry the most substantial guidelines sentence, including mandatory minimum sentences.
However, there will be circumstances in which good judgment would lead a prosecutor to conclude that a strict application of the above charging policy is not warranted. In that case, prosecutors should carefully consider whether an exception may be justified. Consistent with longstanding Department of Justice policy, any decision to vary from the policy must be approved by a United States Attorney or Assistant Attorney General, or a supervisor designated by the United States Attorney or Assistant Attorney General, and the reasons must be documented in the file (UNITED STATES. Department of Justice. *Justice Manual*. Disponível em: https://www.justice.gov/jm/title-9-criminal. Acesso em: 24/11/2019).
[413] Pontuando que, logo após Booker, em casos de colaboração premiada os promotores poderiam se dissociar dos critérios previstos nas *Federal Sentencing Guidelines*: BOSS, Bary; ANGARELLA, Nicole L. *Negotiating Federal Plea Agreement Post-Booker. Same as it ever was? Criminal Justice*. Vol. 21, Nº 2, verão de 2006, p. 22-27.

os espaços de consenso foram preservados de maneira ampla nos casos específicos de colaboração premiada.

Na prática, o que se percebe da análise de termos de acordo modernos, como o de *Michael Flynn*, firmado em 30 de novembro de 2017, é que os *plea agreements* estão sendo elaborados com diversas cláusulas que abrangem o *guilty plea*[414] e, não raro, o dever de colaboração do imputado[415]. As concessões feitas pelo titular da ação penal, em contrapartida, abrangem o

---

[414] 1. Charges and Statutogy Penalties
Your client agrees to plead guilty to the Criminal Information, a copy of which isattached, charging your client with making false statements to the Federal Bureau of Investigation in violation of 18 U.S.C. 1001.
Your client understands that a violation of 18 U.S.C. 1001 carries a maximum sentence of 5 years imprisonment; a fine of $250,000, pursuant to 18 U.S.C. 3571(b)(3); a term of supervised release of not more than 3 years, pursuant to 18 U.S.C. 3583(b)(2); and an obligation to pay any applicable interest or penalties on fines and restitution not timely made.
In addition, your client agrees to pay a special assessment of $100 per felony conviction to the Clerk of the United States District Court for the District of Columbia. Your client also understands that, pursuant to 18 U.S.C. 3572 and SE12 of the United States Sentencing Guidelines, Guidelines Manual (2016) (hereinafter "Sentencing Guidelines," "Guidelines," or the Court may also impose a fine that is suficient to pay the federal government the costs of any imprisonment, term of supervised release, and period of probation.
2. Factual Stipulations
Your client agrees that the attached "Statement of the Offense" fairly and accurately describes your client's actions and involvement in the offense to which your client is pleading guilty. (UNITED STATES. United States District Court for the District of Columbia. *United States of America v. Michael T. Flynn*. Plea agreement).
Disponível em: https://www.lawfareblog.com/michael-flynn-plea-agreement-documents Acesso em: 01º/01/2018.
O *Statement of the Offenses* detalha as condutas relativas às quais o imputado se declara culpado: [...]
3. On or about January 24, 2017, agreed to be interviewed by agents from the FBI (January 24 voluntary interview). During the interview, falsely stated that he did not ask Russia's Ambassador to the United States ("Russian Ambassador") to refrain from escalating the situation in response to sanctions that the United States had imposed against Russia. Also falsely stated that he did not remember a follow-up conversation in which the Russian Ambassador stated that Russia had chosen to moderate its response to those sanctions as a result of request. In truth and in fact, however, LYNN then and there knew that the following had occurred [...]. (UNITED STATES. United States District Court for the District of Columbia. *United States of America v. Michael T. Flynn*. Statement of the Offense).
[415] Idem. Ibidem: 8. Cooperation
Your client agrees to cooperate with this Ofice on the following terms and conditions:

COLABORAÇÃO PREMIADA

nolle prosequi de crimes conexos àqueles que foram objeto de *guilty plea*[416] e o compromisso de pleitear, caso a colaboração seja efetiva (*contigent agreement*), penas inferiores às mínimas previstas nas *Sentencing Guidelines* para os crimes que serão objeto de condenação[417].

Your client shall cooperate fully, truthfully, completely, and with this Ofice and other Federal, state, and local law enforcement authorities identified by this Ofice in any and all matters as to which this Ofice deems the cooperation relevant. Your client acknowledges that your client's cooperation may include, but will not necessarily be limited to:
answering questions; providing sworn written statements; taking government-administered polygraph examination(s); and participating in covert law enforcement activities. Any refusal by your client to cooperate fully, truthfully, completely, and as directed by this Ofice and other Federal, state, and local law enforcement authorities identi?ed by this Office in any and all matters in which this Office deems your client?s assistance relevant will constitute a breach of this Agreement by your client, and will relieve this Of?ce of its obligations under this Agreement, including, but not limited to, its obligation to inform this Court of any assistance your client has provided. Your client agrees, however, that such breach by your client will not constitute a basis for withdrawal of your client's plea of guilty or otherwise relieve your client of your client's obligations under this Agreement.
Your client shall turn over to this Ofice, or other law enforcement authorities, or direct such law enforcement authorities to, any and all evidence of crimes about which your client is aware; all contraband and proceeds of such crimes; and all assets traceable to the proceeds of such crimes. Your client agrees to the forfeiture of all assets which are proceeds of crimes or traceable to such proceeds of crimes.
[...].

[416] Idem. Ibidem:
3. Additional Chagges
In consideration of your client's guilty plea to the above offense, your client will not be further prosecuted criminally by this Ofice for the conduct set forth in the attached Statement of the Offense.
[417] 12. Government's Obligations
The Government will bring to the Court's attention at the time of sentencing the nature and extent of your client's cooperation or lack of cooperation. The Government will evaluate the full nature and extent of your client's cooperation to determine whether your client has provided substantial assistance in the investigation or prosecution of another person who has committed an offense. If the Government determines that your client has provided such substantial assistance, this Office shall file a departure motion pursuant to Section 5K1.1 of the Sentencing Guidelines, which would afford your client an opportunity to persuade the Court that your client should be sentenced to a lesser period of incarceration and/or fine than indicated by the Sentencing Guidelines. The determination of whether your client has provided substantial assistance warranting the filing of a motion pursuant to Section 5K1.1 of the Sentencing Guidelines is within the sole discretion of the Government and is not reviewable

Os termos de acordo, igualmente, estão sendo elaborados em perfeita sintonia com as *Federal Sentencing Guidelines* e continuam a ser homologados pelo Poder Judiciário, indicativo de que os juízes, em caso de acordo entre as partes, têm prestigiado mais a solução consensual do processo penal do que a discricionariedade sobre a sentença que a Suprema Corte assegurou em *Bookers*.

Não há espaço para criticar o posicionamento prático dos magistrados nesse aspecto. Se o *plea bargaining* é contrato, o *plea bargaining* sem razoável adesão judicial é contrato aleatório, desprovido de previsibilidade para o colaborador, que é posto em posição de desvantagem irremediável. Lembre-se de que, na própria *Crown witness system*, já havia mecanismos de tutela da segurança jurídica dos acordos de colaboração premiada, nos casos em que a ação penal viesse a ser proposta pelo *Justice of the Peace* em descumprimento à promessa de não-persecução.

As expectativas das partes do acordo envolvem, normalmente, a busca do imputado de uma garantia de que não será surpreendido pelo juiz na sentença, recebendo um tratamento mais severo do que se não tivesse colaborado com a persecução penal. Paralelamente, há a busca do *dominus litis* por mecanismos de proteção contra uma indevida leniência judicial excessiva, inesperada até mesmo pelo imputado, que concebeu os termos do acordo como razoáveis[418].

Nesse cenário, se não houver solidez em torno dessas expectativas quando o acordo for firmado, o próprio instituto da colaboração processual fica exposto a perigo. Sem confiança, não há colaboração premiada. Por isso, se os juízes não tivessem preservado a autonomia das partes nos *plea agreements*, apenas para que pudessem monopolizar o poder de resolutividade do processo penal, os percentuais de acordo teriam sido drasticamente afetados e a colaboração premiada não mais seria interessante para os imputados.

Havendo risco de o magistrado, sem prejuízo do acordo, ignorar o consenso das partes para tratar de maneira severa o colaborador, a assistên-

---

by the Court. In the event your client should fail to perform specifically and fulfill completely each and every one of your client's obligations under this Agreement, the Government will be free from its obligations under this Agreement, and will have no obligation to present your client's case to the Departure Guideline Committee or file a departure motion pursuant to Section 5K1.1 of the Sentencing Guidelines.

[418] FISHER, George. op. cit. p. 68.

cia prestada aos órgãos de persecução penal deixaria de ser atraente, por pressupor renúncias a direitos defensivos relevantes. Em uma tradição na qual a gestão dos poderes processuais é distribuída de maneira democrática entre os diversos atores do processo, dificilmente haveria espaço para uma postura judicial de concentração absoluta de poderes em prejuízo do bom funcionamento do sistema de justiça.

Por isso, a divisão dos poderes discricionários nos termos de acordo de colaboração, depois das recentes reformas estudadas, parece ter se equilibrado pela própria prática dos atores do processo penal. Usualmente, o *dominus litis* expressa cláusulas por meio das quais dá ciência ao colaborador de que a dosimetria da pena se insere nos poderes discricionários do juiz sentenciante, mas esclarece que os benefícios decorrentes da colaboração premiada, diversamente, só podem ser concedidos por iniciativa do próprio titular da ação penal. O compromisso ministerial é de, conforme lhe autorizam as *Sentencing Guidelines*, acionar o estopim dos benefícios decorrentes da colaboração premiada junto ao Poder Judiciário.

Preservam-se os poderes discricionários do juiz sentenciante e, igualmente, poderes de concessão de benefícios do *titular da ação* penal. Mantém-se, ademais, a natureza de instrumento de justiça penal negocial e premial do instituto em questão.

Por certo, na prática atual, apenas o titular da ação penal pode expressar se a colaboração prestada pelo imputado foi ou não relevante[419]. Supera-se o critério de *best effort* da *Crown witness system* e se passa a exigir coloboração efetiva, com resultados reais para a persecução penal. Os acordos cujos benefícios são condicionados ao resultado da colaboração são denominados *contigent agreement*. Essa espécie de avença surgiu na prática estadunidense na segunda metade do século XX. Nos *contingente agreements*, os benefícios oferecidos pela promotoria ficam condicionados ao grau da colaboração efetivamente prestada pelo beneficiário[420].

---

[419] Sobre a exclusividade do titular da ação penal para conceder benefícios penais baseados na colaboração processual, nos moldes do item 5k1.1. das Federal Sentencing Guidelines e sobre a impossibilidade de atuação judicial de ofício nesse aspecto: WHITING, Alex. Op. cit. p. 17.

[420] KING JR, Hon H. Lloyd. op. cit. p. 165: Termed "contingent agreements," these witness inducement agreements make the payment of a reward or the government's offer of leniency conditional upon the prosecutor's evaluation of the value of the witness's cooperation to the government's investigation and prosecution of other individuals.

Algumas controvérsias constitucionais surgiram em torno dos *contingent agreements*, com destaque para o caso *United States v. Waterman* (1984), julgado pela Corte de Apelações para o 8º Circuito. O órgão fracionário da Corte decidiu ser inconstitucional condicionar a concessão do benefício oferecido ao delator ao futuro sucesso da persecução penal contra os delatados. Essa condicionante, segundo a Corte, seria um inadmissível estímulo à prática de perjúrio pelo colaborador, o que seria incompatível com o *due process*.

Haveria um desequilíbrio na persecução penal contra o delatado, pois apenas se este fosse efetivamente denunciado é que o delator obteria o desejado benefício. Parece que o órgão fracionário do Oitavo Circuito, em *Waterman*, simpatizava com o parâmetro do *melhor esforço*, que fora estabelecido jurisprudencialmente no seio da *Crown witness system*. A questão, todavia, acabou submetida a plenário, que negou o pedido formulado por Waterman.

Apesar da existência de controvérsias constitucionais dessa espécie, a Suprema Corte, de acordo com o decidido nos já citado *The Whiskey Cases*, mantém o entendimento de que o oferecimento de benefícios ao delator é um exercício natural da discricionariedade inerente à autoridade do promotor[421].

---

[421] Idem. P. 164.
Isso não quer dizer que não tenha havido percalços. Muito embora consagrados na prática contemporânea do processo penal estadunidense, inclusive no plano legislativo, os *witness inducement agreements* não se desenvolveram sem críticas doutrinárias e jurisprudenciais. Em *United States v. Singleton*, órgão fracionário da Corte de Apelações para o Décimo Circuito decidiu, inicialmente, que a promessa de leniência ao coautor do crime que funcione efetivamente como testemunha de acusação contra os outros imputados é inadmissível, por violar preceitos éticos e por ofender o ideal de adequada administração da Justiça. No entendimento do órgão fracionário, não haveria lógica em proibir a concessão de vantagens econômicas às testemunhas de defesa e permitir o oferecimento de benefícios premiais às testemunhas de acusação. Apenas nove dias depois, a decisão foi submetida ao plenário da corte, que reverteu o *decisum* por entender que a prática já consolidada de oferecer leniência penal em troca do testemunho do coautor do delito é consectário da autoridade do órgão de acusação. É dizer, a discricionariedade do titular da ação penal se sobrepõe a preceitos de simples caráter ético. A decisão primeva de *United States v. Singleton* é um dos raros casos em que as cortes norte-americanas tentaram limitar a discricionariedade do titular da ação penal (SWANSON, Joseph. *Let's Be Honest: A Critical Analysis of Florida Bar v. Wohl and the Generally Inconsistent Approach*

Assim, embora as raízes da colaboração premiada no *common law*, que remetem ao instituto do *approvement*, não estejam amparadas no princípio da oportunidade ou, mais amplamente, em poderes discricionários do titular da ação penal, nota-se que a expansão da discricionariedade do *dominus litis* afetou sobremaneira a prática em questão, bem como a forma de manejo do *plea bargaining*.

Com o advento das *Federal Sentencing Guidelines*, o processo penal estadunidense sofre um desiquilíbrio nefasto pela hipertrofia dos poderes do órgão de acusação e pela severa restrição que se impôs à discricionariedade dos julgadores. Em tentativa de reforma, o *Department of Justice* promoveu um movimento pendular da normartiva relacionada à discricionariedade do titular da ação penal, retirando a ampla liberdade então existente e impondo restrições extremas, que expuseram a perigo a estabilidade do processo penal no âmbito federal.

Em movimento de resistência[422], os atores do processo penal reequilibraram seus próprios papéis, viabilizando uma gestão ponderada de poderes discricionários, o que repercute nos mais modernos acordos de colaboração premiada dos Estados Unidos da América.

Destaca-se que os espaços de consenso do processo penal estadunidense contaminaram a colaboração premiada que, quando adstrita ao instituto do *approvement*, não era instrumento de justiça penal negocial.

Essa leitura encontra paralelo na realidade brasileira, considerando que as origens da delação premiada no direito pátrio não expressavam um mecanismo de solução consensual do processo. Mais tarde, com a abertura de espaços de consenso no processo penal brasileiro, não por acaso, a delação premiada no Brasil foi completamente repaginada.

Antes de se analisar como esses movimentos ocorreram em âmbito nacional, indispensável uma compreensão adequada da colaboração premiada e dos espaços de consenso no direito italiano, fonte de inspiração direta do nosso ordenamento jurídico no que concerne aos institutos citados.

Toward Witness Inducement Agreements in Civil and Criminal Cases. In: *Georgetown Journal of Legal Ethics*. Vol. 18, nº 1, Washington D.C, outono/inverno 2004, p. 1083-1096).

[422] A propósito, os promotores jamais deixaram de exercitar *fact bargaining*, como esclarece Alex Whiting (op. cit. p. 18).

Ao final, o que não se poderá negar, é que, ocultas sob os dispositivos legais italianos, estavam sementes oriundas do direito estadunidense, as quais carregavam a lógica dos espaços de consenso característicos do *common law* e que encontraram no Brasil um terreno fértil para o seu desenvolvimento.

3.3. A Colaboração Premiada na Tradição Romano-Germânica
3.3.1. República Romana

Os primeiros registros históricos da colaboração premiada na tradição romano-germânica remontam à República Romana (510 a.C a 27 a.C)[423]. Naquela época, o processo penal romano era conduzido de maneira muito semelhante ao processo penal praticado nas origens do *common law*, no século XII. A acusação também era feita por qualquer cidadão, que indicava o nome do imputado (*nominis delatio*) em uma peça acusatória inicial (*libellus inscriptionis*)[424].

Nota-se que, no Direito Penal Romano, em uma análise histórico-etimológica, o termo latino *delatio* não está ligado à acusação feita pelo imputado em desfavor de coautores ou partícipes, mas à própria imputação inicial formulada pelo autor popular contra o réu.

Considerando o referido protagonismo do autor popular na persecução penal e havendo evidente interesse estatal na punição de práticas criminosas, durante a República Romana eram comuns as concessões de prêmios aos acusadores vitoriosos. Tratava-se de um claro estímulo à propositura da ação penal[425].

Esses prêmios, todavia, não eram concedidos a autores de delitos que, acusados, delatavam seus comparsas, mas apenas àqueles que promoviam pessoalmente a ação penal. Portanto, a ordinária dinâmica de direito penal premial da República Romana não possui equivalência com o que conhecemos hoje por *delação* ou *colaboração premiada*, beneficiando mais comumente aqueles que propunham a ação penal do que réus delatores.

---

[423] LAUAND, Mariana de Souza Lima. *O Valor Probatório da Colaboração Processual*. São Paulo, 2008. 204 f. Dissertação (Mestrado em Direito Processual) – Faculdade de Direito, USP, 2008.
RIQUERT, Marcelo A. *La Delación Premiada en el Derecho Penal: el arrepentido: una técnica especial de investigación en expansión*. Buenos Aires: Hamurabi, 2011, p. 49.
[424] LAUAND, Mariana de Souza Lima. Op. Cit. p. 16.
[425] Idem. Ibidem.

Excepcionalmente, admitia-se a concessão de prêmios para autores de delitos que confessassem a prática delitiva e delatassem outras pessoas[426]. Em verdade, na República Romana, a materialização do perdão ao delator dependia de concessão de anistia pelo Senado, conforme previsto na *Lex Cornelia di Sicariis et Veneficis* (81 a.C)[427], o que evidencia a excepcionalidade da medida.

3.3.2. Direito Canônico

No direito canônico, notadamente na persecução de hereges, a *delatio criminis* era o principal meio de se iniciar um procedimento penal. O estímulo à *delatio* no curso do direito canônico não se materializava com a concessão de prêmios, como ocorria no direito romano, mas por meio da ameaça de excomunhão dos fiéis omissos[428].

Registros históricos nesse sentido constam, por exemplo, do Manual dos Inquisidores, escrito em 1376 pelo monge Nicolau Eymerich, o qual impunha a todos o dever de dizer aos inquisidores:

> (...) se sabem, souberam ou ouviram dizer que uma determinada pessoa é herege, conhecida como herege, suspeita de heresia, ou que se manifesta contra este ou aquele artigo de fé, os sacramentos, se não vive igual a todo mundo, se evita o contato com os fiéis ou se invoca os demônios e lhes presta algum culto. **Quem** – Deus nos livre! –, negligenciando sua própria salvação, **não se curvar às nossas ordens de delação, saiba que está ligado pelo vínculo da excomunhão**, e que esta excomunhão o liga a partir de agora, e que só será desligado por nosso senhor o Papa ou por nós[429].

Veja-se, portanto, que a delação (no sentido amplo de *delatio criminis*) era imposta a todos os membros da comunidade, sem qualquer referência a prêmio. A princípio, não há qualquer lógica de direito penal premial correlato ao cumprimento do aludido dever.

---

[426] Idem. p. 18.
[427] RIQUERT, Marcelo A. Op. Cit. p. 49.
[428] RIQUERT, Marcelo A. Op. Cit. p. 54-55.
[429] EYMERICH, Nicolau. *Directorium Inquisitorium (Manual dos Inquisidores)*. 2ª Ed. Brasília: Editora UNB, 1993, p. 99.

Contudo, do próprio Manual dos Inquisidores de Nicolau Eymerich constava (regra 31) norma específica acerca de delações promovidas por infratores em desfavor de seus cúmplices:

> Pode o inquisidor aceitar delações e testemunhos de excomungados ou de cúmplices do acusado? Sim. Excomungados e cúmplices são testemunhas válidas no processo inquisitorial. Para que o crime de heresia não tenha possibilidade de permanecer impune, não se considerará nulo o testemunho de ninguém, pouco importando eventual delito praticado pelo delator[430].

Nesses casos, sim, a *delação* poderia ser *premiada* no direito canônico. Conforme anota Mariana de Souza Lima Lauand[431], a princípio, o infrator poderia obter benefícios penais por meio da simples confissão espontânea acompanhada da declaração de arrependimento. Em casos mais graves, contudo, além desses requisitos, exigia-se a delação de terceiros para que se viabilizasse a concessão de benefícios, delineando-se uma clara hipótese de colaboração premiada.

Marcelo A. Riquert, por sua vez, pontua que essa forma de concessão de benefícios no direito canônico era denominada *édito de graça*[432]. Abria-se um prazo para que o herege confessasse o delito, com o fim de evitar as penas de morte, de prisão perpétua e o confisco. Ao ser detido, o réu permanecia incomunicável por três dias nas prisões secretas da inquisição e, apenas após, era conduzido à sua primeira audiência, na qual se estimulava o acusado à confissão e à delação de terceiros.

3.3.3. Século XX

Para representar a tradição romano-germânica nos tempos contemporâneos, toma-se como referência neste trabalho o direito italiano, pois, dentre os países dessa tradição, a Itália exerceu maior influência sobre o nosso direito processual penal, além de ocupar posição de relevo na

---

[430] RIQUERT, Marcelo A. Op. Cit. p. 55. Tradução livre. Original: *31. Puede el inquisidor aceptar las delaciones y testimonios de excomulgados o de cómplices del acusado? Sí. Excomulgados y cómplices son testigos válidos en el proceso inquisitorial. Para que el delito de herejía no cuente con ninguna posibilidad de quedar impune, a nadie, sea cual fuere su delito, se le considerará nulo el testimonio.*
[431] LAUAND, Mariana de Souza Lima. Op. Cit. p. 19.
[432] Idem. p. 55/56.

cadeia causal de fatos que deram origem ao novo regime da colaboração premiada na Lei nº 12.850/13.

Entre o final da década de 60 e o início da década de 70, a criminalidade organizada assolava a sociedade italiana. Como consequência, as estratégias governamentais de enfrentamento à criminalidade, segundo Walter Bittar, sofreram transformações em três distintos planos: a) investigativo: com criação de órgãos especializados de investigação; b) processual: com a instituição de novas ferramentas processuais de caráter investigativo; c) sancionatório: aumento de penas para crimes cometidos por organizações criminosas e criação de novos tipos delitivos que, não raro, representam uma tutela penal antecipada, além de diminuição de pena para colaboradores[433].

A colaboração premiada surge, nesse contexto, como uma ferramenta apta a romper o forte vínculo associativo existente entre membros de grupos criminosos. É, nesse sentido, fruto de uma legislação de emergência, de uma providência de política criminal, não de um desdobramento lógico e natural de algum princípio típico do direito italiano ou de alguma prática lentamente consolidada pelo costume jurídico. É nesse aspecto que reside a principal distinção existente entre a colaboração premiada do direito anglo-saxônico e a colaboração premiada nos países de tradição romano-germânica.

No *common law*, os instrumentos de colaboração premiada foram construídos lentamente ao longo do tempo, ampliados na medida em que se expandiam os espaços de consenso do processo penal. Pelo desenvolvimento gradual do instituto nos países de tradição anglo-saxônica, especialmente nos Estados Unidos, medidas de contenção de abusos foram tomadas, visando a um manejo equilibrado do instituto. A realidade italiana, por sua vez, não permitiu grandes reflexões sobre a colaboração premiada na década de 70, justamente pela necessidade de se proporcionar rápida resposta à criminalidade organizada.

O primeiro diploma normativo a acolher o direito premial na Itália foi a Lei nº 497/74, cujo art. 5º elevou a pena do crime de extorsão mediante sequestro e cujo art. 6º estabeleceu uma causa de diminuição de pena para

---

[433] BITTAR, Walter Barbosa. *Delação Premiada no Brasil e na Itália: uma análise comparativa*. Revista Brasileira de Ciências Criminais, São Paulo, v. 19, nº 88, p. 225-270, jan/fev. 2011.

o participante do crime que colaborasse com a libertação da vítima, sem pagamento de resgate[434].

A partir desse marco normativo inicial, diplomas subsequentes foram instituídos para tratar dos delitos de terrorismo. Primeiramente, o Decreto Lei nº 625, convertido na Lei nº 15 de 1980, criou novas figuras delitivas, tipificando condutas que tinham como fim o terrorismo ou a subversão do regime democrático. Referido diploma, no art. 4º[435], estabeleceu os benefícios da colaboração premiada para tais crimes. Posteriormente, por meio da Lei nº 304/82, o *quantum* das atenuantes por colaboração premiada previstas nas leis antiterrorismo foi aumentado. Além disso, passou-se a beneficiar não apenas a colaboração ativa, mas também a simples dissociação do grupo criminoso.

O que se pode extrair desses diplomas é que as normas relativas à colaboração premiada inicialmente introduzidas no direito italiano eram normas de natureza de direito penal substantivo, normas puramente penais. Preenchidos os requisitos legais, a pena deveria ser reduzida, sem que se pudesse falar na existência de uma lógica de consenso na colaboração premiada italiana ou na existência de uma figura processual similar ao *plea bargaining*. Também não dispunha o Ministério Público da faculdade

---

[434] ITALIA. Parlamento della Repubblica Italiana. Legge 14 ottobre 1974, nº 497. Disponível em: https://www.inventati.org/cope/wp/1974/10/14/legge-497-nuove-norme-contro-la-criminalita/. Acesso em: 18/11/2019. Veja-se: "Art. 5. L'articolo 630 del codice penale e' sostituito dal seguente: "Art. 630 – (Sequestro di persona a scopo di rapina o di estorsione). – Chiunque sequestra una persona allo scopo di conseguire, per se' o per altri, un ingiusto profitto come prezzo della liberazione, e' punito con la reclusione da dieci a venti anni e con la multa non inferiore a lire quattrocentomila. La pena e' della reclusione da dodici a venticinque anni e della multa non inferiore a lire un milione, se il colpevole consegue l'intento".
Art. 6 All'articolo 630 del codice penale e' aggiunto il seguente comma: "Nel caso di sequestro di persona a scopo di estorsione per conseguire un profitto di natura patrimoniale, se l'agente o il concorrente si adopera in modo che il soggetto passivo riacquisti la liberta', senza che tale risultato sia conseguenza del versamento del prezzo della liberazione, si applicano le pene previste dall'articolo 605".
[435] "Per i delitti commessi per finalita' di terrorismo o di eversione dell'ordine democratico, salvo quanto, disposto nell'articolo 289-bis del codice penale, nei confronti del concorrente che, dissociandosi dagli altri, si adopera per evitare che l'attivita' delittuosa sia portata a conseguenze ulteriori, ovvero aiuta concretamente l'autorita' di polizia e l'autorita' giudiziaria nella raccolta di prove decisive per l'individuazione o la cultura dei concorrenti, la pena dell'ergastolo e' sostituita da quella della reclusione da dodici a venti anni e le altre pene sono diminuite da un terzo alla meta".

de não promover a ação penal. O que se, nota, portanto, é que a delação premiada na tradição romano-germânica não representa, inicialmente, qualquer margem de flexibilização ao princípio da obrigatoriedade da ação penal.

Em 1982, reforma legislativa operada pela Lei Rognoni La-Torre inseriu o crime de associação mafiosa no art. 416-bis do CP italiano. Com as primeiras punições de chefes da máfia italiana em 1986, com o denominado *maxiprocesso*, cresce o debate relativo à extensão da colaboração premiada para fatos associados à máfia. Alguns doutrinadores expressavam preocupação com a possibilidade de a colaboração premiada ser mais útil à resolução de conflitos internos das organizações criminosas do que às necessidades estatais de desarticulação das estruturas mafiosas[436].

Contudo, após alguns resultados positivos e considerando a reiterada prática de crimes graves e violentos pela máfia, a classe política italiana passou a acreditar na possibilidade de a delação trazer benefícios sensíveis à luta antimáfia.

O estopim para a extensão da delação premiada à legislação antimáfia, contudo, foi o assassinato do juiz Rosário Livatino, em 1990, que desancadeou forte pressão dos magistrados sicilianos para a instituição de estratégias mais eficazes no combate aos grupos criminosos organizados[437]. Em 1991, como resultado desse movimento, foi aprovado o Decreto-lei 8/91, disciplinando a proteção de colaboradores e de testemunhas. No mesmo contexto, por solicitação e contribuição de Giovanni Falcone, foi aprovado o Decreto-lei nº 152/91[438], trazendo benefícios substanciais a mafiosos colaboradores, mas sem inserir no instituto elementos típicos de justiça penal negociada.

3.3.4. Reformas processuais em torno da colaboração premiada no direito italiano

As grandes reformas legislativas italianas concernentes à colaboração premiada circundam o direito material. As mais recentes serão objeto de

---

[436] BITTAR, Walter Barbosa. Op. Cit. p. 232.
[437] Idem. p. 233.
[438] ITALIA. Parlamento della Repubblica Italiana. Decreto Legge 13 maggio 1991, nº 152, coordinato con la legge di conversione nº 203/1991. Disponível em: https://www1.interno.gov.it/mininterno/export/sites/default/it/assets/files/14/0426_DECRETO_LEGGE_13_maggio_1991_n._152.pdf. Acesso em: 19/11/2019.

abordagem no item 3.3.8, adiante. No aspecto processual, merece destaque apenas a introdução do art. 192, §3º, do Código de Processo Penal italiano[439]. Os dispositivos tratam do valor probatório a ser conferido às declarações prestadas pelo colaborador. Estas devem apreciadas em conjunto com outros elementos de prova, que sejam capazes de corroborar a narrativa do colaborador.

Não é equivocado dizer que os *pentiti* podem funcionar como testemunhas no direito italiano, tal como ocorre no direito norte-americano e no direito inglês[440]. Entretanto, os dispositivos citados do Código de Processo Penal conferem uma disciplina mais rigorosa para estes colaboradores do que a prevista para as testemunhas comuns. Por razões óbvias, o indivíduo tem interesse na incriminação dos delatados.

Isoladamente, as informações prestadas pelo delator não podem embasar um decreto condenatório e só podem valer como prova se houver outros elementos que confirmem sua autenticidade, o que representa uma certa restrição ao sistema do livre convencimento motivado. Memore-se que o mesmo critério foi estabelecido em 1751 pelas cortes inglesas, conforme tratado no item 3.1 e em seus subitens.

A jurisprudência italiana, complementando o disposto no art. 192, §3º, CPP, estabeleceu um curso lógico e argumentativo para a valoração das declarações do delator, dividido em três fases: a) pela apreciação **subjetiva**, deve-se verificar a credibilidade do declarante através de dados como sua personalidade e seus antecedentes, sua relação com os delatados e os

---

[439] 3. Le dichiarazioni rese dal coimputato del medesimo reato o da persona imputata in un procedimento connesso a norma dell'articolo 12 sono valutate unitamente agli altri elementi di prova che ne confermano l'attendibilità.

[440] Ainda que formalmente coimputado, o colaborador atua substancialmente como uma testemunha. Nesse sentido: "Se, dunque, strutturalmente, in ragione della qualifica soggetiva del dichiarante, l'acquisizione della chiamata è regolata dalle norme che disciplinano l'assunzione delle dichiarazioni dell'imputato, sotto il profilo contenutistico essa è certamente più vicina ad una testimonianza. Ed è stato proprio questo carattere ibrido che ha determinato le incertezze relative alla natura da riconoscerle" (RUGGIERO, Rosa Anna. *L'attendibilità delle dichiarazioni dei collaboratori di giustizia nella chiamata in correità*. Torino: Giappichelli Editore, 2012, p. 1). Não se desconhece que o art. 197, *a*, do Código de Processo Penal italiano estabelece como regra que os coimputados não podem ser testemunhas em relação aos mesmos fatos pelos quais respondem. A leitura supra, todavia, não se limita ao aspecto formal, considerando a essência da atuação do imputado que passa a colaborar com o Estado, atribuindo fatos criminosos a terceiros.

motivos da colaboração; b) posteriormente, analisa-se a **confiabilidade intrínseca** ou genérica da declaração – se é coerente, lógica; se foi prestada com seriedade e espontaneidade; c) por último, valora-se a consistência das declarações com o confronto das demais provas, ou seja, atesta-se a **confiabilidade extrínseca** ou específica da declaração[441].

Vê-se que, na lógica do art. 192, §3º, o juízo positivo sobre a credibilidade pessoal do colaborador e sobre a confiabilidade intrínseca de suas declarações não é suficiente para superar o critério de valoração probatória imposto pelo legislador. São expressamente exigidos "outros elementos de prova", ou seja, aspectos externos de corroboração das informações prestadas pelo colaborador.

Há, nesse modelo, que acabou reproduzido no art. 4º, §16, da Lei nº 12.850/13, uma imposição de limites ao princípio da persuasão racional ou do livre convencimento motivado. Desenham-se critérios legais de valoração da prova, os quais impedem o julgador de amparar eventual decreto condenatório apenas nas declarações do colaborador, ainda que esteja, pela simples análise do seu conteúdo, plenamente convencido da versão apresentada[442].

Isso não quer dizer que os juízos de confiabilidade intrínseca e de credibilidade subjetiva sejam desprovidos de valor. Há de se reconhecer uma relação de proporcionalidade entre a apreciação positiva desses aspectos e o grau de exigência correlato à obtenção de elementos externos de corroboração. Quer-se dizer que, quanto mais positiva for a valoração preliminar sobre a confiabilidade do declarante e sobre a coerência intrínseca das suas declarações, menos severo poderá ser o controle pautado pela exigência de elementos exteriores de corroboração[443].

3.3.5. Bases principiológicas da colaboração premiada e abertura de espaços de consenso no direito italiano

As bases principiológicas da colaboração premiada do direito italiano divergem sobremaneira daquelas que sustentam o instituto do *plea bar-*

---

[441] BITTAR, Walter Barbosa. Op. Cit. p. 233-234.
[442] RUGGIERO, Rosa Anna. *L'attendibilità delle dichiarazioni dei collaboratori di giustizia nella chiamata in correità*. Torino: Giappichelli Editore, 2012, p. 50.
[443] Assim: "quanto più è positivo il vaglio preliminare sull'attendibilità del dichiarante e sull'intrinseca coerenza della dichiarazione, infati, tanto meno severo potrà essere il controllo sui riscontri estrinseci" (RUGGIERO, Rosa Anna. *L'attendibilità...* p. 62).

gaining. As razões inerentes aos institutos são distintas. O direito italiano, como visto, por meio de legislação de emergência, acolheu o instituto da colaboração premiada como causa de diminuição de pena, expressando-o por norma de natureza penal, mantendo-o alheio ao processo penal negocial.

A própria lógica negocial, quando da inserção dos mecanismos de colaboração processual no direito italiano, não parecia compatível com a forma como era estruturado o processo penal local.

Apenas com o advento do Código de Processo Penal de 1988, a lógica do consenso passou a ser amplamente aceita no direito italiano, ao menos no plano conceitual. É possível que essa abertura viesse a repercutir sobre a normativa relacionada à colaboração premiada, a exemplo do que ocorreu com o desenvolvimento do instituto ao longo do tempo nos países de tradição *common law*[444].

Em verdade, quanto a esse aspecto, o Código de Processo Penal italiano de 1988 reflete um dos três movimentos renovatórios que *Ennio Amodio* identificou na Justiça Penal contemporânea, todos com repercussão sobre o procedimento: a) a decadência da figura do juiz instrutor – outrora consagrada no processo penal continental – retirando-se do magistrado a competência para a realização de instrução prévia, o que implicou sensível reestruturação das fases de investigação dos procedimentos penais; b) a busca pela celeridade no processo, acolhendo-se as alternativas de simplificação dos procedimentos, com abertura de espaços de consenso; c) a valorização da fase de debates e julgamento no procedimento penal[445].

É justamente no âmbito do segundo movimento, tendente à simplificação procedimental, com acolhimento de alternativas de solução por consenso, que merece destaque o Código de Processo Penal italiano de 1988 para este trabalho.

As questões centrais subjacentes a essas análises são: a) os espaços de consenso abertos no direito processual penal italiano repercutiram sobre o instituto da colaboração premiada na Itália? b) depois de importados

---

[444] *Italy tried to transplant conflict-solving elements into a still activist state through the enactment of a new code of criminal procedure in 1988* (HEINZE, Alexander. *International Criminal Procedure and Disclosure*. Berlin: Duncker &Humblot, 2014, p. 321).

[445] AMODIO, Ennio. APUD FERNANDES, Antonio Scarance. *Teoria Geral do Procedimento e o Procedimento no Processo Penal*. São Paulo: Revista dos Tribunais, 2005, p. 14.

pelo direito brasileiro, esses espaços de consenso repercutiram sobre a colaboração premiada praticada no Brasil?

É possível que, como ocorreu no direito norte-americano, a expansão dos poderes discricionários do *dominus litis* no direito italiano tenham refletido sobre o regime jurídico da colaboração premiada, transformando-a em mecanismo processual de justiça negocial. Por outro lado, é possível que tenha havido contenção dos espaços de consenso no direito italiano, restringindo-os ao desenho de ritos processuais simplificados que não abrangem poderes discricionários capazes de impactar a colaboração premiada.

Inicialmente, dois fundamentos principiológicos podem conferir sustentáculo à existência dos ritos processuais simplificados. Primeiro, a abreviação de rito pode se manifestar pelo intento de efetivação dos ideais de prevenção geral e especial do direito penal. Diante de uma resposta penal mais célere, a sanção expressa exemplaridade superior, ostentando aparente eficiência que, em tese, reforça seu caráter preventivo[446].

Por outro lado, os ritos abreviados também interessam à tutela dos direitos fundamentais dos imputados, especialmente pelo princípio da razoável duração do processo[447]. Por óbvio, procedimentos abreviados apenas se coadunam com o direito à razoável duração do processo nos casos em que o seu formato não impedir, em absoluto[448], o regular exercício dos direitos fundamentais. Em verdade, a celeridade se transformará em fonte de violação de direitos fundamentais nos casos em que for buscada como um fim em si, dissociado das demais garantias[449].

---

[446] Não se tem dúvida de que foi esse o principal motor das reformas italianas que consagraram ritos abreviados diante de espécies delitivas mais graves: AMODIO, Ennio. *Processo Penale Diritto Europeo e Common Law*. Milano: Giuffrè, 2003, p. 63: *nel sistema italiano l'attuazione di una símile linea di politica processuale è testemoniata anzitutto dalla espansione dela normativa sul giudizio direttissimo. Certo, non si può negare che il legislatore sai stato mosso da finalità di pronta repressione ed esemplarità quando há reso obbligatria l'adozione del rito direttíssimo per i delitti di rapina, estorsione e sequestro di persona.*

[447] Consagrado, por exemplo, no art. 6º, 1, da Convenção Europeia de Direitos Humanos: Qualquer pessoa tem direito a que a sua causa seja examinada, equitativa e publicamente, num prazo razoável [...].

[448] Independentemente de adesão voluntária do imputado ao rito abreviado.

[449] AMODIO, Ennio. Op. cit. P. 64.

Os ritos abreviados, portanto, devem conciliar os ideais de eficiência e garantismo do processo penal, atingindo ponto de equilíbrio capaz de promover dupla tutela.

Substancialmente, não existe óbice no direito italiano à formação de mecanismos de solução consensual do processo penal por meio de ritos simplificados. Se esses ritos admitem premissas que podem repercutir sobre o nosso objeto de estudo é outra questão.

Como ponto de partida, deve-se ter em mente que os poderes discricionários do Ministério Público italiano sofrem restrição de origem constitucional, diferentemente do que ocorre na República Federativa do Brasil. O art. 112 da Constituição da República Italiana acolhe o princípio da obrigatoriedade da ação penal pública, impondo ao *dominus litis* o dever de exercitá-la[450].

Sem poderes de *nolle prosequi*, institutos similares ao *Crown witness system* e boa parcela das moedas de troca à disposição do titular da ação penal estadunidense tornam-se indisponíveis no direito italiano. A constitucionalização do princípio da obrigatoriedade, portanto, expressa-se como fator de limitação à expansão dos espaços de consenso no processo penal italiano.

Por isso, deve-se perquirir em que medida o direito norte-americano exerceu influência sobre o direito italiano na consagração de mecanismos de justiça penal negocial e, depois, se esses mecanismos afetaram a colaboração processual.

3.3.6. A influência do direito estadunidense sobre o processo penal italiano

A reforma operada sobre o ordenamento processual penal italiano que culminou com a edição do Código de Processo Penal de 1988 foi orientada pela pretensão de abandonar o sistema inquisitorial e aderir ao modelo adversarial, utilizando-se como parâmetro o direito praticado nos Estados Unidos da América[451].

Com raízes e tradições distintas, os ordenamentos jurídicos italiano e norte-americano dificilmente poderiam absorver reciprocamente ferramentas ou institutos processuais por meio de um genuíno movimento de

---

[450] Art. 112. *Il pubblico ministero ha l'obbligo di esercitare l'azione penale.*
[451] AMODIO, Ennio. Op. cit. P. 180 e 220.

transplante. Ennio Amodio (2013, p. 180) alertou que o contexto social e institucional no qual se pratica o *adversarial system* estadunidense é completamente distinto do existente na Itália, razão pela qual eventual movimento de transplante estaria fadado ao fracasso[452].

Com razão o autor. Considerando as distintas culturas jurídicas existentes no ordenamento matriz e no ordenamento importador, um efetivo transplante desencadearia movimentos de resistência prática e de conflitos jurídico-culturais, além de obstáculos de natureza constitucional. Como amplamente discutido neste trabalho, o poder de não-persecução penal do *dominus litis*, transplantado do direito inglês para os Estados Unidos, difundido a partir do *Attorney-General* para todos os promotores de Justiça norte-americanos, moldou o formato do processo penal estadunidense.

Em recorte bastante diverso, o art. 112 da Constituição Italiana confere *status* constitucional ao princípio da obrigatoriedade da ação penal pública. Não são necessárias maiores divagações para se concluir que o transplante irracional de mecanismos processuais norte-americanos causaria choques de compatibilidade constitucional no ordenamento jurídico de destino quanto a esses pontos.

Por isso, é possível que um mecanismo de solução consensual do processo penal no ordenamento de origem esteja amparado por premissas que lhe conferem feições que não se coadunam com a ordem importadora. Ainda pior, é possível que ferramentas indispensáveis ao equilíbrio do instituto sejam incompatíveis com a ordem de destino, o que causaria problemas práticos.

Por exemplo, se o direito italiano importasse o *plea bargaining* tal qual praticado nos Estados Unidos da América, dificilmente magistrados acostumados ao modelo inquisitorial de processo penal conseguiriam se manter distantes das negociações entre as partes, interferindo indevidamente nos termos do acordo. Trata-se de hipótese na qual se constata uma incompatibilidade de ordem prática entre o instituto importado e o ordenamento de destino, que possui *cultura processual* distinta daquela exis-

---

[452] *Si sente sire, ad esempio, che il contesto sociale e istituzionale nel quale è radicato l'adversary system nordamericano è così insababilmente diverso da quello esistente in Italia da rendere impraticabile e destinata al falimento qualsiasi operazione di trapianto* (AMODIO, Ennio. Op. cit. P. 180).

tente na origem. Nesses casos, pode ser que os atores processuais locais optem por condenar o novo instituto ao ostracismo[453].

Por essa razão, diante dos termos do Código de Processo Penal Italiano de 1988, parcela doutrinária apontou, desde o princípio, que a efetiva adesão do processo penal italiano ao sistema *adversarial* dependeria da prática jurídica nas províncias nacionais, não apenas da reforma legislativa. Havia risco de rejeição cultural[454].

Além da possibilidade de rejeição, não se poderia negar o perigo de manejo inadequado de ferramentas baseadas em princípios característicos do ordenamento jurídico que serviu como fonte de inspiração para a ordem importadora. O instituto do *patteggiamento*, por exemplo, foi apenas adequadamente compreendido pela prática italiana depois de estudos de direito comparado que exploraram as raízes das soluções consensuais do processo penal[455].

Assim, pelas diferenças estruturais, culturais e históricas dos ordenamentos jurídicos em contato na reforma italiana, a pretensão legislativa de transformar o processo penal local em um ordenamento similar ao existente nos Estados Unidos da América não poderia se satisfazer por meio de simples movimento de transplante, pressupondo cautelosa tradução que pudesse evitar rejeições em bloco[456].

Em vários pontos fulcrais, todavia, o Código preservou a essência de características marcantes do modelo processual adversarial. Na fase pré-processual, o novo Código, resultado da *legge delega 16 marzo 1987 nº 81* e do *Progetto Preliminare* redigido pela *Commissione Ministeriale* em fevereiro de 1988, aboliu a figura do juiz instrutor, deixando as investigações preliminares sob presidência exclusiva do membro do Ministério Público, que

---

[453] Para maiores esclarecimentos sobre os movimentos de transplante e tradução – capítulo 02.

[454] BUONO, Carlos Eduardo de Athayde; BENTIVOGLIO, Antônio Tomás. *A Reforma Processual Penal Italiana: reflexos no Brasil*. São Paulo: Revista dos Tribunais, 1991, p. 15.

[455] *Alcune idee fuorvianti – quella della assoluta passiità del giudice statunitense nel corso dell'esame diretto dei testi svolto dalle parte in dibattimento o quella della quasi magica e salutare efficacia deflattiva del patteggiamento – sono state ormai correte grazie ai contributi di studiosi che hanno smitazzato taluni istituti del common law facendone emerfere i reali contorni* AMODIO, Ennio. *Processo Penale Diritto Europeo e Common Law: dal rito inquisitório al giusto processo*. Milano: Giuffrè, 2003, p. 185-186).

[456] Sobre os movimentos de tradução e transplante, v. capítulo 02.

não mais dispõe de poderes de imposição de medidas cautelares, salvo nos casos de urgência[457].

No campo da marcha processual e da atividade probatória, as partes passaram a exercer papel protagonista. A titularidade da iniciativa instrutória foi conferida ao órgão de acusação e ao imputado, o que se depreende do art. 190 do Código de Processo Penal, que acolhe a o princípio da iniciativa da parte como regra e os poderes instrutórios do juiz como exceção[458]. Também se aderiu ao *cross examination* na audiência de instrução e julgamento, atribuindo-se ao juiz posição mais passiva na inquirição do acusado e de testemunhas[459].

No global, houve divisão clara do papel dos atores do processo penal e da persecução penal em fases que, estudadas, expressam um *processo di parti*, como diz Ennio Amodio (2003, p. 222). Abandonou-se antiga confusão entre as atribuições do juiz e das partes.

Contudo, o ponto de possível repercussão sobre o instituto da colaboração premiada – solução do processo penal por livre disposição das partes, em consenso – como antecipado, não poderia ser objeto de transplante direto, pela barreira imposta pelo art. 112 da Constituição da República Italiana.

As partes não poderiam receber do legislador reformista poderes de disposição sobre o objeto do processo. Ao *dominus litis*, não se poderia reconhecer um puro e simples poder de *nolle prosequi*, que implicasse renúncia direta e sem adicionais consequências à propositura da ação penal. Paralelamente, ao imputado não se poderia reconhecer um poder dispositivo que abrangesse a possibilidade de renunciar por completo ao procedimento[460], de maneira que a assunção de responsabilidade penal viabilizasse, por si só, a prolação de sentença condenatória.

---

[457] AMODIO, Ennio. Op. cit. P. 220.
[458] Expressam o art. 190 e seus parágrafos que *le prove sono ammesse a richiesta di parte [...] la legge stabilisce i casi in cui le prove sono ammesse d'ufficio*". Os artigos 499 e 500 ainda preveem um poder supletivo e residual do juiz na atividade probatória a se desenvolver no curso da audiência de instrução e julgamento.
[459] AMODIO, Ennio. Op. cit. P. 220
[460] Sobre a concepção do procedimento como garantia fundamental: FERNANDES, Antonio Scarance. *Teoria Geral do Procedimento e o Procedimento no Processo Penal*. São Paulo: Revista dos tribunais, 2005, capítulo I.

Inicialmente, não se aderiu ao *guilty plea*, espécie de confissão qualificada pela renúncia ao rito[461], limitando-se a assunção de culpa ao instituto da *confissão*, como concebida tradicionalmente nos processos penais italiano e brasileiro. Assim, a resistência inquisitorial italiana, por questões culturais e de respeito à legalidade, na importação do sistema norte-americano, admitiu às partes o poder de condução da marcha processual, mas não a propriedade sobre o objeto da ação penal[462].

Espaços de consenso precisariam ser desenhados de maneira comedida e particular. A tradução feita na importação do sistema norte-americano para o direito italiano partiu de uma reconstrução principiológica peculiar nesse sentido.

Ao contornar um processo de partes inspirado no modelo adversarial, conferindo a estas poderes, com protagonismo, sobre a marcha processual e sobre a atividade probatória, o direito italiano preservou a percepção de que a pretensão punitiva, isoladamente considerada, seria consectário do princípio constitucional da legalidade e, portanto, indisponível. Se o legislador prevê que determinada conduta é crime, o titular da ação penal pública não pode deixar de promover a responsabilização penal. A obrigatoriedade, portanto, seria projeção da própria legalidade penal. Os poderes das partes no Código de Processo Penal italiano foram reconhecidos,

---

[461] John H. Langbein confere um conceito processual ao *plea bargaining*, definindo-o como *nontrial mode of procedure*. Como exploraro ao longo do item 3.1, aderimos a uma concepção mais ampla de *plea bargaining*, enquanto John Langbein, especificamente nesse conceito, foca na face processual do instituto (LANGBEIN, John H. *Understanding the Short History of Plea Bargaining*. Law and Society Review. Vol. 13, p. 261-272, inverno de 1979). Entendemos essa concepção como excessivamente limitada, mas ilustra bem a possibilidade de manejo do *guilty plea* como mecanismo de abreviação de rito.

[462] [...] *non fa riscontro tuttavia um potere dele parti di disporre dell'oggetto del processo. È bensì vero che il legislatore delegante há inteso attuare nel nuovo rito uma separazione di ruoli che expropria il giudice di ogni residuale potere di attivare la giurisdizione anche in assenza dell'impulso dell'organo dell'accusa, come avviene ora in caso di dissenso dalla richiesta di archivazione. Ciò, non há peraltro indotto, né poteva indurre, il legislatore a riconoscere al pubblico ministero um potere di disporre dell'imputazione análogo a quello che il prosecutor nordamericano e inglese può esercitare renunciando a promuovere l'azione penale o revocandola com il nolle prosequi. E, del pari, alla confessione non si è attribuita l'attitudine a sollevare l'organo dell'accusa dall'onere di provare il fondamento dela pretesa punitiva, come accade invece nel regime del guilty plea dela common law, perché l'imputato non può disporre dell'interesse sostanziale alla repressione del fato di reato* (AMODIO, Ennio. Op. cit. P. 223).

assim, sobre a técnica processual, sobre a estrutura procedimental, mas não sobre a disponibilidade da pretensão punitiva[463].

Sobre essas premissas, foram desenhados espaços limitados de consenso no processo penal italiano, por meio de uma *tradução* do *plea bargaining*. É desses espaços que se ocupa o próximo tópico.

3.3.7. Espaços de consenso no Processo Penal Italiano e o Cavalo de Troia de Máximo Langer – houve repercussão sobre a colaboração premiada?

A tradução do sistema norte-americano para uma realidade compatível com o direito italiano, quando da edição do Código de Processo Penal de 1988, contou com o acolhimento da premissa de que as partes passariam a ter poderes de disposição sobre as estruturas *procedimentais* cuja titularidade lhes foi conferida. Todavia, não seria possível o reconhecimento de poderes dispositivos sobre as estruturas de direito material desenhadas pelo legislador e subjacentes ao processo penal.

Com essas bases se construiu o instituto do *pattegiamento – applicazione dela pena su richiesta dele parti* (art. 444 fo *Codice di Procedura Penale*). Previa o dispositivo em sua redação original que, no curso da ação penal, as partes, desde que houvesse consenso entre elas, poderiam requerer ao juiz imediata aplicação de uma pena substitutiva ou da pena prevista para o crime, quando esta, diante das circunstâncias do caso e diminuída em até um terço, não superasse dois anos[464].

Ocorre que, diante dos balizamentos principiológicos traçados quando da ideação da reforma, o legislador, além de ter expressado os limites da solução do processo pelo consenso das partes, impôs aos juízes deveres substanciais de controle de legalidade sobre o *patteggiamento*.

O art. 444, §2º, prevê que o magistrado deve avaliar se a classificação jurídica dos fatos feita pelas partes está de acordo com os critérios de direito penal substantivo. Deve, ainda, analisar as provas que dão embasamento à ação penal e, constatando que o destino do feito seria provavel-

---

[463] AMODIO, Ennio. Op. cit. P. 224.
[464] BUONO, Carlos Eduardo de Athayde; BENTIVOGLIO, Antônio Tomás. *A Reforma Processual Penal Italiana: reflexos no Brasil*. São Paulo: Revista dos Tribunais, 1991, p. 85. O diploma foi posteriormente reformado, expandindo-se o alcance do *patteggiamento* para crimes cuja pena máxima não seja superior a 05 (cinco) anos. Os autores acrescentam que o *patteggiamento* foi, na verdade, instituído antes do *Codice* de 1988, pela Lei 689/1981.

mente diverso do acordado pelas partes, deve recusar a aplicação imediata da pena[465].

A princípio, poder-se-ia afirmar que, para aplicar a pena a requerimento das partes, o juiz deveria aferir a existência de prova da materialidade e da autoria do crime objeto de imputação, em *standard* probatório que justificaria uma sentença condenatória[466].

De plano, constata-se que as partes não possuíam, no âmbito desse instituto, poderes de disposição sobre como os fatos ocorreram (*fact bargaining*). O acordo, inclusive, deveria estar em sintonia com as provas constantes do feito. Do contrário, não seria homologado pelo juiz. Nesse viés, se as partes não podem dispor do plano fático, não se pode falar em um instituto equivalente ao *vertical charge bargaining*, por exemplo.

O *patteggiamento*, com molduras mais tímidas, precedeu o *Codice di Procedura 1988* com a Lei nº 689/1981. A doutrina italiana apontava a princípio que, no manejo do *patteggiamento*, tinha-se um exercício limitado e anômalo da jurisdição. Limitado, porque o juiz não poderia aplicar uma sanção distinta da ajustada pelas partes. Anômalo, porque o acolhimento do requerimento das partes não implicava assunção de culpa, com prolação de sentença condenatória. Havia, na realidade, a prolação de uma decisão *sui generis*, decorrente do consenso das partes[467].

---

[465] Idem. P. 86: *O juiz não dará provimento ao pedido quando convencido de que a qualificação jurídica do fato seja diversa daquela enunciada no acordo e comporte uma pena maior, ou que as circunstâncias atenuantes não ocorram ou, ainda, que outro deva ser o resultado do juízo de avaliação das provas.* Também há previsão de que o acordo não deve ser homologado se houver no caso alguma causa de extinção de punibilidade, que deverá ser reconhecida de ofício pelo juiz.

[466] Conclusão exposta por: FERNANDES, Antonio Scarance. op. cit. P. 201.

[467] Nesse sentido LATTANZI (APUD AMODIO, 2003, p. 225): *"Limitata" perché il giudici non può applicare una pena diversa da quella indicata dalle parti; "anômala" perché in caso di accoglimento della richiesta non viene emessa uma sentenza di condanna, contenente l'acertamento della responsabilità, ma uma decisione atípica con uma motivazione contratta.* Depois da reforma, passou a ser majoritário o entendimento de que a sentença prolatada em decorrência do *patteggiamento* possui natureza condenatória: FERNANDES, Antonio Scarance. op. cit. p. 201. Após, por meio da *Legge 12 giugno 2003, nº 134*, o art. 445, §1º bis, passou a expressar que *la sentenza è equiparada a una pronuncia di condana*. Todavia é bastante curiosa a evolução jurisprudencial citada a seguir, que acabou por consagrar o entendimento de que os juízes não devem analisar se as provas embasariam um decreto condenatório e que a motivação da sentença pode ser peculiar, apenas sobre o acertamento fático da imputação. O entendimento jurisprudencial afasta uma barreira de contenção à consagração do protagonismo das partes que existia até então.

Deve-se ressaltar que o delineamento principiológico peculiar da solução do processo penal pelo consenso, a fim de viabilizar a importação do *plea bargaining* para a Itália, fica bastante evidente no regramento inicial do *patteggiamento*. Na medida em que se determina ao juiz o dever de analisar se as provas constantes dos autos seriam suficientes à condenação, o que o legislador pretende é impedir que as partes optem por soluções que estejam dissociadas da realidade fática ou das imposições feitas pelo direito penal substantivo.

O poder dispositivo das partes, assim, recai apenas sobre o rito[468], que é abreviado pela ausência de audiência de instrução e julgamento e pela irrecorribilidade da decisão que acolhe o requerimento das partes. Há também acerto, e isso é claro, quanto à pena a ser aplicada, mas a sanção não pode desbordar dos parâmetros legais existentes.

Porém, Máximo Langer observou que ordenamentos jurídicos de tradição romano-germância que iseriram espaços de solução consensual do processo penal, inspirados pelo *plea bargaining* norte-americano, importaram verdadeiros *cavalos de Troia*. Subjacente a esses institutos situa-se a própria compreensão do processo penal como um modelo de disputa que, alimentada, pode proporcionar uma redistribuição dos papéis que cabem aos atores do processo e a expansão dos espaços de consenso inicialmente estabelecidos[469].

Obviamente, se o ordenamento de destino resistirá ou sucumbirá ao cavalo de Troia é questão que depende da prática processual. E a resistência de contenção dos espaços de solução do processo penal pelo consenso das partes tende a partir de duas esferas – legislativa ou judicial. É o que nos mostra a larga experiência norte-americana.

Amplos espaços de justiça penal negociada com protagonismo das partes acarretam certa redução da discricionariedade judicial. Se julgadores não aceitam abrir mão do monopólio de decidir o destino final da persecução penal, a tendência é que tentem conter a expansão da solução consensual do processo.

---

[468] *Tal instituto tem como vantagens essenciais a dispensa de toda a fase debatimental e a economia de todo o segundo grau de jurisdição, uma vez que a sentença de primeiro grau é inapelável*: BUONO, Carlos Eduardo de Athayde; BENTIVOGLIO, Antônio Tomás. Op. cit. p. 85.

[469] Para maiores incursões no tema, v. item 2.7.

Por outro lado, a resistência legislativa, isoladamente, nem sempre se mostra suficiente, pois os magistrados simplesmente podem, na prática, abrir mão dos mecanismos de controle contidos na lei. Ao se prever uma análise judicial probatória profunda como requisito para a aplicação da pena a requerimento das partes, o que se pretendia era preservar os poderes de decisão do Poder Judiciário sobre a procedência ou não da ação, submetendo-se à discricionariedade das partes apenas a abreviação do rito e acertamento sobre a pena a ser aplicada, dentro dos limites legais.

Na prática jurídica, será que os magistrados efetivamente se propuseram à incursão probatória no âmbito do *patteggiamento* ou acabaram por negligenciar essa atividade, reconhecendo que as partes podem dispor do feito como bem entenderem, independentemente de embasamento probatório? Isso equivaleria ao reconhecimento de poderes discricionários às partes de disposição sobre a forma como os fatos ocorreram, com repercussão sobre o plano substantivo e em sentido contrário ao apontado pela reformulação principiológica que acompanhou o movimento italiano de tradução do *plea bargaining*.

Analisando a jurisprudência italiana, vê-se que o entendimento que se conferiu ao art. 444, §2º, foi o de que a incursão probatória deve ser limitada ao necessário à análise da correta adequação típica feita pelas partes no requerimento, pouco importando se os elementos probatórios dão efetivo suporte à imputação ou evidenciam a responsabilidade do réu, considerando que este, ao requerer o *pattegiamento*, não se opõe à acusação, mas, ao contrário, reconhece implicitamente sua culpa[470].

Mais além, a jurisprudência tem se consolidado no sentido de que a *applicazione dela pena su richiesta delle parti* exonera o Ministério Público do ônus de provar o objeto da imputação, bastando ao magistrado motivar a sentença de maneira sucinta, expressando uma breve descrição dos fatos

---

[470] *Nel procedimento previsto degli art. 444 e seguenti c.p.p il giudice non è tenuto ad accertare la consistenza probatória dell'imputazione e dela responsabilità dell'imputato, ma deve limitarsi a controllare la correta qualificazione giuridica del fatto, delle circonstanze prospetatte dalle parti, la congruità dela pena concordata e la inesistenza di cause di non punibilità di cui all'art. 129 dello stesso códice. Infati, l'accordo fra il Pubblico Ministero e limputato, assistito dal suo difensore, rendono non piùe necessário l'intervento ed il controllo del giudice sulla validità delle prove in ordine alla responsabilità dell'imputato il quale, richiedendo il patteggiamento, non contesta la fondatezza dell'imputazione, ma anzi riconosce implicitamente la própria responsabilità* (Cassazione Penale nº 7981, Sezione VI, 24 maggio 1993, Rel. Mazzacane).

contidos na denúncia e o acerto da qualificação jurídica apresentada pelas partes[471].

Essa leitura afasta as barreiras de contenção principiológicas que impediam as partes de dispor sobre como os fatos ocorreram. Ao contrário, permite-se que o poder dispositivo do acusado ganhe contornos bastante similares aos existentes no *guilty plea* norte-americano.

Adicionalmente, o art. 445, §1º *bis*, foi reformado em 2003 para constar expressamente que a sentença que decorre do *patteggiamento* possui natureza condenatória.

A prática processual penal italiana, então, desenvolveu-se de um modo pelo qual a magistratura optou por conceder maiores poderes dispositivos às partes do que o inicialmente planejado. O *patteggiamento* passou a ser praticado de forma que as partes pudessem dispor efetivamente do plano fático. O acusado, ao reconhecer sua responsabilidade penal, exonera o órgão de acusação do seu ônus probatório, inicialmente decorrente do princípio da presunção de inocência como norma probatória, e aceita a sentença condenatória independentemente dos elementos de convicção constante dos autos, com encerramento abrupto do rito processual, sem que se seja necessária a fase de *trial* – ou de instrução e julgamento.

Em essência, não existe mais qualquer distinção em comparação ao *guilty plea*. A lógica negocial expandiu, no *patteggiamento*, os espaços de consenso para além do inicialmente pretendido, ilustrando perfeitamente o *cavalo de Troia* citado por Máximo Langer. Agora, deve-se analisar se a abertura de espaços de consenso, com ampliação dos poderes discricionários das partes no processo penal italiano, repercutiu sobre a colaboração premiada, tal como se viu ao longo da história do direito anglo-americano.

3.3.8. A mais recente regulamentação da colaboração premiada na Itália – ausência de repercussão dos espaços de consenso

A colaboração premiada no âmbito da criminalidade organizada pressupõe rompimento do vínculo associativo existente entre o colaborador e

---

[471] *La richiesta di applicazione di pena e l'adesione alla pena proposta dall'altra parte esonerano l'accusa dall'onere della prova degli elementi addotti contro l'imputato, e comportano che la sentenza sia sufficientemente motivata com uma sucinta descrizione del fato (deducibile dal capo d'imputazione), con l'affermazione dela correttezza dela qualificazione giuridica di esso* (Cassazione Penale 6548, Sezione I, 21 gennaio 1998, Rel. Padalino).

os demais membros da organização. Para estimular a quebra do *animus* associativo e a colaboração com os órgãos de persecução penal, o sistema italiano prevê uma série de benefícios ao colaborador e, por outro lado, confere tratamento mais severo do que o usual ao criminoso organizado que mantém suas atividades. Fala-se doutrinariamente em sistema *duplo binário*, que dispensa um tratamento específico à conduta colaborativa e outro à conduta persistentemente criminosa[472].

A dualidade referida se manifesta em diferentes vertentes – sancionatória, penitenciária, de tutela e processual[473]. No campo sancionatório, o criminoso organizado se depara com um regramento penal rigoroso, com previsão de crimes autônomos, que frequentemente comportam tutela penal antecipada, circunstâncias agravantes e qualificadoras. Ao colaborador que ajude os órgãos de persecução penal a reconstruir os fatos criminosos, a identificar ou capturar coautores, em oposição, dispensam-se causas de diminuição de pena que se constam de normas de natureza essencialmente penal[474].

No plano penitenciário, ao condenado por atividades ilegais correlatas a organizações criminosas, impõe-se a impossibilidade de fruição de benefícios diversos durante a execução penal (art. 4-bis, Legge 26 luglio

---

[472] D'AMBROSIO, Loris. *Testimoni e Collaboratori di Giustizia*. Padova: CEDAM, 2003, p. 28: *si parla, a tale proposito, di regime del doppio binario proprio sottolineare la divaricazione sempre più profonda che il legislatore há attuato nel trattamento delle condotte collaborative e delle condotte irriducibili.*

[473] Em uma acepção ampla de benefício *processual*, podem-se incluir os benefícios de execução penal, aqui referidos como *penitenciários*, guardando sintonia com a doutrina italiana, ora estudada. A doutrina fala em: a) *momento* ou *aspecto* sancionatório da normativa premial; b) *momento* ou *aspecto* penitenciário; e c) *momento* ou *aspecto* processual. Fala-se, ademais, no âmbito do sistema de proteção ao colaborador, em *momento* ou *aspecto* de tutela. Cf. D'AMBROSIO, Loris. *Testimoni e Collaboratori di Giustizia*. Padova: CEDAM, 2003, p. 28-30: *per conseguir ele finalità di disgregazione avute di mira, la normativa premiale deve prevedere, in primo luogo, consistenti diminuizioni di pena per chi colabora com l'Autorità dissociandosi dalle vechie organizzazioni di appartenenza (momento o aspetto sanzionatorio) [...]. A esse deve accompagnarsi la possibilità, per il collaboratore, di fruire di consistenti benefici penitenziari (momento o aspetto penitenziario) [...]. Impone di escludere che le dichiarazioni collaborative abbiano il carattere delle dichiarazioni disinteressate e rende perciò indispensabile um'attenta verifica processuale dela loro complessiva attendibilità [...] una compiuta disciplina in matéria di collaborazione deve prevedere anche norme processualli a carattere speciale dirette a regolamentare, nel dettaglio, le forme e i modi di acquisizione, utilizzazione e valutazione delle dichiarazioni accusatorie di cui si parla (momento o aspetto processuale).*

[474] D'AMBROSIO, Loris. Op. cit. p. 30-31.

1975, nº 354; art. 51, §3º, CPP, etc). Em sentido diametralmente oposto, o mafioso que vier a colaborar, ainda que depois da prolação de sentença condenatória irrecorrível, reconhece-se a possibilidade de benefícios diversos ao longo da execução penal. Até mesmo para a prisão cautelar o legislador aderiu à lógica do tratamento *duplo binário*. O criminoso organizado não pode receber medidas cautelares diversas da prisão (art. 275, §3º, CPP), a não ser que se proponha a colaborar[475].

Na perspectiva processual, as declarações do colaborador devem ser valoradas de maneira cautelosa, exigindo-se, para fins probatórios, que outros elementos de convicção corroborem as informações por ele trazidas. O colaborador ideal é o que aponta fontes de prova a serem exploradas pelas autoridades de persecução penal, caso em que, extraídos delas os elementos de convicção, não haverá necessidade de corroboração.

Todas as referidas disposições de incentivo, todavia, estão muito bem delineadas na lei e as normas relativas aos desdobramentos processuais, como não poderia ser diferente na Itália, não abrangem poderes de *nolle prosequi*. As disposições processuais que circundam a colaboração premiada preocupam-se predominantemente com a eficácia probatória das declarações do colaborador. Por isso, em uma análise primeira, parece não haver um ambiente adequado para a emergência da colaboração premiada como um instrumento de justiça penal negocial na Itália.

Posto esse cenário, a Lei nº 45/2001 inovou a ordem jurídica italiana para prever que o indivíduo que se propõe a colaborar deve, na presença

---

[475] *Sul piano penitenziario, il trattamento differenziato si articola secondo alcune fondamentali direttive. La prima diretiva consiste nella drástica restrizione, per i detenuti e gli internati per fatti di criminalità organizzata, dela possibilità di fruire di benefci penitenziari diversi dalla liberazione anticipata. [...] La seconda diretiva in matéria penitenziaria è praticamente oposta alla prima. Essa prevede che i benefci possono essere concessi anche ai detenuti e internati per fatti di máfia o ai detenuti e internati già in collegamento con la criminalità organizzata quando essi collaborano (artt. 4-bis e 58-ter L 354/1975). [...] Um regime di doppio binário sostanzialmente análogo a quello che opera in matéria penitenziaria si aplica anche nelle ipotesi in cui il soggetto che ottiene di uscire dal circuito carcerário non è un condannato in espiazione di pena, ma un imputato in custodia cautelare. La logica ispiratrice delle norme è stesa: a) per un verso, si prevede il divieto di disporre misure cautelari diverse dalla custodia in cárcere per gli imputati di delitti di tipo mafioso e per gli imputati di reati di grande criminalità [...] b) per um altro verso, si prevede la possibilità, per gli imputati in questione che collaborano o manifestano la volontà di collaborare, di ottenere a seconda dei casi, la custodia in locali differenziati oppure la revoca dela custodia in carcere o la sua sostituzione con una misura cautelare meno gravosa (v. art. 274 c.p.p) [...]*. Cf. D'AMBROSIO, Loris. Op. cit. p. 33-35.

do membro do Ministério Público, firmar um *verbale illustrativo dei contenuti dalla collaborazione*, por meio qual expressará as informações de que dispõe e que se prestam: a) a reconstruir os fatos criminosos; b) identificar, localizar e prender coautores de crimes; além de c) localizar, apreender e confiscar bens, objetos e valores provenientes da atividade criminosa, etc.[476].

Parcela doutrinaria passou a defender que o termo de colaboração previsto na *Legge* 45 confere ao membro do Ministério Público um poder de negociação que se encerra na formação de um pacto colaborativo com o imputado. Ocorre que esses mesmos doutrinadores que compreendem o *verbale illustrativo* como "contrato" reconhecem que o membro do Ministério Público nele não pode expressar quais benefícios serão aplicados, diferentemente do que ocorre no *patteggiamento*[477].

De fato, quem faz a opção pelos benefícios decorrentes da colaboração é o julgador[478]. Poderes discricionários em torno da colaboração premiada, portanto, estão nas mãos do juiz, limitando-se o membro do Ministério Público a tentar persuadir o indivíduo a colaborar, expondo os benefícios legais cabíveis e reduzindo a termo o *verbale illustrativo*. Não há genuína negociação, já que o membro do Ministério Público não dispõe de fichas de barganha, pois não pode oferecer benefícios específicos no *termo de colaboração* que, por isso, não é aqui considerado um *termo de acordo*.

No mais, aparentemente, apenas o colaborador assume compromissos no *verbale illustrativo* do conteúdo da colaboração. Como consequência da inexistência de elementos de justiça penal negociada na colaboração premiada italiana, pouco importa se as declarações do colaborador são fornecidas para a Polícia ou para o membro do Ministério Público. Isso porque, muito embora a lei preveja que só o *procuratore dela Repubblica* possa colher as informações do colaborador, formando o *verbale illustra-*

---

[476] NANULA, Gaetano. *La Lotta Alla Mafia: strumenti giuridici, strutture di coordinamento, legislazione vigente*. 6ª Ed. Milano: Giuffrè, 2016, p. 196.

[477] BASSI, Guido Stampanoni. *Profilli Processuali Della Disciplina Sui Cosiddetti "Collaboratori di Giustizia"*. 2010. 207 p. Dissertação (Mestrado em Direito) – Facoltà di Giurisprudenza, Libera Università Maria Ss. Assunta: *el patteggiamento la sanzione è concordata ex ante nel suo esatto ammontare mentre nel "pentimento" essa è stabilita, per così dire, per relationem, con riferimento ai meccanismi premiali e sanzionatori previsti dalla legge. D'altra parte, mentre nel patteggiamento la contropartita offerta dalla "parte privata" è certa e definita, nel "pentimento" non è qualificabile a priori e deve comunque ess ere controllata ex pos.*

[478] NANULA, Gaetano. Op. cit. p. 196.

tivo, a doutrina tem admitido que o juiz conceda de ofício os benefícios da colaboração premiada, independentemente da formalidade referida[479]. A mesma lógica se aplica no caso de o imputado prestar toda a colaboração possível em sede policial, independentemente de termo específico de acordo.

Esse raciocínio só é possível na Itália, contudo, porque nesse modelo de colaboração o órgão de persecução penal não exerce poderes discricionários correlatos à titularidade da ação penal – decisão de *nolle prosequi*, arrefecimento discricionário do *jus puniendi* em moldes específicos por acordo entre as partes etc. Casso assim fosse, naturalmente a autoridade policial não poderia oferecer benefícios discricionários que afetassem o exercício de poderes constitucionais que não lhe pertencem. Como as normas que preveem benefícios pela colaboração no sistema italiano, todavia, são normas de natureza essencialmente penal, nada impede o reconhecimento do benefício em caso de declarações diretas à autoridade policial ou em juízo, perante a autoridade judiciária.

Assim, considerando que os órgãos de persecução penal não possuem poderes discricionários para dispor da ação penal ou, em alguma medida, da intensidade do *jus puniendi*, e que os benefícios decorrentes da colaboração se manifestam por meio de normas de natureza penal e podem ser aplicados diretamente pelo juiz, não há uma *concessão negociada* que restrinja a possibilidade de a colaboração ocorrer diretamente entre imputado e Polícia.

Os prêmios pela colaboração extraem-se diretamente da Lei, não de acordo entre as partes, razão pela qual qualquer dos órgãos de persecução penal pode tomar as declarações do colaborador, que depois pleiteará o benefício judicialmente.

Como se vê, a concessão de poderes discricionários às partes no direito processual penal italiano, mesmo que no âmbito do *patteggiamento* tenha ocorrido um avanço além do pretendido quando da edição do Código de Processo Penal de 1988, não repercutiu de maneira relevante sobre a colaboração premiada, diferentemente do que ocorreu nos Estados Unidos. A mesma conclusão pode ser extraída da análise das reformas legislati-

---

[479] *Se la volontà di collaborare è manifestata nel corso del dibattimento, il giudice può concedere ele circostanze attenuanti anche in mancanza del verbale illustrativo* (Idem. Ibidem).

vas posteriores que recaíram sobre a colaboração premiada na Itália[480]. A colaboração premiada italiana, por isso, manifesta normas de natureza premial, mas não de justiça penal consensual.

Os espaços de consenso que a Itália importou dos Estados Unidos, todavia, foram posteriormente exportados para o Brasil. Nosso processo penal, concluiu-se, sofreu pelo menos uma influência indireta do direito norte-americano, conferindo aos seus atores processuais poderes discricionários antes impensáveis. É de se questionar – teria o cavalo de Troia afetado nossa colaboração premiada? A partir do próximo tópico, a incursão será feita no Direito Brasileiro para responder a esse questionamento.

3.4. Colaboração Premiada no Brasil: quais são suas raízes?
3.4.1. Contraste entre as origens e a normativa atual

Remotamente, as Ordenações Filipinas, que vigoraram no Brasil, contavam com previsões relativas à delação premiada nos crimes de Lesa Majestade:

> E quanto ao que fizer conselho e confederação contra o Rey, se logo sem algum spaço, e antes que per outrem seja descoberto, elle o descobrir, merece perdão.

---

[480] Não se faz aqui uma incursão em toda a disciplina jurídica da colaboração premiada no direito italiano, o que demandaria um estudo autônomo. O foco apenas é evidenciar como as normas que introduziram elementos de justiça consensual no direito italiano não contaminaram o regime jurídico da colaboração premiada lá existente. As disposições italianas de colanoração premiada muito se assemelham às origens do instituto jurídico da delação premiada no Brasil, notadamente do modelo inserido na Lei nº 8.072/90, sem caráter de consensualidade das partes. A Legge 27 maggio 2015, nº 69, por exemplo, introduziu um §2º ao art. 323-*bis* do *Codice Penale Italiano*, para dele constar uma causa de diminuição de pena, de caráter puramente penal e premial, sem elemento de justiça negocial, caso coautor tenha colaborado, de maneira eficaz, para evitar a continuidade da atividade delitiva, para assegurar provas dos crimes, para identificação dos outros responsáveis ou para recuperação de ativos. Mantém-se o viés de legislação de emergência de caráter premial, considerando que o diploma foi aprovado com o objetivo de satisfazer as obrigações assumidas no âmbito da Convenção de Mérida, de combate à corrupção. No mesmo sentido, visando aprimorar o combate à corrupção, a Legge 9 gennaio 2019 nº 3 deu origem ao art. 323-*ter* do *Codice Penale*, prevendo uma causa de extinção de punibilidade pela colaboração do imputado (colaboração premiada) em crimes praticados contra a administração pública, diante de certos requisitos. Também se trata de norma premial de caráter puramente penal, sem elementos de justiça negociada.

E ainda por isso lhe deve ser feita mercê, segundo o caso merecer, se elle não foi o principal tratador desse conselho e confederação.

E não descobrindo logo, se o descobrir depois de spaço de tempo, antes que o Rey seja disso sabedor, nem feita obra por isso, ainda deve ser perdoado, sem haver outra mercê.

E em todo o caso que descobrir o tal conselho, sendo já per outrem descoberto, ou posto em ordem para se descobrir, será havido por commettedor de Lesa Magestade, sem ser relevado da pena, que por isso merecer, pois o revelou em tempo, que o Rey já sabia, ou stava em maneira para o não deixar de saber[481].

Não há, contudo, qualquer indício de nexo de causalidade entre a previsão normativa referida e os dispositivos legais nacionais sobre delação premiada dos últimos 28 (vinte e oito) anos. Nada indica que as Ordenações Filipinas tenham inspirado as fórmulas contemporâneas do instituto no direito brasileiro. Ao contrário, analisando os documentos disponíveis no Congresso Nacional, constata-se existir menção expressa à influência italiana nas previsões sobre a colaboração premiada no Brasil a partir de 1990. Não se vê nenhuma referência a qualquer diploma legal que já tenha vigorado neste país[482].

---

[481] ALMEIDA, Candido Mendes de. *Codigo Philippino ou Ordenações e Leis do Reino de Portugal: recopiladas por mandado d'el Rey D. Philippe I*. 14ª Ed. Rio de Janeiro: Instituto Philomathico, 1870, p. 1154. Em nota de rodapé, consta da edição que *conselho* e *confederação* devem ser compreendidos como *conspiração* e *conjuração*.

[482] Veja-se: *A legislação de países estrangeiros, em verdade, tem-se mostrado muito eficiente, ao permitir que membros de quadrilhas, arrependidos, confessem a participação própria e de outros e consequentemente que sejam desbaratadas e presos seus integrantes. Exemplo típico e atual é o que está ocorrendo na Itália com a chamada "Operação Mãos limpas", que se inicializou com a confissão de mafiosos, e hoje, numa caudal, vem expurgando o Estado de seus focos de corrupção e degradação.* BRASIL. Câmara dos Deputados. Parecer da Comissão de Constituição e Justiça e de Redação no Projeto de Lei 4.353/1993. Rel. Dep. José Burnett. *Diário do Congresso Nacional*, Brasília, Seção I, 18 out. 1994, Brasília, p. 12.802/12.804. Esclareça-se que o Projeto de Lei em questão inseriu hipótese de delação premiada na Lei de Crimes contra o Sistema Financeiro. Não foi a previsão pioneira no tratamento contemporâneo à delação premiada no direito brasileiro. A Lei nº 8.072/90, em sua redação original, já contava com cláusula muito semelhante à introduzida na Lei nº 7.492/1986 em 1995. Apesar de a influência italiana ser evidente e ter sido confirmada no parecer da CCJ no PL 4.353/1993, não houve justificativa que pudesse

CAPÍTULO 3 - RAÍZES COMPARADAS DA COLABORAÇÃO PREMIADA

Considerando a evidente inexistência de nexo causal, portanto, entre as Ordenações Filipinas e as fórmulas recentes de delação premiada do direito brasileiro, ignoram-se essas raízes remotas, pois imprestáveis para explicar o desenvolvimento do instituto até o advento da Lei nº 12.850/13. O novo regime jurídico da colaboração premiada, assim, mostra suas raízes por um processo de *trace back* que deve seguir um caminho rumo à recente influência italiana.

De antemão, anote-se que esse processo nos levará a dois distintos institutos que, mais tarde inter-relacionados, deram origem à nova disciplina jurídica. Dissecando o corpo normativo da colaboração premiada na Lei nº 12.850/13, enxergam-se em seu interior elementos de direito premial, concebidos para estimular a dissociação do indivíduo do grupo criminoso ao qual pertence e para fortalecer a eficiência da persecução penal, construindo-se valioso meio de obtenção de prova.

Paralelamente, destacam-se elementos de justiça penal negociada, com amplos poderes discricionários das partes. Ao Ministério Público brasileiro conferiram-se poderes de *nolle prosequi* e de fazer escolhas diante de diversos benefícios de caráter penal previstos na legislação de regência, em distintas fases da persecução penal – investigações preliminares, ação penal ou execução penal. Essa lógica foi introduzida no direito nacional pela Lei nº 9.099/95, produto de influência italiana e veículo de transporte do *cavalo de Troia* ilustrado por Máximo Langer.

Se a raiz italiana da lógica premial no direito brasileiro está clara pela forma como foram construídos os diplomas do início da década de 1990 que trataram da colaboração premiada e pelos registros legislativos já citados, o mesmo não se pode dizer da lógica do consenso acolhida pela Lei 12.850/13. Esses amplos poderes discricionários do *dominus litis* não poderiam ter sido importados da Itália por movimento de transplante, haja vista o que está expresso no art. 112 da Constituição da República Italiana.

A busca pelas raízes da colaboração premiada na Lei nº 12.850/13, portanto, pressupõe duplo processo de reconstrução histórica. Primeiro, em busca da lógica do direito premial. Depois, em busca da gênese da lógica do consenso.

---

indicar as raízes da delação premiada na tramitação do PL que deu origem à Lei nº 8.072//1990.

Para esse desiderato, afirma-se aqui que as primeiras fórmulas concernentes à delação premiada[483] inseridas no ordenamento jurídico brasileiro datam do início da década de 1990. A Lei de Crimes Hediondos (Lei nº 8.072/90), pioneira nesse aspecto, dispõe, desde sua concepção, que o *participante ou o associado que denunciar à autoridade o bando ou quadrilha, possibilitando seu desmantelamento, terá a pena reduzida de um a dois terços* (art. 8º, parágrafo único).

Como se nota, a delação premiada não apresentava quaisquer feições de justiça consensual, até porque a Lei de Crimes Hediondos foi concebida sob a lógica *paleorrepressiva* do modelo político-criminal brasileiro[484]. Suas bases teóricas carregam, portanto, valores que contradizem a própria ideia de justiça penal consensual.

Materializava-se a delação premiada, por isso, como mera causa de diminuição de pena, por meio de norma de natureza essencialmente penal. A incidência do dispositivo era objetiva, clara e dependia unilateralmente da colaboração espontânea do acusado e dos resultados materiais dela decorrentes. Por isso, o benefício decorrente da colaboração era direito subjetivo do acusado. Preenchidos os requisitos legais, a consequência premial se impunha, pouco importando a aquiescência do órgão ministerial[485].

---

[483] O emprego do termo *delação premiada* tem sido evitado por alguns doutrinadores, sob o argumento de não ser este capaz de traduzir a total extensão do instituto a que diz respeito. Cf. ARAS, Vladmir. *Técnicas especiais de investigação*. In: VERÍSSIMO, Carla de Carli. (org.) *Lavagem de Dinheiro: prevenção e controle penal*. Porto Alegre: Verbo Jurídico, 2011, p. 426. Referida tendência refletiu na opção legislativa manifestada pelo artigo 4º da Lei nº 12.850/11, que se refere à "colaboração premiada".

[484] Termo cunhado por GRINOVER, Magalhães, Scarance e Gomes, op. cit, p. 47.

[485] Era o que parecia entender, igualmente, o Supremo Tribunal Federal, quando da aferição das condições de incidência da causa de diminuição de pena prevista no art. 14 da Lei nº 9.807/99, que preservava a mesma essência da delação premiada instituída pela Lei nº 8.072/90. Merece destaque: *A partir do momento em que o direito admite a figura da delação premiada (art. 14 da Lei 9.807/1999) como causa de diminuição de pena e como forma de buscar a eficácia do processo criminal, [...] ao negar ao delator o exame do grau da relevância de sua colaboração ou mesmo criar outros injustificados embaraços para lhe sonegar a sanção premial da causa de diminuição da pena, o Estado-juiz assume perante ele conduta desleal (HC 99.736, rel. min. Ayres Britto, julgamento em 27-4-2010, Primeira Turma, DJE de 21-5-2010.)* O Supremo Tribunal Federal não mantém a mesma perspectiva quando da análise da natureza jurídica da colaboração premiada como posta na Lei nº 12.850/13. Sob a égide deste diploma, a Corte concebe a colaboração premiada como

Perceptível, nesse aspecto, que a inspiração inicial para a delação premiada brasileira surge a partir do direito italiano, como resultado de uma legislação de emergência, formulada para fazer frente às formas mais graves de criminalidade.

Além disso, originalmente, não havia qualquer forma de evitar-se o processo penal por meio da colaboração, quando para ele houvesse justa causa, ou de se afastar a condenação, quando estivessem comprovadas autoria e materialidade delitivas. A colaboração premiada, nesse sentido, não se apresentava, de forma alguma, como exceção ao princípio da obrigatoriedade da ação penal ou como hipótese de disponibilidade da ação. Isso porque o sistema jurídico brasileiro, de tradição romano-germânica, tem raízes no modelo inquisitorial de processo penal, o qual tende a prestigiar tais princípios e, até então, não se tinha vivenciado no plano nacional qualquer movimento de ruptura com essa tradição, similar ao que ocorreu na Itália com o Código de 1988.

Em verdade, sob uma perspectiva analítica, a fidelidade do direito pátrio ao princípio da obrigatoriedade da ação penal é a razão pela qual, em suas origens, a delação premiada no Brasil não poderia se apresentar como mecanismo de justiça consensual. Se o Ministério Público não pode dispor da ação penal, tampouco, em qualquer medida, do *jus puniendi* estatal, que benefícios o órgão ministerial poderia oferecer ao delator, em negociação processual? Inexistiria espaço para a barganha.

Em contrapartida, no modelo adversarial de processo penal, característico dos países de tradição anglo-saxônica, em que se concebe a ação penal como uma ferramenta de solução de controvérsias entre acusação e defesa, acolhe-se o princípio da oportunidade[486]. Confere-se às partes,

---

negócio jurídico processual, inserindo-o no âmbito do processo penal consensual (HC 127483, Relator(a): Min. DIAS TOFFOLI, Tribunal Pleno, julgado em 27/08/2015, PROCESSO ELETRÔNICO DJe-021 DIVULG 03-02-2016 PUBLIC 04-02-2016).

[486] LANGER, Máximo. From legal transplants to legal translation: the globalization of plea bargaining and the americanization thesis in criminal procedure. *Harvard International Law Journal*. Vol. 45, Nº 01, 2004, p. 4. Vide, também: CASSESE, Antonio. *International Criminal Law*. Oxford: Oxford University Press, 2003, p. 367: *In countries that adopted the adversarial system [...] trial proceedings may be initiated by the prosecutor, who normally enjoys discretion, that is, may choose the cases he considers worthy of being tried in court. [...] In inquisitorial systems [...] the prosecutor is duty bound to begin investigations immediately on receipt of a notitia criminis, that is, as soon as he is aware of the possible commission of a criminal offence. If after investigating he considers*

assim, ampla margem para transação – sobre os fatos, sua qualificação jurídica, suas consequências penais e etc[487]. Por essa razão, no modelo adversarial, se não houver divergência entre as partes, pode o órgão acusador dispor da ação, transacionando com a defesa, mesmo no âmbito da colaboração premiada[488].

Nesse diapasão, como o legislador de 1990 tinha em mente o *tipo ideal* inquisitorial de processo, não concebeu a delação premiada da Lei de Crimes Hediondos como fruto de negociação entre as partes ou como uma hipótese de disponibilidade da ação, preservando suas claras raízes romano-germânicas.

Essa lógica ficou superada na Lei nº 12.850/13, mais recente e completa disciplina da colaboração premiada no Brasil. Ao contrário das primeiras previsões nacionais sobre a delação premiada, a Lei nº 12.850/13 confere ao instituto feições de um típico instrumento de justiça penal consensual.[489]

Não há, no novo regime, como se cogitar a aplicação dos benefícios legais sem que haja consenso entre as partes. É indispensável que, para

---

that there are sufficient elements for prosecuting, he is legally bound to prosecute; in other words he does not enjoy any discretion.

[487] O que caracteriza o instituto do *plea bargaining*, v.g. Cf. GRINOVER, Ada Pellegrini; GOMES FILHO, Antonio Magalhães; FERNANDES, Antonio Scarance; GOMES, Luiz Flávio. *Juizados especiais criminais*: comentários à Lei 9.099, de 26.09.1995. 5ª Ed. São Paulo: Revista dos Tribunais, 2005, p. 255.

[488] Anote-se que aqui não se emprega a dicotomia *adversarial/inquisitorial* apenas para designar duas formas distintas de distribuição de poderes e funções entre os atores do processo penal. Em uma leitura mais contemporânea, podem ser analisados os sistemas *predominantemente* adversarial ou predominantemente inquisitorial como duas distintas *culturas processuais*, com diversos reflexos sobre a forma como deve se desenvolver a persecução penal. Leitura feita por: LANGER, Máximo. Op. cit. p. 04. Diz o autor: *The adversarial and inquisitorial systems can be understood not only as two different ways to distribute powers and responsibilities between various legal actors – the decision-maker, the prosecutor, and the defense –but also as two different procedural cultures and thus, two different sets of basic understandings of how criminal cases should be tried and prosecuted.* Anote-se, adicionalmente, de acordo com o exposto, historicamente, na tradição anglo-saxônica, as primeiras formas de delação premiadas (*approvement*) não tinham como fundamento o princípio da oportunidade. Isso porque a propositura da ação penal era pressuposto do processo incidental que se formava com a delação feita pelo réu – constituindo-se nova relação jurídica entre este e o indivíduo delatado.

[489] A Lei nº 13.964/19 inseriu o art. 3º-A no diploma legal referido, o qual reconhece expressamente a colaboração premiada como negócio jurídico processual, além de meio de obtenção de prova.

tanto, a negociação entre acusação e defesa culmine em um acordo, o qual deve ser materializado por meio de um termo próprio a ser submetido à homologação judicial[490].

Em uma análise baseada em similaridades, é sintomático da influência anglo-saxônica sobre o novo regime jurídico da colaboração premiada o disposto no art. 4º, §4º, da Lei nº 12.850/13, que prevê a possibilidade de o Ministério Público, em decorrência de acordo com o colaborador, deixar de oferecer denúncia. Veja-se que, nesse aspecto, o legislador brasileiro faz uso da *não persecução penal* como moeda de troca pela colaboração, possibilidade presente no direito anglo-saxônico desde a *crown witness system*, a partir de meados do século XVI, conforme exposto acima[491].

O novo regime jurídico da colaboração premiada no Brasil, nota-se, carrega a premissa teórica de que as partes podem solucionar controvérsias penais por meio do consenso, conferindo ao órgão de acusação grande margem de discricionariedade relativa à necessidade ou não da propositura de ação penal contra o colaborador.

É justamente por esses dois aspectos – possibilidade de consenso e reconhecimento de grande margem de discricionariedade ao acusador – que o regime jurídico da 12.850/13 foi revestido de feições completamente distintas das que constam do regramento anterior.

Pode-se concluir, a partir desse contraste existente entre a normativa que introduziu a delação premiada no Brasil e a legislação mais recente, que os óbices principiológicos decorrentes do princípio da obrigatoriedade da ação penal, os quais impediam o manejo do instituto como uma ferramenta de justiça negocial, foram sensivelmente flexibilizados.

---

[490] A elaboração de acordo e a respectiva homologação são formalidades indispensáveis que se prestam à salvaguarda dos direitos do colaborador. Caso não observadas, haverá nulidade absoluta dos elementos de convicção que sejam decorrentes do acordo. Esse critério, por nós defendido desde 2018, foi acolhido pela Lei nº 13.964/19, conforme redação que se deu ao art. 3º-B, §6º, da Lei nº 12.850/13. Segundo o texto legal, "na hipótese de não ser celebrado o acordo", não poderão ser utilizadas as provas ou informações apresentadas pelo colaborador. Tal situação, todavia, não se confunde com aquela em que o acordo foi celebrado e, posteriormente, rescindido, por descumprimento das cláusulas pelo colaborador. Nesta hipótese, as provas poderão ser utilizadas pelos órgãos de persecução penal.

[491] Não se trata de influência direta, como já está claro, mas de influência indireta, intermediada pela influência italiana sobre o processo penal brasileiro, notadamente pela Lei nº 9.099/95, como restará esclarecido ao final do capítulo.

Analisando o contexto normativo-principiológico do novo regramento da colaboração premiada, percebe-se que, diversamente do que ocorria nas origens do instituto no Direito Brasileiro, o Ministério Público pode oferecer ampla gama de benefícios ao investigado ou acusado, inclusive benefícios que expressam a disponibilidade da ação penal ou o arrefecimento do *jus puniendi* estatal, como já exposto, desprestigiando a obrigatoriedade da ação penal, em favor dos princípios da oportunidade e da disponibilidade.

A partir dessa constatação, viável pela compreensão dos princípios processuais subjacentes à pioneira normativa e ao regramento atual, deve-se questionar como se desenvolveu a relação de causa e efeito, nos planos principiológico e normativo, que culminou na configuração da colaboração premiada como negócio jurídico no Brasil[492].

Como já dito neste trabalho, nenhuma norma surge do nada, mas de uma relação dinâmica existente entre os meios político e social e o plano normativo. Quais foram as transformações experimentadas pelo Direito Brasileiro, entre 1990 e 2013, que repercutiram sobre a colaboração premiada? É o que se tenta responder nos tópicos seguir.

3.4.2. A delação premiada na era da obrigatoriedade da ação penal

Já se afirmou que o instituto da colaboração premiada, quando inserido no ordenamento jurídico brasileiro, não poderia se apresentar como uma ferramenta de justiça negocial nos moldes constantes da Lei nº 12.850/13. Rígidos óbices principiológicos, tais como os decorrentes da obrigatoriedade e da indisponibilidade da ação, impediriam essa configuração.

Não se trata de mera suposição, mas de conclusão lógica. Em um ambiente processual em que há densa fidelidade ao princípio da obrigatoriedade, não seria aceitável que o órgão de acusação pudesse oferecer grandes benefícios ao investigado ou acusado colaborador, notadamente a promessa de não persecução penal[493].

---

[492] Nesse sentido: *A colaboração premiada é um negócio jurídico processual, uma vez que, além de ser qualificada expressamente pela lei como meio de obtenão de prova, seu objeto é a cooperação do imputado para a investigação e para o processo criminal, atividade de natureza processual, ainda que se agregue a esse negócio jurídico o efeito substancial (de direito material) concernente à sanção premial a ser atribuída a essa colaboração* (STF – HC 127.483/PR. Tribunal Pleno. Rel. Min. Dias Toffoli. J: 27-08-2015; DJe: 03-02-2016).

[493] A leitura histórica feita do *approvement*, que comprovou que as raízes da colaboração premiada do *common law* não guardam vinculação com o princípio da oportunidade, não contradiz a afirmação, pois o instituto referido *não era instrumento de justiça negocial*. Não havia

CAPÍTULO 3 – RAÍZES COMPARADAS DA COLABORAÇÃO PREMIADA

Por isso, quando da introdução da delação premiada no direito brasileiro[494], eventual construção de um amplo mecanismo de justiça consensual ocorreria por meio de um movimento de transplante. Certamente, como consequência do inevitável atrito entre o instituto importado e os princípios reitores do processo penal pátrio, haveria imediata rejeição da comunidade jurídica ao novo instituto, por questões inerentes à cultura processual brasileira.

Empiricamente, há diversos exemplos que expressam a rejeição de sistemas processuais de tradição romano-germânica a institutos importados com a lógica anglo-americana[495]. No que concerne à abertura de espaços de consenso no processo penal brasileiro, as rejeições aos institutos característicos do *common law* são bastante claras. Mesmo quando se decidiu flexibilizar o princípio da obrigatoriedade, com base na permissão contida no art. 98, I, da Constituição Federal de 1988, foram explicitamente *descartadas as soluções dos sistemas que adotam o princípio da oportunidade da ação penal, como o norte-americano, com o plea bargaining*[496].

Por isso, a construção inicial da delação premiada no direito brasileiro não abrangia instrumentos de justiça penal negocial, pois inexistentes poderes discricionários do *dominus litis* de disposição sobre o objeto da

---

acordo entre o autor da ação e o delator, que passava a integrar nova relação jurídica processual, incidentalmente à ação principal, sem participação do acusador. Claro é que nas origens do *approvement* não havia vinculação entre a discricionariedade do acusador e a colaboração processual. Contudo, todo o peculiar contexto processual da *appeal of felony* (iniciativa privada da acusação, necessidade de formação de nova relação jurídica processual no *approver's appeal*) e do próprio *approvement* (inexistência da *não persecução penal* como moeda de troca, e etc.) justificava o instituto, porém com natureza jurídica e regulamentação completamente distintas da que conhecemos hoje, conforme visto acima.

[494] Por meio da Lei. Nº 8.072/90.

[495] Tenha-se como exemplo a reforma operada pela Lei nº 11.690/08 sobre o art. 212, CPP. Acolheu-se o sistema de *cross-examination* para a inquirição de testemunhas, característico do processo adversarial, conferindo-se às partes um papel protagonista no desempenho da atividade probatória, deixando-se ao juiz o poder de complementar a inquirição. Todavia, a cultura processual então vigente prestigiava o sistema presidencialista da gestão da prova. Diante disso, diversos julgadores resistiram à reforma e mantiveram o protagonismo na atividade de inquirição de testemunhas, existindo, inclusive, resistência doutrinária quanto a esse aspecto (vide, *v.g*, NUCCI, Guilherme de Souza. *Manual de Processo Penal e Execução Penal*. 5ª Ed. São Paulo: Revista dos Tribunais, 2008, p. 474/475).

[496] BRASIL. Câmara dos Deputados. Exposição de Motivos da Lei nº 9.099, de 26 de setembro de 1995. Disponível em: http://www2.camara.leg.br/legin/fed/lei/1995/lei-9099-26-setembro-1995-348608-exposicaodemotivos-149770-pl.html. Acesso em: 16 de novembro de 2017.

persecução penal, sobre a intensidade do *jus puniendi* ou sobre a própria ação penal. Não por outro motivo, de maneira acertada, diante das construções normativas que antecederam a Lei nº 12.850/13, a doutrina qualificada a delação premiada como instituto de natureza exclusivamente *penal, posto que se constitui fator de diminuição da reprimenda penal* ou, no caso de perdão judicial, *causa extintiva de punibilidade*[497].

Caracterizada a normativa primitiva que acolheu a delação premiada como de natureza essencial e exclusivamente penal, preserva-se a perspectiva de direito premial, mas suprimem-se as possibilidades de construção de espaços de consenso.

Por óbvio, o direito premial que se projeta exclusivamente na esfera substantiva não resulta de uma perspectiva inaugurada pela figura da delação premiada. Benefícios consideráveis poderiam ser alcançados por meio do *arrependimento eficaz* e do *arrependimento posterior* que, com o fim de reforçar a tutela de bens jurídicos, proporcionam uma diminuição de pena àquele que, respectivamente, evita que o resultado lesivo ocorra ou repara o dano causado, nos termos dos artigos 15 e 16 do Código Penal[498].

Nesse sentido, Marcos Alexandre Coelho Zilli (2016, p. 862) aponta que os benefícios decorrentes desses dois institutos, assim como da confissão, justificam-se em contrapartida ao *arrependimento como expressão de remorso*. Aqui, apenas se adiciona uma distinção entre a confissão e os institutos previstos no Código Penal. Como dito, o arrependimento posterior e arrependimento eficaz não premiam apenas o arrependimento. A existência desses institutos se justifica pela pretensão de se promover uma superior tutela do bem jurídico, adicional àquela que se extrai da norma penal incriminadora. Com essa finalidade, a diminuição de pena é elemento de convencimento abstrato direcionado ao infrator da norma penal, para que este se veja estimulado a evitar a concretização da lesão ao bem jurídico ou a, pelo menos, repará-la. Não há nenhuma repercussão processual.

Diversamente, a confissão e a delação premiada, esta como originalmente posta na Lei nº 8.072/90 e nos demais diplomas que antecederam

---

[497] Mossin, Heráclito Antonio; Mossin, Julio Cesar O.G. *Delação Premiada: aspectos jurídicos*. 2ª ed. Leme: JH Mizuno, 2016, p. 29.

[498] Zilli, Marcos Alexandre Coelho. *A Colaboração Premiada nos Trópicos. Autonomia das Partes e o Imperativo do Controle Judicial*. Leituras Sobre a Lei 12.850/13 à luz da eficiência e do garantismo. In: Cunha Filho, Alexandre J. Carneiro da (et. al). *48 Visões sobre a Corrupção*. São Paulo: Quartier Latin, 2016, p. 862.

a Lei nº 12.850/13, não se prestam à tutela de bens jurídicos, mas podem repercutir sobre o quadro probatório, fornecendo elementos que, somado a outros, podem justificar uma condenação.

A perspectiva utilitarista, que visa fortalecer a eficiência da máquina persecutória, pode subsistir tanto no âmbito da confissão, quanto no da delação premiada, em seu regramento primitivo[499]. Muito bem pontua o autor, todavia, que, entre esses dois institutos, apenas o benefício pela confissão contém raízes religiosas, sustentando-se pela noção de purgação. A delação premiada, ao contrário, encontra amparo apenas no utilitarismo[500].

O ponto de central interesse, de qualquer maneira, é que nenhum dos quatro institutos citados se projeta sobre o processo para permitir soluções consensuais, apresentando, no máximo, repercussões probatórias.

Assim se manteve a delação premiada na Lei nº 8.072/90, na Lei nº 9.080/95, na Lei nº 9.296/96 – com previsões de causas de diminuição de pena que poderiam ser reconhecidas diretamente pelo magistrado, independentemente de ajuste entre as partes. O caráter utilitarista da delação premiada foi reforçado na forma pela qual se expressou a Lei nº 9.807/99 quanto à matéria, mas ainda sem flexibilização do princípio da obrigatoriedade e sem a admissão de espaços de consenso[501].

O diploma estabeleceu balizas para que se pudesse aferir com maior objetividade a efetividade da colaboração prestada, proporcionando ao julgador parâmetros seguros de análise relativa ao cabimento do benefício legal. A propósito, além da causa de diminuição de pena, passou-se a admitir a concessão de perdão judicial, com extinção de punibilidade. Sobre esse aspecto, a Lei nº 9.807/99 abriu certo espaço para o exercício de poder discricionário pelo juiz. A opção pelo perdão judicial ou pela causa de diminuição de pena, em caso de colaboração eficaz, fica a seu critério, especialmente pela análise de fatores subjetivos[502].

Se o benefício a incidir no caso concreto está sob o manto dos poderes discricionários do julgador na Lei nº 9.807/99, não pode estar simulta-

---

[499] ZILLI, Marcos Alexandre Coelho. *A Colaboração Premiada nos Trópicos. Autonomia das Partes e o Imperativo do Controle Judicial*. Leituras Sobre a Lei 12.850/13 à luz da eficiência e do garantismo. In: CUNHA FILHO, Alexandre J Carneiro da (et. al). *48 Visões sobre a Corrupção*. São Paulo: Quartier Latin, 2016, p. 863.
[500] Idem. p. 862.
[501] Diplomas citados por ZILLI, Marcos Alexandre Coelho. Op. cit. p. 862.
[502] Idem. p. 863.

neamente sob a discricionariedade ministerial. Resta claro que ainda não haveria a possibilidade de se desenhar um modelo de colaboração premiada compatível com a noção de justiça penal negocial, haja vista a inexistência de poderes discricionários ao *dominus litis* na colaboração premiada.

Durante o reinado do princípio da obrigatoriedade sobre a delação premiada, não houve qualquer diploma normativo que introduzisse nesse meio de obtenção de prova espaços de solução do processo penal pelo consenso. Nosso ordenamento jurídico precisaria de uma flexibilização desse rígido princípio para que a construção da Lei nº 12.850/13 pudesse culminar na normativa vigente. Esse papel coube à Lei nº 9.099/95.

3.4.3. A Lei nº 9.099/95 e a construção de uma nova mentalidade

A estrita fidelidade do ordenamento jurídico brasileiro aos princípios da obrigatoriedade e da indisponibilidade começou a ser flexibilizada, todavia, com a edição da Lei nº 9.099/95, que inseriu no processo penal brasileiro hipóteses de *discricionariedade regrada* (ou *controlada*) da ação penal.

Apesar de o aludido ato legislativo ter mantido os supramencionados princípios como regra, as exceções que sobre eles recaem representam certo grau de afastamento do processo penal brasileiro das rígidas estruturas inquisitoriais e, paralelamente, uma leve aproximação do modelo adversarial[503].

A possibilidade de transação entre acusação e defesa, com eventual disponibilidade da ação penal, compreende uma concepção do processo penal como uma disputa de duas partes perante um julgador mais passivo. É intuitivo que no *modelo de disputa*, típico do sistema adversarial, admita-se que as partes cheguem a um acordo sobre os fatos, a capitulação jurídica e suas consequências penais[504].

Entretanto, a influência anglo-saxônica sobre as disposições da Lei nº 9.099/95 não possui tamanha amplitude. As ferramentas de disponibilidade regrada nela previstas são tímidas e devem se ater aos estritos limites legais, quando manejadas. Nesse diapasão, sob a ótica de Marcos Alexandre Coelho Zilli[505], para a criação dos institutos da *composição civil dos*

---

[503] O mesmo diz Langer (p. 38): *the introduction of consensual negotiating mechanisms has been as a way of making the rigid inquisitorial system more flexible.*
[504] LANGER, op. cit. p. 36.
[505] ZILLI, Marcos Alexandre Coelho. *A iniciativa instrutória do juiz no processo penal.* São Paulo: Revista dos Tribunais, 2003, p. 24, nota de rodapé nº 2.

danos, da *transação penal* e da *suspensão condicional do processo*, a experiência norte-americana serviu de *modelagem*, mas a Lei nº 9.099/85 não adotou *uma postura simplista de* mera *transposição de institutos*. Em outras palavras, pode-se dizer que a influência anglo-saxônica sobre ela não se deu por meio do movimento de *transplante*[506], até porque este esbarraria em óbices principiológicos.

Em verdade, essa primeira grande influência anglo-saxônica sobre o processo penal brasileiro passou por dois movimentos de importação e ocorreu de maneira indireta, tendo o ordenamento jurídico italiano como intermediador. Veja-se que a exposição de motivos[507] do anteprojeto que deu origem à Lei nº 9.099/95 diz expressamente terem sido "descartadas as soluções dos sistemas que adotam o princípio da oportunidade da ação, como o norte-americano, com o *plea bargaining*".

Logo em seguida, o mesmo texto dispõe que o projeto adotou a sistemática italiana, que guarda fidelidade aos critérios de obrigatoriedade e indisponibilidade, mas traz hipóteses excepcionais de discricionariedade regrada.

Ao se admitir a ideia de que o projeto foi influenciado pela legislação italiana, admite-se, consequentemente, que a Lei nº 9.099/95 reflete certos valores do processo adversarial – mormente aqueles que se situam no

---

[506] Estudando a moderna tendência de globalização jurídica, Alan Watson concebeu a expressão *"transplante"* legal. O termo manifesta a transposição de uma metáfora proveniente da medicina e da botânica, para designar o movimento de circulação de institutos legais entre distintos corpos jurídicos (cf. LANGER, Máximo. From legal transplants to legal translation: the globalization of plea bargaining and the americanization thesis in criminal procedure. *Harvard International Law Journal*. Vol. 45, Nº 01, p. 1-64, 2004). Assim como na medicina e na botânica, o *transplante* jurídico pressupõe a existência de um corpo (ordenamento jurídico) ou de um ambiente (prática jurídica) original e, por outro lado, de um corpo jurídico receptor. Além disso, as normas transplantadas podem ser rejeitadas pelo corpo receptor ou podem ser com ele incompatíveis, assim como ocorre no campo da medicina e da biologia. Esses são alguns dos motivos pelos quais Máximo Langer acredita que a metáfora criada por Watson tenha feito sucesso entre os estudiosos de direito comparado.

[507] Subscrita por Ada Pellegrini Grinover, Antonio Magalhães Gomes Filho, Antonio Scarance Fernandes, Antonio Carlos Viana Santos, Manoel Carlos Vieira de Moraes, Paulo Costa Manso, Ricardo Antunes Andreucci e Rubens Gonçalves. Texto disponível em: GRINOVER, Ada Pellegrini; GOMES FILHO, Antonio Magalhães; FERNANDES, Antonio Scarance; GOMES, Luiz Flávio. *Juizados especiais criminais*: comentários à Lei 9.099, de 26.09.1995. 5ª Ed. São Paulo: Revista dos Tribunais, 2005, p. 415/425.

âmbito do modelo de disputa. Isso porque o ordenamento jurídico italiano recebeu influência do *plea bargaining* por meio do movimento de *tradução*, dando origem aos institutos do *patteggiamento*, do *giudizio abbreviato* e do *procedimento per decreto*[508].

Quando importaram dos Estados Unidos para a Itália a noção de transação entre as partes no processo penal, típica do *plea bargaining*, os legisladores italianos tiveram de fazer sensíveis adaptações ao instituto, adequando-o à realidade romano-germânica e dando origem a novas ferramentas processuais. Assim, as distintas raízes jurídicas do ordenamento jurídico matriz e do sistema receptor exigiam que a influência fosse feita por meio do movimento de tradução, sendo incabível o simples transplante. Houve a importação de uma ideia – transação entre as partes no processo penal – mas houve reconstrução principiológica, pois, na ordem de origem, vigora o princípio da oportunidade na ação, enquanto na Itália houve a necessidade de se conceber a noção de discricionariedade controlada.

Posteriormente, o ordenamento jurídico brasileiro absorveu tais estruturas italianas, já *traduzidas* para a realidade típica dos ordenamentos de tradição *romano-germânica*, por meio de um movimento que mais se assemelha à ideia de *transplante*[509], sem necessidade de *grandes* adaptações estruturais. Surgem, a partir desses dois movimentos subsequentes, os institutos despenalizadores da Lei nº 9.099/95.

Certo é que a transação penal e a suspensão condicional do processo, apesar de já apresentarem notas do modelo adversarial, ainda se encontram muito distantes da consagração da *lógica* do *modelo de disputa* e, igualmente, distantes do instituto norte-americano do *plea bargaining*. Com base no sistema de negociação previsto na Lei nº 9.099/95, não pode, por exemplo, o Ministério Público deixar de oferecer denúncia em troca da

---

[508] Esses institutos, que inspiraram a reforma brasileira, serão analisados com maior cautela no curso da obra. Também foram influenciados pelo *plea bargaining*: o *absprachen* alemão, o *procedimiento abreviado* da Argentina e a *composition*, na França (cf. LANGER, op. cit. p. 38).

[509] Foi importada não só a ideia de negociação entre acusação e defesa como uma maneira de se evitar o longo curso do processo penal, mas também toda a bsase principiológica construída na Itália.

colaboração de um suspeito para a descoberta de coautores, como ocorre comumente no *plea bargaining*[510].

Estudiosos do processo penal comparado, contudo, já alertavam que os institutos de justiça consensual penal do modelo *adversarial* poderiam ser *cavalos de Tróia* para os sistemas inquisitoriais que os traduzissem. As ferramentas processuais importadas por influência do *plea bargaining*, por exemplo, poderiam esconder, em seu interior, a própria lógica do sistema adversarial, abrindo espaços para que a estrutura jurídica de destino repensasse os papeis dos atores do processo e até mesmo a forma de compreendê-lo[511].

Pode-se dizer, com base nessa lógica, que a efetiva introdução de métodos consensuais de solução de controvérsias penais no direito brasileiro abriu caminhos para uma nova compreensão de processo penal e dos papeis que cabem a seus atores[512].

Essas novas construções possibilitaram que, dezoito anos mais tarde, a Lei nº 12.850/13 introduzisse[513] uma regulamentação da colaboração pre-

---

[510] GRINOVER, Ada Pellegrini; GOMES FILHO, Antonio Magalhães; FERNANDES, Antonio Scarance; GOMES, Luiz Flávio. Op. cit. p. 68.

[511] LANGER, Maximo. op. cit. p. 38: "one could think about *plea bargaining* as a Trojan horse that can potentially bring, concealed within it, the logic of the adversarial system to the inquisitorial one. [...] inquisitorial systems that translate *plea bargaining* would gradually become *Americanized* by adopting an adversarial conception of criminal procedure". Patrick Glenn (2006, p. 432), sobre as influências que determinada tradição jurídica pode exercer sobre um sistema processual particular, leciona que, absorvida determinada informação normativa de certa tradição jurídica, passa ela a se comportar de maneira insidiosa, resistindo aos esforços de exclusão ou de controle.

[512] Ressaltem-se as anotações de Ada Pellegrini Grinover, Antonio Magalhães Gomes Filho, Antonio Scarance Feranandes e Luiz Flávio Gomes (op. cit. p. 41 e 50): "A Lei. 9.099/95 significa uma verdadeira revolução no sistema processual-penal brasileiro. Abrindo-se às tendências (solução de controvérsias penais pelo método consensual e adoção do procedimento oral) apontadas no início desta introdução. [...] é uma verdadeira revolução (jurídica e de mentalidade), porque quebrou-se a inflexibilidade do clássico princípio da obrigatoriedade da ação penal. Abriu-se no campo penal um certo espaço para o consenso".

[513] Anteriormente à edição da Lei nº 12.850/13, vigorou a Lei nº 10.409/2002, que previu, de maneira inédita no ordenamento jurídico brasileiro, um modelo negocial da colaboração premiada, diferentemente de todas as previsões que a antecederam (*v.g*, Lei nº 8.137/90, art. 16, parágrafo único; Lei nº 8.072/90, art. 8º, parágrafo único; art. 159, §4º do Código Penal; Lei nº 9.807/99, art. 13). Ocorre que suas disposições eram rasas e a Lei não contava com um tão detalhado quanto o contido na Lei nº 12.850/13. Além disso, a vigência da Lei nº 10.409

miada que parece pressupor a aceitação do *modelo processual de disputa*, com feições que mais se coadunam com a tradição processual norte-americana do que com as nossas próprias raízes processuais.

Ocorre que, ao contrário do ordenamento jurídico italiano, que contém cláusula constitucional de contenção da expansão dos espaços de consenso no processo penal (art. 112 da *Costituzione Della Repubblica Italiana*), o ordenamento jurídico brasileiro se apresentou como um terreno bastante fértil para o desenvolvimento da semente do *plea bargaining*, oculta nos institutos italianos que inspiraram a Lei nº 9.099/95.

Embora barreiras similares tenham sido pensadas pelos autores do anteprojeto que deu origem à Lei nº 9.099/95, os quais claramente não pretendiam pavimentar caminhos rumo ao *plea bargaining*, esforços doutrinários de contenção não são tão estáveis quanto impeditivos constitucionais.

Aqui, incidem perfeitamente as análises contidas item 2.7 deste livro no sentido de que a importação de informações normativas estrangeiras pode acarretar mudanças estruturais não previstas no ordenamento jurídico importador[514]. Certamente, não houve previsão de que a abertura de espaços de consenso estritamente regrados acabaria por repercutir sobre a colaboração premiada. Repercussões não previstas, diante de mudan-

---

durou apenas pouco mais de quatro anos, até ser revogada pela Lei nº 11.343/2006 que, ao tratar da delação premiada em seu artigo 41, instituiu uma mera causa de diminuição de pena, de maneira superficial. Nesse mesmo sentido: SILVA, Eduardo Araújo da. *Organizações Criminosas: aspectos penais e processuais da Lei nº 12.850/13*. São Paulo: Atlas, 2014, p. 55: No direito brasileiro, a primeira tentativa de disciplina da colaboração processual na sua real dimensão – não meramente como um instituto de direito penal ensejador de perdão judicial ou de redução de pena – [...] ocorreu com a edição da Lei nº 10.409, de 11 de janeiro de 2002 [...]. Referida lei, entretanto, foi expressamente revogada pela atual Lei de Drogas (11.343/06) e, ainda que assim não ocorresse, a singeleza desses institutos mostrava-se incompatível com a magnitude do instituto da colaboração premiada.

Exceto *a posteriori*, para homologação.

[514] GRAZIADEI, Michele. *Comparative Law as The Study of Transplants and Receptions*. In: REIMANN; Mathias; ZIMMERMANN, Reinhard (ed.). Op. cit. p. 442. Anota a autora: The comparative study of transplants and receptions investigates contacts of legal cultures and explores the *complex patterns of change triggered by them* (não há grifos no original). Da mesma forma, aponta LANGER (op. cit. p. 32): The transference of legal rules, ideas and practices, may produce a deep transformation not only in the transferred practice itself but also in the receiving legal system as a whole.

ças principiológicas quase revolucionárias, são naturais. Depois de introduzida no ordenamento de destino, a tradição jurídica importada ganha força autônoma e se desenvolve por processos de rejeição ou de consolidação também estudados no capítulo 02.

Nessa linha de raciocínio, nem mesmo conceitualmente se pode promover a importação de uma determinada tradição jurídica, restringindo sua influência sobre o direito pátrio a apenas certos pontos. Incorporada a tradição, esforços de exclusão ou contenção podem ser inúteis e o seu desenvolvimento prático e teórico fica à deriva[515].

Talvez com uma investigação histórica profunda se pudesse suspeitar da possibilidade de contaminação da colaboração premiada pela importação dos espaços de consenso contidos na Lei nº 9.099/95. A título de curiosidade, o instituto da suspensão condicional do processo se assemelha em demasia com o *on-file plea bargaining* praticado em *Massachusetts* em meados do século XIX, explorado ao longo do item 3.2.3.3.

Como se viu acima, quando da reconstrução da colaboração premiada do *common law*, essa prática contribuiu substancialmente para a expansão dos poderes discricionários do titular da ação penal nos Estados Unidos da América e, por via de consequência, dos espaços de solução consensual do processo penal, com repercussão posterior sobre a colaboração premiada. A experiência global tende a demonstrar que, de fato, pequenos instrumentos de justiça negociada podem se expandir para muito além do previsto.

É o que parece ter ocorrido na relação entre a Lei dos Juizados Especiais Criminais (Lei nº 9.099/95) e a regulamentação da delação premiada, culminando no novo regime jurídico contido na Lei nº 12.850/13.

3.4.4. A colaboração premiada na Lei nº 12.850/13

Ao contrário das primeiras previsões nacionais sobre a delação premiada, a Lei nº 12.850/13 confere ao instituto feições de um típico instrumento de justiça penal consensual. Não há, no novo regime, como se cogitar a aplicação dos benefícios legais sem que haja consenso entre as partes.

---

[515] GLENN, Patrick. Op. cit., p. 432. Traditions, by their nature rub against one another, and overlap. They are more, or less, influential, in different places and with different peoples. In that respect, *they are insidious since they will persist in spite of all efforts of exclusion and control* (não há grifos no original).

Nota-se da redação do art. 4º e §§ da Lei nº 12.850/13 que a colaboração do acusado ou do investigado, somada à concordância ministerial quanto à concessão de perdão judicial, pode fazer com que deixe de existir conflito de interesses[516] entre acusação e defesa. Quando assim for, a ausência de conflito implicará a *não propositura da ação* pelo *dominus litis* – caso as negociações tenham sido concluídas no curso da investigação – em evidente exceção ao princípio da obrigatoriedade. Haverá, ainda, *disponibilidade* da ação, nos casos em que as negociações que impliquem perdão judicial tenham ocorrido após o recebimento da denúncia[517].

Importantes consequências decorrem da conclusão de que a concessão de perdão judicial por acordo entre as partes é hipótese de disponibilidade regrada da ação. Primeiramente, deve-se preservar o entendimento de que apenas o titular da ação pode *negociar* no sentido de dela dispor. Se o magistrado não pode participar das negociações (art. 4º, §6º, Lei 12.850/13), naturalmente não poderá aplicar, *ex officio*[518], o perdão judicial sem que haja proposta ministerial nesse sentido, sob pena de ofensa ao princípio da *autonomia da vontade do acusador*[519].

Da natureza negocial inerente aos benefícios concedidos pela colaboração do investigado ou acusado, também decorre o entendimento de que não há direito público subjetivo do colaborador de exigir determinado *prêmio*. Se o imputado não estiver satisfeito com a proposta ministerial, caberá a ele oferecer contraproposta ou apenas recusá-la. Há, como se

---

[516] O que pode reacender, em nosso Direito, a discussão acerca da existência ou não de lide no processo penal.

[517] Por isso, o perdão judicial decorrente da colaboração premiada, nos moldes da Lei nº 12.850/13, possui natureza jurídica que não se limita à mera causa de extinção de punibilidade, conforme brevemente exposto mais adiante. Após a prolação da sentença, ainda caberá colaboração premiada, mas não será possível a concessão de perdão judicial.

[518] Tanto que o novo regime jurídico não repete a previsão do art. 13 da Lei nº 9.807/99, o qual admitia expressamente a aplicação de ofício dos benefícios legais pelo magistrado. Quando da edição da Lei nº 9.807/99, não era a delação premiada enxergada como um instrumento de justiça consensual. Em verdade, se os benefícios são ferramentas de justiça consensual, nenhum deles pode ser aplicado de ofício pelo julgador, sendo indispensável o consenso e o requerimento das partes, conforme o *caput* do art. 4º da Lei nº 12.850/13.

[519] GRINOVER, Ada Pellegrini; GOMES FILHO, Antonio Magalhães; FERNANDES, Antonio Scarance; GOMES, Luiz Flávio. Op. cit. p. 154. Os autores invocam o aludido princípio para justificar o entendimento de que o juiz não poderá oferecer proposta de suspensão condicional do processo quando o Ministério Público deixar de fazê-lo.

nota, verdadeira barganha entre as partes. O acusado tem como ferramentas de negociação seus conhecimentos acerca da organização criminosa e de suas atividades, enquanto o Ministério Público detém a possibilidade de oferecer benefícios legais ao colaborador. A título ilustrativo, imagine-se que o órgão de acusação ofereça, inicialmente, mera diminuição de pena ao investigado e, diante do proposto, este se disponha apenas a revelar a localização do patrimônio criminoso. Imagine-se, agora, que o colaborador formule contraproposta no sentido de que se disporá a delatar os líderes da organização em troca do perdão judicial.

Resta evidente que há mais espaço para barganha entre as partes no regime da Lei nº 12.850/13 do que nas hipóteses de disponibilidade regrada previstas na Lei nº 9.099/95. Há, no diploma ora estudado, marcas mais densas do modelo consensual de solução de controvérsias penais, o que fortalece compreensão do processo à luz do modelo de disputa e, consequentemente, marca a própria influência do processo *adversarial*. Mais além, nota-se uma transferência da discricionariedade judicial preservada pela Lei 9.807/99 para o *dominus litis*, que passou a dispor de poderes de escolher o benefício a ser aplicado.

A propósito, viu-se que esses movimentos de transferência de poderes discricionários entre titular da ação penal e juízes ocorreram incontáveis vezes ao longo do desenvolvimento do *plea bargaining* norte-americano.

Essas conclusões iniciais evidenciam a natureza jurídica *sui generis* do perdão judicial concedido por consequência da *colaboração premiada*. Diversamente do que ocorre com outras causas de perdão judicial previstas no ordenamento jurídico brasileiro[520], o perdão motivado pela colaboração não é faculdade do julgador de declarar extinta a punibilidade, *segundo seu critério* e diante de circunstâncias legais excepcionais[521]. Em verdade, trata-se – além de causa extintiva de punibilidade – de *ferramenta de negociação*[522] posta à disposição do responsável pela persecução penal em

---

[520] Como, por exemplo, a contida no art. 121, §5º, do Código Penal.

[521] Conceito de *perdão judicial* dado por MIRABETE, Julio Fabbrini. *Manual de Direito Penal. Parte Geral*. 27ª Ed. São Paulo: Atlas, 2011, p. 383.

[522] Os demais benefícios que podem sobrevir da colaboração podem também ser vistos como ferramentas de *negociação*, mas sua efetiva concessão não caracterizará hipótese de disponibilidade da ação penal. Os demais benefícios serão, quando incidirem concretamente em favor do colaborador, consequências penais da colaboração, correlatas, por exemplo, à dosimetria da pena e à sua substituição.

juízo. Seu efetivo emprego implica, assim, flexibilização do princípio da obrigatoriedade da ação penal[523] ou materializa hipótese de *disponibilidade regrada da ação*[524]. Sua utilização ou não faz parte da estratégia de atuação do órgão de acusação, a qual poderia ser frustrada, em detrimento do ideal acusatório, caso o magistrado pudesse aplicá-la de ofício, dentro da moldura posta em discussão.

Enquanto os dispositivos que preveem outras hipóteses de perdão judicial são dirigidos ao juiz, o perdão judicial da colaboração premiada tem como reitor o órgão ministerial. Dessa forma, nos casos em que Ministério Público optar por não oferecer denúncia, nos moldes do art. 4º, §4º[525], da Lei nº 12.850/13, atendidos os requisitos do referido dispositivo, não poderá o juiz simplesmente recusar a concessão do perdão judicial pleiteado pelo Ministério Público, devendo aplicar o artigo 28 do Código de Processo Penal. Trata-se de entendimento que reflete valores do sistema acusatório prestigiado pela Constituição Federal de 1988 (art. 129, I)[526]. O controle do magistrado é, portanto, de estrita legalidade, não de conveniência, cabendo a simples recusa à homologação do acordo apenas nos

---

[523] Quando concedido em fase pré-processual. Parcela doutrinária, ao contrário do que aqui se defende, expressa entendimento no sentido de que o perdão judicial decorrente de colaboração premiada é mera causa *sui generis* de extinção de punibilidade, fruto de acordo feito entre as partes e cuja homologação vincula posterior decisão do julgador, *sem que se possa falar em disponibilidade regrada da ação penal* (cf. Nesse sentido: SILVA, Eduardo Araujo da. *Organizações Criminosas*. Aspectos penais e processuais da Lei nº 12.850/13. São Paulo. Atlas, 2014, p. 64).

[524] Se oferecido pela acusação e concedido após o oferecimento da denúncia.

[525] § 4º Nas mesmas hipóteses do caput, o Ministério Público poderá deixar de oferecer denúncia se o colaborador:
I – não for o líder da organização criminosa;
II – for o primeiro a prestar efetiva colaboração nos termos deste artigo.

[526] Acrescente-se que a concessão de perdão judicial em sede de inquérito policial tem sido admitida de maneira tranquila no direito brasileiro, entendimento que vem sendo prestigiado tanto pelo Ministério Público (v. recente promoção exarada pelo Procurador-Geral de Justiça nos autos nº 2.301/13, originários da 3ª Vara Criminal da Comarca de São José do Rio Preto. Disponível em: http://www.mpsp.mp.br/portal/page/portal/Assessoria_Juridica/Criminal/Art_28_CPP/A28-60833-14_29-04-14.htm; Acesso em: 08/08/2014) quanto pela jurisprudência dos tribunais superiores (v. STJ – 5ª Turma. HC nº 72.234/PE. Rel. Min. Napoleão Nunes Maia Filho. DJ: 05/11/2007).

casos em que houver violação às disposições legais que imponham critérios objetivos[527].

Quanto aos critérios subjetivos previstos no §1º[528] do artigo 4º da Lei 12.850/13, caso o juiz entenda que a concessão do perdão judicial não guarda com eles consonância, deverá sempre se limitar a remeter os autos ao Procurador-Geral de Justiça ou à 2ª Câmara de Coordenação e Revisão (art. 4º, §2º, Lei nº 12.850/13). Referida determinação legal reforça a ideia de que o perdão judicial da nova lei tem como reitor o Ministério Público e não o julgador, justamente por representar uma hipótese de disponibilidade da ação[529].

Acrescente-se que, quando o Ministério Público entender que a colaboração é suficiente para que se deixe de oferecer denúncia, deverá fazê-lo mediante promoção de arquivamento que, acompanhada do termo de acordo, contenha pedido de aplicação do perdão judicial, nos moldes do *caput* do art. 4º. Assim, a homologação do arquivamento fará coisa julgada material, em prestígio à segurança jurídica.

Situação distinta ocorrerá se o prêmio oferecido pelo Ministério Público no acordo for o perdão judicial, mas ainda não for possível aferir a eficácia da colaboração. Nesse caso, deve ser proposta a ação contra o colaborador e o perdão judicial só será aplicado se, posteriormente, for constatada a eficácia da colaboração prestada. Alternativamente, pode o órgão ministerial requerer a suspensão do prazo para oferecimento da denúncia contra o colaborador por até 06 (seis) meses, com consequente suspensão do prazo prescricional, justamente para poder avaliar se as medidas acordadas foram cumpridas (art. 4º, §3º, da Lei nº 12.850/13)

Ainda com relação às negociações entre as partes, o novo regime da colaboração premiada guarda aproximação muito maior do sistema *adver-*

---

[527] São objetivos os critérios do art. 4º, §4º. V. nota 50, acima.

[528] § 1º Em qualquer caso, a concessão do benefício levará em conta a personalidade do colaborador, a natureza, as circunstâncias, a gravidade e a repercussão social do fato criminoso e a eficácia da colaboração.

[529] Parcela doutrinária, ao contrário do que aqui se defende, expressa entendimento no sentido de que o perdão judicial decorrente de colaboração premiada é mera causa *sui generis* de extinção de punibilidade, fruto de acordo feito entre as partes e cuja homologação vincula posterior decisão do julgador, *sem que se possa falar em disponibilidade regrada da ação penal*. Nesse sentido: SILVA, Eduardo Araújo da. *Organizações Criminosas*. Aspectos penais e processuais da Lei nº 12.850/13. São Paulo. Atlas, 2014, p. 64.

sarial do que as medidas despenalizadoras previstas na Lei nº 9.099/95. As negociações entre as partes na Lei de Juizados Especiais Criminais deveriam ocorrer sempre "na presença do juiz" (cf. art. 89, §1º, Lei 9.099/95). Esse aspecto era uma das distinções que o regime jurídico nela previsto apresentava em comparação com o *plea bargaining* norte-americano[530]. Isso porque, neste, as negociações podem ocorrer extraprocessualmente, sem a presença do Poder Judiciário. Diversamente, como dito, o sistema da Lei nº 9.099/95 não admite negociações sem que o juiz esteja presente.

A Lei nº 12.850/13, por sua vez, exclui sumariamente o magistrado da fase de negociação (art. 4º, §§ 6º e 7º, da Lei nº 12.850/13), deixando claro que a atuação do julgador na colaboração premiada se restringe à homologação do acordo, exatamente como ocorre no *plea bargaining*. Nada impede, por isso, que as negociações ocorram extraprocessualmente, com posterior submissão do termo de acordo ao Judiciário para controle de *legalidade* e homologação.

Esse ponto representa mais uma quebra de paradigma no processo penal brasileiro. Está implícita a ideia de que as partes serão livres, dentro dos limites legais, para negociarem nos termos que acharem devidos, sem intervenção judicial.

Parece que essas disposições aceitam a compreensão do processo penal de acordo com o *modelo de disputa*, no qual as partes podem buscar o consenso enquanto o julgador se mantém passivo, exercendo posterior função de garante e de guardião da legalidade. Fica naturalmente ressalvada a possibilidade de provocação judicial em momento anterior, caso haja qualquer forma de constrangimento por parte dos órgãos de persecução penal (art. 5º, XXXV, da Constituição Federal).

Poder-se-ia argumentar que negociações sem a presença do juiz poderiam submeter o acusado ao risco de ser coagido pelos agentes do Estado a "colaborar[531]". Aludida argumentação não seria procedente. A Lei nº 12.850/13 tomou todas as cautelas para garantir que só seja reconhecida

---

[530] Sobre o cabimento de negociações *under the table* na Lei 9.099/95, já havia anotado a doutrina: "pode ser possível no *plea bargaining*. No sistema brasileiro é praticamente inconcebível, porque a negociação se dá na presença do juiz" (GRINOVER, Ada Pellegrini; GOMES FILHO, Antonio Magalhães; FERNANDES, Antonio Scarance; GOMES, Luiz Flávio. Op. cit. p. 259).
[531] Se houver coação, não se tratará exatamente de *colaboração*.

como legítima a colaboração voluntária, livre de coações. O §6º do artigo 4º, por exemplo, não admite que a negociação ocorra com o investigado ou acusado sem a presença de um defensor. O referido dispositivo é claro no sentido de que as negociações devem ocorrer: a) entre o delegado de polícia[532], o investigado *e* o defensor; ou b) entre o Ministério Público, o acusado ou investigado *e* o defensor.

A presença do defensor é sempre obrigatória, justamente para que se evitem constrangimentos ilegais em desfavor do acusado. Considerando a presença de um procurador inscrito nos quadros da Ordem dos Advogados do Brasil, não há razão para temer que o acusado seja coagido a "colaborar" pelos órgãos de persecução penal. Se o investigado for constrangido de qualquer forma, o defensor deve acionar o Poder Judiciário e os elementos de convicção eventualmente colhidos estarão maculados pelo vício da ilicitude.

Além disso, não se reconhece nenhum valor ao acordo antes de sua homologação judicial. O magistrado competente, no desiderato de aferir a regularidade, a legalidade e a voluntariedade do acordo, deverá[533] ouvir sigilosamente o colaborador e o seu defensor, os quais poderão, distantes dos órgãos de persecução, narrar à autoridade judiciária eventuais constrangimentos sofridos no curso das negociações.

Parece-nos, portanto, que a possibilidade de as negociações ocorrerem extraprocessualmente não representa um risco maior de que acordos maculados pela arbitrariedade estatal sejam homologados judicialmente.

Em uma análise holística da nova Lei, não há dúvidas de que a colaboração premiada, tal como regulamentada, tem em suas distintas informações normativas duas raízes jurídicas. A lógica de direito premial inerente às primeiras fórmulas de delação premiada, existentes entre 1990 e 2013, proveio do direito italiano, com inspiração na legislação de emergência estrangeira, editada para fazer frente à criminalidade organizada e ao terrorismo.

A lógica do consenso e a ruptura com o rígido compromisso do direito brasileiro com o princípio da obrigatoriedade são, de forma diversa, oriun-

---

[532] A legitimidade do delegado de polícia para conduzir negociações de colaboração premiada exige, contudo, interpretação conforme a Constituição, retirando da autoridade policial qualquer possibilidade de dispor da ação.

[533] A Lei nº 13.964/19 alterou a redação original do art. 4º-A, §7º, da Lei nº 12.850/13. Originalmente, previa-se a faculdade de o magistrado ouvir o colaborador, aferindo a voluntariedade do acordo. Com a atual redação, trata-se de dever do juiz.

dos do direito norte-americano, que exerceu influência massiva sobre o *Codice di Procedura Penale de 1988* e, por via de consequência, sobre o direito brasileiro. Importar os institutos do *patteggiamento* e do *giudizio abbreviato*, por isso, implicou a importação das sementes do processo anglo-americano no que diz respeito à solução do processo pelo consenso das partes.

Esses diversos valores, incorporados como novas tradições jurídicas à prática do processo penal brasileiro, foram entrelaçados na composição da Lei nº 12.850/13, desenhando-se a colaboração premiada como um instituto de direito premial, compatível com o princípio da obrigatoriedade e com a compreensão do processo penal sob a perspectiva do modelo de disputa, bastante característica do processo adversarial.

3.5. Conclusão do capítulo

Analisando historicamente a colaboração premiada nas tradições anglo-saxônica e romano-germânica, chega-se à conclusão de que, na primeira, o instituto se desenvolve de maneira linear e progressiva, como uma prática que, com o passar dos anos, consolidou-se no processo penal, amoldando-se, a partir do *Crown witness system*, aos princípios da oportunidade e da disponibilidade da ação penal, bem como à lógica do consenso.

Na tradição romano-germânica, diversamente, apesar de a colaboração premiada constar de registros históricos remotos da Roma Republicana, passando pela Idade Média, conforme inscrições do direito canônico, seu desenvolvimento não é linear. Isso fica claro porque há, aparentemente, um hiato entre a colaboração premiada do direito canônico e a regulamentação do direito contemporâneo. Neste, o instituto ressurge considerando os anseios sociais de combate a graves formas de criminalidade, como fruto de uma legislação de emergência, não como um desdobramento natural e contínuo que poderia indicar uma gradual evolução da colaboração premiada.

É sob a mesma perspectiva que a delação premiada é inserida no direito brasileiro, pela Lei nº 8.072/90, como uma causa de diminuição de pena, norma puramente de direito penal, resultado de uma inegável influência do direito italiano.

Ocorre que a abertura do direito processual penal brasileiro aos espaços de consenso, especialmente pela Lei nº 9.099/95, pavimentou os caminhos para que a colaboração premiada pudesse buscar novas inspirações nas raízes anglo-saxônicas. Não por acaso, a Lei nº 12.850/13 conferiu feições completamente novas ao instituto, transformando o que antes era uma mera causa de diminuição de pena em um complexo mecanismo de justiça consensual e, mais além, repaginando o papel dos atores do processo penal no acordo. O fator inovador é, sem dúvidas, a inserção do elemento negocial na colaboração premiada, que, antes, no nosso direito, expressava-se por meio de norma puramente de direito material.

Capítulo 4
O Papel das Partes no Acordo de Colaboração Premiada

Inicialmente, quando apresentado ao Senado Federal o PLS nº 150/06, que deu origem à Lei nº 12.850/13, o art. 4º, que trata da colaboração premiada, em nada inovava o instituto em comparação ao já contido na Lei nº 9.807/99. Na redação original, previa-se a possibilidade de o juiz aplicar de ofício os benefícios decorrentes de eventual *colaboração premiada*[534].

Naturalmente, ao se reconhecer poderes de concessão de benefícios de ofício ao julgador, o projeto de lei mantinha a colaboração premiada alheia à compreensão do processo penal como modelo de disputa entre as partes. Também não se concebia o instituto como mecanismo de solução consensual do processo, pois, se o magistrado pode conceder o benefício *ex officio*, despicienda a anuência ministerial para tanto.

A justificativa do projeto ainda expressava sua fidelidade às raízes italianas da delação premiada como um instrumento a ser gerido pelo Poder Judiciário, sob a argumentação genérica e pouco precisa de que a condução da colaboração pelo *dominus litis* violaria o art. 5º, XXXV, da Constituição Federal, bem como a cláusula constitucional do *due process*:

> No que se refere à colaboração premiada, o projeto manteve-se fiel à ideia de que a extinção da punibilidade ou a redução da pena devem partir do Poder Judiciário. A nosso sentir, afigura-se inconstitucional a proposta de atribuir tal competência ao órgão acusador. Isso implicaria verdadeiro esvaziamento de poder, função e atividade do órgão judicial, com flagrante

---

[534] O PLS, em sua redação original, pode ser encontrado neste link: http://legis.senado.leg.br/sdleg-getter/documento?dm=2983841&disposition=inline. Acesso em 10/12/2017.

desrespeito à garantia de que "a lei não excluirá da apreciação do Poder Judiciário lesão ou ameaça a direito" (art. 5º, XXXV, da CF) e, no âmbito processual, afronta à cláusula do devido processo legal (art. 5º, LIV, da CF)[535].

No desenvolvimento das discussões parlamentares, ainda no âmbito do Senado Federal, Pedro Simon formulou as propostas de Emenda registradas sob os números 29, 30 e 32. Pretendia-se reconhecer a titularidade de poderes discricionários ao membro do Ministério Público no âmbito da colaboração premiada, prevendo-se que a sentença ficaria vinculada posteriormente ao acordo firmado pelas partes e homologado pelo Poder Judiciário.

Invocando a já tradicional regulamentação da delação premiada na legislação então vigente, o relator do PLS Senador Aloizio Mercadante se manifestou pela rejeição das Emendas, argumentando que os benefícios decorrentes da colaboração se expressam por meio de causas de diminuição de pena ou, excepcionalmente, perdão judicial, inexistindo margem para o reconhecimento de poderes discricionários ao *dominus litis*[536].

Manteve-se a leitura inicial de que o projeto atribuía ao *juiz – e não ao Ministério Público – o poder para conceder o perdão judicial ou declarar extinta a punibilidade do investigado ou acusado*[537].

O projeto apenas passou a se modificar no sentido de se conceber um mecanismo de solução consensual do processo por meio da colaboração premiada depois de extensas audiências públicas com a participação de juristas e profissionais do direito.

No que concerne ao ponto de interesse do trabalho, destacam-se as observações atribuídas a Gilmar Ferreira Mendes, então presidente do Supremo Tribunal Federal, que lançaram luzes sobre outras possíveis raízes da colaboração premiada, diferentes das já conhecidas.

---

[535] BRASIL. Senado Federal. Projeto de Lei do Senado Nº 150, de 2006. Disponível em: http://legis.senado.leg.br/sdleg-getter/documento?dm=4809852&disposition=inline. Acesso em: 09/01/2018.

[536] De fato, houve rejeição em bloco das Emendas relacionadas a esses pontos. BRASIL. Senado Federal. Projeto de Lei do Senado nº 150/2006, Parecer de 07 de novembro de 2007. Disponível em: http://legis.senado.leg.br/sdleg-getter/documento?dm=4809833&disposition=inline. Acesso em: 09/01/2018.

[537] BRASIL. Senado Federal. Projeto de Lei do Senado nº 150/2006, Parecer nº 264, de 2007. Disponível em: http://legis.senado.leg.br/sdleg-getter/documento?dm=4809842&disposition=inline Acesso em: 09/01/2018.

CAPÍTULO 4 - O PAPEL DAS PARTES NO ACORDO DE COLABORAÇÃO PREMIADA

Diversamente das justificativas parlamentares que dispensavam atenção exclusivamente a raízes italianas no regramento da delação premiada nos diplomas legislativos anteriores[538], o PLS nº 150/2006 passou a considerar "a experiência brasileira com o *plea bargain*, interessante prática do direito anglo-saxão". Aparentemente, foi nesse ponto que houve confusão quanto às raízes do instituto, o que acabou por repercutir de maneira drástica sobre as alterações futuras na redação do PLS, que se tornariam a normativa contida na Lei nº 12.850/13[539].

Mas, veja-se, quais diplomas até então vigentes se baseavam na "experiência brasileira com o *plea bargain*"? A essa altura, esta obra conta com suficiente suporte doutrinário para que se possa afirmar que a essência do *plea bargaining* repousa nos poderes discricionários das partes – especialmente pelo poder dispositivo do imputado e pelo poder de *nolle prosequi* do *dominus litis* ou, ainda quanto a este, na possibilidade de arrefecimento da intensidade do *jus puniendi* a critério do titular da ação penal[540].

Qual era a margem de poder discricionário do *dominus litis* na delação premiada, de acordo com as regulamentações das Leis nº 8.072/90, 7.492/86, 8.137/90, 9.296/96 e similares? O *plea bargaining* nasceu e se expandiu na mesma medida em que surgiram e se alargaram os poderes discricionários do titular da ação penal. As comuns afirmações doutrinárias brasileiras, sem embasamento histórico ou doutrinário, no sentido de que a delação premiada da Lei nº 8.072/90 refletiria qualquer aspecto do *plea bargaining*[541] não se sustentam em nenhuma medida.

---

[538] Cf. BRASIL. Câmara dos Deputados. Parecer da Comissão de Constituição e Justiça e de Redação no Projeto de Lei 4.353/1993. Rel. Dep. José Burnett. *Diário do Congresso Nacional*, Brasília, Seção I, 18 out. 1994, Brasília, p. 12.802/12.804. Expressa o documento que a delação premiada foi inspirada nos *collaboratori di giustizia* ou *pentiti* italianos.

[539] Expressando as conclusões extraídas das audiências públicas e citando o Ministro Gilmar Mendes como o expositor que teria feito referências ao *plea bargain*: BRASIL. Senado Federal. Projeto de Lei nº 150/06. Parecer de 11 de novembro de 2009. Disponível em: http://legis.senado.leg.br/sdleg-getter/documento?dm=4809897&disposition=inline. Acesso em: 09 de janeiro de 2018.

[540] Apenas nas origens remotas do *approvement* a colaboração premiada do *common law* não pressupunha poderes discricionários.

[541] Apenas a título ilustrativo, representando os diversos doutrinadores que expressaram referido equívoco conceitual: MIRABETE, Julio Fabbrini; FABBRINI, Renato Nascimento. *Manual de Direito Penal*. 27ª Ed. São Paulo: Atlas, 2011, P. 224.

A semente do *plea bargaining* existia no direito brasileiro apenas na Lei nº 9.099/95, por refletir valores inerentes ao *patteggiamento* e ao *giudizio abbreviato*, produto de inegável inspiração da tradição anglo-americana. Referido diploma foi de extrema importância para que a cultura processual brasileira se desenvolvesse com uma perspectiva nova sobre os papeis dos atores do processo penal, de maneira que não se desenhasse um ambiente de invencível resistência à nova configuração da colaboração premiada com concessão de poderes discricionários às partes[542].

Mesmo assim, ainda depois de acolhida a influência da normativa estadunidense, o relator do PLS nº 150/06 preservou expressamente a concepção de que o magistrado deveria dispor de poderes para conceder de ofício os benefícios decorrentes da colaboração. A justificativa se amparou em um compromisso com a "tradição de longa data do direito brasileiro" nesse sentido. Ainda se mantinha o entendimento de que "os benefícios dispostos na parte inicial do artigo (art. 4º) serão arbitrados pelo juiz de acordo com a efetividade e a eficácia da colaboração"[543].

Sem prejuízo, nesse mesmo momento se passou a falar em acordo entre as partes. Além disso, os poderes discricionários do *dominus litis* começaram a emergir, acolhendo-se a possibilidade de *nolle prosequi* e inserindo-se dispositivo que expressava a impossibilidade de o julgador interferir nas negociações entre as partes, salvo para exercer função de garante[544].

---

[542] Acerca do impacto da Lei nº 9.099/95 sobre a cultura judicial, notadamente sobre a compreensão dos juízes no que diz respeito aos seus próprios papeis: FERNANDES, Antonio Scarance. *Teoria Geral do Procedimento e o Procedimento no Processo Penal*. São Paulo: Revista dos Tribunais, 2005, p. 264: a mudança de mentalidade do juiz, como evidenciaram a antiga evolução jurisprudencial nos Estados Unidos e as recentes reformas legislativas da Europa continental e, entre nós, a Lei 9.099/95, acaba ocorrendo, adaptando-se ele às novas formas de solução do processo assentadas em acordos e no poder dispositivo do acusado.

[543] BRASIL. Senado Federal. Projeto de Lei nº 150/06. Parecer de 11 de novembro de 2009. Disponível em: http://legis.senado.leg.br/sdleg-getter/documento?dm=4809897&dispositi on=inline. Acesso em: 09 de janeiro de 2018.

[544] "Trata o § 4º da hipótese de um acordo de imunidade semelhante ao acordo de leniência previsto nos arts. 35-B e 35-C da Lei nº 8.884, de 1994. A propositura da ação penal fica sobrestada pelo prazo da colaboração. Se a colaboração for realmente efetiva, superior àquelas que dariam margem à simples redução de pena, não sendo o colaborador o líder da organização criminosa, e sendo ele o primeiro a prestar colaboração, o benefício concedido poderá consistir em não ser denunciado. Esse acordo de sobrestamento esteve previsto nos arts. 32, §2º e 37, IV, da Lei nº 10.409, de 2002, sendo bom salientar que este instituto é derivado do

CAPÍTULO 4 - O PAPEL DAS PARTES NO ACORDO DE COLABORAÇÃO PREMIADA

Muito embora aprovado com a perspectiva de possível solução do processo por consenso entre as partes, prevendo-se um acordo de colaboração premiada no qual o Ministério Público poderia optar pela não-persecução, o PLS 150/2006 foi aprovado pelo Senado Federal mantendo que o juiz poderia aplicar de ofício os benefícios cabíveis pela colaboração. Com isso, a concessão dos prêmios poderia ou não ser produto de acordo entre as partes[545].

O PLS nº 150/06, depois de aprovado, foi recebido pela Câmara dos Deputados e lá autuado sob o nº 6.578/09. Até então, a redação do art. 4º mantinha a previsão de que os benefícios pela colaboração poderiam ser aplicados *pelo juiz, de ofício ou a requerimento das partes*[546].

Na Comissão de Segurança Pública e Combate ao Crime Organizado, vinte emendas foram apresentadas ao Projeto de Lei. Dentre elas, apenas a Emenda Modificativa nº 04/2011 se destinava à alteração do dispositivo em questão. Ao justificar a emenda, o relator pontuou que seria necessário *alterar apenas o final do caput, substituindo a expressão "tenha resultado" por "advenha um ou mais dos seguintes resultados"*[547]. Vê-se que não há qualquer menção à supressão da expressão "de ofício". A Comissão de Segurança

---

princípio da oportunidade da ação penal, típico do sistema acusatório instituído pelo art. 129, I da Constituição Federal": BRASIL. Senado Federal. Projeto de Lei nº 150/06. Parecer de 11 de novembro de 2009. Disponível em: http://legis.senado.leg.br/sdleg-getter/documento?dm=4809897&disposition=inline. Acesso em: 09 de janeiro de 2018.

[545] Texto final aprovado pelo Senado disponível em: http://legis.senado.leg.br/sdleg-getter/documento?dm=4809924&disposition=inline. Acesso em: 09/01/2018.

[546] Art. 4º da redação inicial do PL 6.578/09: *O juiz poderá, **de ofício** ou a requerimento conjunto das partes, conceder o perdão judicial, reduzir em até dois terços a pena privativa de liberdade ou substituí-la por restritiva de direitos daquele que tenha colaborado efetiva e voluntariamente com a investigação e com o processo criminal, desde que dessa colaboração tenha resultado [...]*. BRASIL. Câmara dos Deputados. Projeto de Lei 6.578/2009. Redação inicial. Disponível em: http://www.camara.gov.br/proposicoesWeb/prop_mostrarintegra?codteor=723727&filename=Tramitacao-PL+6578/2009. Acesso em: 09/01/2018. A inserção de parágrafos no PL, como uma tentativa de detalhar o procedimento da colaboração premiada ocorreu por sugestão do então Procurador-Geral da República Antonio Fernando Barros e Silva de Souza.

[547] Disponível em: http://www.camara.gov.br/proposicoesWeb/prop_mostrarintegra;jsessionid=F0AA0F041CB8AAF1F267515198840A02.proposicoesWebExterno2?codteor=895759&filename=Tramitacao-PL+6578/2009. Acesso em: 09/01/2018.

Pública e Combate ao Crime Organizado aprovou a Emenda nº 04, tal como proposta[548].

Ocorre que, remetido o projeto pela referida Comissão à Comissão de Constituição, Justiça e Cidadania, designado o relator Deputado Vieira da Cunha, o parecer do órgão fracionário pela aprovação do PL contou com a supressão do termo "de ofício", sem maiores esclarecimentos sobre a alteração.

Sem embargo, a modificação tornou o *caput* do dispositivo mais adequado às raízes do instituto, de acordo com o apontamento feito no Senado depois de audiências públicas. Também passou a guardar maior sintonia com os seus parágrafos, que previam que a colaboração premiada seria produto de um acordo entre as partes – que passaram a exercer poderes dispositivos – decorrente de um processo de negociação livre de qualquer intervenção judicial. Ao magistrado, conferiu-se função mais passiva, de garante, que deve avaliar se o acordo não viola no caso concreto preceitos legais ou direitos fundamentais. A escolha do benefício a ser concedido no caso concreto foi, com essa singela modificação, extraída das mãos do julgador e conferida às partes, considerando toda a sistemática contida no art. 4º e em seus parágrafos. Se o caso comporta diminuição de pena ou perdão judicial, por exemplo, é decisão que as partes tomam conjuntamente nas negociações e, depois de homologado o acordo, vincula o juiz. Este, reforce-se, dada a base principiológica que norteia a dinâmica do acordo de colaboração premiada, não pode conceder prêmios *ex officio*.

A tramitação não deixa margem para dúvidas. A lógica do *plea bargaining* contaminou a colaboração premiada brasileira, repaginando o papel dos atores processuais no manejo do instituto.

4.1. Quem são as partes do acordo? Uma questão de legitimidade. Acertou o STF na ADI 5508/DF?

O acordo de colaboração premiada pressupõe concessões recíprocas das partes legitimadas a figurar nos polos da ação penal. De um lado, o imputado renuncia ao seu direito ao silêncio, assumindo o compromisso de dizer a verdade e de colaborar com os órgãos de persecução penal. Em contrapartida, o titular da ação penal pública possui poderes para deixar

---

[548] Parecer disponível em: http://www.camara.leg.br/internet/ordemdodia/integras/904364.htm. Acesso em: 09/02/2018.

de oferecê-la (*nolle prosequi*), para retardar o seu oferecimento ou, ainda, para conceder benefícios de natureza penal.

O que se nota é que as concessões inerentes ao acordo de colaboração premiada repercutem sobre poderes, faculdades e posições processuais ou, mais além, sobre a própria intensidade do *jus puniendi*, cuja efetiva incidência no caso concreto pressupõe atuação ministerial voltada à propositura da ação, nos termos delineados pelo art. 129, I, da Constituição Federal. Considerando que as opções impressas no acordo de colaboração repercutem sobre o processo penal, a legitimidade para figurar como *parte* deste é pressuposto da legitimidade para o acordo. Da mesma maneira, a titularidade dos poderes dos quais o ator processual opta por abrir mão é requisito para que se afigurem como válidas quaisquer concessões em torno deles.

Não se nega que o órgão do Ministério Público não é titular do *jus puniendi*, mas o Estado. Todavia, a ordem constitucional elegeu o Ministério Público como órgão estatal detentor do poder de buscar em juízo a concretização do, inicialmente abstrato, *direito de punir*. Nessa perspectiva, ao renunciar à propositura da ação com aplicação de perdão judicial[549], o órgão ministerial renuncia, por consequência e de maneira integral, ao direito de punir. Se o *Parquet* é órgão legitimado à renúncia integral, naturalmente o será para renúncias parciais.

Por isso, anota-se que as partes do acordo são o titular da ação penal e o alvo da persecução penal. Restam excluídos o defensor e a autoridade judiciária. Aquele de nada dispõe, até porque a efetiva defesa técnica é imposta pela nossa ordem jurídica e subsiste nos acordos de colaboração premiada. O defensor não assume obrigações. Da mesma maneira, a autoridade judiciária tem seu papel limitado no acordo à fiscalização da sua legalidade e da sua regularidade formal[550].

Seguindo a mesma linha de raciocínio, a autoridade policial não é e nem pode ser parte do processo penal, razão pela qual não pode ser parte do acordo. As polícias Civil e Federal são braços armados do Estado,

---

[549] V. item 3.4.4, supra.
[550] ZILLI, Marcos Alexandre Coelho. *A Colaboração Premiada nos Trópicos. Autonomia das Partes e o Imperativo do Controle Judicial*. Leituras Sobre a Lei 12.850/13 à luz da eficiência e do garantismo. In: CUNHA FILHO, Alexandre J Carneiro da (et. al). *48 Visões sobre a Corrupção*. São Paulo: Quartier Latin, 2016, p. 862.

órgãos de segurança pública que não possuem poderes para sustentar a ação penal pública em juízo, atribuição privativa do Ministério Público (art. 129, I, da Constituição Federal). O delegado de Polícia não possui poderes de disposição nem mesmo sobre as investigações que preside, sendo-lhe vedado o arquivamento de ofício do inquérito policial, pois tal providência poderia prejudicar o exercício da ação penal pelo órgão estatal com atribuição[551].

Contrariamente à lógica, o art. 4º, §6º, disciplinou a realização de acordo de colaboração na fase pré-processual pelo delegado de Polícia, distanciando-se do regramento inicialmente desenhado para a construção do modelo negocial[552].

A opção é incompatível com a colaboração premiada praticada tanto nos países de tradição romano-germânica, quanto nos ordenamentos com raízes anglo-saxônicas[553]. É incongruente com a própria lógica do instituto. Os poderes discricionários que sustentam o acordo de colaboração premiada, assim como ocorre com o *plea bargaining* estadunidense, abrangem a possibilidade de dispor de faculdades ou posições processuais ou, ainda, da intensidade da sanção penal perseguida pelo titular da ação. Já se disse que a autoridade policial não dispõe de tais prerrogativas.

---

[551] Didáticas as explanações de ZILLI (2016. op. cit., p. 867): *não é parte do acordo, igualmente, a autoridade policial. Não detém esta legitimidade para ocupar posições de disposição de direitos, de faculdades ou de poderes, simplesmente porque não assume ela posições jurídicas que suscitem espaços de disposição. Não é titular do exercício da ação penal de iniciativa pública. Não tem interesse na fixação de uma resposta punitiva específica. Sequer pode dispor do inquérito policial.*

[552] SILVA, Eduardo Araújo da. *Organizações Criminosas: aspectos penais e processuais da Lei nº 12.850/13*. São Paulo: Atlas, 203, p. 59.

[553] Nos Estados Unidos inexiste qualquer regulamentação legal ou jurisprudencial acerca da participação policial nas negociações relativas ao *plea bargaining*. Todavia, a prática jurídica tem demonstrado que diversos Promotores preferem conduzir as negociações com o imputado em sintonia com os órgãos policiais. Essa prática de atuação conjunta, todavia, jamais admite que a Polícia faça escolhas relacionadas a um acordo com a parte em prejuízo da autoridade do *dominus litis*. Quem define se o caso comporta ou não a propositura da ação penal e em que medida, por óbvio, é o titular da ação penal: *the legislature and judiciary have provided no guidelines on how prosecutors and police officers should interact on plea negotiations, so prosecutors and officers around the country remain free to fashion any arrangement they see fit* (ABEL, Jonathan. Cops and Pleas: Police Officer's Influence on Plea Bargaining. *The Yale Law Journal*, New Haven, Vol. 126, nº 6, p. 1730-1787).

Por isso, o dispositivo deve ser interpretado de maneira que não sejam impostos indevidos limites à incidência do contido no art. 129, I, da Constituição Federal. Para tanto, basta que se reconheça que a *manifestação do Ministério Público*, prevista no §6º do art. 4º da Lei nº 12.850/13, seja revestida de caráter vinculante. Não concordando o órgão ministerial com o termo preliminar de acordo elaborado pelo delegado de Polícia, o documento não produzirá efeitos e não poderá ser homologado pelo Poder Judiciário.

Caso haja homologação judicial de termo de acordo sem aquiescência ministerial, tenha sido ele subscrito pelo delegado de Polícia ou apenas pelo pretenso colaborador, a decisão será atacável pela via do mandado de segurança. A homologação do acordo de colaboração premiada sem anuência do Ministério Público afeta o seu *direito líquido* e certo – de envergadura constitucional – de perseguir a concretização do *jus puniendi* em juízo, em toda a extensão prevista na norma penal incriminadora, qualquer que seja o benefício proposto[554].

Um argumento de ordem prática, apesar de dispensável, serve de reforço à conclusão de que a autoridade policial não deve dispor de poderes de concessão de benefícios na colaboração premiada. Tivesse o delegado de Polícia essa prerrogativa de maneira autônoma em relação ao Ministério Público, a Lei nº 12.850/13 teria criado um ambiente de mercado concorrencial na colaboração premiada, gerando problemas logísticos, atuações potencialmente incongruentes e sobreposição de atribuições[555].

Por outro lado, não se pretende aqui defender que a Polícia não exerce importante função no acordo de colaboração premiada. Perde em eficiência a persecução penal se, Ministério Público e Polícia, motivados pelo anseio de centralizar poderes ou por disputas institucionais, atuam de maneira descoordenada.

---

[554] Em sentido diverso, defendendo o cabimento de recurso em sentido estrito: *caso o Juiz homologue acordo de colaboração premiada encaminhado pelo Delegado, mas com parecer contrário do MP, parece-nos que a medida cabível seria a interposição do recurso em sentido estrito (art. 581, VIII, CPP), bem como a interposição de mandado de segurança para dar-lhe efeito suspensivo* (OLIVEIRA, Beatriz Lopes de (et. al). *Enfrentamento ao Crime Organizado* (GAECO). In: *Manual Geral e Promotorias Especializadas*. Vol. 2. São Paulo: Ministério Público do Estado, 2014, p. 104).

[555] ABEL, Jonathan. *Cops and Pleas: Police Officer's Influence on Plea Bargaining. The Yale Law Journal*, New Haven, Vol. 126, nº 6, p. 1730-1787.

Justamente pelo fato de que os órgãos de persecução penal atuam com sensível limitação de recursos, atuações coordenadas evitam investigações concorrentes – talvez a maior expressão de ineficiência – e proporcionam uma soma de forças que facilitam a exploração de fontes de prova e a colheita de elementos de convicção.

Tratando da atuação coordenada entre o órgão de acusação e as autoridades policiais no *plea bargaining*, mais amplamente, Jonathan Abel conclui que o funcionamento conjunto se reveste de especial relevo nos casos de colaboração premiada. Efetivamente, diante do calor dos fatos e ainda com a possibilidade de empreender diligências imediatas que, mais tarde, podem se tornar inócuas, é razoável que se reconheça ao delegado de Polícia a faculdade de expor ao imputado a possível obtenção de benefícios no caso de cooperação com as investigações. Deve esclarecer, em situações como essas, que a decisão final sobre um termo de acordo a ser homologado pelo Poder Judiciário caberá ao Ministério Público, que deverá ser informado pela autoridade policial sobre os diálogos preliminares o mais brevemente possível[556].

Ainda no contexto dos diálogos iniciais, é possível que a autoridade policial subscreva um termo preliminar de colaboração juntamente com o potencial colaborador. Nele, o delegado poderá expressar, apenas, os benefícios que irá sugerir ao órgão ministerial, assumindo perante o interessado o compromisso de pleitear junto ao *dominus litis* a efetiva concessão dos prêmios apontados. É evidente que o colaborador deve ser informado pela Polícia sobre a limitada eficácia do termo preliminar, o que pode repercutir sobre a análise de custo-benefício do imputado quanto à conveniência da colaboração[557].

---

[556] ABEL, Jonathan. Op. cit. p. 1.761.
[557] É o que ocorre na prática norte-americana. As autoridades policiais iniciam os diálogos com os potenciais colaboradores, usualmente esclarecendo que a colaboração lhes poderá proporcionar um *plea agreement* mais favorável, com benefícios específicos. Feitos os ajustes preliminares com o imputado, a autoridade policial, conforme o compromisso assumido, solicita ao *dominus litis* que este considere os benefícios cogitados, mas não há qualquer garantia de que os promotores irão acolher as sugestões: *Cooperator and informants. Plea negotiations concerning cooperators and confidential informants are another area of great interest to the police. Officers use prospect of a favorable plea, or the threat of an unfavorable one, to win cooperation from witness. In such cases, officers may have very strong opinions about what types of pleas aer required to get the witness to cooperate, and officers may press prosecutors to deliver pleas on those terms [...]. There is no guarantee*

CAPÍTULO 4 - O PAPEL DAS PARTES NO ACORDO DE COLABORAÇÃO PREMIADA

Esse mecanismo se reveste de superior importância nos casos de grandes operações policiais com cumprimento simultâneo de diversos mandados de prisão e de busca e apreensão. Nessas operações, informações anteriormente desconhecidas tendem a emergir e, antes que o grupo investigado tome conhecimento das diligências já realizadas, é possível que a colaboração de algum dos *alvos* proporcione resultados imediatos, notadamente relacionados à localização de materiais ilícitos, de bens e de valores.

No que diz respeito à postura do julgador diante do acordo, salutar a opção legal no sentido de que *o juiz não participará das negociações*. Primeiramente, porque a análise de relevância dos elementos de convicção que o pretenso colaborador diz possuir abrange, quase sempre, pesquisa por fontes de prova ainda na fase preliminar da persecução penal[558], atividade incompatível com a imparcialidade do julgador[559].

O envolvimento do magistrado na fase preliminar da persecução penal com o intento de perseguir elementos informativos só é admissível em um sistema inquisitivo, em que as funções do julgador se confundem com as do acusador. Por isso, diante do perigo à neutralidade judicial, países da Europa continental têm atribuído ao Ministério Público a direção da investigação na fase preliminar da persecução penal, em todas as suas face-

---

that prosecutor will agree to the plea requested by the police officer (ABEL, Jonathan. *Cops and Pleas: Police Officer's Influence on Plea Bargaining*. The Yale Law Journal, New Haven, Vol. 126, nº 6, p. 1730-1787).

[558] Nunca é demais recordar a classificação feita por Antonio Magalhães Gomes Filho em matéria probatória. *Fonte de prova* é termo utilizado para designar coisas ou pessoas das quais se pode extrair a prova. *Meios de prova* são os instrumentos pelos quais as informações probatórias são introduzidas ou fixadas no processo. *Meios de pesquisa ou investigação*, assim como *meios de obtenção de* prova relacionam-se aos procedimentos que servem à obtenção das fontes de prova (GOMES FILHO, Antonio Magalhães. *Notas sobre a terminologia da prova: reflexos no processo penal brasileiro*. In: YARSHELL, Flávio Luiz; MORAES, Mauricio Zanoide de. *Estudos em Homenagem à Professora Ada Pellegrini Grinover*. São Paulo: DJP, 2005, p. 308-309). Como *meio de obtenção de prova*, é bastante comum que da colaboração premiada decorra a indicação de *fontes de prova*, que devem ser preliminarmente avaliadas quanto à pertinência, durante as negociações e posteriormente exploradas.

[559] *Forçoso é convir extrapolar a busca de dados, pelo juiz, na fase preliminar da persecução, os limites da função jurisdicional justamente por configurar uma verdadeira atividade investigativa* (ZILLI, Marcos Alexandre Coelho. *A Iniciativa Instrutória do Juiz no Processo Penal*. São Paulo: Saraiva, 2003, p. 211).

tas, inclusive quanto à obtenção de elementos de convicção e a exploração de fontes de prova, afastando dessas atividades o julgador[560].

Outro ponto é que a presença do magistrado durante o processo de negociações se constituiria como um fator de severa pressão psicológica sobre o acusado.

Se eventuais negociações em curso entre membro do Ministério Público e imputado restarem infrutíferas, o promotor de Justiça não passará a dispor de poderes sobre a sentença eventualmente prolatada contra o colaborador. Em assim sendo, eventual afirmação do órgão de acusação que compreenda um prognóstico de condenação não passa de uma perspectiva da parte adversa, sem qualquer garantia de concretização e, portanto, com potencial persuasivo limitado.

O mesmo não se pode dizer em relação ao juiz. O pretenso colaborador tende a receber a recomendação judicial de determinado acordo como um aviso de aquela é a melhor das situações possíveis. Se a autoridade com poder para decidir o processo aponta como favorável um acordo que pressupõe reconhecimento de culpa, a conclusão intuitiva é de que o próprio julgador acredita na futura prolação de sentença condenatória. O que se quer dizer é que, mesmo que não seja essa a intenção do magistrado, seu poder de coerção sobre o imputado é severo nas negociações relacionadas à colaboração processual, colocando-o em posição de excessiva desvantagem.

Em última análise, haveria ampla margem para a quebra da voluntariedade do acordo. George Fisher (2003, p. 130-131) relata precedentes norte-americanos formados diante de casos nos quais os juízes exerceram papeis protagonistas no *plea bargaining*. Em 1884, a Suprema Corte de Michigan censurou de maneira veemente a postura de um juiz de primeiro grau, considerado imprudente por ter declarado à defesa do acusado que, caso ele se declarasse culpado, ser-lhe-ia dispensado um tratamento mais

---

[560] SERRANO, Nicolás González-Cuéllar. *Ecos de Inquisición*. Madrid: Castillo de Luna, 2014, p. 278-279: *los inconvenientes que presenta la figura del Juez de instrución han provocado em vários países de Europa continental la atribución al Ministerio Público de la dirección de la investigación, evolución que se presenta como migración del modelo mixto al sistema de adversarios o modelo adversarial, paradigma em el que se há transformado el modelo acusatório clássico en los países anglosajones [...]. Heredó, para la fase preparatória del juicio, el oficio del Inquisidor: la recopilaciómn de informaciones y fuentes de prueba.*

CAPÍTULO 4 - O PAPEL DAS PARTES NO ACORDO DE COLABORAÇÃO PREMIADA

benéfico e que, do contrário, o julgador não se sentiria tão disposto a ser benevolente depois de uma condenação com julgamento[561].

Retomando-se a análise correlata à autoridade policial e às disposições do art. 4º, §§ 2º e 6º, da Lei nº 12.850/13, pontue-se que, dissociando-se das bases teóricas delineadas acima, o Supremo Tribunal Federal decidiu de maneira distinta do que aqui se defende. Na Ação Direta de Inconstitucionalidade nº 5508/DF, decidiu a Suprema Corte que a autoridade policial dispõe de legitimidade para conduzir e firmar acordos de colaboração premiada. Ao longo de seu voto, o Ministro Relator do acórdão pontuou as premissas de que: 1) os diplomas anteriores à Lei nº 12.850/13 que tratavam da delação premiada jamais fizeram menção à necessidade de um acordo entre o imputado e o Ministério Público[562]; 2) a colaboração premiada não passa de um meio de obtenção de prova; 3) compete à Polícia Judiciária, por disposição constitucional, a realização de investigações criminais; 4) a concentração de poderes em um só órgão é prejudicial ao bom funcionamento do Estado Democrático; 5) é possível a formação do acordo de colaboração premiada na fase de investigação preliminar e compete à autoridade policial a presidência do inquérito; 6) tem-se como objetivo da colaboração a colheita de elementos de convicção, o que, mesmo que a autoridade policial represente à autoridade judiciária pelo perdão judicial, jamais impediria o Ministério Público de promover a ação penal. Diante dessas premissas, concluiu-se pela perfeita constitucionalidade do art. 4º, §§ 2º e 6º, da Lei nº 12.850/13.

O voto do Ministro Relator parece partir de uma principal premissa equivocada. Ao optar por uma reconstrução histórica da delação premiada no direito brasileiro a partir da Lei nº 8.072/90, o Ministro Marco Aurélio Mello pontuou que, em regra, os diplomas sobre a matéria não fizeram referência ao Ministério Público. Não enxergou o relator que, com a completa inovação estrutural da Lei nº 12.850/13, ocorreu uma ruptura nas bases principiológicas da delação premiada, considerando suas primitivas fórmulas no direito brasileiro. Não se fazia menção ao Ministério Público

---

[561] Tradução livre, não literal. Original: *if the respondent should plead guilty, I should view his case as one meriting less punishment than I should feel disposed to impose should he be convicted after a trial by jury* (FISCHER, George. *Plea Bargainings' Triumph*. Stanford: Stanford University Press, 2003, p. 130).

[562] Exceto a Lei nº 10.409/2005, que vigeu por curto espaço de tempo e há muito se encontra revogada.

anteriormente, porque não se tratava de um negócio jurídico processual, mas de mera causa de diminuição de pena ou de extinção de punibilidade.

Adotada a perspectiva negocial, elegeu o legislador as partes do processo como gestoras do *acordo*. Este, por sua vez, para sua regular constituição, pressupõe convergência de vontades dos detentores de poderes processuais. Não por outro motivo, Eduardo Araújo da Silva entende que a delação premiada não se confunde substancialmente com a colaboração premiada[563]. A propósito, as raízes jurídicas da colaboração premiada na Lei 12.850 são anglo-saxônicas, como exposto ao longo do capítulo anterior, enquanto aquelas que permeiam a Lei nº 8.072/90 e diplomas similares são italianas. Daí a importância de se reconhecer de maneira adequada as raízes de um instituto jurídico e as bases principiológicas que lhe conferem sustentação. Assim, é possível promover interpretações mais precisas da Lei.

A confusão feita no voto vencedor fica evidente no trecho em que se diz que a delação premiada "é simples depoimento prestado à autoridade". Veja-se que não se qualificou o instituto como um negócio jurídico processual[564], o que já foi reconhecido pelo próprio STF no HC 127.483/PR, mas como um "simples depoimento", como era anteriormente ao regime da Lei 12.850/13. A cooperação processual decorrente de um acordo entre partes está muito além disso, exigindo uma atuação contínua do colaborador em favor dos órgãos de persecução penal, com características principiológicas e normativas particulares.

Em se tratando de negócio jurídico processual, o acordo de colaboração premiada se submete ao princípio da autonomia da vontade do acusador e do imputado, valor que seria violado pela celebração de um "acordo" sem aquiescência ministerial, sob condução de autoridade policial[565].

---

[563] Pontua o autor que a colaboração premiada: "é instituto bem mais amplo que a delação premiada até então consagrada em várias leis brasileiras, a qual se restringe a um instituto de direito material, de iniciativa exclusiva do juiz, com reflexos penais (diminuição de pena ou concessão do perdão judicial)" (SILVA, Eduardo Araújo da. *Organizações Criminosas: aspectos penais e processuais da Lei nº 12.850/13*. São Paulo: Atlas, 2013, p. 52/53).

[564] Entendimento consagrado pela reforma legislativa operada pela Lei nº 13.964/19 sobre a Lei nº 12.850/13, conforme nova redação do art. 3º-A deste diploma legal.

[565] Deve-se preservar o entendimento de que a justiça negociada pressupõe a construção de bases principiológicas próprias, o que abrange os princípios de *aplicação consensual da pena*, se for esta o objeto de ajuste autorizado pelo legislador e materializado pelas partes, e da auto-

CAPÍTULO 4 - O PAPEL DAS PARTES NO ACORDO DE COLABORAÇÃO PREMIADA

A autonomia da vontade é princípio indissociável dos mecanismos de justiça negociada, dentre os quais se inclui a colaboração premiada no recorte que lhe empresta a Lei nº 12.850/13.

Essas incompreensões em torno do instituto trabalhado levaram a uma equivocada construção de premissas e conclusões, culminando no desacerto do Supremo Tribunal Federal na decisão prolatada na ADI nº 5508/DF.

Não se afigura como adequado, ainda, o argumento de que a representação do delegado de Polícia jamais impediria a propositura de ação por parte do Ministério Público. O próprio acórdão pontua que a autoridade policial apenas poderia conduzir o acordo de colaboração durante o curso da investigação por ela presidida, inclusive com representação pela concessão de perdão judicial. Nesse caso, se a colaboração do imputado for considerada eficaz ainda na fase preliminar da persecução penal, por que razão se justificaria a propositura de ação penal? Cumprido o acordo judicialmente homologado, no qual o delegado de Polícia teria oferecido como benefício o perdão judicial, à concessão do prêmio resta vinculado o Poder Judiciário. Para o Ministério Público, o caso seria de arquivamento do inquérito, nos moldes desenhados no item 3.4.4, supra. Haveria claro impeditivo ao exercício da ação penal pelo seu titular[566].

---

nomia da vontade das partes. Nesse sentido: GRINOVER, Ada Pellegrini; GOMES FILHO, Antonio Magalhães; FERNANDES, Antonio Scarance; GOMES, Luiz Flávio. *Juizados especiais criminais: comentários à Lei 9.099, de 26.09.1995*. 5ª Ed. São Paulo: Revista dos Tribunais, 2005, p. 154.

[566] Em sentido semelhante, ao declarar seu voto, o Min. Alexandre de Moraes asseverou que "a aplicação do perdão judicial por acordo feito pela autoridade e homologado pelo Poder Judiciário [...] afetaria diretamente o exercício da ação penal. [...] toda vez, a meu ver, aqui, só no perdão judicial – que afetar a titularidade privativa da ação penal pelo Ministério Público, obviamente, nesses casos, teríamos, pela lei, uma inconstitucionalidade, em face do art. 129, I. E a própria redação da Lei, no §2º do art. 4º, parece-me, na questão própria, exclusiva, do perdão judicial, acabou escorregando um pouco na questão do perdão, porque, ao prever que o delegado de polícia nos autos do inquérito policial, com a manifestação do Ministério Público, e o próprio Ministério Público, a qualquer tempo, poderão requerer ou representar ao juiz pela concessão de perdão, ainda que esse benefício não tenha sido previsto na proposta inicial, aplicando-se no que couber o art. 28. Vejam que o próprio legislador, na questão do perdão, por ser algo excepcionalíssimo, previu um único controle, mas um controle que existe só para o Ministério Público: o art. 28. (BRASIL. Supremo Tribunal Federal. Ação Direta de Inconstitucionalidade nº 5.508/DF. Inteiro teor do acórdão, p. 33. Disponível em: http://redir.stf.jus.br/paginadorpub/paginador.jsp?docTP=TP&docID=751303490. Acesso em: 26/11/2019).

Mesmo que assim não fosse, a colaboração premiada com concessão de perdão judicial abrange uma opção correlata a quem, dentre diversos coautores e partícipes, merece sanção penal e quem poderia ser beneficiado com um tratamento mais leniente. Há sempre uma gestão estratégica das respostas penais. O colaborador deixa de receber a pena correspondente aos crimes por ele praticados em troca da sanção de outros colaboradores, da recuperação de ativos, da localização da vítima ou da prevenção de outras infrações penais. Como se pode admitir que autoridade estatal que não dispõe de poder para perseguir em juízo a imposição de sanção penal faça opções que repercutem justamente sobre o exercício estratégico desses poderes?

Por esses fatores, os argumentos tecidos pelo Supremo Tribunal Federal na conclusão da ADI nº 5.508, sucumbem diante de uma leitura sistemática e principiológica do regime jurídico da colaboração premiada na Lei nº 12.850/13.

Contudo, dentre os votos prolatados no âmbito da Ação Direta de Inconstitucionalidade referida, destaca-se o voto vencido do Min. Edson Fachin, ao pontuar que, quando a colaboração premiada se insere num contexto negocial que envolve a disponibilidade do *jus puniendi*, revela-se inconstitucional o sentido de se atribuir à autoridade policial poderes para "sem o MP, chancelar o acordo e obter homologação judicial"[567].

Acertada a leitura. Partes do acordo, reforce-se, são o membro do Ministério Público e o imputado. Dentre os diversos poderes, direitos, faculdades e prerrogativas desses atores processuais, nos tópicos seguintes são analisados alguns de especial relevância, considerando a impossibilidade de exposição exauriente sobre a matéria.

---

[567] BRASIL. Supremo Tribunal Federal. Ação Direta de Inconstitucionalidade nº 5.508/DF. Inteiro teor do acórdão, p. 33. Disponível em: http://redir.stf.jus.br/paginadorpub/paginador.jsp?docTP=TP&docID=751303490. Acesso em: 26/11/2019, fls. 12 e 13 do voto do Min. Edson Fachin. Ao final de seu voto, o Ministro reputou incompatível com o sistema acusatório a possibilidade de o delegado de Polícia figurar como parte do acordo de colaboração premiada, fazendo quaisquer espécies de concessões que viessem a repercutir sobre o direito de punir do Estado: "diante do exposto, voto por julgar parcialmente procedente a presente ação para, sem redução de texto, excluir interpretação aos §§ 2º e 6º da Lei 12.850/13, que contemple poderes aos Delegados de Polícia para celebrar, sem a manifestação do Ministério Público, acordo de colaboração premiada em que se estabeleça transação envolvendo o poder punitivo estatal" (fl. 28 do voto).

4.2. Da ausência de direito subjetivo do imputado ao acordo de colaboração

Há corrente doutrinária nacional que sustenta que o imputado tem direito subjetivo à formalização do acordo, *se preenchidos os requisitos legais*, inexistindo *discricionariedade ao acusador para propor/aceitar o acordo de colaboração premiada*[568].

Essa linha de raciocínio busca amparo na suposta inadmissibilidade de *tratamentos desiguais a acusados*, o que poderia manifestar arbitrariedades por parte do titular da ação penal. Chega-se a defender que, como alternativa à recusa do titular da ação penal à proposta de acordo, poder-se-ia admitir que esta fosse formulada, *excepcionalmente, por delegado de Polícia* ou, ainda, que o julgador poderia homologar proposta de acordo do imputado *sem a concordância do acusador*[569]. Esses entendimentos colidem com a lógica do instituto da colaboração premiada impressa na Lei nº 12.850/13 em diversos aspectos, que merecem cautelosa análise.

Primeiramente, deve-se mencionar que, conceitualmente, o acordo de colaboração premiada, por sua natureza de *negócio jurídico processual*[570], pressupõe a autonomia da vontade das partes. Para a formalização do acordo, o titular da ação e o imputado dispõem de poderes ou prerrogativas processuais, que comportam concessões mútuas, a fim de se atingir um ponto comum. O poder dispositivo do imputado[571] e a autonomia da vontade do acusador devem ser exercidos livremente sob a perspectiva negocial, com o protagonismo que subjaz a lógica do modelo de disputa que permeia a norma aqui estudada.

---

[568] VASCONCELLOS, Vinicius Gomes de. *Colaboração Premiada no Processo Penal*. São Paulo: Revista dos Tribunais, 2017, p. 84.

[569] Idem. p. 85.

[570] Cf. HC 127483, Relator(a): Min. DIAS TOFFOLI, Tribunal Pleno, julgado em 27/08/2015, PROCESSO ELETRÔNICO DJe-021 DIVULG 03-02-2016 PUBLIC 04-02-2016.

[571] Sobre como poder dispositivo pode colocar o acusado em situação de vantagem processual, apresentando-se como uma alternativa à litigância obrigatória: *Defendants have many procedural and substantive rights. By pleading guilty, they sell these rights to the prosecutor, receiving concessions they esteem more highly than the rights surrendered. Rights that may be sold are more valuable than rights that must be consumed, just as money (which may be used to buy housing, clothing, or food) is more valuable to a poor person than an opportunity to live in public housing* (EASTERBROOK, Frank H. Plea Bargaining as Compromise. In: *The Yale Law Journal*, New Haven, Vol. 101, nº 8, junho de 1992, p. 1969/1978).

O *dominus litis* pode, ademais, por ser o órgão pelo qual o Estado exerce sua pretensão punitiva[572], arrefecer a intensidade do *jus puniendi* – pela concessão de causa de diminuição ou substituição da pena privativa de liberdade – ou simplesmente anulá-lo por meio de cláusula de não persecução acompanhada de requerimento de concessão de perdão judicial, que não poderá ser negado pelo Poder Judiciário[573].

Naturalmente, o imputado não pode ser compelido a renunciar ao seu direito ao silêncio e ao *nemo tenetur* para fornecer informações que interessem à persecução penal. Para que isso não ocorra, diversos mecanismos de contenção de possíveis atos coativos dos órgãos de persecução penal devem ser estruturados, tais como a fiscalização judicial sobre os termos do acordo, a necessária instituição de um dever de *disclosure* ao *dominus litis*, conforme se verá adiante, a impossibilidade de falseamento de provas como meio de persuasão, etc. Com isso, tutela-se a voluntariedade da colaboração, requisito indispensável a sua validade, nos moldes do art. 4º, §7º, da Lei nº 12.850/13.

Paralelamente, são dignas de memória as lições dos autores do Anteprojeto da Lei dos Juizados Especiais Criminais diante de problemática bastante similar à ora apresentada. A Comissão Nacional de Interpretação da Lei nº 9.099/95, depois de estudos sobre a matéria, aprovou a décima terceira conclusão no sentido de que *se o Ministério Público não oferecer proposta de transação penal e de suspensão do processo nos termos dos arts. 76 e 89, poderá o juiz fazê-lo*. A análise feita por Ada Pellegrini Grinover, Antonio Magalhães Gomes Filho, Antonio Scarance Fernandes e Luiz Flávio Gomes asseverou que a proposta faria *tabula rasa do princípio da aplicação consensual da pena*, além de *violentar a autonomia da vontade do acusador*, valor indissociável dos mecanismos de solução consensual do processo penal[574].

Assim, o poder dispositivo do acusado, a autonomia da vontade do acusador e a vedação expressa de intervenção judicial nas negociações entre as partes se articulam para deixar claro que o elemento volitivo de ambas as partes é essencial à existência e à validade do negócio jurídico

---

[572] CAPEZ, Fernando. *Curso de Processo Penal*. 19ª Ed. São Paulo: Saraiva, 2012, p. 159.

[573] Daí o porquê da remissão ao art. 28 do Código de Processo Penal no art. 4º, §2º, da Lei nº 12.850/13.

[574] GRINOVER, Ada Pellegrini; GOMES FILHO, Antonio Magalhães; FERNANDES, Antonio Scarance; GOMES, Luiz Flávio. *Juizados especiais criminais: comentários à Lei 9.099, de 26.09.1995*. 5ª Ed. São Paulo: Revista dos Tribunais, 2005, p. 154.

processual[575]. Sob essa ótica, não é possível construir, com base no regime jurídico instituído pela Lei nº 12.850/13, um "acordo compulsório" de colaboração premiada.

Veja-se que, durante a tramitação do projeto que deu origem à Lei nº 12.850/13, optou-se por uma ruptura com o tradicional regramento da delação premiada no direito brasileiro, de maneira que o instituto deixou de se expressar como norma pura de direito penal material – caso em que, sim, uma vez preenchidos os requisitos legais, o colaborador teria direito subjetivo ao *benefício* – para materializar um mecanismo característico de justiça penal negocial.

Nesse diapasão, durante a tramitação do PL, foi excluída do *caput* do art. 4º a possibilidade de o juiz conceder, de ofício, os benefícios decorrentes da colaboração premiada, mantendo-se apenas a previsão correlata ao *requerimento das partes*. Este, por sua vez, deve ser desdobramento do *acordo de colaboração*, que será produto da negociação das partes.

Não confere melhor amparo ao entendimento ora criticado a leitura de que *a lógica da justiça criminal negocial deve se pautar por critério objetivos previstos na lei*[576]. Isso por dois fatores. O mais relevante é que a justiça penal negocial pressupõe poderes discricionários das partes e estes comportam sempre certo grau de subjetividade, o que não necessariamente transborda das limitações legais. Mais além, o próprio legislador brasileiro, desde a Lei nº 9.099/95, previu critérios subjetivos que devem ser aferidos pelo *dominus litis* para a concessão dos benefícios legais nas negociações processuais. O órgão ministerial pode recusar proposta de transação penal, por exemplo, se entender fundamentadamente que, pelas circunstâncias do caso, a medida não será *suficiente* à consecução dos fins a que se presta o direito penal[577].

Na mesma linha, o art. 4º, §1º, da Lei nº 12.850/13, prevê critérios subjetivos que devem ser aferidos pelo membro do Ministério Público quando da elaboração do termo de acordo.

---

[575] DIDIER, JR. Fredie; BONFIM, Daniela. *Colaboração premiada (Lei nº 12.850/2013): natureza jurídica e controle da validade por demanda autônoma – um diálogo com o Direito Processual Civil*. Civil Procedure Review, vol. 7, nº 2, p. 135-189, maio a agosto de 2016.
[576] VASCONCELLOS, Vinicius Gomes. Op. Cit. p. 84.
[577] Art. 76, §2º, III, da Lei nº 9.099/95.

Afirma-se, aqui, que o destinatário principal do dispositivo é *dominus litis* e, apenas em medida muito limitada, o julgador. Se o juiz, quando da homologação do termo de avença, deve se limitar a aferir a voluntariedade, a legalidade e a regularidade do acordo (art. 4º, §7º)[578], resta claro que ele não possui larga margem de discricionariedade para opor obstáculos à solução que as partes construíram por meio do consenso. Na fase de homologação, portanto, não se admite a recusa por análises subjetivas do julgador[579].

Igualmente, na fase de concessão dos benefícios, depois de homologado o acordo, também não se pode admitir que o juiz recuse a benesse com base na personalidade do colaborador, na natureza, nas circunstâncias, na gravidade e na repercussão social do fato criminoso – critérios contidos no art. 4º, §1º da Lei. Nesse momento, apenas interessa ao julgador a *eficácia da colaboração*[580], necessária para que as obrigações do colaborador se considerem cumpridas. Se, depois de homologado e cumprido o acordo, o julgador pudesse recusar a concessão do benefício prometido com base em critérios subjetivos, haveria grande risco à credibilidade da colaboração premiada como instituto. Sem segurança jurídica em torno do acordo, a prática processual certamente o rejeitaria a curto ou médio prazo.

Então: a) os critérios subjetivos previstos no art. 4º, §1º, não podem ser aferidos pelo julgador durante as negociações para a formalização do acordo, porque delas o magistrado não participa; b) não pode o juiz analisá-las durante a homologação, pois a lei impõe limites claros à atividade jurisdicional cognitiva nesse momento; c) não pode o magistrado considerá-los depois de cumprido o acordo, para negar o benefício prometido, sob pena de ofensa à segurança jurídica que deve permear qualquer negócio jurídico, notadamente no instituto em questão, que repercute sobre o *status libertatis* do imputado.

Assim, é evidente que, sendo impossível a concessão de benefícios de ofício pelo magistrado, por opção democrática e legislativa, as análises subjetivas expressas no art. 4º, §1º, cabem apenas ao titular da ação penal. Havendo espaço de discricionariedade condizente com o princípio da

---

[578] Além da adequação dos benefícios propostos e dos resultados visados às previsões legais do art. 4º, conforme redação dada pela Lei nº 13.964/19 ao §7º do citado dispositivo.

[579] SILVA, Eduardo Araújo da. *Organizações Criminosas: aspectos processuais da Lei nº 12.850/13*. São Paulo: Atlas, 2014, p. 68.

[580] Trabalhada de maneira mais cautelosa no item subsequente.

autonomia da vontade do acusador e similar ao que existe em todos os outros mecanismos de solução consensual do processo penal no direito brasileiro, não há que se falar em direito subjetivo do imputado ao acordo.

Não é só. Em espécies delitivas complexas como aquelas que envolvem criminalidade organizada, a estratégia investigativa é crucial e compreende, mesmo em ordenamentos jurídicos comprometidos com o princípio da obrigatoriedade, poderes discricionários que são indissociáveis da atividade persecutória[581].

Diante de crimes perpetrados por organizações criminosas, diversas linhas investigativas com potencial de efetiva produção de resultados tendem a surgir simultaneamente, consectário da própria complexidade inerente à criminalidade organizada. A limitação de recursos, não raro, impede a interceptação de todas as comunicações úteis à persecução penal, o rastreio de todos os caminhos percorridos pelo dinheiro ilícito e etc. Durante as investigações, há a constante necessidade de se fazerem opções concretas em busca daquilo que tende a produzir os melhores resultados, dentre tantas possibilidades[582].

Apenas em uma perspectiva apartada da realidade se pode achar razoável que o presidente de procedimento investigatório que envolve criminalidade organizada deva ser obrigado a se guiar por todo qualquer caminho investigativo que se apresente como possível. Na prática, é o que ocorreria no caso de *acordo* de colaboração proposto pelo imputado e homologado pelo juiz sem aquiescência ministerial. Como se poderia aferir se o "acordo unilateral" foi cumprido pelo imputado, com fornecimento de informações verídicas e que redundaram em resultados concretos para a persecução penal? Obviamente, os órgãos responsáveis pela investigação seriam obrigados a perseguir os elementos de convicção e as informações apontadas pelo colaborador e, para tanto, deixariam de seguir linhas de investigação traçadas por eles mesmos.

---

[581] A obrigatoriedade de propositura da ação, sempre que houver prova de materialidade de crime e indícios suficientes de autoria, não se confunde com uma obrigatoriedade de explorar todas as fontes de prova de que se tem notícia. Estas são pesquisadas na medida do estritamente necessário à estratégia delineada pelos próprios órgãos de persecução penal.
[582] (Discretion and Accountability in a Democratic Criminal Law. IN: LANGER, Máximo; SKLANSKY, David Alan. *Prosecutors and Democracy: a cross-national study*. Cambridge: Cambridge University Press, 2017, p. 20).

Nada mais próximo do sistema inquisitório do que um juiz que faz opções que implicam adesão a linhas de investigação que não se coadunam com as estratégias dos órgãos de persecução penal. Nada mais subversivo dos mecanismos de investigação do que se admitir que os seus rumos sejam ditados unilateralmente por aqueles que praticaram os crimes em apuração[583].

A ideia de compulsoriedade do "acordo" de colaboração premiada, quando a iniciativa for do imputado, transfere o poder discricionário que permeia a atividade investigativa para o infrator ou, na melhor das hipóteses, para o magistrado. Nem sempre os elementos dos quais o colaborador dispõe interessam à persecução penal e, por isso, o acordo pode não interessar ao *dominus litis*. Apenas este pode dizer se a colaboração conta com elementos úteis à investigação e, mais do que isso, se há recursos e condições materiais que o permitam explorar os elementos que o imputado diz possuir.

Sob esses argumentos, o direito comparado nos fornece precedentes no sentido de que o Poder Judiciário não deve interferir na forma pela qual os órgãos de persecução penal conduzem suas investigações. Por via de consequência, anotam esses precedentes, cabe ao promotor de Justiça, não ao Poder Judiciário, determinar se determinado coautor ou partícipe interessado em cooperar deve ou não ser aceito como colaborador[584].

No mais, a possibilidade de tratar de maneira distinta coautores de diversos crimes é inerente ao instituto da colaboração premiada. Alguns possuem características pessoais que tornam o acordo desaconselhável, outros ocupam posição na estrutura hierárquica da organização incompatível com acordo. Ademais, certos pretensos colaboradores possuem

---

[583] Lembrando que o acordo de colaboração pressupõe assunção de responsabilidade penal, com narrativa de todos os fatos ilícitos para os quais concorreu o colaborador e que tenham relação direta com os fatos investigados (art. 3º-C, §3º, da Lei nº 12.850/13).

[584] [T]he rule being that the court will not advise the Attorney-General how he shall conduct a criminal prosecution. Consequently, it is regarded as the province of the public prosecutor and not of the court to determine whether or not an accomplice, who is willing to criminate himself and his associates in guilt, shall be called and examined for the State. Of all others, the prosecutor is the best qualified to determine that question, as he alone is supposed to know what other evidence can be adduced to prove the criminal charge (UNITED STATES. Supreme Court. Whiskey Cases, 99 U.S. 594 – 1978. Disponível em: https://supreme.justia.com/cases/federal/us/99/594/case.html. Acesso em: 10/01/2018).

informações que interessam aos órgãos de persecução penal, enquanto outros não[585].

Diante de uma visão geral, a solução de conceder ao magistrado a possibilidade de *homologar o* "acordo", independentemente de *acordo entre as* partes, soa bastante contraditória. Quanto ao Delegado de Polícia, como esclarecido no item anterior, não possuindo ele legitimidade para conceder benefícios ao imputado e inexistindo a possibilidade de concessão judicial *ex officio*, o acordo por ele subscrito sem aquiescência ministerial é, no mínimo, ineficaz, considerando que os benefícios nele previstos não poderão ser aplicados.

Isso não impede que o pretenso colaborador dê início às negociações, procurando o membro do Ministério Público[586] para declarar o seu interesse em um acordo de colaboração premiada. Assim, pode-se dizer que o imputado tem direito subjetivo à negociação, mas jamais ao acordo de colaboração. Nesses moldes, o promotor de Justiça ou o procurador da República não podem deixar de analisar eventual proposta de acordo, mas não são obrigados a aceitá-la[587].

4.3. Repercussões do direito à ampla defesa nas negociações pré-processuais e o direito à informação

As modernas concepções que analisam o real conteúdo da ampla defesa concluem pelo seu desdobramento em três distintas realidades procedi-

---

[585] Sobre a inexorável convivência de espaços de discricionariedade com mecanismos de solução consensual do processo penal: *mesmo nas legislações continentais da Europa, quando são usados critérios abertos para a adoção de ritos alternativos, como a complexidade do caso, haverá razoável dose de discricionariedade na atuação do Ministério Público e do juiz [...]. A mesma situação existe quando o critério é a pena provável em concreto, pois o seu estabelecimento depende de avaliação sobre circunstâncias do caso* (FERNANDES, Antonio Scarance. *Teoria Geral do Procedimento e o Procedimento no Processo Penal*. São Paulo: revista dos Tribunais, 2005, p. 67.

[586] Ou o delegado de Polícia, que deverá contatar o mais brevemente possível o titular da ação penal.

[587] Refusal to negotiate with defendants is inconsistent with the ABA's Prosecution Function Standards and with efficient judicial administration. Local jurisdictions may, of course, establish reasonable deadlines to require that any plea negotiations in a case be concluded by a specified date in advance of trial KUCKES, Niki (et. al). *ABA Standards for The Criminal Justice: pleas of guilty*. 3ª Ed. Washington: American Bar Association, 1999, p. 105. Extrai-se da redação do art. 3º-A, da Lei nº 12.850/13, que a proposta de acordo pode ser sumariamente indeferida. É evidente que somente a autoridade que pode figurar como parte do eventual acordo detém poderes de indeferimento sumário da proposta, qual seja, o órgão do Ministério Publico com atribuição.

mentais – o direito à informação (*nemo inauditus damnari potest*), a bilateralidade da audiência (*contraditoriedade*) e o direito à prova (comprovação da inculpabilidade)[588].

Mantida essa compreensão, merece ser defendida a noção de que direito do colaborador à ampla defesa, ao menos no que concerne ao direito à informação, deve ser assegurado durante as negociações da colaboração premiada, ainda que estas ocorram em momento pré-processual[589]. Não se pode admitir o raciocínio de que, por ainda não existir processo penal propriamente dito, o postulado constitucional da ampla defesa deve ser por inteiro afastado.

Sabe-se que, majoritariamente, na doutrina processual penal brasileira, defende-se a impossibilidade de exercício do contraditório na fase pré-processual, enquanto ainda se desenvolvem as investigações preliminares. Igualmente, prepondera a leitura mais genérica de que não existe *ampla* defesa na fase inaugural da persecução penal, apesar de grandes autores reconhecerem que se deve assegurar a reação defensiva, em *alguma* medida, durante o seu curso. Pretende-se, aqui, dessa forma, desenhar em que medida exata é tutelável a ampla defesa durante as negociações pré-processuais na colaboração premiada.

Inicialmente, saliente-se que os fundamentos mais recorrentes desses posicionamentos que afastam das investigações preliminares o contraditório e, não raro, a ampla defesa, são: a) o Estado é inicialmente surpreendido pela prática criminosa, que é integralmente conhecida pelo autor do delito, fator que coloca os órgãos de persecução penal em considerável desvantagem material. A ausência de contraditório e de ampla defesa nas investigações preliminares possibilita ao Estado a colheita de elementos de convicção sem maiores obstáculos, corrigindo-se o desequilíbrio inicialmente causado pelo conhecimento total que o infrator tem do fato e de suas circunstâncias (Jiménez Asenjo[590]); b) o art. 5º, LV, da Constituição

---

[588] TUCCI, Rogério Lauria. *Direitos e Garantias Individuais no Processo Penal Brasileiro*. 4ª Ed. São Paulo: Revista dos Tribunais, 2011, p. 156.

[589] Em sentido semelhante, questionando se os postulados do *due process* deveriam se aplicar à fase de negociações do *plea bargaining*: DOUGLASS, John G. Can Prosecutors Bluff? *Brady v. Maryland and plea bargaining. Case Western Reserve Law Review*. Vol. 57, Nº 3, 2007, p. 583.

[590] APUD TOURINHO FILHO, Fernando da Costa. *Processo Penal*. Vol. I. 34ª Ed. São Paulo: Saraiva, 2012, p. 75. Celso Ribeiro Bastos e Yves Gandra Martins, citados por Fernandes (2002, p. 121), também negam de maneira absoluta a possibilidade de atuação defensiva na

Federal, impõe que os princípios do contraditório e da ampla defesa sejam observados em processo judicial ou administrativo, não estando aí abrangido o inquérito policial[591], o qual constitui um conjunto de atos praticados por autoridade administrativa, não configuradores de um processo administrativo, nem mesmo de um genuíno procedimento[592]; c) o dispositivo constitucional em questão não se aplica ao inquérito policial, pois deste nenhuma sanção pode decorrer diretamente[593].

Reconhecendo-se que há autores, portanto, que entendem ser inadmissível o exercício da ampla defesa na fase inaugural da persecução penal, como parece ser o caso de Jiménez Asenjo, de Hélio Tornaghi, de Celso Ribeiro Bastos e de Yves Gandra Martins, não se pode deixar de

---

fase de investigação preliminar. Em termos amplos e peremptórios, Hélio Tornaghi expressava que *o inquérito policial é inquisitório, escrito e sigiloso. Nêle não há qualquer acusação e, portanto, não enseja a defesa* (TORNAGHI, Hélio. *Instituições de Processo Penal*. Vol. II. Rio de Janeiro, Forense, 1959, p. 140).

[591] Ou procedimento que lhe seja equivalente, como os procedimentos investigatórios criminais a cargo do Ministério Público.

[592] FERNANDES, Antonio Scarance. *Processo Penal Constitucional*. 6ª Ed. São Paulo: Revista dos Tribunais, 2010, p. 62. O autor se refere, inicialmente, ao princípio do contraditório, mas segue o raciocínio concluindo que, apesar de ser necessário reconhecer, em alguma medida, o direito à reação defensiva na fase preliminar da persecução penal, não se pode falar em *ampla defesa*. Veja-se: "há, sem dúvida, necessidade de se admitir a atuação da defesa na investigação, ainda que não se exija o contraditório, ou seja, ainda que não se imponha a necessidade de prévia intimação dos atos a serem realizados. *Não se trata de defesa ampla*, mas *limitada* ao resguardo dos interesses mais relevantes do suspeito" (grifos nossos). TOURINHO FILHO (op. cit., p. 76) também expressa que o art. 5º, LV, não se aplica à fase preliminar da persecução penal: "não obstante a Magna Carta disponha no art. 5º, LV, que aos 'litigantes em processo judicial e administrativo, e aos acusados em geral são assegurados o contraditório e ampla defesa, com os meios e recursos a ela inerentes', o certo é que a expressão *processo administrativo* não se refere à fase do inquérito policial, e sim ao processo instaurado pela Administração Pública para a apuração de ilícitos administrativos ou quando se tratar de procedimentos administrativos fiscais, mesmo porque, nesses casos, haverá a possibilidade de aplicação de uma sanção". O mesmo autor reconhecia que, em se tratando de indiciado – não de mero suspeito – há risco de privação à liberdade por meio de medidas cautelares de natureza pessoa, razão pela qual se deve reconhecer em seu favor a possibilidade de manejo da ação constitucional de *habeas corpus*. Conclui que "nesse sentido, e *apenas nesse sentido*, é que se pode dizer que a ampla defesa abrange o *indiciado*" (op. cit. p. 76, grifos nossos). Em essência, o autor segue a mesma linha de Antonio Scarance Fernandes citada acima, no sentido de que não se trata de defesa *ampla*, mas *limitada*.

[593] TOURINHO FILHO, Fernando da Costa. Op. cit. p. 76.

mencionar os posicionamentos que se situam no outro extremo. Rogério Lauria Tucci assevera que até mesmo o contraditório deve ser assegurado plenamente na fase pré-processual de investigação criminal, o que naturalmente pressupõe o direito à informação[594].

É certo que o exercício pleno da ampla defesa por mero suspeito durante as investigações preliminares poderia tumultuar a apuração dos fatos, tornando a já deficiente atuação pré-processual dos órgãos de persecução penal brasileiros ainda mais cara, morosa e ineficiente. Em contrapartida, a negativa geral ao exercício do direito de defesa durante o inquérito policial ou procedimento que o valha poderia expor a perigo direitos fundamentais, considerando que da primeira fase da persecução penal podem decorrer medidas cautelares de caráter pessoal ou patrimonial gravíssimas.

É necessário encontrar um meio termo, capaz de conciliar os valores da eficiência e do garantismo no processo penal, em busca do equilíbrio traçado como objetivo central no primeiro capítulo deste trabalho.

Leitura sobre a reação defensiva na fase prévia ao processo penal foi feita por Antonio Scarance Fernandes. Ao definir o que se deve entender por *imputação*, o autor parte das lições de Nicola Carulli, para quem ocorre imputação a partir do momento em que *se atribui, mesmo de forma ainda não definida, um fato a determinada pessoa*[595]. Esclarece, para que não se peque por excesso, que o conceito de *imputado* não pode ser demasiadamente amplo.

Por isso, não é suficiente, para que se fale em imputado, que alguém seja indicado como responsável por delito em notícia formulada por qualquer do povo ou pelo ofendido. Nesse cenário, haveria mera suspeita. Em verdade, apenas três figuras estatais possuem poderes para definir, cada

---

[594] TUCCI, Rogério Lauria. *Direitos e Garantias Individuais no Processo Penal Brasileiro*. 4ª Ed. São Paulo: Revista dos Tribunais, p. 155.

[595] FERNANDES, Antonio Scarance. *Reação Defensiva à Imputação*. São Paulo: Revista dos Tribunais, 2002, p. 104.

CAPÍTULO 4 – O PAPEL DAS PARTES NO ACORDO DE COLABORAÇÃO PREMIADA

qual a seu modo, quem passa a figurar como imputado – a autoridade policial[596], o membro do Ministério Público[597] e o juiz de Direito[598].

Referida explanação conceitual impede que haja espaço para tumultos em investigações embrionárias, na medida em que o mero suspeito, por não se confundir com imputado[599], não possui ampla margem de reação defensiva, garantindo-se aos órgãos de persecução penal uma *arrancada* inicial nas investigações, sem qualquer prejuízo a direitos fundamentais[600].

A situação se transforma quando, em relação a determinado indivíduo, surgem elementos que o apontam como autor da infração penal. Ao ser qualificado como imputado, não mais como um mero suspeito, um novo feixe de direitos e de deveres recai sobre o sujeito[601].

---

[596] Com o expresso indiciamento, hoje regulamentado pela Lei nº 12.830/13, ou com qualquer representação dirigida ao Ministério Público ou ao Poder Judiciário que tenha como fundamento a existência de indícios de autoria (caracterizadores de *fumus comissi delicti*) que pesam contra pessoa determinada, ressalvadas as medidas cautelares probatórias, como se exporá adiante.

[597] Com o oferecimento da denúncia ou com o requerimento de medidas cautelares *pessoais ou patrimoniais* que tenham como alvo indivíduo determinado e como pressuposto o *fumus comissi delicti*.

[598] FERNANDES, Antonio Scarance. op. cit., p. 105.

[599] "A notícia da infração penal representa, por si, a simples comunicação de fato, podendo gerar mera suspeita a respeito da pessoa indicada como responsável pelo evento. Há, contudo, um momento em que, em virtude dos elementos apurados, passa a autoridade a atribuir àquela pessoa a prática da infração, tratando-a como possível autora do fato. Muda, então, a sua posição jurídica: não é mais suspeito, mas sim imputado. [...] Aqui, em harmonia com o sistema brasileiro, será utilizada a denominação indiciado ou imputado, com a ressalva de que se trata de imputado em sentido amplo" (FERNANDES, Antonio Scarance. op. cit. p. 112. Grifos nossos).

[600] Salvo se houver atuação ilícita, evidentemente.

[601] Em sentido contrário, Hélio Tornaghi nega quaisquer direitos subjetivos durante o inquérito, mesmo em se tratando de indiciado: *[...] o que não se pode admitir é a transformação do inquérito em processo acusatório, com acusação e defesa. Nem ofendido nem indiciado, convém insistir, gozam de direitos subjetivos dentro do inquérito; têm, apenas, interesses reflexamente protegidos* (TORNAGHI, Hélio. *Instituições de Processo Penal*. Vol. II. Rio de Janeiro, Forense, 1959, p. 170). A distinção entre as posições jurídicas de mero suspeito e de imputado, são muito bem desenhadas no direito processual penal português. Veja-se o que dispõe o art. 60 do Código de Processo Penal de Portugal: desde o momento em que uma pessoa adquirir a qualidade de arguido é-lhe assegurado o exercício de direitos e de deveres processuais, sem prejuízo da aplicação de medidas de coacção e de garantia patrimonial e da efectivação de diligências probatórias, nos termos especificados na lei.

Sob o enfoque dos deveres, destaca-se a necessária *sujeição do imputado* às necessidades do procedimento e, em contrapartida, devem ser-lhe assegurados os direitos indispensáveis ao exercício da reação defensiva à imputação na fase de investigação, destacando-se o direito de ter ciência da própria imputação, o direito de ser sobre ela ouvido e o direito de fornecer elementos que podem repercutir sobre o deslinde da investigação[602].

Por isso, é de se questionar, por suas relevantes consequências jurídicas, em que momento o indivíduo deixa formalmente de ser suspeito e passa a ser imputado. O ideal seria que esse marco fosse sempre determinado, em moldes previamente delineados pela lei[603]. Não é assim.

---

[602] FERNANDES, Antonio Scarance. *Reação Defensiva à Imputação*. São Paulo: Revista dos Tribunais, 2003, p. 113. No ponto concernente aos deveres, citando José Arlas, o autor aponta que passa a ser dever do acusado a sujeição jurídica às determinações que o obrigam à realização de determinados atos como, por exemplo, o comparecimento em juízo e a submissão a perícias. Naturalmente esses deveres de sujeição devem ser interpretados sob iluminação do *nemo tenetur se detegere* que, todavia, não pode ser revestido de caráter absoluto, aniquilando a eficiência da investigação.

Nesse ponto, dignos de menção os estudos de direito comparado feitos de maneira ampla por Maria Elizabeth Queijo (2012, p. 285/415). Em matéria de provas que dependem da colaboração do investigado, em diversos ordenamentos jurídicos, tem-se utilizado como critério para se desenhar os limites do *nemo tenenur* a distinção entre atos de cooperação passiva e atos de cooperação ativa. É comum que se entenda que os atos de cooperação ativa do acusado sejam abarcados pelo âmbito de tutela do princípio do *nemo tenetur se detegere*, tornando-se impossível obrigar o imputado a um *facere* que expresse colaboração com a persecução penal em seu próprio prejuízo. Não se pode compelir, nesse sentido, o averiguado a participar de reprodução simulada dos fatos ou a fornecer material grafotécnico para perícia, forçando-o a redigir algo. Sob essa leitura pode-se exigir, todavia, a participação passiva nas provas, impondo sua presença para reconhecimento, por exemplo. Em síntese, aponta a autora: *com relação às provas produzidas com a cooperação do acusado, mas sem intervenção corporal, poderão ser determinadas pela autoridade policial ou pela autoridade judiciária, mesmo sem o consentimento do acusado, desde que impliquem apenas colaboração passiva deste* (QUEIJO, Maria Elizabeth. *O direito de não produzir prova contra si mesmo: o princípio do nemo tenetur se detegere e suas decorrências no processo penal*. São Paulo: Saraiva, 2012, p. 414. Acrescente-se que a autora entende necessária a regulamentação legal da questão).

[603] Avançado neste tema, o Código de Processo Penal de Portugal, em seu art. 58, prevê hipóteses nas quais o suspeito passa a ser considerando *arguido*, conferindo, ainda, o diploma, ao investigado, a faculdade de requerer que seja tratado como imputado (art. 59, 2). Naquele ordenamento jurídico, então, a mudança de posição jurídica de suspeito para *arguido* não depende necessariamente de um ato formal constitutivo – similar ao indiciamento – a ser

Em concreto, tende a haver um momento, não exatamente preciso, em que se reúnem contra um mero suspeito investigado consideráveis elementos que, vistos em conjunto, apontam-no como provável autor do fato. É importante que, desde então, seja o indivíduo tratado como imputado[604].

Todavia, é possível que, para evitar um formal comprometimento com as garantias daí decorrentes, o órgão ministerial ou o delegado de Polícia abstenha-se de expressar um juízo inequívoco que manifeste essa mudança de posição do averiguado, deixando-a nas entrelinhas e prejudicando a reação defensiva[605]. É por isso que, muito embora seja o *indiciamento* ato privativo do delegado de Polícia (art. 2º, §6º, da Lei nº 12.830/13), pode o órgão ministerial requisitar sua formalização, da mesma forma que

praticado pela autoridade responsável pela investigação, bastando que ocorra efetivamente uma das hipóteses previstas no dispositivo legal citado. Certo é que, caracterizada a situação que constitui o suspeito como arguido, não seria razoável exigir *imediata* comunicação integral do objeto da imputação e dos meios de prova que dão suporte a ela. A jurisprudência portuguesa, então, estabeleceu que *a efectivação do direito de informação concretizada sobre os factos e provas contra o arguido reunidos encontra-se reservada para o momento em que aquele vier a ser chamado a prestar declarações* (PORTUGAL. Tribunal de Relação de Lisboa. Recurso Penal nº 56/06.2TELSB-B.L1-9. Rel. Fátima de Mata-Mouros. Acórdão de 15-04-2010, v.u). O mesmo raciocínio se aplica no caso em que se chama o imputado para negociações em torno de possível colaboração premiada, como se defende adiante.

[604] FERNANDES, Antonio Scarance. op. cit. p. 105.

[605] Se, diante da existência de contundentes indícios contra o investigado, a ponto de se formar o convencimento do presidente do procedimento investigatório quanto à autoria delitiva, este negar àquele o direito à informação – informação sobre o direito de permanecer em silêncio, sobre o objeto da imputação e sobre os elementos de convicção que lhe sustentam – as declarações prestadas pelo imputado que não esteja ciente do conteúdo do procedimento serão elementos de convicção inadmissíveis no processo penal, contaminando os elementos de convicção ou provas delas decorrentes. Nos casos em que as declarações são prestadas antes da constituição do indivíduo como imputado, sem que houvesse motivo para que assim fosse considerado, não há que se falar em prova ilegal. Nesse sentido: PORTUGAL. Tribunal de Relação de Lisboa. Recurso Penal 320/14.7GCMTJ.L1-9. Rel. Filipa Costa Lourenço. Data do acórdão: 22/06/2017. v.u). O mesmo raciocínio é prestigiado nos Estados Unidos da América sob a bandeira dos *Miranda Warnings* ou *Miranda Rights* (v. U.S Supreme Court – Miranda v. Arizona 1966 – 384 U.S. 436). *Nenhuma confissão realizada por imputado em resposta a um interrogatório sob custódia policial pode ser admitida em juízo, a menos que se demonstre que ele tenha sido advertido do direito de não produzir prova contra si mesmo e de ser assistido por um advogado* (MAZAGATOS, Ester Eusamio; RUBIO, Ana Sánchez. *La Prueba Ilícita en la Doctrina de la Corte Suprema de Estados Unidos*. Cidade do México: Tirant lo Blanch, 2016, p. 141).

pode requisitar a instauração de inquérito a ser presidido pela autoridade policial[606].

A autoridade judiciária, por sua vez, deverá se abster de requisitar o indiciamento, considerando que tal medida apresentaria dois problemas – a antecipação de um juízo de culpa pelo julgador, que se precipitaria à formação da *opinio delicti* pelo titular da ação penal, e a possibilidade de interferência indevida no plano de investigação dos órgãos de persecução penal. É dizer, postura excessivamente proativa do julgador violaria os ideais do processo acusatório[607].

---

[606] No âmbito da Procuradoria-Geral da República de Portugal, por meio do Despacho PGR nº 01/2011, de 10 de outubro de 2011, expressou-se que compete ao presidente do procedimento investigatório formalizar a mudança de posição jurídica do investigado de mero *suspeito* para *arguido* (equivalente ao que denominamos *imputado*). Expressa-se que, no caso de crime cometido por meio de pessoa jurídica, cabe ao Ministério Público *instruir o órgão de polícia criminal, no qual deleguem competência para a investigação ou a realização de diligências, no sentido de procederem à sua constituição como arguida* (PORTUGAL. Procuradoria-Geral da República. Procurador-Geral da República Fernando José Matos Pinto Monteiro. *Despacho nº 01/2011*. Lisboa, 10 de outubro de 2011). Obviamente o mesmo raciocínio se aplica, de maneira pacífica, aos crimes cometidos por pessoas naturais. Certo é que, na maior parte dos países ocidentais, a investigação é formalmente presidida pelo Ministério Público, que possui ascendência hierárquica sobre os órgãos policiais, o que facilita a requisição de *indiciamento*, de *constituição de arguido* ou equivalentes. Apesar de a situação jurídica nacional ser ligeiramente distinta, inexistindo vinculação funcional da Polícia ao Ministério Público, os poderes de requisição deste sobre a investigação criminal, corolário da titularidade constitucional da ação penal pública, conduzem à conclusão de possibilidade de requisição de indiciamento pelo órgão ministerial oficiante.

[607] Parece-nos que, para que a autoridade judiciária possa determinar excepcionalmente o indiciamento, alguns requisitos devem estar preenchidos: 1) os órgãos de persecução penal já devem ter dado ciência da existência da investigação ao suspeito, chamando-o para prestar esclarecimentos. Do contrário, pode haver grave e injustificada ingerência sobre a estratégia investigativa; 2) não poderá a autoridade judiciária determinar que se dê ciência ao averiguado de meios de obtenção de prova que ainda estejam sendo manejados, respeitando-se a Súmula Vinculante nº 14 do Supremo Tribunal Federal; 3) deverá determinar o indiciamento apenas para assegurar que o imputado – por ter se tornado alvo da investigação – tome ciência dos fatos apurados e dos elementos de convicção que o apontam como autor, sem antecipar suas convicções pessoais; 4) deve o juiz ter sido chamado a intervir no feito pelos órgãos de persecução penal – para aplicação de medidas cautelares ou para controle de prazo – ou por alguém que se considera imputado (o interessado poderá fazê-lo por *habeas corpus*). Assim, atuaria o julgador como garante, na defesa dos direitos fundamentais do impu-

CAPÍTULO 4 – O PAPEL DAS PARTES NO ACORDO DE COLABORAÇÃO PREMIADA

De toda forma, a omissão, deliberada ou não, da autoridade responsável pela investigação pré-processual, não pode redundar na negativa de exercício dos direitos de reação defensiva àquele que é materialmente *imputado*.

Sob essa perspectiva, diversos fatores podem indicar que a posição jurídica do averiguado se alterou no curso do procedimento investigatório, mesmo que não haja decisão expressa nesse sentido. Tem-se dito que até mesmo a *forma de tratamento dispensada ao indivíduo pela autoridade responsável pela persecução penal* pode indicar que o sujeito passou a ser considerado imputado[608].

Bem assim, tomadas essas premissas, é forçoso concluir que, quando o indivíduo é chamado a negociar eventual acordo de colaboração premiada, passa ele a ostentar formalmente a posição de imputado – reconhecendo-se em seu favor o direito inequívoco de tomar conhecimento do teor da imputação e do conteúdo das investigações. Assim deve ser, pois, se sobre ele não recaíssem indícios de autoria em considerável medida, não seria razoável que o órgão de acusação lhe propusesse um acordo que pressupõe assunção de culpa e implica renúncia irrevogável ao direito ao silêncio[609].

Não há argumento que vise à tutela da eficiência nas investigações que permita qualquer conclusão em sentido contrário. Se há interesse no mais

---

tado, mas sem atrapalhar desnecessariamente a investigação ou formar antecipadamente seu convencimento.

[608] FERNANDES, Antonio Scarance. op. cit. p. 103. Há certas providências, nesse sentido, que tornam inequívocas a posição de imputado do indivíduo, como é caso do requerimento ou da representação do presidente de procedimento investigatório preliminar pela aplicação de medidas cautelares pessoais ou reais. A prisão em flagrante, de natureza pré-cautelar, evidentemente, também atribui automaticamente ao indivíduo a condição de imputado. No que concerne às medidas cautelares probatórias, não necessariamente, quando impostas, implicam a conversão da posição jurídica de mero suspeito para arguido, pois nem sempre há, com elas, indícios contundentes de autoria.
Trata-se de critério também prestigiado no direito processual português, avançado nessa matéria. Veja-se a jurisprudência: *IV – A lei não impõe a constituição como arguido das pessoas visadas pelas diligências de busca. De resto o facto de se ser alvo de uma tal diligência não significa necessariamente que se seja sequer suspeito da prática de um crime (arts. 174º e ss. do CPP)* (PORTUGAL. Tribunal de Relação de Lisboa. Recurso Penal nº 56/06.2TELSB-B.L1-9. Rel. Fátima de Mata-Mouros. Acórdão de 15-04-2010, v.u).

[609] O simples recebimento de proposta de acordo marca o início das negociações, conforme critério adotado pelo legislador no art. 3º-B, da Lei nº 12.850/13.

absoluto sigilo das investigações, o presidente do procedimento investigatório poderá preservá-lo, de maneira fundamentada[610], mas é bastante óbvio que o ato de chamar o investigado para negociações correlatas a eventual colaboração premiada contradiz esse desiderato.

Assim, ressalvadas as hipóteses de meios de obtenção de prova que ainda estejam sendo manejados – diligências de interceptação telefônica, infiltração de agentes, ação controlada e etc. – o chamamento do investigado para negociações lhe dará o direito de ter ciência da sua condição de imputado e da possibilidade de pleno acesso às investigações, com as ressalvas já contidas na Súmula Vinculante nº 14 do Supremo Tribunal Federal, estas, sim, necessárias à salvaguarda da eficácia das investigações.

Há evidente discricionariedade do órgão ministerial quanto ao *momento* em que entende ser conveniente chamar o investigado para dar início às negociações. Em torno desse aspecto, deve o promotor de Justiça considerar que, tão logo faça qualquer insinuação sobre o desejo de firmar com o investigado um acordo de colaboração premiada, toda e qualquer diligência que estiver em curso corre risco de redundar em ineficácia, corolário do natural estado de alerta que será incutido no, a partir de então, imputado[611].

É manifesto que, em cenários tais, o que pode pôr em risco a eficácia das investigações é a precipitada proposta de acordo, não o direito de informação do imputado. Em regra, é a afoiteza que gera perigo ao resultado das investigações criminais, não a regular tutela dos direitos fundamentais.

---

[610] V. art. 20 do Código de Processo Penal e Resolução nº 181/2017 do Conselho Nacional do Ministério Público. No campo doutrinário: *conforme estatuído no art. 5º, LX, da Constituição da República, a publicidade pode ser limitada para garantir a defesa da intimidade ou o interesse social [...]. O sigilo decretado com base no interesse social pode ser entendido como meio para assegurar a eficiência da persecução penal, pois, em algumas situações, a publicidade ampla do feito pode prejudicar, principalmente, a atividade de colheita de provas.* (CLEMENTE, Aleksandro; MACHADO, André Augusto Mendes. *O sigilo e a prova criminal*. In: FERNANDES, Antonio Scarance; ALMEIDA, José Raul Gavião de; MORAES, Mauricio Zanoide de. *Sigilo no Processo Penal: eficiência e garantismo*. São Paulo, Revista dos Tribunais, 2008, p. 99).

[611] Bem recorda Antonio Magalhães Gomes Filho no sentido de que, nos meios de obtenção de prova, o sucesso das investigações depende da *surpresa* que quase sempre acompanha a realização dos procedimentos de investigação, sem a qual é inviável a obtenção de novas fontes de prova (GOMES FILHO, Antonio Magalhães. *Notas sobre a terminologia da prova: reflexos no processo penal brasileiro*. In: YARSHELL, Flávio Luiz; MORAES, Mauricio Zanoide de. *Estudos em Homenagem à Professora Ada Pellegrini Grinover*. São Paulo: DJP, 2005, p. 309).

CAPÍTULO 4 - O PAPEL DAS PARTES NO ACORDO DE COLABORAÇÃO PREMIADA

Por ser medida adequada ao equilíbrio entre eficiência e garantismo na colaboração premiada, durante os primeiros diálogos em torno das possíveis negociações futuras, o membro do Ministério Público informará ao potencial colaborador que: a) sobre ele recaem indícios de autoria da prática de crimes, devendo a autoridade especificar os tipos penais nos quais entende estar o imputado incurso; b) todos os elementos de convicção que se manifestam como indícios de autoria estão à disposição do imputado, esclarecendo, desde logo, em que eles consistem (*disclosure*[612]); c) todos os elementos de convicção que lhe são favoráveis estão igualmente disponíveis, apontando-os, para que o potencial colaborador possa aferir de maneira adequada se o acordo lhe convém, em análise pessoal e processual de custo-benefício (*disclosure*); d) ele possui o direito de permanecer, desde já, em silêncio, não sendo obrigado sequer a responder em que termos se poderia desenhar um possível acordo (preservação do direito ao silêncio durante as negociações); d) poderá ser ele assistido por advogado durante esses diálogos preliminares e, em caso de interesse na colaboração, a assistência passará a ser obrigatória, por imposição legal, antes do efetivo início das negociações.

Essas medidas garantem ao possível colaborador a *perfeita compreensão da situação procedimental* que lhe afeta[613]. Trata-se de medida indispensável para que a sua adesão ao acordo de colaboração seja livre de vícios, sem que a limitação ao seu direito de defesa – decorrente da renúncia ao direito de permanecer ao silêncio – ocorra por equivocada ou insuficiente percepção do conjunto probatório.

Como mencionado, a adesão do colaborador ao acordo de colaboração premiada implica necessariamente uma grave atenuação da ampla defesa, abrangendo a renúncia ao direito ao silêncio e o dever de prestar todas as informações disponíveis ao órgão de acusação, ainda que delas possam ser extraídos elementos que agravam a situação do investigado ou acusado. Já expomos que esses desdobramentos do acordo não contradizem o princípio do *nemo tenetur*. Isso não quer dizer que sejam eles irrelevantes sob a perspectiva da preservação dos direitos de reação defensiva.

---

[612] Maiores esclarecimentos sobre o dever de *disclosure* do órgão ministerial nas negociações preliminares da colaboração premiada adiante, no item 4.4.3.
[613] TUCCI, Rogério Lauria. Op. cit. p. 156.

Se o colaborador, na fase pré-processual, adere a cláusulas obrigatórias do acordo que limitam o exercício da ampla defesa, só se pode reconhecer como válida a manifestação de vontade do imputado se ele tiver conhecimento pleno dos elementos de convicção que dizem a ele respeito, com as ressalvas da Súmula Vinculante nº 14 do Supremo Tribunal Federal.

Não se pode aceitar que decisão nesse sentido seja tomada pelo colaborador diante de um cenário probatório obscuro, capaz de induzi-lo em erro e de submetê-lo a coações explícitas ou veladas.

A ausência de conhecimento real dos elementos de convicção colhidos durante as investigações pode incutir no colaborador o temor de ser alvo de acusações que, em verdade, não se sustentariam por absoluta falta de justa causa à ação penal. Dificulta-se, ademais, a constituição de um prognóstico sobre a viabilidade da própria defesa em caso de recusa à colaboração. Se o averiguado e seu defensor não conhecerem as provas que poderiam sustentar eventual acusação, não restará possibilidade de avaliar quais contraprovas deveriam buscar e se haveria possibilidade de produzi-las durante o processo penal[614].

---

[614] Sob a vigência do *Marian Committal Statute* de 1555, diversas práticas incorporadas pelos operadores do processo penal sufocavam o direito de defesa e obrigavam o acusado a falar em seu próprio desfavor. Destaca-se, dentre elas, a absoluta ausência de informação quanto ao conteúdo da imputação. Sem saber de maneira precisa o objeto da acusação e o conteúdo das provas que seriam produzidas contra ele, o acusado não podia antever uma estratégia defensiva. Desconhecendo quais elementos defensivos poderiam lhe ser úteis, não restava ao acusado alternativa, senão falar em sua própria defesa, como um último e desesperado recurso de reação defensiva: *without disclosure of the precise charges against him or of the nature of prosecution evidence, the accused had considerable difficulty locating defense witnesses or otherwise preparing to defend himself. [...] The harder it was for the criminal accused to obtain defense witnesses,* **the more he was constrained to speak from his own knowledge** about the charges and the evidence against him (LANGBEIN, John H. *The Origins of Adversary Criminal Trial*. Oxford: Oxford University Press, 2003, p. 51). Nesse sentido, no âmbito das práticas do *Old Bailey* no Século XVIII, inviabilizando até mesmo uma reação civil, posterior à absolvição, contra o acusador que atuara de má-fé, estabeleceu-se que: *no copies of any indictment for felony be given without special order, upon motion made in open court* (HAY, Douglas. *Prosecution and Power: Malicious Prosecution in the English Courts: 1750-1850*. In: HAY, Douglas; SNYDER, Francis G. *Policing and Prosecution in Britain 1750-1850*. Oxford: Oxford University Press, 1989, p. 343-395). Da mesma forma, se o possível colaborador não conhece os termos da imputação e os elementos que lhe sustentam, não consegue fazer uma correta avaliação da viabilidade de futura defesa.

Essa equivocada percepção conduziria a uma análise deturpada do custo-benefício do acordo, notadamente se, ao negar acesso às informações já colhidas, a autoridade responsável pela investigação *blefar*[615], alegando possuir mais provas do que efetivamente tem ou dizendo que elas implicam pessoas próximas ao colaborador. De qualquer maneira, a mera negativa de acesso aos elementos de convicção já produzidos parece se expressar como uma ameaça implícita de *overcharging*[616].

Como se pode admitir o argumento simplório de que não há que se falar em direito à informação, por se tratar de fase pré-processual, se o colaborador está sendo chamado a intervir em procedimento que pode produzir efeitos processuais, tais como a confissão e a renúncia ao direito ao silêncio, que repercutirão sobre o processo penal propriamente dito?

Se fosse possível omitir do acusado informações constantes dos autos nas negociações pré-processuais, poderia haver limitações indevidas à ampla defesa na própria fase processual. Por essa razão, o direito à informação deve ser antecipado, mesmo para aqueles que entendem que, ordinariamente, não seria ele assegurado ao mero indiciado em situações ordinárias.

Em síntese, o princípio da ampla defesa deve ser compreendido de maneira que se permita ao acusado possuir pleno conhecimento das suspeitas ou acusações que sobre ele recaem e dos elementos de convicção de que dispõem os órgãos de persecução penal. No caso em que o órgão acusador está disposto a formalizar um acordo pré-processual com o averiguado, as informações para que este faça adequado juízo de custo-benefício do acordo precisam ser antecipadas a ele e a seu defensor, atingindo

---

[615] Explanações mais profundas sobre o *estratagema da prova inexistente* ou *falsa* 4.4.2.

[616] Existe forte crítica doutrinária que recai sobre os *plea agreements* que não são precedidos de verdadeiras negociações, nos casos em que estas são substituídas por um *silêncio eloquente* do órgão de acusação. É possível que o colaborador tenha receio de um eventual *overcharging* ser sustentado pelo Poder Judiciário, já que não sabe o que há nos autos. Em casos mais graves, essas ameaças veladas de excesso de acusação podem ser uma constante que decorre do notório conhecimento de que determinado juízo adota postura extremamente rigorosa com aqueles que não colaboram e bastante leniente com aqueles que o fazem. Para escapar do rigor e para se beneficiar da leniência, o investigado pode aderir ao *plea bargaining*, sem melhor análise crítica: *indeed, many "bargains" are struck without a word being spoken. The defendant may accept a tacit bargaing by declaring his guilt when he is aware that the court has an established practice of showing leniency to defendants who do not waste court time* (PARKER, James F. *Plea Bargaining*. American Journal of Criminal Law. Vol. I, nº 2, Houston, 1972, 187-209).

a fase de negociações. O direito à informação do imputado é somado ao dever de lealdade processual das partes, exposto a seguir, para formar dois novos feixes de deveres do órgão ministerial na colaboração premiada.

4.4. Dever de lealdade processual das partes do acordo

O Anteprojeto do Código Modelo de Processo Civil para a Ibero-América prevê em seu art. 5º que todos os atores do processo devem pautar suas condutas de modo a acatar o princípio da *lealdade processual*, impondo às cortes o dever de impedir qualquer forma de fraude processual[617]. Pela densa influência doutrinária dos trabalhos elaborados pelo Instituto Ibero-Americano de Direito Processual, diversos Estados latino-americanos inseriram formalmente, em reformas posteriores, o princípio da lealdade processual em seus diplomas legais adjetivos[618].

As justificativas que acompanham o Anteprojeto não esclarecem o que exatamente se deve entender por *lealdade processual* ou por *boa-fé*, mas a imposição de deveres judiciais de contenção de fraudes e conluios é um indicativo bastante satisfatório de que os valores que se visa tutelar são violados quando os atores do processo adotam posturas capazes de colocar uma das partes em posição de indevida desvantagem processual[619].

---

[617] Art. 5º – *Las partes, sus representantes o asistentes y, en general, todos los partícipes del proceso, ajustarán su conducta a la dignidad de la Justicia, al respeto que se deben los litigantes y a la lealtad y buena fe. El Tribunal deberá impedir el fraude procesal, la colusión'. y cualquier otra conducta ilícita o dilatoria*. Disponível em: http://www.venezuelaprocesal.net/codigomodelo.htm; acesso em 05/12/2017.

[618] Pouco depois da elaboração do texto, por exemplo, a República do Uruguai editou a Lei Nacional nº 15.982, acolhendo integralmente a redação do art. 5º do Anteprojeto, inserindo formalmente em seu ordenamento jurídico o princípio da lealdade processual. Da mesma forma, na Argentina, o Anteprojeto de Reforma do Código de Processo Civil e Comercial da Nação aderiu ao princípio em questão, consagrando-o expressamente. O Código de Processo Civil brasileiro de 1973 sofreu alteração pela Lei nº 10.358/2001 para prever, em seu art. 14, II, o dever das partes de *proceder com lealdade e boa-fé*.

[619] Não defendemos que a ofensa aos preceitos de lealdade e de boa-fé se limitam a esses casos, pretendeu-se apenas estabelecer um *piso*. Alexandre de Morais da Rosa faz um paralelo entre a fraude processual e o *doping esportivo* apontando que: *a violação da boa-fé objetiva é o ponto a ser destacado. O Estado não pode praticar ilegalidades, omitir informações desfavoráveis, valer-se de métodos não autorizados por lei, potencializar inescrupulosamente elementos probatórios [...], aumentando a capacidade de se obter vitórias processuais. A defesa, por sua vez, também não pode se valer de*

CAPÍTULO 4 – O PAPEL DAS PARTES NO ACORDO DE COLABORAÇÃO PREMIADA

Dentre essas práticas, destacam-se aquelas que deturpam a percepção da parte adversa em relação ao quadro probatório existente – omitindo indevidamente elementos de convicção que serão manejados tardiamente como *fator surpresa*[620] ou falseando a sua existência ou seu conteúdo – assim como aquelas que oneram indevidamente o processo ou têm como fim velado a sua aniquilação futura, dando causa à nulidade da qual pretende a parte causadora se beneficiar (*venire contra factum proprium*)[621].

Existe em torno da lealdade processual um compromisso com a verdade e com os valores superiores que regem o processo e se sobrepõem aos interesses das partes e, para a consecução desses objetivos, todos os atores processuais devem atuar em regime de colaboração[622].

Sob essa ótica, se a perspectiva de obtenção de vantagens ou resultados processuais favoráveis prejudicar o ideal de desenvolvimento de um *justo e devido processo*, haverá violação ao princípio da lealdade processual.

---

táticas inescrupulosas. A melhora artificial da performance pela manipulação probatória é uma questão séria a ser enfrentada (ROSA, Alexandre Morais da. *Guia do Processo Penal Conforme a Teoria dos Jogos*. Florianópolis: Empório do Direito, 2017, p. 362). Ressalvo que a teoria de John Nash aplicada ao processo penal evidentemente não possui o mesmo valor *científico* que acompanha a teoria original. De toda forma, a doutrina ora citada preserva seu denso conteúdo filosófico e provocativo.

[620] É isso tipo de fonte de desequilíbrio na condução do procedimento do júri que visa evitar, por exemplo, o art. 479, CPP: Durante o julgamento não será permitida a leitura de documento ou a exibição de objeto que não tiver sido juntado aos autos com a antecedência mínima de 3 (três) dias úteis, dando-se ciência à outra parte.

[621] Em relação ao *venire contra factum proprium*, vide, por exemplo: STF. HC 137959, Relator(a): Min. DIAS TOFFOLI, Segunda Turma, DJe-087, PUBLIC: 27-04-2017.

[622] Luiz Guilherme Marinoni, Sérgio Cruz Arenhart e Daniel Mitidiero tratam a lealdade processual, dentro do desdobramento da boa-fé, como o *dever de dizer a verdade – e toda a verdade – a respeito de determinado assunto debatido em juízo, o dever de não formular pedidos ou apresentar defesas ciente de que destituídos de fundamento e o dever de não praticar atos sabidamente inúteis ou desnecessários para a tutela dos direitos*. Sobre o *venire contra factum proprium*, comportamento que, segundo jurisprudência do STF citada logo a seguir, expressa violação ao dever processual de lealdade na seara processual penal, acrescenta o doutrinador: *age contraditoriamente quem, dentro do mesmo processo, frustra a confiança de um de seus participantes* (MARINONI, Luiz Guilherme; ARENHART, Sérgio Cruz; MITIDIERO, Daniel. *Novo Curso de Processo Civil: tutela dos direitos mediante procedimento comum*. Vol II. São Paulo: Revista dos Tribunais, 2015, p. 82-83).

A concepção de *processo justo*, por sua vez, não é compatível com um ambiente processual em que os atores atuam com desconfiança recíproca, receosos quanto à possibilidade de manipulação probatória, de engodo processual, de atuação protelatória ou diante de investidas que transbordam os limites objetivos do feito. A distorção do objeto do feito pode ocorrer, por exemplo, em casos de abuso no acionamento de órgãos correcionais ou disciplinares e de invocação de fatos ou argumentos que afetam a esfera pessoal do profissional do direito atuante – o que é comum, por exemplo, em plenários de júri[623].

O Código de Processo Penal brasileiro não tratou expressamente do dever de lealdade processual das partes e discorre sobre a boa-fé apenas com relação a terceiros eventualmente afetados por apreensões ou medidas assecuratórias[624].

Sem prejuízo da omissão legislativa, em diversos de seus precedentes, o Supremo Tribunal Federal brasileiro, assim como Superior Tribunal de Justiça, reconheceu como ofensivas à lealdade no processo penal as condutas: a) defensivas, praticadas com o fim de dar causa à nulidade do feito, destacando-se em caso concreto se tratar de *nítida hipótese de estratégia defensiva, quiçá com o objetivo de lançar o germe de futura invocação de nulidade* (HC 137959, Relator(a): Min. Dias Toffoli, Segunda Turma, DJe-087, P: 27-04-2017), ou de procrastinar injustificadamente o andamento do processo (EDcl nos EDcl nos EDcl no AgRg no AREsp 996.640/SC, Rel. Ministro Antonio Saldanha Palheiro, Sexta Turma, julgado em 14/11/2017, DJe 21/11/2017); b) judiciais, que negam ao acusado o reconhecimento e a aplicação benefícios penais que se expressam como direitos subjetivos, frustrando injustificadamente a expectativa depositada pelo impu-

---

[623] *O processo equitativo, como "justo processo", supõe que os sujeitos do processo usem os direitos e cumpram os seus deveres processuais com* **lealdade, em vista da realização da justiça e da obtenção de uma decisão justa** [...]. A ideia do procedimento justo expresso, processualmente, no princípio da lealdade, deve compreender-se como uma exigência concreta da optimização de valores constitucionais. Nesse plano assumem uma inegável relevância valores como a dignidade humana, que tem inscrita a *protecção do princípio de confiança recíproca na actuação processual, que deve pautar a conduta de todos os intervenientes processuais* (qualquer que seja o plano em que se movimentem), e o princípio de igualdade de armas (este em determinadas fases processuais) (PORTUGAL. Supremo Tribunal de Justiça. 287/99.0TABJA-B.E1-A.S1. 3ª Secção. Rel. Min. Santos Cabral. J: 16/12/2010; Diário da República de 27 de janeiro de 2011. Grifos nossos).

[624] Artigos 119, 120, §2º, 122, §2º, 130, II, 133, parágrafo único.

tado de receber prêmio decorrente de colaboração processual – confissão, no caso concreto (HC 101909, Segunda Turma, Rel. Min. Ayres Britto, J: 28/02/2012; DJe: 19/06/2012); c) acusatórias, que dificultem a compreensão pelo acusado de sua situação processual, impactando, por inevitável consequência, o efetivo exercício do direito à ampla defesa (RHC 42303/PR. Tribunal Pleno. Min. Rel. Pedro Chaves. J: 26/05/1965; DJ: 23/06/1965); d) do acusado, ao embaraçar o regular andamento do processo e onerá-lo, mudando-se de endereço sem comunicar ao juízo e dando causa, assim, à realização de diligências inúteis (HC 365.333/SP, Rel. Ministro Nefi Cordeiro, Sexta Turma, julgado em 14/11/2017, DJe 24/11/2017).

A princípio, o ideal de lealdade processual se aplica apenas à fase judicial da persecução penal, não havendo que se falar em compromisso de verdade ou de transparência durante as investigações.

Não se pode negar que as *deceptive techniques* são de extrema importância em qualquer investigação que envolva crimes de média ou elevada complexidade. Algumas técnicas especiais de investigação, a propósito, têm como sua própria essência a *mentira*, a *enganação*, o *engodo*, *o disfarce* o emprego de *estratagemas*. Nem por isso são técnicas inconstitucionais ou que violam direitos fundamentais. A infiltração de agentes é técnica especial de investigação, também qualificável como meio de obtenção de prova, que pressupõe o reconhecimento da possibilidade de o Estado empregar técnicas enganosas. Não há que se falar em qualquer ofensa a direitos fundamentais, da mesma forma, diante da conduta policial que se vale da colaboração de pessoa próxima ao imputado para, por meio de gravação clandestina, obter a confissão do crime[625].

Em regra, portanto, o princípio da lealdade processual, como posto acima, não se aplica à primeira fase da persecução penal ou aos meios de obtenção de prova, até porque estes só funcionam se revestidos de *surpresa*. A colaboração premiada, como tratada pela Lei nº 12.850/13, porém, possui algumas peculiaridades sensíveis. Diversamente do que ocorre com os demais meios de obtenção de prova, que não são capazes de afetar direitos defensivos na fase preliminar da persecução penal e estarão sujeitos ao

---

[625] Sobre a admissibilidade de técnicas enganosas que não afetem, em essência, o exercício dos direitos defensivos: TRAINUM, James L. *How the Police Generate False Confessions*. London: Rowman and Littlefield. 2016, p. 109-110.

contraditório diferido, os efeitos de eventual acordo de colaboração geram impacto imediato na forma como será exercido o direito de defesa, como já esclarecido no item anterior.

Diante de interceptação telefônica, por exemplo, não há que se falar em transparência ou lealdade processual. Por óbvio, o conhecimento do imputado de que os órgãos de persecução penal conduzem esse tipo de meio de obtenção de prova o tornaria absolutamente ineficaz. Disso não se extrai prejuízo, já que, durante o processo, as provas colhidas estarão sujeitas ao contraditório diferido. A ausência de conhecimento prévio do conteúdo da investigação, portanto, não tem relevante impacto sobre os direitos do indivíduo e se justifica para a eficácia do meio de obtenção de prova.

O mesmo não se pode dizer da colaboração premiada. O colaborador, em regra, confessa a prática dos crimes que lhe são imputados, renuncia ao direito ao silêncio e assume o compromisso de dizer a verdade. Não terá, portanto, ainda que na fase judicial, o poder de se defender amplamente ou de exercer efetivo contraditório, já que optou pelo manejo de seus poderes dispositivos na fase pré-processual, vinculando sua atividade defensiva posterior.

Por isso, a única forma de se assegurar a compatibilidade entre o meio de obtenção de prova em questão e o princípio constitucional da ampla defesa é garantindo ao imputado o direito à informação e impondo a todas as partes do acordo o dever de lealdade, antecipando esses elementos para a fase pré-processual, já que nela serão feitas escolhas dispositivas do colaborador que repercutirão sobre todo o processo penal.

O *discrímen* existente entre a colaboração premiada e todos os outros meios de obtenção de prova, a ponto de se justificar a antecipação do direito de defesa e do dever de lealdade processual para a fase de negociações, reside no fato de que, no nosso objeto de estudo, as limitações ao direito de defesa decorrentes do acordo perduram por toda a persecução penal.

Também não há risco à eficácia da investigação nos aspectos que atingem o imputado, não no que diz respeito ao conhecimento do conteúdo da imputação e dos elementos de convicção que pesam contra ele. Risco pode haver pela chamada prematura com o fim de lhe fazer proposta de acordo – o que já se esclareceu.

4.4.1. Consequências penais e processuais da deslealdade do colaborador na colaboração premiada

Poder-se-ia argumentar, de maneira mais genérica e sob a perspectiva defensiva, que no processo penal brasileiro a incidência do princípio da lealdade deve ocorrer de maneira limitada, considerando o direito do acusado de mentir durante toda a persecução penal. Essa linha argumentativa não atingiria de qualquer forma o instituto da colaboração premiada, porque a Lei nº 12.850/13, como visto, impõe ao acusado o *dever de dizer a verdade*, renunciando ao direito ao silêncio e aos seus desdobramentos – em especial o direito de mentir[626]. Não há qualquer restrição ao dever de lealdade processual, que deve permear a postura de todos os atores do processo na colaboração premiada.

Com assento nessa premissa, afirma-se que o colaborador também está sujeito ao dever de lealdade processual desde as negociações preliminares – nas quais revelará possuir elementos que podem despertar o interesse ministerial no acordo – e durante toda a fase de cumprimento de suas cláusulas. Haverá violação do colaborador ao seu dever de lealdade, entre outros, nos casos em que: a) omitir informação relevante que deveria ter prestado; b) ocultar bens que poderiam se sujeitar a medidas assecuratórias ou de confisco[627]; c) prestar informações falsas; d) der causa à atuação estatal que sabia inócua. Nessas hipóteses, estará ele sujeito a duas ordens de consequências – penais e processuais.

Processualmente, o acordo deve ser considerado descumprido, manifestando-se a conduta desleal como uma espécie de *quebra de contrato*, e o imputado perderá os benefícios que lhe seriam assegurados, caso tivesse cumprido o acordado, sem prejuízo da possibilidade utilização dos elementos de convicção decorrentes do acordo pelos órgãos de persecução penal[628].

---

[626] Art. 4º, § 14: § 14. Nos depoimentos que prestar, o colaborador renunciará, na presença de seu defensor, ao direito ao silêncio e estará sujeito ao compromisso legal de dizer a verdade. Esclarecemos que não há qualquer inconstitucionalidade no preceito em questão no item 4.8 deste trabalho.

[627] O ideal é que o acordo de colaboração compreenda a obrigação de o indivíduo interessado apresentar, dentro de determinado prazo, um rol do qual deverão constar todos os bens que integram o seu patrimônio, ainda que estejam registrados em nome de terceiros ou sob a posse de outrem. É o que normalmente ocorre nos acordos de colaboração premiada.

[628] Assim: *o dever de veracidade do colaborador é ainda reforçado nos acordos de colaboração firmados, prevendo cláusulas no sentido de que, caso se comprove que omitiu algum fato ou fez afirmação falsa, o*

Sob a perspectiva penal, há dois possíveis caminhos. As declarações falsas que, deliberada e efetivamente, conduzirem as autoridades responsáveis pela persecução penal a linhas investigativas que sabidamente não produzirão quaisquer dos resultados almejados, caracterizarão o crime previsto no art. 2º, §1º, da Lei nº 12.850/13, manifestando-se como ato de *embaraço* às investigações[629]. Igualmente, embaraça a investigação aquele

acordo será rescindido, perdendo o colaborador o direito a qualquer benefício, sem prejuízo de suas declarações e as provas produzidas serem utilizadas contra si (MENDONÇA, Andrey Borges. *A Colaboração Premiada e a Criminalidade Organizada: a confiabilidade das declarações do colaborador e o seu valor probatório*. In: SALGADO, Daniel de Resende; QUEIROZ, Ronaldo Pinheiro de. *A Prova no Enfrentamento à Macrocriminalidade*. Salvador: Juspodivm, 2016, p. 236).

[629] Art. 2º Promover, constituir, financiar ou integrar, pessoalmente ou por interposta pessoa, organização criminosa:
Pena – reclusão, de 3 (três) a 8 (oito) anos, e multa, sem prejuízo das penas correspondentes às demais infrações penais praticadas.
§ 1º Nas mesmas penas incorre quem impede ou, de qualquer forma, embaraça a investigação de infração penal que envolva organização criminosa.
Manifesta gravíssimo embaraço às investigações o ato de dar causa a diligências ou linhas de investigação sabidamente inócuas, notadamente diante de fatos criminosos complexos, como aqueles que normalmente se desenvolvem por conta de organização criminosas. Nesse sentido, não é demais lembrar o escólio de Antony Duff acerca da limitação de recursos que acomete, de maneira patológica, os órgãos responsáveis pela persecução penal. As escolhas que circundam a alocação de recursos nessa seara passam por diversas esferas de competência estatal. Inicialmente, na esfera legislativa, o Congresso Nacional (considerando a nossa realidade constitucional) enumera as condutas que entende serem merecedoras de repressão penal, justificando os gastos com a mobilização dos órgãos de segurança pública e do sistema de Justiça. Após, o Poder Executivo direciona recursos para esses mesmos órgãos, para que eles possam atuar na efetiva aplicação do direito penal, pelo manejo da persecução penal. Ao receberem esses recursos, os órgãos de segurança pública e do Ministério Público, em planejamento estratégico, definem áreas prioritárias, organizam divisões especializadas, forças-tarefa, entre outros mecanismos administrativos, para otimização desses recursos nas áreas priorizadas. Por fim, diante de casos concretos que envolvem criminalidade organizada, diversas linhas investigativas com potencial real de produção de resultados tendem a surgir simultaneamente, consectário da própria complexidade inerente à criminalidade organizada. A limitação de recursos não raro impede a interceptação de todas as comunicações úteis à persecução penal, o rastreio de todos os caminhos deixados pelo dinheiro ilícito e etc. Há necessidade de fazer opções concretas em busca daquilo que tende a produzir melhores resultados. Diante de um aparente colaborador, que dissimula a intenção de cooperar com a persecução penal, a tendência é que as fontes de prova por ele indicadas sejam efetivamente perseguidas pelos agentes estatais que, assim, deixarão de investir em outros possíveis caminhos investigativos. É evidente que, ao afetar concretamente com informações falsas essas opções sensíveis a

que, comprometendo-se com a identificação e a localização do produto e do proveito do crime, oculta-os, violando a confiança depositada no acordo e a lealdade processual[630].

Residualmente, responderá pelo crime previsto no art. 19 do mesmo diploma aquele que imputar falsamente, sob pretexto de colaboração processual, a prática de infração penal a pessoa que sabe inocente ou revelar informações que sabe inverídicas sobre a estrutura da organização criminosa[631].

A principal distinção entre a conduta criminosa descrita no art. 2º, §1º, da Lei nº 12.850/13, e aquela contida no art. 19 do mesmo diploma reside, como não pode ser diferente no seio da teoria finalista, no aspecto subjetivo da conduta. O colaborador incorrerá no art. 2º, § 1º, quando tiver a intenção de causar prejuízo às investigações ou pelo menos assumir o risco de fazê-lo. A repercussão penal se restringirá, todavia, ao art. 19, nos casos em que o intuito do agente se limitar a construir uma situação de aparente cumprimento do acordo, pouco importando qual seja a intenção de fundo que ele pretende dissimular – obtenção do benefício oferecido, prejudicar o indivíduo falsamente imputado, etc.

O aspecto subjetivo da conduta inerente ao tipo penal previsto no artigo 19 fica claro com a leitura do excerto *"sob pretexto de colaboração com*

---

toda investigação complexa, fazendo com que as autoridades estatais busquem fontes de prova inexistentes em detrimento de caminhos investigativos potencialmente frutíferos, o "colaborador" causa verdadeiro *embaraço* às investigações (Discretion and Accountability in a Democratic Criminal Law. In: LANGER, Máximo; SKLANSKY, David Alan. *Prosecutors and Democracy: a cross-national study*. Cambridge: Cambridge University Press, 2017, p. 20).

[630] Sem prejuízo da prática de outros crimes autônomos, como a lavagem de dinheiro. Seguindo o raciocínio da nota de rodapé anterior, é evidente que, em um ambiente ideal no qual os atores do processo confiam na boa-fé daqueles que fazem parte do acordo, comprometendo-se o colaborador a entregar o patrimônio criminoso, a tendência é que a autoridade estatal se preocupe menos com diligências e atos de investigação que poderiam conduzir a esses mesmos resultados, dispendendo energias e recursos em outras linhas investigativas. Ao adotar postura diametralmente oposta àquela constante do compromisso, portanto, afetando o julgamento da autoridade estatal quanto à melhor estratégia investigativa, o colaborador igualmente embaraça a investigação.

[631] Art. 19. Imputar falsamente, sob pretexto de colaboração com a Justiça, a prática de infração penal a pessoa que sabe ser inocente, ou revelar informações sobre a estrutura de organização criminosa que sabe inverídicas:
Pena – reclusão, de 1 (um) a 4 (quatro) anos e multa;

a Justiça". A intenção, então, é a de criar uma aparência de colaboração com as autoridades estatais[632]. Na modalidade aqui tratada do art. 2º, §1º, o dolo é de causar *embaraço* à investigação[633].

Parece, portanto, que a quebra do dever de lealdade processual por parte do colaborador foi satisfatoriamente censurada pelo ordenamento jurídico brasileiro[634]. Não houve, todavia, previsão das consequências de possível quebra da lealdade processual por parte do membro do Ministério Público.

Não é difícil vislumbrar situações problemáticas, que podem encontrar real eco na prática jurídica, relacionadas à provocação, pela autoridade estatal, de uma percepção equivocada no imputado, para convencê-lo a colaborar, confessando e fornecendo informações, sem a adequada compreensão do quadro probatório que o envolve. Pode-se dizer, em situações similares, que o compromisso de colaboração foi tomado de maneira fraudulenta.

A prática da justiça penal negocial no *common law* tem enfrentado dois problemas constantes dessa espécie – o *estratagema da prova inexistente*[635] (ou falsa) e a ausência de *disclosure* dos elementos de convicção até então colhidos, durante a fase de negociações.

Em qualquer dos casos, por ação ou omissão, o órgão responsável pela persecução penal busca a criação de uma ilusão pela fraude, deturpando a percepção do possível colaborador em relação ao procedimento em curso, com o fim de obter determinado resultado probatório previamente visado,

---

[632] *Em outros termos, pretextar significa alegar ou tomar como desculpa, disfarçar, dissimular, invocar como motivo aparente [...]. O delator, como diz o texto legal,* **sob o pretexto de colaborar com a justiça** *calunia, mente, aumenta, desvirtua a verdade, ou seja, faz qualquer coisa* **para beneficiar-se com a previsão legal benéfica** (BITENCOURT, Cezar Roberto; BUSATO, Paulo César. *Comentários à Lei de Organização Criminosa*. São Paulo: Saraiva, 2014, p. 203, grifos nossos).

[633] O ideal é que o acordo de colaboração contenha cláusula expressa no sentido de que eventual mentira caracterizará o crime em questão, evitando-se alegações futuras de ausência de conduta dolosa.

[634] Esse padrão de contenção da má-fé do colaborador durante as negociações também existe nos Estados Unidos, como bem esclarece Frank H. Easterbrook: *but deception occurs at trial as well as during bargaining. For deception at trial the penalties of perjury (or an enhancement of the sentence for obstruction of justice) are available; for deception during bargaining the penalties for lying to a public agent are available* (EASTERBROOK, Frank H. *Plea Bargaining as Compromise*. In: *The Yale Law Journal*, New Haven, Vol. 101, nº 8, junho de 1992, p. 1969/1978).

[635] *False-evidence ploy.*

CAPÍTULO 4 - O PAPEL DAS PARTES NO ACORDO DE COLABORAÇÃO PREMIADA

em patente prejuízo aos valores que regem o *devido processo*. Não há situação mais clara de ofensa ao princípio da lealdade processual. O Ministério Público, como guardião constitucional do regime democrático, não pode, com a finalidade de obter elementos de convicção que acredita serem úteis ao bom desenvolvimento da persecução penal, lançar mão de meio fraudulento, induzindo em erro o cidadão sujeito à autoridade estatal[636].

É natural que o indivíduo submetido à persecução penal preserve a expectativa de que os agentes estatais atuarão com respeito ao ordenamento jurídico, neles depositando confiança. Aceitar que a autoridade estatal atue com engodo viola, nesse prisma, não apenas o princípio da lealdade processual, mas a essência de valores democráticos[637].

---

[636] Essa conclusão guarda sintonia com as premissas teóricas desenhadas no primeiro capítulo do trabalho, as quais rechaçam a argumentação de que reflexos processuais do direito penal do inimigo justificariam o manejo de técnicas especiais de investigação, como a colaboração premiada.

[637] Precisa a conclusão do Supremo Tribunal de Justiça português, relacionando os valores da lealdade processual com aqueles inerentes ao regime democrático, principalmente relacionados à confiança depositada na autoridade estatal, esclarecendo que o dever de lealdade: *determina também, por correlação ou contraponto, que as autoridades que dirigem o processo, seja o Ministério Público seja o juiz, não pratiquem actos no exercício dos poderes processuais de ordenação que possam* **criar a aparência confiante de condições legais do exercício de direitos, com a posterior e não esperada projecção de efeitos processualmente desfavoráveis para os interessados que depositaram confiança no rigor e na regularidade legal de tais actos** *[...] Na verdade, nenhum argumento, ou principio, poderá ser mobilizado para provocar a erosão do pressuposto fundamental que se consubstancia na exigência de que todos os actores do processo penal tenham a sua actuação procedimental pautada pela finalidade última que é a da realização da justiça, e de procura da verdade material. Este objectivo teleológico não se compadece com a realização processual que visa a utilização estratégica do processo como instrumento acrítico e neutro, procurando outras finalidades laterais e, até, em clara oposição com aquela realização e procura. Na verdade, ousamos afirmar que* **o cumprimento do princípio da lealdade processual revela até que ponto se reflecte no processo a credibilidade de um regime democrático**. *O mesmo princípio,* **particularmente em processo penal, é revelador da forma, e condições, sobre as quais se concebem as relações do Estado e o Cidadão**. *A natureza democrática, ou não, de um Estado depende, também do estatuto do cidadão face ao poder público, especificamente face à instância de controle reforçado, que é característica do processo penal,* **e da forma leal, ou desleal, como é tratado no seu catálogo de direitos e deveres.**
O princípio da lealdade no comportamento processual, **nomeadamente na recolha de prova**, *representa uma imposição de princípios gerais inscritos na própria dignidade humana, e da ética, que deve presidir a todos os actos do cidadão* (PORTUGAL. Supremo Tribunal de Justiça. 287/99.0TABJA--B.E1-A.S1. 3ª Secção. Rel. Min. Santos Cabral. J: 16/12/2010; Diário da República de 27 de janeiro de 2011. Grifos nossos).

A par disso, ao praticar condutas que minam a credibilidade institucional em negociações que envolvem a justiça penal negocial, com vistas à resolução de um único caso concreto, a autoridade responsável pela persecução penal pode gerar um padrão perigoso de desconfiança em torno da própria instituição que por ela se manifesta e, ainda mais grave, pode expor a perigo a sobrevivência do instituto da colaboração premiada, ferramenta essencial no enfrentamento à macrocriminalidade. Atua com visão míope o membro do Ministério Público que, para obter resultado que julga positivo em um caso particular, coloca em xeque a credibilidade da própria instituição e do instituto legal manejado.

Historicamente, justamente visando à tutela da confiança no instituto, preocupadas com a possível instabilidade em torno dos acordos de não-persecução penal e com a inviabilização de tratos futuros, as cortes inglesas instituíram uma barreira de proteção contra eventual atuação desleal das autoridades estatais que tomavam o acordo na *Crown witness system*. É sabido que os *Justices of the Peace* não ficavam formalmente vinculados à promessa de não-persecução penal, podendo descumpri-la posteriormente.

Adicionalmente, até mesmo um *juiz de paz* distinto daquele que ofereceu a não-persecução penal ao imputado poderia descumprir o acordo de colaboração, dando início à ação penal em seu desfavor. Ocorre que, caso o *JP* descumprisse o acordo, a corte determinava a imediata soltura do colaborador e pleiteava a concessão de perdão ao Rei, contornando assim a atuação desleal do acusador que, sem prejuízo do cumprimento do acordo pelo colaborador, entendeu por bem processá-lo[638].

Ora, não deixa de atuar com engodo o titular da ação penal que promete determinada vantagem ao colaborador e, depois de obter os elementos de convicção que desejava, descumpre sua parte, propondo ação penal que deveria se abster de propor por promessa de não persecução. Dessas construções se pode extrair que o malicioso descumprimento da avença, por qualquer das partes, é um grave atentado à lealdade processual e afeta a confiança que deve existir em torno das atividades dos atores do processo.

---

[638] LANGBEIN, John H. *The Origins of Adversary Criminal Trial*. Oxford: Oxford University Press, 2003, p. 93.

A Lei nº 12.850/13, todavia, ao prever a homologação do acordo pelo juiz, viabiliza a constituição de um instrumento jurídico seguro que confere ao agente colaborador, desde que este cumpra as cláusulas que o obrigam, o direito subjetivo à incidência dos benefícios penais ou processuais antes prometidos. Não é desse desdobramento da lealdade processual, portanto, que decorrem os maiores problemas contemporâneos da colaboração premiada correlatos ao desrespeito do princípio em questão.

O arbítrio estatal quanto a esse aspecto tende a emergir com maior intensidade nas fases de negociações e, durante elas, duas obrigações devem ser impostas ao *dominus litis* como consequência da lealdade processual e do direito do imputado à informação. Em uma vertente negativa, a autoridade estatal deve se abster de fazer declarações falsas ou enganosas ao imputado durante as negociações, com o fim de convencê-lo a colaborar pela intimidação gerada por um cenário probatório inexistente.

Na vertente positiva, o órgão ministerial deve assegurar ao colaborador o acesso a todos os elementos de convicção extraídos de diligências já concluídas, com as ressalvas delineadas pela Súmula Vinculante nº 14 do Supremo Tribunal Federal (dever de *disclosure*), o que deve abranger tanto os elementos de convicção favoráveis à defesa quanto os desfavoráveis.

A Lei nº 12.850/13 não tratou desses desdobramentos do de lealdade durante as negociações que antecedem o acordo de colaboração premiada. Nem por isso eles não existem ou a sua violação não possui consequências jurídicas. Diante do silêncio do legislador pátrio, as experiências norte-americana, canadense e inglesa, ao longo de séculos de justiça negocial, foram aqui consideradas. Essas tradições amadureceram suficientemente para elaborar mecanismos de contenção dessa espécie de *fraude negocial* do *dominus litis*, o que repercute até mesmo sobre a prática recente da Justiça Penal Internacional.

4.4.2. Violação do dever de lealdade processual do *dominus litis* na vertente negativa: as consequências processuais do estratagema da prova inexistente

Ao ver o imputado se sujeitar a um ambiente de negociação com o titular da ação penal, é razoável que o defensor esclareça que tecnicamente o processo penal não tem o condão e tampouco a pretensão de revelar da verdade material. Muito embora, em uma leitura idealizada, possa-se dizer que assim deve ser, ao se adotar um viés racional reforça-se a memória de que o processo trabalha com a reconstrução de fatos passados e, justamente por isso, não pode reproduzi-los de maneira estritamente fiel[639].

Nesse ângulo, a decisão de colaborar ou não com os órgãos de persecução penal pressupõe, para o investigado ou acusado, uma leitura racional de custo-benefício. O ideal é que, ciente do quadro probatório que confere sustentáculo à imputação, possa ele fazer um prognóstico relacionado à probabilidade da sua condenação. Sendo esta elevada, a colaboração pode lhe ser interessante, diante dos benefícios premiais oferecidos pelo Ministério Público[640].

Em contrapartida, percebendo-se um risco reduzido de condenação ou considerando as inúmeras hipóteses legislativas em que a condenação penal não é mais do que um pedaço de papel, incapaz de acarretar qualquer espécie de sanção efetiva, haja vista a leniência que permeia vários dos nossos diplomas legais, a colaboração processual se torna pouco convidativa[641].

---

[639] *A possibilidade de se obter, através dos mecanismos probatórios, uma reconstrução dos fatos que corresponda efetivamente à realidade parece inatingível* (GOMES FILHO, Antonio Magalhães. *Direito à Prova no Processo Penal*. São Paulo: Revista dos Tribunais, 1997, p. 44). As dificuldades são ainda maiores no âmbito do aspecto subjetivo da conduta, jamais demonstrável por prova direta, sempre por meio de raciocínio dedutivo perante as circunstâncias do caso. Nem mesmo se estivesse presente no momento do crime o julgador poderia acessar a mente do indivíduo. Em se tratando de vislumbrar o raciocínio feito quando da prática de atos passados, a tarefa se torna ainda mais árdua. Os elementos anímicos, psíquicos, que movem a conduta são invisíveis – é o que Winfried Hassemer chama de *invisibilidade do lado interior do ato* (HASSEMER, Winfried. *Introdução aos Fundamentos do Direito Penal*. Tradução da 2ª Edição Alemã. Porto Alegre: Sérgio Antonio Fabris, 2005, p. 103).

[640] [...] *the defendant's perception that his or her likelihood of conviction at trial is high – a perception that has been found to be particularly important in plea decision making* (WYNBRANDT, Katie. *From False Evidence Ploy to False Guilty Plea: an unjustified path to securing convictions*. The Yale Law Journal, New Haven, Vol. 126, Nº 2, p. 545-563).

[641] Suponha-se a existência de uma associação criminosa instituída para frustrar o caráter competitivo de procedimentos licitatórios. Salvo se houver a hipótese do art. 84, §2º, da Lei nº 8.666/90, o tipo penal do art. 90 do mesmo diploma sequer comporta a constituição de organização criminosa, considerando a pena máxima cominada pelo preceito secundário da norma. Além disso, a pena prevista é de detenção de, no máximo, 4 (quatro) anos, o que dificilmente resulta em regime semiaberto. Vê-se, assim, que um dos maiores *ralos* de dinheiro público – as fraudes em licitações, que possuem consequência nefastas ao desenvolvimento do país, recebem um tratamento penal extremamente leniente. Pergunta-se qual criminoso contumaz que se enriqueceu com fraudes em licitações, em sã consciência, colaboraria com

De toda forma, a perspectiva de um processo justo exige que o imputado tenha a possibilidade de aferir os *reais* fatores existentes no ambiente das negociações. Emocionalmente envolvido com o fato de ostentar a posição de imputado, nem sempre o potencial colaborador tem condições de analisar com objetividade esse cenário probatório. É nesse contexto que o *estratagema da prova falsa* o coloca em situação de sensível desvantagem, distorcendo a leitura de custo-benefício que deve ser feita sem qualquer espécie de coação ou constrangimento[642].

A propósito, o *caput* do art. 4º da Lei nº 12.850/13 prevê que a colaboração prestada pelo imputado deve ser *voluntária*[643]. Não há desacerto doutrinário no sentido de que *voluntariedade* não se confunde com *espontaneidade*. Quanto a esse aspecto não há do que discordar. É natural que o titular da ação penal, vislumbrando a utilidade da colaboração para a persecução, busque dar início à fase de negociações, declarando para o imputado ou para seu defensor que está disposto a conceder benefícios em troca de colaboração processual. Logo, não retira a voluntariedade da anuência do colaborador o fato de o órgão ministerial tomar a iniciativa de lhe expor a proposta, esclarecendo o funcionamento do instituto e antecipando alguns dos benefícios que está disposto a conceder[644].

---

a persecução penal entregando o patrimônio criminoso, se as consequências penais de suas condutas são insignificantes?

[642] The false evidence ploy enables interrogators to artificially inflate an innocent suspect's estimated likelihood of conviction and thereby make a plea bargain appear "rational." WYNBRANDT, Katie. Op. cit. p. 553.

[643] O mesmo parâmetro existe nos Estados Unidos da América. Em *Brady v. United States* (1970), a Suprema Corte decidiu que a declaração de *guilty plea* só é válida se feita de maneira consciente e voluntária. A Corte fala em *voluntary and intelligent guilty plea*. Na mesma linha, as *Federal Rules of Criminal Procedure*, Título VI, Regra 11, *b*, (2), determinam às Cortes que se dirijam pessoalmente aos imputados que pretendem se declarar culpados, com o fim específico de aferir se o *guilty plea* se reveste de voluntariedade: [...] *Ensuring That a Plea Is Voluntary. Before accepting a plea of guilty or nolo contendere, the court must address the defendant personally in open court and determine that the plea is voluntary and did not result from force, threats, or promises (other than promises in a plea agreement).*

[644] Nesse sentido: ESSADO, Tiago Cintra. *Delação premiada e idoneidade probatória Revista Brasileira de Ciências Criminais.* nº 101, v. 21, 2013. p. 203-227: *O imputado tem todo o direito de saber sobre a existência da possibilidade de usufruir de possíveis benefícios decorrentes da delação premiada e ter o direito de decidir se adere ou não a tal proposta.*
Não é possível presumir que o imputado tenha prévia ciência da possibilidade legal de contribuir para a investigação ou resultado útil do processo e, com isso, suprimir-lhe o direito de ter ao menos acesso a esta

O mesmo não se pode dizer diante de confusão psíquica causada pelas provas falsamente apresentadas pela autoridade estatal ao imputado. A coação que retira a voluntariedade do acordo, invalidando-o[645], não precisa ser necessariamente física. A voluntariedade pressupõe espírito livre, o qual não se sustenta diante de artifício empregado por aquele que se situa no lado oposto da mesa de negociações, para distorcer a capacidade de compreensão do potencial colaborador[646].

Não se diga que o *estratagema da prova falsa* não encontra eco na prática jurídica. A história não deixa margem para equívocos. Trata-se de *expediente* corriqueiro no manejo do *plea bargaining* no *common law*[647] e que se espera não tenha sido por nós importado sob o casco do *cavalo de troia*[648].

---

informação. E nem é razoável exigir que esta informação seja-lhe noticiada apenas e tão somente pela defesa. Daí a dispensa de qualquer espontaneidade, bastando o caráter voluntário do ato.

[645] Entendo que o vício aqui é ainda mais grave e se projeta para além da mera ausência de voluntariedade no acordo, afetando a essência do princípio da ampla defesa e acarretando a incidência da *exclusionary rule*, como esclarecerei adiante.

[646] No mesmo sentido, expondo ser a voluntariedade incompatível com *qualquer meio de coação física ou psíquica*: Essado, Tiago Cintra. Op. cit. p. 212-214.
O mais adequado critério parece ser o utilizado pela doutrina britânica, no sentido de que a voluntariedade (*voluntariness*) abrange não apenas a ausência de coação, mas de qualquer coisa que, dita ou feita, poderia, nas circunstâncias fáticas, reduzir a credibilidade de uma confissão disso decorrente (Murphy, Peter. *Murphy on Evidence*. 9th Ed. Oxford: Oxford University Press, 2005, p. 49).

[647] A título ilustrativo, Katie Wynbrandt (2017, op. cit. p. 545-546) cita diversos casos práticos em que a menção a provas inexistentes resultou em *guilty plea* do imputado. A título de exemplo, *Anthony Gray*, em 1991, foi interrogado em relação a um crime de estupro praticado em concurso material com homicídio em *Maryland*. Durante o interrogatório, os policiais mentiram sobre as provas que possuíam contra o averiguado, afirmando que dois outros suspeitos haviam confessado o crime e indicado o interrogando como executor do homicídio. Adicionalmente, declararam inveridicamente que, durante quatro horas de sujeição a polígrafo, aparelho teria apontado sucessivas mentiras de *Anthony*. Na verdade, a Polícia tinha obtido provas que favoreciam o averiguado, como declarações no sentido de que um homem branco foi visto saindo da cena do crime dirigindo o carro da vítima, versão reforçada pelos fios de cabelo tipicamente caucasianos localizados no automóvel. *Anthony* era negro. Declarou-se culpado e, depois de sete anos de reclusão, foi solto por ter conseguido provar sua inocência por meio de exames de *DNA*.

[648] Faz-se aqui referência à já explorada analogia empregada por Máximo Langer. Quando da importação de mecanismos jurídicos, é possível que lógicas e práticas nele ocultas sejam importadas acidentalmente, gerando distorções e, não raro, incompatibilidades com o sis-

CAPÍTULO 4 – O PAPEL DAS PARTES NO ACORDO DE COLABORAÇÃO PREMIADA

O *The National Registry of Exonerations*, projeto conjunto da *University of California, Irvine*, da *University of Michigan Law School* e da *Michigan State University College of Law* se dedica à pesquisa e ao registro de casos de condenações, prolatadas com base em *guilty pleas* ou confissões simples, posteriormente revertidas em revisão criminal. Os levantamentos indicam centenas de casos de condenação fundadas em *guilty pleas* que depois foram revistos, em boa parte, com base em exames de DNA capazes de demonstrar, acima de qualquer dúvida razoável, que o apenado *não praticou o crime*. O pano de fundo dos *guilty pleas* em diversos desses casos é o mesmo – técnicas de interrogatório fraudulentas, com menção a elementos de convicção jamais colhidos[649].

Analisando esse banco de dados, Katie Wynbradnt (2017, p. 546) contabilizou 234 casos de condenações baseadas em confissões e *guilty pleas* posteriormente revertidas, dentro de um universo de 1.900 revisões criminais.

Em verdade, esses números elevados de inocentes que se declararam culpados, frequentemente em decorrência da difusa prática de *false evidence ploy*, resultam de um padrão lógico. Indivíduos efetivamente ligados ao delito em investigação possivelmente perceberão que as provas apresentadas foram falseadas, haja vista que eles tendem a conhecer as circunstâncias do crime mais do que as próprias autoridades estatais – podem saber se havia ou não testemunhas no local dos fatos, o *iter criminis* realmente percorrido, os locais pelos quais passaram e os objetos que tocaram, as armas que utilizaram, etc[650].

---

tema de destino (LANGER, Máximo. *From legal transplants to legal translation: the globalization of plea bargaining and the americanization thesis in criminal procedure*. Harvard International Law Journal. Cambridge. Vol. 45. Nº 01, p. 1/64, 2004).

[649] É o caso de *Donovan Allen*: http://www.law.umich.edu/special/exoneration/Pages/casedetail.aspx?caseid=4804; Acesso em 08/12/2017. A lista de casos citada, já com o filtro *false confession* pode ser acessada aqui: http://www.law.umich.edu/special/exoneration/Pages/browse.aspx?View={B8342AE7-6520-4A32-8A06-4B326208BAF8}&FilterField1=Contributing_x0020_Factors_x0020&FilterValue1=False%20Confession; acesso em: 08/12/2017.

[650] No mesmo sentido, mas defendendo mais amplamente o dever de disclosure nas negociações prévias ao *plea agreement*, o que é objeto do nosso próximo tópico: *as a general rule, nondisclosure disproportionately harms the innocent since, almost 6 by definition, guilty defendants know more about the facts surrounding a crime than do those who are factually*

Justamente o inocente não tem aptidão para perceber se o denso e falso conjunto probatório que supostamente recai sobre ele traduz ou não a realidade subjacente aos fatos em apuração. Estudos psicológicos descrevem experiências em que, diante do *estratagema da prova falsa*, o averiguado, ao se deparar com supostos elementos de convicção extremamente contundentes de autoria em sua direção, passou a se questionar se, de fato, não teria cometido o crime sem ter consciência disso[651].

Sem prejuízo dos incontáveis episódios dessa natureza, parcela da doutrina estadunidense defende de maneira veemente o emprego de provas falsas em negociações pré-processuais e interrogatórios, alegando que se trata de medida constitucional e reconhecida como legítima pela Suprema Corte dos Estados Unidos em *Frazier v. Cupp* (1969)[652].

É o caso de Fred E. Inbau et al. (2004, p. 429)[653]:

> Nosso posicionamento é claro no sentido de que o mero ato de apresentar provas falsas durante o interrogatório não leva uma pessoa inocente a confessar. É absurdo acreditar que um suspeito que sabe não ter cometido

---

innocent (DOUGLASS, John G. *Can Prosecutors Bluff? Brady v. Maryland and plea bargaining*. Case Western Reserve Law Review. Vol. 57, Nº 3, 2007, p. 581-592.

[651] WYNBRANDT, Katie. *From False Evidence Ploy to False Guilty Plea: an unjustified path to securing convictions*. The Yale Law Journal, New Haven, Vol. 126, Nº 2, p. 552.

[652] Idem. Op cit. p. 550.

[653] A obra da qual o excerto a seguir foi retirado trata de técnicas de interrogatório e de negociação em busca de *plea agreements* amplamente difundidas nos Estados Unidos, denominadas *The Reid Techniques*. O instituto coordenado por *John Reid*, coautor da obra e idealizador das técnicas nela consagradas, é responsável pelo treinamento de boa parte dos agentes norte-americanos de persecução penal envolvidos nessas atividades. Quando as confissões e os *guily pleas* de inúmeros inocentes vieram à tona, os métodos artificiosos foram contestados de maneira enfática pela comunidade acadêmica, notadamente nas áreas de psicologia e ciências sociais. Os autores do *Reid Manual*, a partir da quarta edição da obra *Criminal Interrogation e Confessions* acrescentaram capítulos que tratam da necessária *corroboração* das confissões obtidas e da possibilidade de ocorreram falsas confissões, estabelecendo técnicas para contê-las. Parcela doutrinária aponta que o instituto, todavia, não mudou o método de preparação dos agentes treinados, que continuaria o mesmo. Nesse sentido: TRAINUM, James L. *How the Police Generate False Confessions*. London: Rowman and Littlefield. 2016, p. 214. Esclareça-se que, para o desenvolvimento deste trabalho, apenas se teve acesso à quarta edição do Reid Manual, razão pela qual não foi possível analisar diretamente o contraste supostamente causado pela inserção de técnicas que visam à prevenção de falsas confissões.

o crime dará mais credibilidade a supostas provas do que ao seu próprio conhecimento sobre a sua inocência[654].

Todavia, ao se analisar o conteúdo de *Frazier v. Cupp*, o que se nota é que a Suprema Corte dos Estados Unidos não reconheceu de maneira abstrata e ampla a possibilidade de os órgãos de persecução penal falsearem provas. Em verdade, a Corte expressou que, diante da *totalidade das circunstâncias do caso*, o *blefe* utilizado pelas autoridades policiais para extrair do imputado a confissão não teria sido suficiente para retirar a voluntarie-

---

[654] V. INBAU, Fred. E. et al. *Criminal Interrogation and Confessions*. Fourth Edition. Sudbury: James and Bartlett, 2004. Tradução livre. Original: *it is our clear position that merely introducing fictitious evidence during an interrogation would not cause an innocent person to confess. It is absurd to believe that a suspect who knows he did not commit a crime would place greater weight and credibility on alleged evidence than his own knowledge of his innocence.*
Esclareça-se que não se defende aqui que todas as técnicas de interrogatório e negociação em busca de colaboração processual violam o princípio da lealdade processual ou princípio da ampla defesa. Há técnicas que, muito embora sejam utilizadas para encobrir a real intenção do agente estatal de extrair os conhecimentos do imputado sobre os fatos em apuração, não distorcem a capacidade de compreensão deste sobre o quadro probatório existente ou sobre sua posição de imputado. Não devem ser vistas como nocivas, nesse sentido, por exemplo, técnicas que expressem falsa tolerância moral à conduta atribuída ao imputado, visando diminuir eventual constrangimento do indivíduo de falar sobre ela. Na mesma linha, pode o negociador expressar a noção de que o imputado apenas foi alcançado pela persecução penal por falha de outros membros da organização, simpatizando com ele ao culpar terceiros, ou mesmo enaltecer eventual função exercida dentro da organização criminosa, estimulando o orgulho que normalmente envolve membros dessa espécie de grupo ilegal. O fator determinante é o conhecimento do indivíduo sobre o cenário probatório que o circunda e a posição jurídica de imputado que ostenta. São, por isso, igualmente inaceitáveis as declarações dos órgãos de persecução penal que minimizam a gravidade da imputação com o fim de fazer o averiguado acreditar que uma confissão ou um acordo trará consequências menos graves dos que a previstas na lei – exceto, é evidente, quanto ao oferecimento de benefícios.
A larga experiência norte-americana com negociações pré-processuais deu origem a estudos e linhas de pesquisa relacionadas a técnicas de interrogatório e negociações, o que não encontra paralelo na nossa doutrina. V. INBAU, Fred. E. et al. *Criminal Interrogation and Confessions*. Fourth Edition. Sudbury: James and Bartlett, 2004. Sobre a expressão de falsa tolerância moral: *it is common for guilty suspects to experience mental relief by believing that what they did could have been much worse and that many other people have committed similar crimes. This is particular true in sex crimes. In such cases, it is desirable for the investigator to pursue a practice of having a male suspect believe that his particular sexual irregularity is not an unusual one, but rather one that occurs quite frequently* (p. 244).

dade exigida pela lei e, por consequência, excluir a prova produzida. Mais parece, assim, que se fez uma análise de proporcionalidade em torno da relevância da conduta policial no caso em questão para a efetiva confissão do averiguado que, mesmo diante das provas falsas apresentadas, teria sido voluntária[655].

O *background* do *leading case* reforça essa leitura. Em *Frazier*, agentes policiais se limitaram a dizer que o suposto coautor do crime já havia confessado, estimulando o imputado a fazê-lo. As cortes inferiores, contudo, invocam *Frazier v. Cupp* em situações muito mais graves e enérgicas de emprego do *estratagema da prova falsa*. Em *State v. Jackson* (1983 – North Carolina Supreme Court), por exemplo, apresentou-se ao imputado uma faca ensanguentada sob a falsa alegação de que ela teria sido encontrada na cena do crime com as suas impressões digitais[656].

A aplicação indiscriminada das conclusões de *Frazier v. Cupp* ignora, ainda, que há distintas espécies de provas que podem ser falseadas, capazes de atingir a análise de *custo-benefício* do imputado em distintos graus. Diante de provas testemunhais falseadas, o indivíduo pode se recordar de que não havia ninguém no local; se inocente, tende a pensar que se trata de um equívoco contornável – a testemunha pode ter se enganado na reconstrução dos fatos. Provas científicas têm um peso maior. Como refutar um exame de DNA que supostamente incrimina o indivíduo? A falsificação de provas técnicas ou científicas tende a gerar confusões graves na análise de custo-benefício da colaboração processual, considerando que o prognóstico de conseguir contrariá-las é sempre pessimista, especialmente considerando o fato de serem provas irrepetíveis, suficientes para embasar um decreto condenatório[657].

---

[655] Assentou a Corte: *The fact that the police mispresented the statements that Raws had made is, while relevant, insufficient in our view to make this otherwise voluntary inadmissible. These cases must be viewing in the totality of circumstances.* Anote-se que *Raw* era suposto coautor dos fatos imputados ao averiguado. Disponível em: https://supreme.justia.com/cases/federal/us/394/731/case.html; acesso em: 09/12/2017.

[656] Disponível em: https://law.justia.com/cases/north-carolina/supreme-court/1983/300a82-0.html Acesso em: 10/12/2017. Da leitura do acórdão se extrai que houve genuíno empenho policial na produção das provas falsas. O caso foi citado no artigo de: WYNBRANDT, Katie. Op. cit. p. 551.

[657] Nesse sentido: *the most effective false evidence ploys are those that involve scientific evidence rather than circumstantial [...] Scientific evidence such as DNA or fingerprints is much harder to disregard. It*

Ignorando essas distinções e supervalorizando o precedente *Frazier v. Cupp*, as cortes norte-americanas, assim, adotam posicionamentos coniventes com o *estratagema da prova falsa*, admitindo-o em regra.

Para os fins deste trabalho, especialmente o de viabilizar um manejo equilibrado da colaboração premiada como proposto no primeiro capítulo, não parece ser essa a melhor solução. O *estratagema da prova falsa* ou *inexistente* recebeu um tratamento mais severo e mais adequado nas cortes superiores do Reino Unido, as quais resolvem a questão sob a perspectiva da *exclusionary rule*[658].

Em verdade, a rejeição às técnicas de interrogatório e negociação que envolvem o emprego de provas falsas no Reino Unido ocorreu antes da censura judicial, em um plano político-cultural. Na década de 1970, dois adolescentes, com 14 e 15 anos de idade, assim como um jovem de 18 anos com problemas cognitivos, foram interrogados pela Polícia britânica e confessaram um incêndio criminoso em uma residência, delito que resultou na morte de uma pessoa. A condenação desses indivíduos deu ensejo à instituição da *Royal Comisison on Criminal Procedure*[659].

Com o fim de instruir os trabalhos da Comissão, em 1980, o psicólogo forense Barrie L. Irving analisou esse e outros 59 casos de interrogatório policial de suspeitos, constatando que o foco das investigações não era a obtenção de informações, mas de confissões. Para a consecução desse objetivo, de uma maneira geral e especialmente durante o interrogatório dos adolescentes, os agentes policiais utilizaram técnicas de coerção, notadamente o emprego de provas falsas. Quando esses resultados foram apresentados à *Royal Comission*, diferentemente do que ocorreu nos Estados Unidos, houve reprovação imediata e a *Comissão* deu início a uma revisão geral das técnicas de interrogatório. Passou a ser obrigatória a gravação integral das oitivas e novos programas de treinamento de agentes foram instituídos[660].

---

is usually presented as infallible, not open to dispute (TRAINUM, James L. op. cit. p. 110). Sobre a suficiência de provas irrepetíveis para a prolação de decreto condenatório, refiro-me ao disposto no ar.t 155, parágrafo único do nosso Código de Processo Penal.
[658] MURPHY, Peter. *Murphy on Evidence*. 9th Ed. Oxford: Oxford University Press, 2005.
[659] TRAINUM, James L. *How the Police Generate False Confessions*. London: Rowman and Littlefield. 2016, p. 215.
[660] TRAINUM, James L. op. cit. p. 216.

No plano judicial, de acordo com o antecipado, a questão foi solucionada no âmbito da inadmissibilidade das provas obtidas por meios ilícitos ou *gravemente desleais*[661].

Sabe-se que a *exclusionary rule* foi construída inicialmente nos Estados Unidos da América a partir do precedente *Boyd v. United States* (1886 – Supreme Court). Antes do referido *leading case*, preponderava no direito estadunidense, assim como no direito inglês, a ideia de que as provas deveriam ser admitidas no processo penal, independentemente da forma de sua obtenção. Em vista disso, afirma-se que, tradicionalmente, no *common law*, não havia exclusão de provas obtidas por meios ilícitos.

Boyd promoveu uma construção da *exclusionary rule* como uma forma de assegurar a efetiva tutela de direitos fundamentais previstos na Constituição Norte-Americana[662]. Naquele caso concreto, foram tratados especificamente o direito à intimidade, que não poderia mais ser violado por buscas domiciliares sem mandado ou genéricas, e o direito de não produzir prova contra si mesmo (*nemo tenetur se detegere*), consagrados respectivamente pela Quarta e pela Quinta Emenda[663].

Com a instituição da *exclusionary rule*, sua aplicação pela Suprema Corte estadunidense passou por uma fase de expansão, até atingir a vedação absoluta em *Mapp v. Ohio* (1961). A partir de então, a inadmissibilidade processual das provas ilícitas passou a sofrer constrições decorrentes de inúmeras exceções criadas jurisprudencialmente, diante das quais a prova obtida por meio ilícito poderia ser utilizada no processo penal.

O que não se vê na história da jurisprudência das cortes americanas, contudo, é a extensão da incidência das *exclusionary rules* para atingir provas obtidas por meio de *condutas desleais* de agentes estatais. Exatamente

---

[661] SPENCER, John. R. *Le Prove*. In: CHIAVARIO, Mario; DELMAS-MARTY, Mireille (coord.). *Procedure Penale D'Europa*. CEDAM: Padova, 2001, p. 580: *La stessa s. 78 consente altresì di escludere l'utilizzazione di uma confessione che la polizia abbia ottenuto attraverso stratagemmi che la corte consideri come gravemente sleali.*

[662] Diversos precedentes posteriores da Suprema Corte dos Estados Unidos tratam a *exclusionary rule* como um instrumento capaz de causar nas autoridades responsáveis pela persecução penal um *efeito dissuasório (deterrence effect)*. O mesmo padrão é hoje empregado no Reino Unido, diante do que as cortes denominam *disciplinary effect* (TRAINUM, James L. op. cit. p. 20).

[663] MAZAGATOS, Ester Eusamio; RUBIO, Ana Sánchez. *La Prueba Ilícita en la Doctrina de la Corte Suprema de Estados Unidos*. Cidade do México: Tirant lo Blanch, 2016.

nesse aspecto, houve evolução da jurisprudência britânica para além daquilo que foi criado pela estadunidense. Essa construção peculiar tem incidido no tratamento de casos em que se emprega o *estratagema da prova falsa* no Reino Unido, de sorte que a exclusão das provas obtidas promova a salvaguarda não apenas de direitos fundamentais, mas da própria confiança na autoridade estatal[664], desencorajando a prática de atos de grave deslealdade durante a persecução penal[665].

Visa-se com isso preservar os valores inerentes ao *due process* e, de uma maneira global, a *equidade* que deve permear toda a persecução penal. Como leciona *Peter Murphy*, isso se manifesta por meio da exclusão ou da limitação de provas tecnicamente admissíveis, sob o fundamento de que o risco de causar um prejuízo para o acusado se sobrepõe ao valor probatório do elemento de convicção[666].

---

[664] Nesse sentido, Gohara (APUD WYNBRANDT, op. cit, p. 555): *allowing police to lie to suspects undermines our justice system's reliance on truth to discover the truth. Courts and lawmakers should outlaw the deliberate deception of suspects by the police.*

[665] Em referência ao que consta do *Police and Criminal Evidence Act 1984*: *La stessa s. 78 consente altresì di escludere l'utilizzazione di uma confessione che la polizia abbia ottenuto attraverso stratagemmi che la corte consideri come gravemente sleali* (SPENCER, John. R. *Le Prove*. In: CHIAVARIO, Mario; DELMAS-MARTY, Mireille (coord.). *Procedure Penale D'Europa*. CEDAM: Padova, 2001, p. 580). O autor esclarece que a exclusão da prova nesse caso é um *poder discricionário da corte, não uma obrigação*. Os critérios utilizados pelas cortes para concluir pela exclusão ou não da prova são, usualmente: a) gravidade da ilegalidade ou da irregularidade – quanto maior, maiores as chances de exclusão; b) gravidade do crime – quanto maior, menores as chances de exclusão; c) intensidade de repercussão sobre a credibilidade da prova – mesmo quando o crime é grave, tende-se a excluir a prova quando sensivelmente afetada a sua credibilidade. Essa leitura de proporcionalidade entre a gravidade do crime e a gravidade da violação da normativa probatória para que se decida concretamente pela incidência ou não da *exclusionary rule* também é recorrente no direito alemão: *i diversi fattori tra i quali i giudici tedeschi cercano di operare um bilanciamento siano assai simili a quelli che le corti inglesi considerano per esercitare il loro potere discrezionale ala stregua dela s. 78 PACE: la gravita dela violazione dele regole sulla prova, a confronto dela gravità del reato per cui si procede* (SPENCER, John. R. op. cit. p. 583). Defendendo que a exclusão da prova tem um caráter pedagógico direcionado às autoridades estatais: *If the police are denied to use of evidence in the presente case because of their failure to achieve acceptable standards of conduct, they will be more likely to achieve acceptable standards in future cases* (MIRFIELD, Peter. *Silence, Confessions and Improperly Obtained Evidence*. Oxford: Clarendon Press, 1997, p. 20).

[666] MURPHY, Peter. Op. cit. p. 45. Tradução livre. Original: *This takes the form of excluding or limiting technically admissible evidence on the ground that its probative value is outweighed by its potential for unfair prejudice to the accused.*

Com esse desiderato, o *Police and Criminal Evidence Act 1984* prevê em seu art. 78[667] a possibilidade de *exclusão de provas obtidas de maneira injusta*, de acordo com a discricionariedade judicial. As cortes locais têm defendido que não importa se ocorreu efetiva violação a alguma norma particular ou a algum princípio específico, bastando, para a incidência do dispositivo com a consequente exclusão da prova, que os órgãos de persecução penal tenham atuado de maneira a colocar o imputado em situação de desvantagem excessiva, afetando a *equidade*[668] que deveria permear o procedimento investigatório ou o processo penal, aí incluídos os casos de emprego de métodos enganosos que não se mostram razoáveis[669]. Doutrinariamente o dispositivo é compreendido como um desdobramento do ideal mais amplo de *fair trial* imposto pelo art. 6º da Convenção Europeia de Direitos Humanos[670]

Destacam-se dentre as hipóteses de exclusão da prova com base nesse dispositivo confissões e informações extraídas do imputado durante interrogatório, sem que o averiguado tivesse conhecimento do teor da imputação[671]. Razoável que assim o seja, pois, muito embora não se possa falar exatamente em contraditório ou *ampla* defesa na fase preliminar da persecução penal, como esclarecido acima, o mínimo de informação é indispensável para esta seja conduzida com equilíbrio, já que os elementos dela decorrentes podem afetar posteriormente o próprio processo penal, especialmente nos casos do art. 155, parágrafo único do Código de Processo Penal brasileiro ou diante de colaboração premiada, haja vista o determinado pelo art. 4º, §14, da Lei nº 12.850/13.

---

[667] *In any proceedings the court may refuse to allow evidence on which the prosecution proposes to rely to be given if it appears to the court that, having regard to all the circumstances, including the circumstances in which the evidence was obtained, the admission of the evidence would have such an adverse effect on the fairness of the proceedings that the court ought not to admit it.* Disponível em: https://www.legislation.gov.uk/ukpga/1984/60/section/78. Acesso em: 10/12/2017.

[668] Entendo não haver palavra no português capaz de expressar a mesma amplitude que o *common law* confere ao termo *fairness*. Reconhecida a limitação, fica a tradução contida no texto.

[669] *The discretion is not confined to cases in which there has been a breach of the Codes of Practice. It may extend to cases in which there has been an unfair subterfuge or deception of the accused* (MURPHY, Peter. *Murphy on Evidence*. 9th Ed. Oxford: Oxford University Press, 2005, p. 301).

[670] Idem. op. cit. p. 295

[671] In *Kirk (2000) 1 WLR 567* [...], *the Court of Appeal held that fairness demanded at a minimum, that he should have been told the true nature of the police inquiry* (MURPHY, Peter. Op. cit. p. 301).

CAPÍTULO 4 – O PAPEL DAS PARTES NO ACORDO DE COLABORAÇÃO PREMIADA

Particularmente no que diz respeito ao *estratagema da prova falsa*, não se pode deixar de mencionar o caso *Mason* (1988 – WLR 139). *Mason* era investigado por supostamente ter ateado fogo no veículo pertencente ao pai de sua ex-namorada. Os policiais declararam falsamente, não só para o imputado, mas também para o seu defensor, que eles tinham provas conclusivas de que *Mason* seria o autor do crime, especificamente impressões digitais extraídas de um pedaço de vidro da garrafa que continha o líquido inflamável utilizado no incêndio. Diante da prova falsa, o investigado confessou o crime e foi condenado. A Corte de Apelação reverteu o julgamento, excluindo a prova decorrente do *false evidence ploy*. O mais interessante é que a Corte expressou que, em verdade, não se poderia dizer exatamente que não houve voluntariedade na confissão ou que a prova não era confiável, mas que a exclusão se justificaria mesmo assim, haja vista que o falseamento de provas tornou o procedimento demasiadamente injusto[672].

Não se pretende aqui alargar em demasia a norma constitucional de exclusão das provas obtidas por meios ilícitos, prevista no art. 5º, LVI, da Constituição Federal, para abranger genericamente situações em que, de maneira discricionária, o julgador entenda ter ocorrido um *desequilíbrio* na persecução, tornando-a *injusta*[673]. O critério que aqui se defende é objetivo e guarda consonância com o que está consolidado na doutrina processual penal brasileira.

É certo que o emprego do *estratagema da prova falsa* viola o dever de *lealdade* agente de persecução penal, de acordo com o tópico imediatamente anterior a este. Nem sempre, contudo, a violação do dever de *lealdade* deve justificar a incidência da *exclusionary rule*. Assim como na citada doutrina de *John Spencer*, só se justificaria a exclusão das provas obtidas nos casos de *grave deslealdade*. Em complemento, o ato *desleal* que redundar na obtenção da prova só poderá ser considerado *grave* nas hipóteses em que acarretar um considerável impacto sobre o exercício de direitos fundamentais, como aqueles vinculados ao ideal de *due process*.

---

[672] MURPHY, Peter. Op. cit. p. 301/302.
[673] Entendo que critérios excessivamente largos de discricionariedade judicial são especialmente problemáticos na sociedade brasileira, que conduz discussões políticas de maneira demasiadamente polarizada. Posições políticas radicais, infelizmente, repercutem em decisões jurídicas de profissionais do direito que atuam nas mais diversas posições, o que gera nefasta insegurança jurídica e faz o processo penal se assemelhar a um jogo de azar.

É exatamente o que ocorre nas situações em que o *estratagema da prova falsa* deságua na obtenção de um acordo de colaboração, pois este, na medida em que impõe ao averiguado o dever de renunciar ao *nemo tenetur*, obrigando-o a dizer a verdade, possui manifesta repercussão sobre o exercício de direitos defensivos ao longo de toda a persecução penal.

Sempre que o *false evidence ploy* tiver como resultado uma limitação no exercício de direitos e garantias fundamentais, as provas obtidas pelo seu emprego devem ser consideradas ilícitas. Obviamente, deve existir nexo de causalidade entre o emprego da reprovável técnica e a obtenção das provas. Do contrário, não haverá razão para se falar em inadmissibilidade processual de provas obtidas, considerando o rompimento do nexo causal pela existência de *fonte independente* ou sua considerável atenuação pela incidência da *teoria da descoberta inevitável*[674].

Pertinente que se mencione o critério adotado pelo *Codice di Procedura Penale* italiano de 1988 em seu art. 188. Reza o dispositivo que não poderão ser utilizados no processo, *nem mesmo com o consenso do indivíduo interessado, métodos ou técnicas capazes de exercer influência sobre a capacidade de autodeterminação ou de alterar a capacidade de memorar ou valorar os fatos*[675]. Mais uma vez, a análise empírica feita nos Estados Unidos nos permite concluir que poucas técnicas possuem tanta aptidão, quanto a *false evidence ploy*, para reduzir a capacidade de autodeterminação do imputado na fase de negociações da colaboração premiada, bem como durante o seu interrogatório na primeira etapa da persecução penal.

Na Bélgica, por sua vez, resta consolidado o entendimento de que devem ser excluídas as provas obtidas por meio de violação ao direito de defesa, o que compreende os casos nos quais se induz o imputado a fornecer declarações autoincriminatórias[676].

A análise de direito comparado e dos preceitos acima delineados nos conduz à forçosa conclusão de que não é dado aos órgãos de persecução penal o direito de *blefar*, fazendo menção a provas falsas ou inexistentes e, ainda pior, ameaçando de maneira explícita ou velada promover a res-

---

[674] V. United States. Supreme Court. *Nix v. Wlliams* (1984). 467 U.S. 431. Disponível em: https://supreme.justia.com/cases/federal/us/467/431/case.html. Acesso em: 10/11/2017.

[675] Tradução livre. Original: *Non possono essere utilizzati, neppure com il consenso dela persona interessata, metodi o tecniche idonei a influire sulla libertà di autodeterminazione o ad alterar ela capacità di ricordare o di valuttare i fatti*.

[676] Spencer, John R. op. cit. p. 585.

ponsabilização penal de pessoas ligadas ao imputado e sobre as quais não recaia indícios de autoria. Essas condutas se equiparam à coação, reduzem a capacidade de autodeterminação do agente, repercutem sobre seus direitos defensivos e, por isso, devem implicar a exclusão das provas dessa maneira obtidas.

4.4.3. Dever de lealdade processual do *dominus litis* na vertente positiva: o dever de *disclosure* nas negociações

A imposição de uma obrigação de *disclosure* sobre a autoridade estatal durante a fase de negociações da colaboração premiada se constitui como uma barreira impeditiva do emprego do *estratagema da prova falsa*. Se o *dominus litis* tiver de mostrar todos os elementos de convicção que possuir, naturalmente não poderá fazer menção irresponsável a provas inexistentes.

Os efeitos decorrentes do dever de *disclosure*, todavia, não se esgotam nesse aspecto. Ao se exigir que o órgão ministerial apresente provas que são favoráveis à defesa, notadamente as que podem suscitar dúvidas relacionadas à existência do fato ou a sua autoria, as relativas a circunstâncias atenuantes ou a causas de diminuição de pena, outros mecanismos de equilíbrio processual são preservados.

Isso porque todos esses elementos repercutem sobre a análise de custo-benefício que envolve a adesão ou não do imputado ao acordo de colaboração premiada. Durante o processo de negociação, essa leitura do averiguado deve abranger a possibilidade de se fazer um prognóstico relacionado ao seu provável destino no curso regular do processo penal[677].

Afirma-se, assim, que o direito do potencial colaborador de ter conhecimento de sua situação processual não impõe ao *dominus litis* apenas uma obrigação negativa – abstendo-se de falsear provas ou manejar outras técnicas que, igualmente, afetam seu dever de *lealdade*. Há, adicionalmente, espaço para imposição de uma obrigação positiva de *disclosure*, que deve se manifestar da maneira mais abrangente possível.

---

[677] Em sentido crítico, em linha argumentativa que expressa o ideal de constituição de elementos que viabilizem escolhas conscientes do imputado durante processos de negociação processual, permitindo que ele tenha conhecimento de sua real situação processual: *the law is bereft of safeguards to prevent suspects from making plea decisions based on inaccurate information about their likelihood of conviction at trial*. (WYNBRANDT, Katie. Op. cit. p. 546).

Muito embora o dever de *disclosure* pareça fundamental para que se garanta o equilíbrio que deve permear a fase de negociações da colaboração premiada, a discussão é tormentosa nos sistemas jurídicos que, há muito, lidam com a justiça penal negocial. Nos Estados Unidos, reconhece-se a existência de uma forte tendência doutrinária à expansão do dever de *disclosure* para que seja o mais amplo possível já na fase de negociações. Até o presente momento, contudo, a jurisprudência da Suprema Corte dos Estados Unidos não evoluiu para muito além dos critérios contidos em *Brady v. Maryland* (1963)[678].

Por meio do referido *leading case*, a Suprema Corte dos Estados Unidos impôs a promotores de Justiça federais e estaduais o dever de conceder à defesa acesso aos elementos de convicção que são favoráveis ao imputado e que tenham sido colhidos ao longo da persecução penal (*disclosure*). As limitações de *Brady*, no entanto, são expressivas e não satisfazem adequadamente as necessidades do ambiente de negociações prévio a um *plea agreement*, que apresenta peculiaridades que não se verificam nos momentos imediatamente anteriores à audiência de instrução e julgamento[679].

A primeira restrição é que apenas as *exculpatory* e as *impeachment evidences* integram o dever de *disclosure* imposto por *Brady*, excluindo-se as *inculpatory evidences* – provas incriminadoras ou que agravam a situação do imputado[680].

Mais além, apenas as provas consideradas *essenciais*[681] devem ser objeto do *disclosure* determinado em *Brady*, assim entendidas aquelas que não apenas são relevantes, mas que efetivamente reduzem a possibilidade de condenação. Limitação nesse sentido transfere parcela dos poderes defensivos ao *dominus litis*, desequilibrando o processo penal. Compõe a estratégia defensiva a escolha dos elementos de convicção que serão utilizados em suporte às teses e reconstruções fáticas formuladas pelo defensor e pelo imputado. Considerando o plano defensivo desenhado, somente

---

[678] Entre os autores que defendem sensível expansão do que foi determinado pela Suprema Corte dos Estados Unidos em *Brady v. Maryland*, destaca-se: LANGER, Máximo. *Rethinking Plea Bargaining: The Practice and Reform of Prosecutorial Adjudication in American Criminal Procedure*. American Journal of Criminal Law, Houston, Vol. 33, Nº 3, Summer 2006, p. 223/298.

[679] BROWN, Darryl K. *Free Market and Criminal Justice: how democracy and Laissez Faire undermine the Rule of Law*. Oxford: Oxford University Press, 2016, p. 140.

[680] Idem. Ibidem.

[681] *Material evidence*.

os seus mentores podem avaliar quais provas lhe são *essenciais*. Por isso, mesmo no *disclosure* que antecede a audiência de instrução e julgamento, o mais razoável seria que todas as provas favoráveis à defesa, não só aquelas que o acusador julga essenciais, fossem objeto de *disclosure*[682].

Talvez por essa razão, a Corte Distrital para o Distrito de Columbia tenha, em *United States v. Safavian* (2005), assentado o entendimento de que, para a definição do que será objeto de *disclosure*, o promotor não deve se questionar se o elemento de convicção que está a analisar tem o potencial de afetar o resultado do processo, mas, sim, se a prova é favorável à defesa. Em caso positivo, a prova deverá ser objeto de *disclosure*, independentemente de valorações adicionais feitas pelo acusador. Trata-se de leitura mais adequada, deixando a análise concernente ao grau de importância do material à própria defesa[683].

Outra considerável restrição ao direito do imputado ao *disclosure* contida em *Brady* é que ele pode ser objeto de renúncia. Mantida essa lógica na fase de negociações, o dever de *disclosure* pode ser utilizado como um elemento adicional de barganha. O acusador tem a possibilidade de oferecer um tratamento penal mais leniente, exigindo que, para tanto, o averiguado abra mão do seu direito à informação probatória, desobrigando o órgão ministerial do dever de revelar os elementos que possui. Esse cenário parece ilustrar mais um jogo de azar do que um instrumento de justiça penal negocial, pois, para obter uma suposta pena menos severa, o imputado opta pela ignorância, aceitando proposta que não sabe se, de fato, causa-lhe ganhos ou perdas[684].

Para o nosso objeto de estudo, a mais relevante restrição de *Brady* é que as determinações contidas no precedente não se aplicam antes da fase de

---

[682] BROWN, Darryl K. op. cit. p. 141-142: *The first clue lies in the disclosure duty's limitation to material evidence, under a definition of materiality that means not merely relevant but something that undermine confidence in conviction. That qualification leaves it to prosecutors to sort out, in private, what undisclosed information is meaningful enough to fall under the disclosure duty. A stronger public norm would require disclosure of all exculpatory evidence.*

[683] LANGER, Máximo; *Rethinking Plea Bargaining: The Practice and Reform of Prosecutorial Adjudication in American Criminal Procedure*. American Journal of Criminal Law, Houston, Vol. 33, Nº 3, Summer 2006, p. 223/298.

[684] Em *United States v. Ruiz*, a Suprema Corte decidiu pela possibilidade de o promotor barganhar com o imputado para se livrar do seu dever de *disclosure* (BROWN, Darryl K. op. cit. p. 141).

julgamento, não sendo possível, considerando o que consta do acórdão, falar-se em exigência de *disclosure* prévio ao *plea agreement*[685].

Como resultado da ausência de precedente com força de *stare decisis* para tratar da questão, cortes federais inferiores e cortes estaduais adotam diferentes entendimentos sobre a necessidade de *disclosure* na fase de negociações de um acordo de colaboração processual.

De um lado, alguns precedentes invocam os pressupostos de validade do *guilty plea*, estabelecidos no próprio caso *Brady v. Maryland*, para justificar a necessidade de *disclosure* prévio ao reconhecimento da culpa pelo imputado, o que alcançaria a fase de negociações de um acordo de colaboração premiada. Cite-se, nessa ótica, que o *leading case* da Suprema Corte impõe a necessidade de o *guilty plea* ser *voluntário* e *consciente*[686].

Para as Cortes que adotam uma compreensão expansiva de *Brady*, o reconhecimento de culpa feito como resultado de um *plea bargaining*, sem a divulgação de *exculpatory evidences*, não pode ser considerado *consciente*, manifestando-se como uma renúncia inválida de direitos[687].

Ainda na linha expansiva, outro paralelo frequente com os critérios de *Brady* tangenciam o conceito de prova *essencial*. Enquanto no *leading case* se entende como *essencial* a prova que poderia ter alterado o resultado do julgamento, para o *plea agreement* deve ser vista como *essencial* a prova que, caso fosse de conhecimento do acusado, possivelmente o teria levado à rejeição do acordo[688].

Bastante representativo da invocação desses critérios para reconhecer a necessidade de *disclosure* na fase que antecede o *plea agreement* é o caso *State v. Kenner*, julgado em 2005 pela Corte de Apelações para o Quarto Circuito[689]. Em persecução penal relativa a um crime de estupro, o quadro probatório abrangia exames periciais que indicavam que a saliva e o san-

---

[685] BROWN, Darryl K. op. cit. p. 140.
[686] Os termos utilizados são *voluntary and intelligent*.
[687] *A plea entered in ignorance of substantial undisclosed exculpatory evidence, those courts held, is not an "intelligent" plea and, hence, not a valid waiver of rights* (DOUGLASS, John G. op. cit. p. 585).
[688] Idem. Ibidem: *Brady evidence is "material" to a guilty plea if there is a reasonable probability that its disclosure would have caused defendant to reject the plea bargain and choose trial.*
[689] No sentido de que a ausência de *disclosure* de provas favoráveis à defesa implicam a ausência de voluntariedade do *guilty plea*, com a sua consequente nulidade: *State v. Gardner* (Idaho, 1994); *State v. Kenner* (4th Circuit – 2005). Casos citados por: LANGER, Máximo. *Rethinking plea bargaining* [...] op. cit. p. 273.

gue encontrados no corpo da vítima não eram compatíveis com os dados genéticos do imputado. Essa informação não foi objeto de *disclosure* na fase preliminar da persecução penal e, então, *Christopher Kenner* se declarou culpado. A Corte de Apelações concluiu que o *guilty plea* não teria sido *consciente*[690].

Assim, *mutatis mutandis*, é razoável que o raciocínio delineado em *Brady* se aplique à fase de negociações dos *plea agreements*. Durante a audiência de instrução e julgamento, os promotores apresentam os elementos de convicção que dão suporte às teses acusatórias. Nesse momento processual, o dever de *disclosure* assegura que os julgadores tenham uma visão global dos elementos de convicção existentes, evitando-se uma visão monocular que desiquilibraria o processo em favor da acusação. Da mesma forma, no *plea agreement*, se o *dominus litis* mostrar apenas elementos que indicam a culpa do imputado, ocultando os elementos que lhe são favoráveis, a percepção do potencial colaborador restará distorcida, o que poderá impactar suas escolhas[691].

Em sentido diametralmente oposto, inúmeros outros acórdãos encerram a conclusão de que o material probatório citado em *Brady* não precisa ser objeto de *disclosure* antes de um *guilty plea*, não havendo razão para se invalidar eventual acordo por isso[692].

Em verdade, acredita-se que nem mesmo a aplicação integral e pacífica dos critérios de *disclosure* estabelecidos em *Brady* seria suficiente para o equilíbrio das negociações na colaboração premiada. Para a adequada regulamentação da fase de negociações do *plea agreement* esses critérios precisam ser ampliados. Consoante o que foi acima mencionado, *Brady* exige apenas *disclosure* de provas favoráveis à defesa ou que coloquem em xeque a credibilidade de testemunhas ou de suas declarações.

Ocorre que o acórdão prolatado no caso concreto decorreu de análises relacionadas à fase de instrução e julgamento do feito, não abrangendo a adequada gestão de negociações pré-processuais. Na audiência de instrução e julgamento, a defesa já tem conhecimento da imputação e dos elementos que a sustentam, considerando que o caso já foi devidamente

---

[690] LANGER, op. cit. p. 273.
[691] DOUGLASS, John G. op. cit. p. 588.
[692] Citando *Campbell v. Marshall* (6º Circuito); *United States v. Kidding* (7º Circuito), entre outros: LANGER, Máximo. Op. cit. p. 273.

apresentado pelo acusador. Diante de tal quadro, o *disclosure* das provas favoráveis é suficiente para garantir uma visão global da situação processual do imputado, haja vista que as provas incriminadoras serão naturalmente expostas[693].

Durante as negociações prévias a um *plea agreement*, todavia, a regra é que o indivíduo não tenha conhecimento dos elementos de convicção que podem sustentar uma futura tese acusatória. O *disclosure* exclusivamente de elementos de convicção favoráveis à defesa, nessa conjuntura, não assegura uma avaliação razoavelmente precisa sobre a viabilidade da persecução penal e sobre a probabilidade de condenação. Por isso, doutrinadores defendem que *no contexto dos guilty pleas, o Estado deveria ter a obrigação de revelar não apenas provas favoráveis à defesa, mas também aquelas que a prejudicam*[694].

Máximo Langer (2006, p. 275) argumenta que, por esses motivos, a elaboração de normas relativas ao *disclosure* deve considerar não apenas as audiências de instrução e julgamento, mas também as relações que envolvem *plea agreements*, o que não tem ocorrido em diplomas federais que tratam da matéria[695]

---

[693] LANGER, Máximo. Op. cit. p. 274.

[694] *A way to deal with this issue would be to hold that, in the context of guilty pleas, the government has the duty to disclose not only exculpatory information, but also inculpatory information and evidence that defense needs to know in order to make a good assessment of the prosecution's case* (LANGER, Máximo. Op. cit. p. 274).

[695] Como exemplo, cita as *Federal Rules of Criminal Procedure* que, em sua seção 16, *a, 1, A,* prevê que o Estado precisa revelar ao imputado elementos de convicção que pretende *usar em audiência de instrução e julgamento,* limitando indevidamente o alcance do *disclosure.* Aponta como ideal o critério previsto nos *A.B.A Standards Relating to the Administration of criminal Justice,* §14-3.1(g) – 1999: *The prosecuting attorney should not, because of the pendency of plea negotiations, delay any discovery disclosures.*

No mesmo sentido de crítica à lacuna em questão: *the legal standard of voluntariness in the plea context does not entitle defendants to information about the strength of the state's evidence against them, including whether or not false evidence was presented in the interrogation. There is reason to believe that this lack of obligated disclosure disproportionately harms innocent defendants because they know less about the crime for which they are charged and therefore are less capable of evaluating the strength of the prosecution's purported evidence and seeking exculpatory evidence* (WYNBRANDT, Katie. From False Evidence Ploy to False Guilty Plea: an unjustified path to securing convictions. The Yale Law Journal, New Haven, Vol. 126, N° 2, p. 554).

CAPÍTULO 4 - O PAPEL DAS PARTES NO ACORDO DE COLABORAÇÃO PREMIADA

Aderimos a essa linha de raciocínio para adotar o posicionamento de que, no momento em que se desenvolverem as negociações em torno da colaboração premiada, o potencial colaborador deve ter conhecimento de todos os elementos de convicção que lhe afetam, sejam eles favoráveis ou não ao indiciado. A confissão dos fatos imputados, pressuposto da colaboração processual, assim como a própria opção de colaboração, é tomada porque o indivíduo julga, diante do cenário posto, que essas medidas lhe trarão alguma vantagem penal ou processual.

Tomado esse horizonte, James Trainum (2016, p. 108) anota que inocentes fazem confissões falsas pelos mesmos motivos que levam os reais autores dos fatos a assumir a responsabilidade penal – em decorrência de uma análise de custo-benefício que lhes parece vantajosa.

De fato, quem confessa o faz pensando na obtenção de benefícios decorrentes da confissão, inclusive o de se livrar de uma eventual condenação injusta com sanções possivelmente mais graves do que aquelas decorrentes de um acordo com o *dominus litis*. O momento crucial, portanto, para a análise de custo-benefício da colaboração premiada, é o das negociações, não posteriormente, como defende parte da doutrina[696].

[696] Discordamos veementemente, nesses termos, da solução alternativa apresentada por John G. Douglass. O autor defende que a questão central não é se a escolha do imputado que adere a um instrumento de colaboração processual foi feita de maneira consciente – com conhecimento dos elementos de convicção até então produzidos – mas se o material probatório que deixou de ser objeto de *disclosure* seria ou não relevante para reduzir a credibilidade de um decreto condenatório baseado na assunção de culpa. Douglass acredita que análise judicial nesse sentido, com possibilidade de invalidação posterior do decreto condenatório amparado em *guilty plea*, seria mais segura. Defende, nesses termos, que o *disclosure* não deve ocorrer antes do acordo, mas depois. *The question is not whether defendant made a well informed choice to plead guilty. The question should be whether undisclosed exculpatory evidence undermines confidence in the judgement of guilt entered as a result of that guilty plea. [...] a post-plea Brady disclosure should overcome a judgment of guilt where the undisclosed favorable evidence, viewed in conjunction with the plea itself and with defendant's factual admissions in connection with the plea, give rise to a reasonable probability that defendant is innocent* (DOUGLASS, John G. op. cit., p. 584-589). Essa solução de *disclosure* posterior ao *plea bargaining* encontraria pouco resultado em um ordenamento processual de tradição predominantemente adversarial, que tende a compreender um processo penal sob uma perspectiva de modelo de disputa. Dificilmente se pode imaginar uma condenação posteriormente revertida por juízes togados formados sob a tradição adversarial com fundamento na elevada probabilidade de inocência daquele que se declarou culpado. Além disso, poderia essa conclusão fomentar uma cultura de intervenção judicial maior do que se

Em *Ruiz v. United States* (2001), a Corte de Apelações para o Nono Circuito entendeu, tomado esse ângulo, que a ausência de *disclosure* de provas capazes de evidenciar a inocência do imputado é suficiente para justificar a invalidação do *guilty plea*, tendo em vista a elevada probabilidade de que o *plea bargaining* não teria ocorrido se houvesse a necessária transparência durante as negociações. O precedente também tornava o direito do imputado ao *disclosure* irrenunciável, retirando-o dos espaços de barganha existentes entre as partes. A Corte tinha como objetivo, com esses parâmetros, garantir uma escolha consciente do imputado que viesse aderir ao compromisso de colaboração processual[697].

Essa decisão foi reformada pela Suprema Corte dos Estados Unidos em *United States v. Ruiz* (2002), afastando-se a exigência de *disclosure* de *impeachment evidence* previamente ao *plea agreement* e retomando o entendimento de que o direito ao *disclosure* é renunciável, pelo que pode ser objeto de barganha[698].

No acórdão, a Corte esclareceu que as provas que afetam apenas a credibilidade de testemunhas repercutem apenas no julgamento, mas não afetam a voluntariedade do *plea bargaining*. Argumentos adicionais expressaram preocupação com a eficiência dos órgãos de persecução penal no manejo do *plea bargaining*, considerando que um amplo dever de *disclosure* nas negociações exigiria mais cautela na preparação do caso[699]. Além disso, especialmente nesse momento, revelar nome de testemunhas e colaboradores seria especialmente arriscado, notadamente em casos envolvendo criminalidade complexa[700].

---

julgaria razoável sob a ótica da justiça penal negocial. Por esses motivos, o mais razoável é que o *disclosure* seja prévio ao acordo, para que as próprias partes analisem se há um risco elevado de condenação ou não diante do quadro probatório existente.

[697] DOUGLASS, John G. op. cit. p. 585.
[698] BROWN, Darryl K. op. cit. p. 141.
[699] Preocupação que, naturalmente, não se aplica à nossa realidade, em que acordos de grande impacto processual só são cabíveis, por ora, no âmbito da colaboração premiada prevista na Lei nº 12.850/13.
[700] *The Supreme Court said that "impeachment information is special in relation to the fairness of trial, not in respect to whether plea is voluntary. In addition, the Supreme Court stated that a rule requiring the disclosure of impeachment evidence would affect the efficiency of criminal law enforcement by requiring the prosecution to spend more time preparing cases before plea bargains are struck and by putting in risk ongoing investigations and the identity of informants* (LANGER, Máximo. Op. cit. p. 273).

CAPÍTULO 4 – O PAPEL DAS PARTES NO ACORDO DE COLABORAÇÃO PREMIADA

Ruiz não responde, todavia, se as *exculpatory* ou *inculpatory evidences* devem ser objeto de *disclosure* durante o *plea bargaining*, subsistindo insegurança jurídica nos Estados Unidos da América quanto a esse aspecto[701].

Regulamentação mais clara e segura foi feita pela Suprema Corte do Canadá. Em *R. v. Stinchcombe*, impôs-se ao *dominus litis* amplo dever de *disclosure*, que deve abranger *todas as provas relevantes*, independentemente de serem ou não favoráveis à defesa. Também não se aderiu ao critério de *materialidade* ou de *essencialidade* previsto em *Brady*, de sorte que não deve haver questionamento sobre o efetivo potencial da prova de, por si só, alterar o resultado do processo penal. O mais significativo do *leading case* canadense, todavia, é a antecipação do dever de *disclosure* para a fase pré-processual, alcançando as negociações que envolvem eventual *guilty plea*[702].

Stinchcombe tem um ponto comum em relação a *United States v. Ruiz* (2002) que merece destaque – ambos os precedentes manifestam preocupação com o *disclosure* da identidade de testemunhas protegidas ou de colaboradores. Para garantir a eficácia das investigações, a Suprema Corte estadunidense optou por postergar o dever de *disclosure*, deixando de exigi-lo até o momento da audiência de instrução e julgamento. A solução Canadense, diversamente, sem prejuízo da antecipação do *disclosure* de modo a alcançar as negociações prévias a eventual *plea agreement*, foi a de conferir certa margem de discricionariedade ao *dominus litis*, permitindo que oculte informações que, caso reveladas, podem colocar em risco testemunhas, colaboradores ou o regular andamento das investigações[703]. Trataremos dessas perspectivas à luz da Lei nº 12.850/13 nos tópicos seguintes.

---

[701] In *U.S v. Ruiz*, *the Supreme Court held that the Brady doctrine does not require the disclosure of impeachment information before a guilty plea is entered. Nevertheless, the Supreme Court has not yet analyzed whether the Brady doctrine applies to material exculpatory evidence* (Idem. Ibidem).

[702] BROWN, Darryl K. op. cit. p. 141.

[703] BROWN, Darryl K. op. cit. p. 142. Naturalmente, o exercício desses poderes discricionários não pode prejudicar injustificadamente o exercício do direito de defesa e se sujeita à revisão judicial. Como anotado, a preocupação canadense equivale à que se expressou em *Ruiz*, considerando que o *disclosure* nas negociações poderia expor a perigo a *investigações em curso e à identidade de informantes* (LANGER, Máximo. Op. cit. p. 273).

4.5. Diferenças de compreensão em torno do *disclosure* nas tradições do *civil law* e do *common law*

Há diferenças sensíveis na forma pela qual se materializa o direito à informação defensiva nos sistemas processuais de raízes romano-germânicas, se comparados estes aos modelos desenhados sob a influência da tradição anglo-saxônica.

Procedendo-se a uma reconstrução histórica de modelos processuais, nota-se que o sistema *adversarial*, por compreender o processo como um modelo de disputa, dispensou maiores cuidados aos direitos do imputado, colocando-o em posição próxima à ocupada pelo *dominus litis*. Afirma-se, com certa frequência, por isso, que os sistemas inquisitoriais, na fase preliminar da persecução penal, tratavam o imputado como objeto da investigação, enquanto nos sistemas *adversariais* o seu *status* como sujeito de direitos sempre foi reconhecido[704].

Mesmo atualmente, alguns doutrinadores brasileiros expressam a compreensão de que, *durante o inquérito, o indiciado, na verdade, não passa de simples objeto de investigação*[705].

Majoritariamente, todavia, essa distinção entre as duas tradições jurídicas citadas não mais se verificam, considerando que em todo o processo penal ocidental o imputado é tratado como sujeito de direitos. Trata-se de concepção que se consagrou como produto da incorporação vertical de *standards* internacionais de direitos humanos pelos ordenamentos processuais domésticos, movimento esclarecido no item 2.2 do trabalho.

Apesar disso, o *direito ao disclosure* ou, genericamente, o direito de ter acesso aos elementos de convicção que dão suporte à persecução penal não consta expressamente de diplomas normativos de qualquer das tradições processuais predominantes, em regra. Nos Estados Unidos, apontou-se tratar de consectário do *due process* (*Brady v. Maryland*, em 1963); no Canadá, foi reconhecido como decorrência dos princípios de *justiça*

---

[704] According to some scholars, the different regulation of defendants' rights was one of the crucial differences between the common law and civil law criminal process from the thirteenth to the nineteenth centuries, because common law jurisdictions conceived criminal defendants as subjects with rights, while civil law jurisdictions conceived criminal defendants as objects of investigation (LANGER, Máximo; ROACH, Kent. Rights in the Criminal Process: a case study of convergence and disclosure rights. In: TUSHNET, Mark et. al. *Routledge Handbook of Constitutional Law*. Londres: Routledge, 2013, p. 274).

[705] TOURINHO FILHO, Fernando da Costa. Op. cit. p. 249.

fundamental (R. v. *Stinchcombe*, em 1991); na Corte Europeia de Direitos Humanos, como mecanismo necessário à garantia de defesa efetiva (*Jasper v. United Kingdom*, em 2000)[706]. No Direito Brasileiro, entre controvérsias práticas e doutrinárias, o direito de acesso aos elementos de convicção na fase pré-processual precisou ser objeto de Súmula Vinculante, haja vista a existência de incontáveis controvérsias sobre a questão.

O que se nota é que a consagração global do direito do imputado ao *disclosure* demonstra uma tendência de reconhecimento de direitos defensivos implícitos, que visam assegurar o equilíbrio do processo penal, em ambas as tradições processuais ocidentais[707].

Sem embargo, a forma de expressão material do *disclosure* nos sistemas de raízes romano-germânicas, como é o caso do nosso ordenamento processual, é mais simples. Nessas tradições, os órgãos responsáveis pela persecução penal têm o dever de documentar os elementos de convicção colhidos na fase de investigação, o que facilita o acesso à informação probatória pela defesa. É o que ocorre na França desde a edição da *Loi Constant* de 1897, que prevê o direito do advogado do imputado de acessar os autos do procedimento investigatório para assisti-lo em seu interrogatório[708].

Parâmetros semelhantes de acionamento do direito de acesso aos elementos de convicção são mantidos atualmente em países de tradição *civil law*. Do art. 114 do Código de Processo Penal Francês, vê-se que o acesso aos autos do procedimento preliminar deve ser garantido ao investigado antes do seu interrogatório. Na Alemanha, o mesmo direito deve ser assegurado antes da imposição de uma prisão processual[709]. Esses critérios se coadunam com os padrões defendidos acima, no item 4.3, sobre a qualificação do indivíduo como *imputado* e o consequente direito de acesso à informação probatória.

Comparativamente, enquanto as investigações nos modelos inquisitoriais se desenvolvem de maneira mais formal, com uma sucessão de atos que integram um *dossiê* escrito que aglutina todo o material probatório

---

[706] LANGER, Máximo; ROACH, Kent. Op. cit. p. 275.
[707] Idem. Ibidem.
[708] LANGER, Máximo; ROACH, Kent. Op. cit. p. 276. Veja-se que se fala em advogado daquele que ostenta posição de investigado submetido a interrogatório, não estando aí abrangidos.
[709] LANGER, Máximo; ROACH, Kent. Op. cit., p. 278.

que interessa à persecução penal, a centralização do julgamento pelo júri no *common law* impôs necessidades distintas.

Em verdade, o julgamento pelo júri, o princípio da oralidade e os seus desdobramentos em imediatidade, concentração e identidade física do juiz foram fatores que reduziram, no *common law*, a importância da primeira fase da persecução penal. Naquela tradição, as investigações se desenvolvem mais informalmente e, a princípio, entendia-se que o *fator surpresa* do julgamento era uma das armas à disposição dos adversários da disputa. Constatando-se empiricamente que o elemento surpresa colocava em risco os valores inerentes ao *due process*, os parâmetros de *Brady v. Maryland* foram desenhados[710].

Então, essa informalidade anglo-saxônica que envolve as investigações impõe ao órgão de persecução penal deveres de *disclosure* mais densos do que aqueles existentes nos sistemas inquisitoriais. Parte-se do pressuposto que as provas contidas nos autos não traduzem todos os elementos de convicção de conhecimento das autoridades estatais. Por isso, espera-se que à defesa sejam disponibilizados não apenas os elementos efetivamente colhidos, mas nomes de potenciais testemunhas ou anotações policiais informais que podem revelar fontes de prova, por exemplo. Exige-se maior proatividade dos órgãos de persecução penal nesse aspecto[711].

Diversamente, no modelo inquisitorial, para que o imputado tenha acesso à informação probatória, em tese, basta que se lhe dê vista do procedimento já encerrado. Vê-se que, nesse sistema, o acesso à informação probatória pela defesa não provém de uma postura *proativa* do *dominus litis*, que entrega elementos de convicção ao imputado. Em verdade, a informação decorre automaticamente do próprio acesso aos autos. Não se fala, assim, em um efetivo *dever* de *disclosure* do titular da ação penal[712].

Teoricamente, haveria pouco espaço para emprego do *false evidence ploy* ou para se falar em necessidade de um *dever* proativo de *disclosure* do *dominus litis*. Nessa linha de raciocínio e por nossa tradição jurídica, no Brasil

---

[710] Idem. p. 276-277: *In common law jurisdictions, the right to disclosure does not make a reference to any privilege locus. The historical centrality of the trial by jury as a crucial adjudicatory moment in the criminal process de-emphasized the importance of the pretrial phase and contributed to keeping it relatively informal and flexible.*

[711] Idem. Ibidem.

[712] HEINZE, Alexander. *International Criminal Procedure and Disclosure*. Berlin: Duncker &Humblot, 2014, p. 319.

garantiríamos ao imputado acesso a todos os elementos de convicção que lhe interessam, de modo que a imposição de um dever específico de *disclosure* seria dispensável. Não é bem assim.

4.6. Há espaço para o emprego do estratagema da prova falsa e há necessidade de *disclosure* no direito brasileiro?

Nosso Código de Processo Penal, editado sob influência do *Codice Rocco*, com um viés autoritário, não fez previsão qualquer sobre o acesso aos autos de inquérito policial pelo advogado do imputado, nem mesmo em circunstâncias excepcionais. Fez, ao contrário, em seu art. 20, previsão sobre o sigilo do procedimento, na perspectiva de que o acesso aos autos afetaria a eficácia das investigações. Essa leitura reverbera nos trabalhos de doutrinadores clássicos e de outros que ainda podem ser considerados contemporâneos, defendendo-se o raciocínio de que o sigilo do inquérito seria a regra e que o acesso aos autos só seria possível depois de iniciada a ação penal[713].

Guardada essa compreensão de que o inquérito seria, em regra, sigiloso, e que o acesso aos elementos de convicção só deveria ocorrer em fase judicial, o direito à informação probatória e o dever de *disclosure* só existiria no Brasil depois da propositura da ação penal. Dessa forma, a garantia em questão se manifestaria de maneira menos ampla no Brasil do que em outros ordenamentos jurídicos formados sob a tradição do *civil law*, a exemplo do que ocorre na França e na Alemanha, citadas acima. Nossos

---

[713] Veja-se o escólio de Hélio Tornaghi nesse sentido: *Sigilo – no art. 20 o Código determina: "a autoridade assegurará no inquérito o sigilo necessário à elucidação do fato ou exigido pelo interesse da sociedade". A natureza do inquérito não se compadeceria com as formas secundárias que em geral acompanham o processo acusatório, isto é, a oralidade e a publicidade. Se mesmo na fase judicial, eminentemente acusatória, a lei impõe ou permite o sigilo (v.g, arts. 486, 561, VI, e 745), não é de estranhar que mande assegurar o segredo, sem o qual o inquérito seria uma burla ou atentado, isto é, "o sigilo necessário à elucidação do fato ou exigido pelo interesse da sociedade". Tal reserva não importa restrição de defesa que, como se disse, não faz parte nesta fase, nem impede o contraste dos atos da autoridade pelo Poder Judiciário* (TORNAGHI, Hélio. *Instituições de Processo Penal*. Vol. II. Rio de Janeiro, Forense, 1959, p. 141). Em sentido semelhante, a doutrina mais recente de Fernando da Costa Tourinho Filho (2012, p. 248-249): *o que não se admite, pela manifesta absurdidade, é a intromissão da Defesa durante o inquérito, de molde a conhecer as diligências já realizadas e aquelas por realizar, pois, se tal fosse possível, a não ser em casos raros, as infrações cujas investigações exigissem sigilo dificilmente seriam descobertas [...]. Se o inquérito policial é eminentemente não contraditório, se o inquérito policial, por sua própria natureza, é sigiloso, podemos, então, afirmar ser ele uma investigação inquisitiva por excelência.*

critérios estariam mais próximos dos delineados em *Brady* do que daqueles consagrados nos Códigos de Processo Penal de sistemas inquisitoriais.

Parece bastante claro que, caso prevalecesse esse entendimento, o potencial colaborador não teria acesso aos autos na fase de negociações pré-processuais, o que tornaria impossível uma análise de custo-benefício relacionada à colaboração. Isso poderia redundar na renúncia de direitos defensivos pelo imputado sem a necessária compreensão da sua situação processual, cenário capaz de afetar a própria voluntariedade do acordo, invalidando-o.

O Supremo Tribunal Federal – diante de inúmeras controvérsias levadas ao seu conhecimento – predominantemente por meio de ação de *habeas corpus* que questionavam a legitimidade da negativa de acesso aos autos de procedimento investigatório pelo defensor do imputado – distanciou-se do posicionamento clássico.

Inicialmente, e isso ainda deve ser aplicado, a Corte esposou o entendimento de que a norma contida no art. 20 do Código de Processo Penal permite que a autoridade que preside o procedimento investigatório decrete o sigilo do feito, considerando as peculiaridades do caso concreto, o que pressupõe observância a critérios de proporcionalidade. O sigilo do inquérito, portanto, não é regra. Deve ser imposto na medida do estritamente necessário ao sucesso das investigações e à preservação do interesse público[714].

O mesmo parâmetro consta dos artigos 15 e 16 da Resolução nº 181/2017 do Conselho Nacional do Ministério Público, que prevê que os procedimentos investigatórios criminais do *Parquet* são, em regra, públicos,

---

[714] STF – RE 376749 AgR, Relator(a): Min. CARLOS BRITTO, Primeira Turma, julgado em 30/06/2004, DJ 12-11-2004 PP-00027 EMENT VOL-02172-03 PP-00543.
No âmbito doutrinário: *analisando o Código de Processo Penal, elaborado sob o manto autoritário do Estado Novo e com inegável influência do fascismo italiano, cabe verificar como deve ser a leitura de seu art. 20 para estar constitucionalmente conforme. Não poderá mais prevalecer a crença de que essa fase persecutória é em regra sigilosa, sendo a publicidade sua exceção* (MORAES, Mauricio Zanoide de. *Publicidade e Proporcionalidade na Persecução Penal Brasileira*. In: FERNANDES, Antoio Scarance; ALMEIDA, José Raul Gavião de; MORAES, Mauricio Zanoide de. *Sigilo no Processo Penal: eficiência e garantismo*. São Paulo: Revista dos Tribunais: 2008, p. 44).

podendo a autoridade que preside o feito decretar o seu sigilo, visando assegurar o sucesso das investigações[715].

Também se encontra em pleno vigor o art. 7º, XIV, do Estatuto da Ordem dos Advogados do Brasil, que assegura a qualquer advogado o direito de *examinar, em qualquer instituição responsável por conduzir investigação, mesmo sem procuração, autos de flagrante e de investigações de qualquer natureza, findos ou em andamento, ainda que conclusos à autoridade, podendo copiar peças e tomar apontamentos, em meio físico ou digital.*

Contudo, determinado o sigilo do feito de maneira fundamentada, deve ser afastada a incidência do comando legal citado, restringindo-se a publicidade externa do procedimento[716], com o fim de se preservar o sucesso das investigações ou mesmo a intimidade dos investigados. O sigilo justificado, portanto, afasta a publicidade externa e impede que o procedimento investigatório seja acessado por pessoas a ele estranhas.

A restrição à publicidade externa não afeta o imputado e seu defensor, que apenas deixarão de ter acesso aos elementos de convicção que lhes possam interessar nos casos em que as medidas persecutórias, por sua própria natureza, exigirem sigilo interno, como ocorre com atos de investigação ainda em execução[717].

Nesse sentido, acertadamente, o Supremo Tribunal reconheceu que o sigilo não pode ser invocado pela autoridade estatal para inviabilizar o

---

[715] Comentando o dispositivo em questão, Douglas Fischer e José Ricardo Fernandes concluem que, mesmo em se tratando da fase preliminar da persecução penal, *sem que haja prejuízo a determinados procedimentos sigilosos de investigação, desde logo, deverá ser possibilitado o acesso aos dados para o exercício da ampla defesa* (FISCHER, Douglas; FERNANDES, José Ricardo. Resolução nº 181 do CNMP – artigo 15. In: FISCHER, Douglas; ANDRADE, Mauro Fonseca. *Investigação Criminal pelo Ministério Público*. Porto Alegre: Livraria do Advogado, 2017, p. 191).

[716] A publicidade do processo ou do procedimento comporta diferentes classificações, com destaque para a distinção entre publicidade interna e externa. Denomina-se *interna* a publicidade que se garante às partes, a seus defensores e aos demais operadores do direito que atuam na persecução penal. Por meio da publicidade externa, diferentemente, garante-se a terceiros estranhos à persecução penal o conhecimento dos atos que compõem o feito (MORAES, Mauricio Zanoide de. Op. cit. p. 43). Recorde-se, adicionalmente, da perspectiva democrática de que se reveste o princípio da publicidade. Ao lado da *motivação das decisões*, a *publicidade* é expressão de *garantia de segundo grau*, pela qual se assegura o controle sobre a efetividade das demais garantias (GOMES FILHO, Antonio Magalhães. *A Motivação das Decisões Penais*. 2ª Ed. São Paulo: Revista dos Tribunais, 2013, p. 41).

[717] MORAES, Mauricio Zanoide de. op. cit. p. 47.

exercício dos direitos de defesa na fase preliminar da persecução penal. Por outro lado, é natural que não se possa alargar em demasia a interpretação da Súmula Vinculante nº 14 da Corte. Veja-se a sua redação:

> É direito do defensor, no interesse do representado, ter acesso amplo aos elementos de prova que, já documentados em procedimento investigatório realizado por órgão com competência de polícia judiciária, digam respeito ao exercício do direito de defesa.

O enunciado da Suprema Corte não deixa claro qual *status* deve ostentar o *representado* frente à persecução penal para que o seu defensor tenha acesso aos elementos colhidos. É razoável admitir que o *defensor* de qualquer pessoa chamada a prestar esclarecimentos em procedimento sigiloso, *v.g*, tenha acesso ao procedimento ou a seus elementos?

Os precedentes que deram ensejo à elaboração da Súmula esclarecem esse ponto. Os *Habeas Corpus* nº 90.232, 87.282, 82.354 e 87.725 se referem a *indiciado*. Analisou-se acima que o indiciamento torna indubitável a condição de *imputado* do indivíduo, mas o referido ato não é requisito para que o sujeito ostente essa posição jurídica. Logo, o ideal é que a Súmula Vinculante nº 14 afete todo aquele que passar a ostentar a posição de *imputado*, não apenas os que foram formalmente indiciados pela autoridade policial. A *contrario sensu*, qualquer outra posição jurídica não legitima o interessado a ter acesso a elementos de convicção documentados nos autos de procedimento sigiloso, nem mesmo por meio de advogado.

Parece ser o critério mais razoável, sob pena de se banalizar o sigilo do procedimento, ampliando-se em demasia as possibilidades de acesso a elementos de prova e expondo-se a perigo exagerado o sucesso das investigações.

Incontroverso, portanto, que o imputado e seu advogado devem ter acesso aos elementos de convicção que digam respeito à defesa e já estejam documentados nos autos. Some-se a isso o fato de que, em aplicação posterior do enunciado da Súmula Vinculante nº 14/STF, a Corte fez menção ao *princípio do amplo conhecimento de provas e investigações*, ressaltando a necessidade de *formalizar* no procedimento a integralidade dos atos investigatórios[718].

---

[718] STF – HC 84.965, 2ª Turma, Rel. Min. GIlmar Mendes, J: 13/12/2011, DJ: 11/04/2012.

A forma, nesse caso, não é exigência burocrática, mas garantia de que a vista posterior do procedimento investigatório *encerrado* será suficiente para que a defesa tenha acesso a todos os elementos de convicção angariados pela investigação estatal.

Nota-se, então, a consagração dos seguintes elementos, aptos a assegurar o acesso à informação probatória na fase pré-processual, em favor do imputado no direito brasileiro: a) dever da autoridade presidente do procedimento investigatório de documentar todos os elementos de convicção colhidos; b) publicidade do procedimento como regra; c) em caso de sigilo, possibilidade de acesso aos elementos colhidos, pelo imputado e pelo seu defensor, exclusivamente.

Tais critérios, em primeira vista, colocariam o ordenamento processual brasileiro em situação de paridade, se comparado a outros ordenamentos do *civil law* que tutelam os direitos de defesa na fase preliminar da persecução penal. Neste ponto, deve ser retomado o questionamento inicial deste tópico – há espaço para o emprego do *estratagema da prova falsa* e para a necessidade de imposição de um dever específico de *disclosure* na fase de negociações pré-processuais da colaboração premiada no direito brasileiro?

Sem prejuízo dos avanços já descritos, ainda há pontos de vulnerabilidade que precisam ser sanados. Primeiramente, deve-se memorar que não é exatamente certo o momento em que o indivíduo passa a ostentar a posição de imputado nas investigações preliminares, haja vista que nosso ordenamento processual não estabeleceu critérios legais relativos a esse aspecto.

Isso daria margem para que, negando a posição de imputado ao indivíduo, o presidente do procedimento investigatório se recusasse a reconhecer a incidência da Súmula Vinculante nº 14 do Supremo Tribunal Federal, tratando-o como suspeito ou mesmo como mera testemunha[719].

No âmbito da colaboração premiada, a solução por nós formulada quanto a esse ponto foi exposta no item 4.3, supra. Assim que chamado para os diálogos preliminares à fase de negociação, o indivíduo deve ser

---

[719] Neste caso, a margem de arbítrio se torna ainda mais larga, haja vista que a testemunha pode, indubitavelmente, ser conduzida coercitivamente e, a princípio, não pode permanecer em silêncio.

tratado como imputado, passando a ter direito à informação probatória e acesso aos elementos de convicção que lhe podem interessar.

Nem por isso deixa de haver espaço para o emprego do estratagema da prova falsa ou inexistente no Brasil. A Súmula Vinculante nº 14 – e não poderia ser diferente – não abrange o acesso aos meios de obtenção de prova que ainda estejam em curso. De fato, se há interceptações telefônicas, mandados de busca e apreensão pendentes de cumprimento, interceptações telemáticas e, no geral, diligências investigatórias não concluídas, o acesso do imputado aos autos tornaria certo o fracasso da investigação criminal.

Nas discussões que antecederam a aprovação da redação da Súmula Vinculante nº 14 do Supremo Tribunal Federal, os ministros que integravam a Corte Constitucional concluíram que o presidente do procedimento investigatório poderia negar ao imputado e ao seu advogado: a) acesso a diligências em curso[720]; b) acesso a diligências concluídas que possam apontar para outras diligências ainda pendentes, permitindo que o imputado conheça plano de investigação ainda não concluído[721]; c) acesso aos autos do inquérito, fornecendo vista não do procedimento em sua inteireza, mas apenas dos elementos de convicção coligidos que interessam ao averiguado e não se enquadram nas duas situações anteriores[722].

---

[720] O Ministro Cezar Peluso apontou, com a anuência dos demais: *a autoridade policial pode, por exemplo, proferir despacho que determine certas diligências cujo conhecimento pode frustrá-las; a esses despachos, a essas diligências, o advogado não tem o direito de acesso prévio, porque seria concorrer com a autoridade policial na investigação e, evidentemente, inviabilizá-la [...] a autoridade policial **fica autorizada a não dar ciência prévia desses dados ao advogado, a qual poderia comprometer o resultado final da investigação**.*
Íntegra do acórdão disponível em: http://www.stf.jus.br/arquivo/cms/jurisprudenciaSumulaVinculante/anexo/SUV_14__PSV_1.pdf
Acesso em: 20/12/2017.

[721] Idem. Ainda o Ministro Cezar Peluso: *as autoridades policiais continuarão autorizadas a estabelecer seu programa de investigação sem que os advogados lhe tenham acesso. O que não poderão evitar é apenas isso, e que me parece fundamental na súmula: os **elementos de prova já coligidos, mas que não apontem para outras diligências, que não impliquem conhecimento do programa de investigação da autoridade policial** [...]. Então, ele terá acesso, mas evidentemente a autoridade policial estará autorizada a separar os elementos de inquérito.*

[722] Idem. Concluindo o raciocínio constante da nota de rodapé anterior, arrematou o Ministro Cezar Peluso: *Então, ele terá acesso, mas evidentemente a autoridade policial estará autorizada a*

Essas conclusões não ficaram restritas à motivação da aprovação da Súmula, projetando-se para além da *ratio decidendi* e refletindo diretamente na redação final do enunciado, que não prevê acesso aos autos, mas aos *elementos de prova já documentados*.

Sob essa perspectiva, a Súmula Vinculante não garante ao imputado e ao seu defensor o acesso aos *autos*, mas apenas aos elementos de convicção: 1) extraídos de diligências já concluídas; 2) que interessem ao imputado e; 3) que não revelem outras diligências em curso ou o plano de investigação do presidente do procedimento investigatório.

Mutatis mutandis, essa regulamentação gera uma situação bastante similar àquela que decorre do critério *material* estabelecido pela Suprema Corte norte-americana em *Brady* – em eventual *disclosure* pré-processual, o próprio órgão de persecução penal deve selecionar os elementos que interessam à defesa. Assim deve ser, enquanto o procedimento sigiloso estiver em curso. Acesso pleno aos autos só está garantido pela Súmula Vinculante nº 14/STF depois de encerradas as investigações.

Se o imputado não tem acesso integral aos *autos* sigilosos[723], se a autoridade que preside o procedimento pode, nas palavras do STF, *separar os elementos de inquérito* que serão apresentados ao interessado, se o averiguado não tem condições de aferir se, de fato, os elementos colhidos que o afetam foram apresentados em sua inteireza, é razoável que se imponha um *dever de disclosure* ao presidente do procedimento investigatório, notadamente em caso de negociações em torno de possível colaboração premiada.

A defesa não tem como saber se os elementos a ela favoráveis foram expostos, daí o dever de *disclosure* que decorre da própria inteligência da Súmula Vinculante nº 14 e, se descumprido, pode tornar o acordo inválido,

---

separar os elementos de inquérito. Por isso não me pareceu adequada a redação que faz remissão aos autos de inquérito [...]. A afirmação de **poder de acesso aos autos de inquérito significaria tudo aquilo que a autoridade policial está elaborando e que, de algum modo, está por escrito compondo o inquérito. Aí, sim, ficaria inviabilizada toda a possibilidade de investigação***, que, evidentemente, não se faz em termos de contraditório, em que a polícia atue conjuntamente com advogados! Não é nada disso. [...]. É nesses termos, Senhor Presidente, que voto em favor da proposta do eminente Ministro Menezes Direito, porque ela deixa claro exatamente isto: não é acesso aos autos do inquérito, é acesso aos elementos de prova já documentados. Apenas isso.*

[723] O que faz especial sentido em investigações complexas que envolvem organizações criminosas estruturadas em múltiplas células que se inter-relacionam.

por deixar de ser *consciente* e *voluntário*, caso as provas sonegadas sejam de considerável importância[724].

Na fase de negociações da colaboração premiada, esse dever se traduz na obrigação de, efetivamente, a autoridade estatal apresentar todos os elementos capazes de impactar a análise de custo-benefício a ser feita pelo colaborador, sem prejuízo das ressalvas já citadas, as quais são indispensáveis à salvaguarda da eficiência da persecução penal. O dever de *disclosure* proporciona ao imputado a garantia de que a sua compreensão do feito é a mais clara possível, tornando mais segura sua opção pela colaboração.

Não se pode perder de vista que a análise de custo-benefício abrange a possibilidade de o imputado fazer uma estimativa, juntamente com o seu defensor, relacionada à possível pena futura. A expectativa de sanção severa ou leniente afeta o quão interessante pode ser o acordo.

Nesse ponto, é exigível que o termo de acordo contenha cláusula expressando que o colaborador reconhece que, durante as negociações, o órgão de persecução penal deixou à disposição da defesa os elementos de convicção favoráveis ao imputado, com exceção de diligências em curso ou outras que poderiam prejudicar linhas de investigação não encerradas.

Há, então, aplicando-se a inteligência da Súmula Vinculante nº 14 às negociações da colaboração premiada, um dever ativo do titular da ação penal. O *dominus litis* deve avaliar se, dentre os elementos informativos disponíveis, existem provas favoráveis à defesa que sejam capazes de culminar no reconhecimento de causas de diminuição de pena, circunstâncias atenuantes ou de circunstâncias privilegiadoras. Deve aferir, ademais, se esses elementos se prestam a reduzir a credibilidade de versões apresentadas por testemunhas ou de quaisquer outras provas relacionadas à materialidade ou à autoria delitiva.

---

[724] Deve haver uma relação de causalidade aparente entre a omissão da prova que deveria ter sido objeto de *disclosure* e a adesão ao acordo. Em se tratando de prova pouco relevante, incapaz de afetar sensivelmente a análise de custo-benefício feita pelo colaborador durante as negociações que culminaram no acordo, não é razoável que este seja invalidado. A essa concepção, *mutatis mutandis*, aderiu a Suprema Corte estadunidense, em *United States v. Bagley*, sobre o dever de *disclosure* a potencial que o material favorável à defesa sonegado possuiria de mudar o resultado do julgamento: [...] *prosecutor is governed by a 'reasonable probability' test in all situations. Accordingly, there must be a 'reasonable probability' that the exculpatory evidence would have influenced the outcome of the case* (HEINZE, Alexander. *International Criminal Procedure and Disclosure*. Berlin: Duncker &Humblot, 2014, p. 325).

Esses fatores devem guiar os órgãos de persecução penal ao *separar os elementos* do procedimento que apresentará à defesa. Isso não quer dizer que devem promover *investigação defensiva*. De um modo geral, as investigações nos sistemas inquisitoriais não são acusatórias ou defensivas, mas objetivas, carregando a finalidade de elucidar o fato criminoso e suas circunstâncias[725].

Todavia, elementos que colocam em xeque a credibilidade de outras provas não devem ser obrigatoriamente *explorados* pelo *dominus litis*. Se uma possível testemunha de interesse da defesa foi citada em depoimento colhido no procedimento investigatório, por exemplo, a autoridade policial ou o órgão ministerial não é obrigado a ouvi-la, se estiver satisfeito com os elementos colhidos. Deverá apenas revelar o seu nome à defesa, que desenhará sua própria estratégia processual.

Poder-se ia argumentar, na mesma linha de críticas direcionadas a *Brady*, que permitir que o próprio *dominus litis* selecione os elementos que serão objeto de *disclosure* transfere parcela da estratégia defensiva para os órgãos de persecução penal[726]. Esclareça-se, contudo, que o dever de *disclosure* deve ter feições distintas se as negociações se desenvolverem durante investigações pré-processuais ou no curso de processo penal, sem investigações pendentes.

Para a compreensão dessa distinção e da linha de críticas direcionadas a *Brady*, não se pode ignorar que o precedente se aplica apenas quando as investigações já estão encerradas. Nesse caso, de fato, não é razoável que o próprio acusador selecione os elementos que entende serem favoráveis à defesa. Especialmente em nossa tradição jurídica, diante do dever do órgão de persecução penal de documentar todos os elementos de convicção colhidos, o acesso aos autos depois de proposta ação penal assegurará um *disclosure* pleno, alcançando tanto as provas favoráveis quanto as desfavoráveis à defesa. Neste trabalho, adere-se às críticas dispensadas à

---

[725] SERRANO, Nicolás González-Cuéllar. *Ecos de Inquisición*. Madrid: Castillo de Luna, 2014, p. 283/285. Mesmo no sistema Anglo-Americano essa perspectiva de atuação objetiva e justa do acusador tem preponderado, justamente para justificar a essência do dever de disclosure: The prosecutor's role transcends that of an adversary: he "is the representative not of an ordinary party to a controversy, but of a sovereignty ... whose interest ... in a criminal prosecution is not that it shall win a case, but that justice shall be done". (*US Supreme Court – Unites States v. Bagley* – 1985)

[726] BROWN, Darryl K. op. cit. p. 141-142.

Brady v. Maryland no sentido de que o critério de *material evidence* deveria ser apreciado diretamente pela defesa, especificamente nesse momento processual, de maneira que o acesso às provas favoráveis seja pleno[727].

Esse raciocínio não é válido para as negociações de colaboração premiada que ocorrem na fase pré-processual. Nesta, o ponto essencial é que os elementos *favoráveis à defesa* devem ser objeto do dever de *disclosure*. Pode se dizer que é desejável que provas desfavoráveis também sejam reveladas, por repercutirem sobre a análise de custo-benefício do acordo. Todavia, caso haja risco para as investigações, não haverá nenhuma margem de invalidação do acordo por omissão de provas incriminadoras.

Substantivamente, elementos desfavoráveis são as fichas de persuasão de que dispõe o acusador, durante as negociações, para convencer o imputado de que o acordo lhe pode ser vantajoso. Assim, sob a ótica ministerial, só faz sentido deixar de apresentar elementos desfavoráveis à defesa se houver risco para as investigações. Caso contrário, quanto mais elementos de convicção capazes de comprovar autoria e materialidade delitiva forem expostos, maior o estímulo à colaboração. O mesmo se deve dizer quanto aos elementos de convicção que indicam circunstâncias qualificadoras, agravantes ou causas de aumento de pena.

Além disso, a omissão de elementos que aumentem o risco de condenação ou que são capazes de torná-la mais severa não tem, em nenhuma medida, o condão de retirar a voluntariedade ou a plena consciência do imputado em relação ao acordo e a suas circunstâncias. Ao contrário da omissão de provas favoráveis à defesa – que, submetidas a *disclosure*, poderiam desencorajar a colaboração – ou de provas falsas, que são capazes de forçar um acordo de colaboração que de outro modo não seria alcançado – as provas desfavoráveis ocultas não tornam a avença mais provável ou injusta.

Por fim, na fase pré-processual nem mesmo as provas favoráveis estão sujeitas a um *disclosure* completo, de acordo com os critérios já expressos, devendo passar pela cautelosa análise dos órgãos de persecução penal,

---

[727] *The first clue lies in the disclosure duty's limitation to material evidence, under a definition of materiality that means not merely relevant but something that undermine confidence in conviction. That qualification leaves it to prosecutors to sort out, in private, what undisclosed information is meaningful enough to fall under the disclosure duty. A stronger public norm would require disclosure of all exculpatory evidence* (BROWN, Darryl K. op. cit. p. 141-142).

que selecionarão, de maneira fundamentada e expressa, os elementos que podem ser apresentados sem prejudicar as investigações em curso ou futuras. Mais uma vez – esses filtros não fazem sentido se as investigações já estão encerradas.

Essa limitação ao *disclosure* pré-processual é ainda mais importante nas investigações que envolvem criminalidade organizada, normalmente complexas, com multiplicidade de linhas investigativas inter-relacionadas e diante de distintas células criminais. Deve haver um especial cuidado para que a revelação de provas a investigado de determinada célula não evidencie outras linhas de investigação em curso. Por isso, não há alternativa, se não deixar a seleção dos elementos que serão objeto de *disclosure* a critério do presidente do procedimento investigatório, que deverá fundamentar expressamente os motivos que o levaram a restringir o acesso do imputado aos elementos que o afetavam. Esse critério parece ter permeado a redação do art. 23 da Lei nº 12.850/13, que prevê a possibilidade de a defesa acessar elementos de prova constantes de procedimento sigiloso – não os autos – mediante prévia autorização judicial. Equivoca-se o dispositivo apenas ao prever a autorização *judicial*. Quem deve analisar quais os elementos serão disponibilizados é o próprio presidente do procedimento investigatório, mediante decisão fundamentada que estará sujeita ao controle judicial posterior, notadamente na fase de homologação do acordo[728].

Uma terceira hipótese deve ser aventada – sujeito processado por determinado fato e investigado por outros crimes ou, ainda, ligado a outros investigados. Em relação ao processo em curso, o *disclosure* deve ser integral. Quanto às diligências e procedimentos investigatórios adicionais, o *disclosure* deve seguir o modelo das negociações pré-processuais delineado acima.

De toda sorte, é justamente desses espaços de ampla discricionariedade na seleção das provas que serão objeto de *disclosure* em negociações pré-processuais que surge margem para o falseamento de provas.

---

[728] Art. 23. O sigilo da investigação poderá ser decretado pela autoridade judicial competente, para garantia da celeridade e da eficácia das diligências investigatórias, assegurando-se ao defensor, no interesse do representado, amplo acesso aos elementos de prova que digam respeito ao exercício do direito de defesa, devidamente precedido de autorização judicial, ressalvados os referentes às diligências em andamento.

Eventual *estratagema da prova falsa* pode se escudar em supostos elementos que, inventados para persuadir o imputado a colaborar, são expostos como diligências em curso. É possível, *v.g*, que se diga que diálogos de outros alvos interceptados comprovam a participação do potencial colaborador ou de pessoas próximas a ele, mas que as diligências ainda estão em curso e, portanto, não lhe serão apresentadas.

Sem acesso aos supostos elementos citados pela autoridade estatal, imputado e defensor não têm como medir adequadamente a posição do indivíduo perante a persecução penal, desequilibrando a fase de negociações da colaboração premiada. A solução para que se previna o falseamento de provas se encontra na exigência de que todas as provas citadas para persuadir o imputado a colaborar sejam objeto de *disclosure*.

Ora, se a restrição ao *disclosure* pré-processual se torna aceitável diante risco de ineficácia das diligências em curso ou das investigações, esse fundamento desaparece a partir do momento em que o órgão de persecução penal opta por fazer menção a tais elementos. Se os materiais persecutórios não podem ser entregues porque há diligências em curso, não é razoável que se admita sua utilização para persuadir o potencial colaborador, mantendo-se injustificadamente a restrição ao *disclosure*.

Assim, elementos citados ao imputado devem ser elementos revelados, garantindo-se que este possa fazer uma adesão consciente ao acordo de colaboração. Elementos protegidos por sigilo decretado para eficácia das investigações, por óbvio, não devem ser mencionados na negociação, salvo se a autoridade estiver disposta a revelá-los. Assim, reduzem-se sensivelmente os espaços de emprego do *estratagema da prova falsa*.

4.7. Direito do colaborador ao procedimento comum

O procedimento, abstratamente considerado, promove a articulação de posições jurídico-processuais compostas por faculdades, poderes e deveres. A forma do desenvolvimento dinâmico do procedimento e a intercalação de posições entre partes do processo devem ser preestabelecidos, no plano legislativo, para que as garantias processuais possam ser exercidas de maneira segura. De outra parte, a forma abstratamente concebida não deve ser prejudicial à fluidez e à celeridade do processo penal, indispensáveis para uma adequada tutela do direito fundamental à segurança, em perspectiva repressiva. O desenho legislativo do procedimento, mais uma vez, deve se atentar ao equilíbrio entre eficiência e garantismo[729].

Para a consecução desse fim e para estabilização dos modelos postos, repise-se que conceitualmente os atos dos procedimentos estão interligados em ordem preestabelecida pela lei[730].

Não se nega que, se assim não fosse, a ausência de mecanismos de defesa predelineados poderia lançar à deriva as garantias processuais. Em belíssima passagem, Antonio Scarance Fernandes ilustra a problemática recordando o escólio de Galdino Siqueira – *marcharia sem guia a justiça, se o modo e a forma de realização dessas garantias fossem deixados ao critério das partes ou discrição dos juízes*[731].

E da leitura do citado clássico processualista brasileiro se depreende a compreensão de que o procedimento, como elemento integrante do processo, se expressa no plano positivo ou legislativo, prestando-se ao fim de preservar a *segurança constitucional dos direitos*. Diz: "as formalidades do processo são as actualidades das garantias constitucionaes"[732].

Então, do ideal de gestão uniforme e equânime do processo penal, extrai-se a conclusão de que o procedimento é direito fundamental *à ação positiva do Estado para tornar efetivos os direitos fundamentais*[733].

De forma ordinária, os procedimentos que integram o processo penal são compostos por três fases – postulatória, instrutória e decisória[734]. Essa moldura não significa a necessidade de se conceber um procedimento uniforme perfeitamente delineado, com todos os atos e fases. Procedimento justo deve assim ser qualificado quando formado com atenção a

---

[729] FERNANDES, Antonio Scarance. *Teoria Geral do Procedimento e o Procedimento no Processo Penal*. São Paulo: Revista dos Tribunais, 2005, p. 40.

[730] A desordem dos atos processuais implica tumulto, o que é incompatível com as ideias de eficiência e de razoável duração do processo. Sobre a necessária coordenação dos atos que compõem o procedimento e sobre o exame "em abstrato" do conteúdo do procesimento, compreendendo posições jurídicas variadas, cf. FERNANDES, Antonio Scarance. *Teoria Geral do Procedimento e o Procedimento no Processo Penal*. São Paulo: Revista dos Tribunais, 2005, p. 28-30.

[731] FERNANDES, Antonio Scarance. Op. cit. p. 38.

[732] SIQUEIRA, Galdino. *Curso de Processo Criminal*. 2ª Ed. São Paulo: Magalhães, 1937, p. 02. Adiante, complementa: *a diversidade de meios de defesa seria fecundo germen de intolerável anarchia, e dahi a necessidade daquelle poder (Judiciário), onde reside a uniformidade dos meios de garantir a estabilidade dos direitos individuaes, condição da ordem coletiva ou social*.

[733] FERNANDES, Antonio Scarance. op. cit. p. 39.

[734] FERNANDES, Antonio Scarance. Op. Cit. p. 35.

paradigmas constitucionais do *due process*, manifestando-se como irrelevantes pequenas distinções superficiais[735].

Nesse diapasão, se, por um lado, é a legalidade o vetor que indica o procedimento aplicável, por outro se admite a multiplicidade de diplomas legislativos engendrados com o fim de projetar diversos ritos para distintas espécies delitivas. Por isso, a exemplo do que se fez no Código de Processo Penal Modelo para a Ibero-América, os ordenamentos normalmente preveem procedimentos comuns e procedimentos especiais[736].

Inexistindo previsão legal de procedimento especial, o feito será regido pelo procedimento comum. O que não se admite é que as fórmulas procedimentais sejam deliberadamente substituídas pelo que as partes ou o magistrado entendem como mais conveniente.

Procedimentos comuns comportam subdivisões, conforme a maior ou menor concentração de atos ou prazos, com reflexos sobre a celeridade do procedimento. Nesse aspecto, no caso do direito brasileiro, fala-se em procedimento ordinário, sumário ou sumaríssimo[737].

Quanto aos procedimentos especiais, a análise comporta subdivisão em duas categorias. A primeira categoria de procedimentos especiais é composta por aqueles que configuram ritos diferenciados do procedimento comum, em virtude de particularidades concernentes aos imputados ou aos tipos de infração, como se vê no procedimento especial previsto na Lei de Drogas (Lei nº 11.343/06) ou no procedimento de crimes praticados por certas pessoas com foro por prerrogativa de função (Lei nº 8.038/90)[738].

A segunda categoria abrange os denominados *procedimentos simplificados*, que constituem alternativas de simplificação em relação aos procedi-

---

[735] Do princípio da imparcialidade extrai-se a diretriz no sentido de que quem julga não pode assumir funções acusatórias ou defensivas; do princípio acusatório, que a ação penal deve ser proposta por figura processual distinta do julgador e, no caso da nossa ordem constitucional, esse papel deve ser atribuído ao Ministério Público; da ampla defesa, que não pode haver condenação sem prévia possibilidade de reação defensiva, com a constituição de procedimentos que permitam ao acusado responder à acusação, provar suas alegações e recorrer, entre outros (FERNANDES, Antonio Scarance. op. cit. p. 45).

[736] FERNANDES, Antonio Scarance. op. cit. p. 49.

[737] BADARÓ, Gustavo Henrique Righi Ivahy. *Processo Penal*. 2ª Ed. Rio de Janeiro: Elsevier, 2014, p. 418.

[738] FERNANDES, Antonio Scarance. op. cit. p. 59.

mentos comuns, por meio de: a) encerramento antecipado do processo; b) supressão de fases dos procedimentos ordinários; e c) reorganização do procedimento ordinário[739].

Nesse cenário de procedimentos especiais, o reconhecimento do poder de disponibilidade das partes pode ser fator, considerado pelo legislador, de encerramento antecipado do processo. Essa tendência parece ser global, em análise de direito comparado. Nesse campo, dentre todos os possíveis conceitos de *guilty plea*, o dado por John H. Langbein parece ser o mais adequado para ilustrar a face processual do instituto. O *guilty plea* se manifesta como a porta de entrada de um procedimento especial que, pelo manejo do poder dispositivo do imputado, conduz o processo penal ao encerramento antecipado, com prolação de sentença condenatória, não se limitando esse procedimento especial à mera supressão de uma fase[740].

Dessa maneira, o *plea bargaining*, composto por concessões do *dominus litis*, em contraposição à assunção da responsabilidade penal pelo imputado, implica um procedimento simplificado marcado pela solução consensual do processo penal.

Dentre a ampla gama de possíveis configurações de procedimentos simplificados, aqueles que têm como pressuposto o consenso das partes são os que apresentam as maiores vantagens à luz do princípio da economia processual.

A quantidade de recursos é quase irrisória nos casos de solução consensual do processo e a maior celeridade desses procedimentos, quando sistematicamente aplicados, viabiliza o descongestionamento do sistema de justiça penal, permitindo que as autoridades se dediquem aos casos mais

---

[739] FERNANDES, Antonio Scarance. op. cit. p. 58-59.
[740] LANGBEIN, John H. *Understanding the short history of plea bargaining. Law and Society Review*. Vol. 13, nº 2, special issue on plea bargaining, inverno de 1979, p. 261-272). Questiona o autor: *what is plea bargaining*? Respondendo, a seguir: *plea bargaining is a nontrial mode of procedure*.
É característico do processo penal *adversarial* que ao acusado seja reconhecido um *poder dispositivo* que o permite reconhecer a imputação, sem objeção estatal que o force a litigar. É intuitivo, portanto, que nesse modelo seja admitida a possibilidade de solução do conflito processual penal por meio do *consenso*.
Sobre o poder dispositivo do acusado em sistemas processuais que se desenvolveram sob a influência da tradição anglo-saxônica: FERNANDES, Antonio Scarance. *Teoria Geral do Procedimento e o Procedimento no Processo Penal*. São Paulo: Revista dos Tribunais, 2003, p. 264-266.

complexos e de maior relevância[741]. A abertura do processo penal a espaços de consenso que compreendem ritos simplificados, por isso, reduz a própria seletividade do processo penal, já que a criminalidade de massa consome a maior parte dos recursos do sistema de justiça e, enquanto a persecução penal tem como alvo, em regra, o pequeno infrator, os delitos de maior gravidade permanecem impunes.

Nem por isso se justifica um transplante irracional de mecanismos dessa natureza, notadamente à margem de decisões oriundas da esfera legislativa, a única capaz de revestir o procedimento de caráter democrático.

De acordo com a doutrina anglo-americana acima referida, o poder dispositivo das partes no direito estadunidense comporta a possível renúncia ao rito. Em sentido oposto, considerando a ausência de autorização legislativa nesse sentido, conclui Antonio Scarance Fernandes que *a concordância das partes não permite, no direito processual penal brasileiro, a mudança de rito, o que é admitido em outros países, como Inglaterra, Estados Unidos, França e Itália*[742].

A propósito, no modelo Europeu continental, fonte maior de inspiração do direito brasileiro, a adequação do procedimento, nos casos de simplificação, está previamente regulada pelo legislador, a exemplo do que se vê dos institutos do *giudizio direttissimo* e do *giudizio abbreviato* do direito italiano (arts. 438 e 449 do *Codice di Procedura Penale*). As raízes do *plea bargaining* que sustentam o novo regime jurídico da colaboração premiada não modificam essa realidade de vinculação da tradição romano-germânica à legalidade.

Tenha-se em mente que os espaços de consenso do processo penal brasileiro, de raízes anglo-americanas, foram filtrados pelo ordenamento italiano em processo de *tradução*, não de mero transplante, antes de aqui serem inseridos. A influência indireta dos Estados Unidos, assim, não comporta a ruptura total do sistema nacional com o parâmetro da legalidade, para que sejam adotadas opções pragmáticas não amparadas por lei, seja por opção jurisprudencial ou dos atores do processo. Democraticamente, a República Federativa do Brasil não fez aderiu a essa possibilidade.

---

[741] FERNANDES, Antonio Scarance. op. cit. p. 59.
[742] FERNANDES, Antonio Scarance. op. cit. p. 67.

CAPÍTULO 4 - O PAPEL DAS PARTES NO ACORDO DE COLABORAÇÃO PREMIADA

O reconhecimento de que o instituto da colaboração premiada tem raízes no *plea bargaining* se presta a conferir a melhor interpretação, dentre diversas cabíveis, no âmbito das escolhas feitas pelo legislador. O estudo histórico de raiz nos permite extrair da larga experiência estrangeira conclusões importantes para o manejo adequado, equilibrado e justo do instituto. Portanto, a identificação das raízes não tem como fim uma simples mimetização integral da prática estrangeira. As interpretações precisam ser racionais e devem respeitar os parâmetros de legalidade que reinam na nossa ordem jurídica.

Nessa perspectiva, inexistindo um rito especial estatuído pela Lei nº 12.850/13, o imputado colaborador, se denunciado for, terá direito a ser processado e julgado com observância ao rito comum. Mais especificamente, o próprio art. 22 da Lei nº 12.850/13 prevê a aplicação do rito ordinário para processo e julgamento de crimes conexos às atividades desenvolvidas por organizações criminosas. Seria esse direito ao rito ordinário renunciável, no caso de adesão ao acordo de colaboração premiada?

4.8. Dever de dizer a verdade e renúncia ao direito ao silêncio: limites e impossibilidade de renúncia ao procedimento

No direito estadunidense, os *plea agreements* com cláusula de colaboração premiada pressupõem o reconhecimento de culpa por parte do colaborador, com renúncia ao direito ao procedimento e à atividade probatória. Há, nesses moldes, disposição do *privilegie against self-incrimination*[743].

Em paralelo, a prática italiana, especialmente pela experiência com a operação mãos limpas, desenvolveu-se no sentido de se impor ao colaborador o dever de dizer a verdade[744]. Há um sensível ponto de distinção existe entre as duas tradições, contudo. No direito italiano, o colaborador, em regra, não renuncia ao procedimento.

De toda forma, mesmo no direito italiano é bastante comum que essas imposições acarretem a autoincriminação do colaborador, de maneira que se questiona doutrinariamente se não haveria, nesses casos, violação ao *nemo tenetur se detegere*. Maria Elizabeth Queijo, em análise da questão, expressa a conclusão de que *desde que não haja nenhuma forma de coação para compeli-lo a*

---

[743] QUEIJO, Maria Elizabeth. *O Direito de Não Produzir Prova Contra Si Mesmo*. São Paulo: Saraiva, 2012, p. 254.
[744] Idem. p. 258.

cooperar e que o acusado seja instruído quanto ao direito ao silêncio, não há violação ao nemo tenetur se detegere pela renúncia ao direito ao silêncio[745].

As práticas estrangeiras e a conclusão doutrinária estão refletidas na normativa contida na Lei nº 12.850/13, haja vista que o art. 4º, §14, dispõe que *nos depoimentos que prestar, o colaborador renunciará, na presença de seu defensor, ao direito ao silêncio e estará sujeito ao compromisso legal de dizer a verdade.*

Não poderia ser diferente. O direito ao silêncio, na sua expressão jurisprudencial brasileira de direito à mentira[746], arruinaria a colaboração premiada enquanto meio de obtenção de prova. A possibilidade de prestar declarações falsas impunemente na colaboração premiada geraria invencíveis incertezas na busca por novas fontes de prova, em prejuízo da eficiência investigativa que se pretende alcançar com o instituto.

De outro prisma, não se pode deixar de mencionar o esclarecimento feito por Tiago Cintra Essado de que, *em relação ao conjunto probatório, pode ser absolutamente desnecessária a confissão do imputado para a confirmação de sua participação delitiva, o que revela não ser a confissão requisito indispensável para a delação premiada*[747].

Por si só, a renúncia ao direito, assim, nem sempre compreenderia confissão. Imagine-se que, em troca da colaboração premiada, o Ministério Público ofereça o benefício de não-persecução penal ao imputado e que este, em vez de apontar coautores ou partícipes da infração cuja prática lhe é atribuída, revela outros delitos perpetrados pela organização criminosa. Por que razão se falaria em confissão nesse caso? A renúncia ao direito ao silêncio seria essencial na colaboração premiada; a confissão daí decorrente, acidental.

Ocorre que a Lei nº 13.964/19 inseriu o artigo 3º-C, §3º, na Lei n. 12.850/13, cuja redação dispõe que o colaborador deve narrar todos os fatos ilícitos para os quais concorreu e que tenham relação direta com os fatos investigados. Dessa forma, o legislador normatizou expressamente, ao lado da renúncia ao direito ao silêncio, o dever do colaborador de confessar todas as práticas delitivas das quais tenha sido coautor ou partícipe e que sejam

---

[745] Idem. p. 258.

[746] Defendendo que o agente tem o direito de mentir, como consectário do direito de defesa e do *nemo tenetur se detegere*: HC 98.013/MS, Rel. Ministro OG Fernandes, Sexta Turma, julgado em 20/09/2012, DJe 01/10/2012).

[747] Essado, Tiago Cintra. *Delação premiada e idoneidade probatória*. Revista Brasileira de Ciências Criminais. nº 101, v. 21, 2013. p. 203-227.

conexas aos fatos apurados. Trata-se de um piso mínimo da colaboração premiada, cláusula que impõe uma obrigação *ope legis* ao colaborador. Eventual omissão, posteriormente revelada, caracterizará descumprimento do acordo de colaboração premiada, o que poder dar ensejo a sua rescisão.[748]

Considerando, então, que o colaborador deve revelar todos os crimes para os quais concorreu, assumindo a sua responsabilidade penal quanto a eles, há de se questionar como se manifesta a renúncia[749] ao *privilege against self-incrimination* no regime jurídico da Lei nº 12.850/13? De maneira similar ao *guilty plea* ou como mera confissão? Trata-se de questão especialmente relevante nos casos em que o benefício acordado for a diminuição da pena, cuja aplicação fica condicionada à existência de sentença condenatória.

A doutrina do *common law* esclarece que o *guilty plea* faz com que o *plea bargaining* se constitua num procedimento sem audiência de instrução e julgamento, de sorte que a assunção de responsabilidade penal admite que, a partir da homologação do acordo, parta-se para a prolação de sentença condenatória. Esse mecanismo, característico do sistema anglo-americano, não encontraria paralelo nos sistemas da Europa continental, nos quais a confissão pode alterar a qualidade do quadro probatório, mas sem eliminar o procedimento previsto em lei para instrução e julgamento[750].

Vê-se que, tivesse o legislador brasileiro aderido a um modelo de *guilty plea* a partir da colaboração premiada, o termo de acordo poderia contar com cláusula de renúncia ao procedimento. A partir da homologação, permitir-se-ia, assim, a prolação imediata de sentença condenatória. Não é o que se depreende da Lei. No direito brasileiro, o reconhecimento de culpa por parte do colaborador, quando indissociável da renúncia ao direito ao silêncio, opera-se mediante simples confissão.

---

[748] Importante mencionar que o dispositivo legal aqui referido não impede que a colaboração tenha por objeto a revelação de delitos que não sejam diretamente relacionados aos fatos já investigados. Não se trata de uma cláusula que limita as hipóteses de acordo, mas que apenas estabelece uma obrigação mínima ao colaborador.

[749] Afinal, a condenação é pressuposto para o benefício nessa situação.

[750] *Nontrial plea bargaining procedure, also turns out to be an Anglo-American peculiarity. In Continental legal systems someone who is accused of a serious crime may confess, but he will nevertheless go to trial. Confession shortens the trial by affecting the quality of the evidence, but confession does not eliminate trial.'0 For most purposes it hardly mattered that the common law treated confession as a waiver of trial, by contrast with the Continental practice of viewing it as merely evidence of the most cogent kind* (LANGBEIN, John H. op. cit. p. 267-268).

Mesmo com confissão e renúncia ao direito silêncio, há espaço para incidência do *nemo tenetur se detegere* em situações específicas no acordo de colaboração premiada. E isso ocorre tanto para a garantia de previsibilidade do acordo, na perspectiva do acusado, quanto para a própria eficiência do instituto da colaboração premiada. Veja-se.

As atividades desenvolvidas por organizações criminosas se entrelaçam de maneira complexa. Dificilmente o indivíduo que integra a organização, ainda que ocupe posição hierárquica inferior, pratica atos poucos atos delitivos, isoladamente. Há sempre uma gama de infrações penais coordenadas, perpetradas sucessivamente pela organização e por seus membros. Nesse contexto, é possível que o colaborador reconheça a sua responsabilidade quanto a uma ou mais infrações penais e, a partir das declarações por ele mesmo prestadas, novos delitos possam ser a ele ligados, ainda que não tenham "relação direta com os fatos investigados".

Se houver possibilidade de responsabilização penal do colaborador por novos crimes descobertos a partir das declarações por ele mesmo prestadas, as declarações fatalmente serão feitas com supressão de informações relevantes. Sabe-se que o colaborador estará sujeito a consequências penais e processuais nesse caso, mas não é disso que aqui se trata, mas de garantir que haja segurança para que o colaborador preste as declarações da maneira mais transparente possível, sem receio de por elas ser prejudicado. Essa especial forma de incidência do *nemo tenetur* normalmente consta das cláusulas de acordo de colaboração premiada no direito norte-americano, em observância ao determinado pelo §1B1.8 das *Federal Sentencing Guidelines*[751].

O Manual Comentado das *Sentencing Guidelines* dá um exemplo prático do indivíduo detido com um quilo de cocaína e que aceita colaborar com as investigações. Se, em cumprimento ao pactuado, o indivíduo fornecer infor-

---

[751] §1B1.8. Use of Certain Information
(a) Where a defendant agrees to cooperate with the government by providing information concerning unlawful activities of others, and as part of that cooperation agreement the government agrees that self-incriminating information provided pursuant to the agreement will not be used against the defendant, then such information shall not be used in determining the applicable guideline range, except to the extent provided in the agreement.
(b) The provisions of subsection (a) shall not be applied to restrict the use of information:
(1) known to the government prior to entering into the cooperation agreement;
(2) concerning the existence of prior convictions and sentences in determining §4A1.1 (Criminal History Category) and §4B1.1

CAPÍTULO 4 - O PAPEL DAS PARTES NO ACORDO DE COLABORAÇÃO PREMIADA

mações relativas à importação ilegal de outros três quilos de cocaína, fato até então desconhecido dos órgãos de persecução penal, a relatada prática delitiva não poderá ser utilizada para agravar a situação do colaborador[752].

Não se diga que essa face do *nemo tenetur se detegere* se limita ao plano abstrato, deixando de encontrar eco na prática da colaboração premiada nos Estados Unidos da América. A título exemplificativo, vê-se que o termo de acordo do caso *United States v. Michael Vick (District Court for the Eastern District of Virginia* – 3:07CR274) prevê que as informações prestadas pelo imputado no cumprimento do pactuado não serão contra ele utilizadas para agravar sua pena ou para que se façam imputações adicionais[753].

Diversamente, não haverá impossibilidade de se promover a responsabilização do colaborador por crimes distintos daqueles que justificaram o acordo, quando houver quebra do nexo de causalidade entre a colaboração premiada e a descoberta das novas infrações penais.

Aqui, devem-se aplicar, por analogia, os critérios que justificam as exceções à inadmissibilidade da utilização de provas ilícitas. Sob esse prisma, em duas hipóteses será possível a persecução penal de crimes que, a despeito de não terem sido considerados pelas autoridades estatais quando da elaboração do acordo de colaboração premiada, foram revelados pelo próprio imputado – se restar caracterizada fonte independente ou descoberta inevitável[754]. O que não se pode admitir é que o acordo de colaboração premiada agrave a situação do colaborador. Todavia, se a descoberta

---

[752] UNITED STATES. Sentencing Commission. *Guidelines Manual*. 2016, p. 40.
[753] UNITED STATES. District Court for the Eastern District of Virginia. United States v. Michael Vick. Criminal nº 3:07CR274. Disponível em: http://hosted.ap.org/specials/interactives/_documents/vick_plea_agreement.pdf; acesso em 13/01/2018.
[754] Na hipótese de haver uma fonte independente, a prova derivada tem concretamente duas origens – uma lícita e outra ilícita –, de tal modo que, ainda que suprimida a fonte ilegal, o dado probatório trazido ao processo subsiste e, por isso, pode ser validamente utilizado. Já na situação de descoberta inevitável, a prova tem efetivamente uma origem ilícita, mas as circunstâncias do caso permitem considerar, por hipótese, que seria inevitavelmente obtida, mesmo se suprimida a fonte ilícita (GOMES FILHO, Antonio Magalhães. Provas: Lei 11.690, de 09.06.2008. In: MOURA, Maria Thereza Rocha de Assis (coord.). *As Reformas no Processo Penal: as novas leis de 2008 e os projetos de reforma*. São Paulo: Revista dos Tribunais, 2008, p. 268). Para compreensão adequada das origens da teoria da descoberta inevitável (*inevitable discovery*) e da fonte independente (*independent source*), vejam-se, respectivamente, os precedentes *Nix v. Willians* (1984 – *U.S Supreme Court*) e *Bynum v. U.S* (1960 – *U.S Supreme Court*).

de novos crimes apresentar uma fonte autônoma, não há razão para se conferir imunidade ao colaborador.

Outra questão diz respeito ao momento a partir do qual o indivíduo renuncia ao direito ao silêncio. Não pode ser durante as negociações preliminares, pois, caso tivesse o imputado a obrigação de falar tudo que sabe antes da formalização do acordo, esta nunca interessaria ao Ministério Público. Durante as negociações prévias, nos termos "pré-acordo" ou de "carta de intenções", o colaborador não renuncia efetivamente ao direito ao silêncio, expressando apenas de maneira comedida os elementos que pretende disponibilizar ao órgão de persecução penal. A efetiva renúncia ao direito ao silêncio que ocorre apenas a partir da homologação do termo de acordo.

Por outro lado, não poderá o colaborador *mentir* na fase de negociações, com o fim de induzir em erro o membro do Ministério Público, declarando possuir informações das quais, na realidade, não dispõe. Ao induzir em erro o *dominus litis*, fazendo-o firmar acordo de colaboração que, de outro modo, não firmaria, o colaborador viola a autonomia da vontade do acusador, o que invalidará a avença. Também se deve prestigiar o entendimento de que, como consectário do *nemo tenetur* na fase de negociações, as informações preliminares prestadas pelo colaborador não podem contra ele ser utilizadas, caso o acordo não venha a ser homologado, pois manifestadas apenas como ferramenta de barganha[755].

Ainda quanto à distinção entre *guilty plea* e *confissão*, digno de análise o entendimento de Fábio Ramazzini Bechara. Em interpretação sistemática do art. 4º da Lei nº 12.850/13 e de seus respectivos parágrafos, o autor chega à conclusão de que o membro do Ministério Público pode combinar a cláusula de não-persecução penal prevista no art. §4º do dispositivo em questão com a causa de diminuição de pena prevista no *caput*, aplicando-se a pena diretamente a partir da homologação do acordo, sem necessidade de processo[756].

---

[755] ARAS, Vladimir. Op. cit. p. 537. Nesse sentido, o art. 3º-B, §6º, da Lei nº 12.850/13, inserido pela Lei nº 13.964/19.

[756] BECHARA, Fábio Ramazzini. *Colaboração premiada e o papel dos sujeitos processuais*. Disponível em: https://www.jota.info/colunas/direito-penal-globalizado/colaboracao-premiada-e-o-papel-dos-sujeitos-processuais-11042017. Acesso em: 12/01/2018. Diz o autor: Ao remeter à hipótese do "caput", o legislador previu expressamente, para além do efeito penal no acordo, seja para a redução da pena ou para o perdão judicial, também um efeito de ordem processual, ou seja, não ser processado. Isso significa pena sem devido processo legal? Não. Significa pena sem acusação formal. Devido processo legal não significa somente processo judicial obrigatório.

O entendimento do autor equipara o reconhecimento da responsabilidade penal na colaboração premiada ao *guilty plea* norte-americano, com renúncia ao direito ao procedimento. Alega Bechara que os parágrafos do art. 4º formam um procedimento próprio, distinto do previsto no Código de Processo Penal.

Não nos parece a mais acertada conclusão. O que a Lei nº 12.850/13 previu foi um procedimento voltado única e exclusivamente para a formalização do acordo de colaboração premiada, o que se encerra com a sua homologação. Não houve previsão de um procedimento especial instituído com a finalidade de substituir os procedimentos comuns, com a perspectiva de se implementar um procedimento abreviado.

Tanto que, sem mencionar qualquer exceção, o art. 22 prevê que os crimes previstos na Lei, assim como os crimes conexos àqueles perpetrados pelas organizações criminosas, serão processados com observância ao rito ordinário.

Transformar o reconhecimento de culpa em genuíno *guilty plea* é solução que não encontra amparo legal e se distancia da perspectiva de que o procedimento deve decorrer de moldura legal, jamais da vontade das partes ou do julgador. Além disso, rompe com o paradigma romano-germânico de compreender o reconhecimento de culpa como uma simples confissão, não como um verdadeiro *guilty plea*. Tão drástica mudança não pode ser extraída das entrelinhas do diploma normativo, sem discussão legislativa e sem o desenho de norma própria nesse sentido.

Se o legislador tivesse a intenção de criar um procedimento de *guilty plea*, tê-lo-ia feito expressamente, prevendo como os atos processuais deveriam se desenrolar nesse caso ou, pelo menos, determinando expressamente a prolação de sentença logo após a comprovação do cumprimento do acordo. Como o legislador não fez previsão nesse sentido, não podem promotores e juízes, por meio de acordo de colaboração premiada, conceber um rito procedimental particular para aplicar imediatamente a pena sem observância do procedimento previsto no Código de Processo Penal.

Caso a homologação do acordo viabilizasse de imediato a sentença condenatória contra o imputado, a redação do art. 4º, §11, seria desnecessária. Há clara distinção entre os momentos de homologação e de prolação da sentença. Esta, cabível apenas depois do curso natural do processo e da aferição do cumprimento do que foi pactuado.

Considerando que o legislador não optou por um rito abreviado, a confissão inerente à colaboração pode redundar em absolvição nos casos em que for manifestamente contrária à prova dos autos ou simplesmente não encontrar suporte em elementos mínimos de corroboração[757].

Tanto assim deve ser que, em redação dada pela Lei nº 13.964/19 ao art. 4º, §7º-A, da Lei nº 12.850/13, consagrou-se que, antes de conceder os benefícios da colaboração premiada, a autoridade judiciária competente deve "proceder à análise fundamentada do mérito da denúncia". Isso quer dizer que a confissão do colaborador não é suficiente, por si só, para se considerar procedentes as imputações formuladas contra ele. A ação penal deve ter seu curso regular, com instrução probatória, para que se possa perquirir o mérito da denúncia.

A única forma de haver supressão do rito nos moldes da Lei nº 12.850/13 é por meio da decisão ministerial de *nolle prosequi*, que deve se manifestar por promoção de arquivamento com requerimento de aplicação do perdão judicial, nos termos esclarecidos no item 3.4.4, acima. A propósito, resta claro que a previsão do art. 4º, §4º, encerra um benefício concedido ao imputado colaborador, não um procedimento especial. A lei prevê que o Ministério Público não poderá se valer da decisão de *nolle prosequi* se o imputado for líder de organização criminosa ou não tiver sido o primeiro a cooperar. Essas restrições só fazem sentido na perspectiva de que, para indivíduos que se enquadram nessas hipóteses, a decisão de *nolle prosequi* seria excessivamente benéfica. Existisse a possibilidade de dali se extrair um procedimento especial, com aplicação imediata de pena depois de homologado o acordo, por que existiriam essas restrições?

---

[757] De acordo com o entendimento aqui defendido: ARAS, Vladimir. *Técnicas Especiais de Investigação*. In: CARLI, Carla Veríssimo de (org.) *Lavagem de Dinheiro: prevenção e controle penal*. 2ª ed. Porto Alegre: Verbo Jurídico, 2013, p. 535: *as declarações do colaborador não bastam sequer para condená-lo, já que a confissão não é mais a rainha das provas*. No mesmo sentido: *sob o outro matiz analítico, não se pode perder de horizonte que o delator, ao entregar aquele que com ele praticou infração típica ou contribuiu para que ela se efetivasse confessa sua incursão delituosa, o que praticamente enseja sua condenação, salvo se essa admissibilidade não se revelar harmônica com os demais elementos de prova contidos nos autos, a teor do que se encontra normatizado no art. 197 do Código de Processo Penal [...] Diante do dispositivo trasladado, o aplicador do direito por intermédio de seu libre convencimento deverá fazer uma avaliação, em consonância com as provas arrostadas nos autos em decorrência da pertinente* **instrução processual** (MOSSIN, Heráclito Antonio; MOSSIN, Julio Cesar O.G. *Delação Premiada: aspectos jurídicos*. 2ª Ed. Leme: JH Mizuno, 2016, p. 32. Grifos nossos).

A única disposição sobre um procedimento especial que se pode extrair da Lei nº 12.850/13 está contida no art. 4º, §3º, que trata da suspensão do processo para aferir o cumprimento dos termos do acordo de colaboração. Isso não quer dizer que, retomada a marcha processual, o feito segue o modelo de *nontrial* citado por *Langbein*, avançando direto para o julgamento. Deve o colaborador ser processado com respeito ao direito ao procedimento. A propósito, depois de iniciada a ação penal, o que prevê com o dispositivo com a suspensão do processo é a instauração de um incidente processual no qual se deverá aferir o cumprimento das cláusulas do acordo. Resolvido o incidente, o processo deve seguir o seu curso ordinário, rumo à sentença[758].

Em síntese, se a lei não prevê um rito específico para processo e julgamento dos crimes praticados pelos colaboradores, então o rito deverá ser o comum. Só não haverá rito nos casos de exercício do *nolle prosequi* pelo titular da ação penal, pois sequer se formará relação jurídico-processual nesse caso.

4.9. Direito subjetivo ao prêmio pactuado no caso de cumprimento do acordo

Superada a questão da ausência de direito subjetivo ao acordo (item 4.2), deve-se anotar que, cumprido os termos do ajuste firmado voluntariamente pelas partes, o colaborador fará *jus* ao prêmio oferecido, o que já é massivamente explorado na doutrina e na jurisprudência[759]. Para tanto, a colaboração deve ter sido efetiva na concretização dos objetivos traçados no acordo de colaboração premiada, dentre aqueles arrolados no art. 4º da Lei nº 12.850/13. Exige-se, nesse prisma, nexo de causalidade entre a colaboração e a efetiva obtenção dos resultados desejados pelo legislador.

Da mesma maneira, é razoável que se exija o rompimento definitivo do colaborador com o grupo criminoso e com a prática delitiva que lhe é

---

[758] Neste ponto, concordamos com Vinicius Gomes de Vasconcellos no sentido de que o procedimento de colaboração premiada, após a homologação do acordo, deve se seguir com o oferecimento de denúncia, se não já tiver sido oferecida, desenvolvendo-se a efetiva colaboração na fase processual e permitindo-se a produção da prova em contraditório, com o objetivo de embasar a sentença que será proferida no próprio processo. Aparentemente, o autor também não enxerga margem para abreviação de rito (VANSCONCELLOS, Vinicius Silva de. *Colaboração Premiada no Processo Penal*. São Paulo: Revista dos Tribunais, 2017, p. 175).

[759] Por todos MIRANDA, Gustavo Senna. *O Ministério Público e a Colaboração Premiada*. In: *Temas Atuais do Ministério Público*. 5ª Ed. Salvador: Juspodivm, 2014, p. 836.

imputada, especialmente quando se tratar de delito permanente[760]. Trata-se exigência expressa no ordenamento jurídico espanhol[761] e implícita no ordenamento jurídico brasileiro, o que se pode extrair da leitura art. 4º, §1º, da Lei nº 12.850/13.

Considerando que *integrar* organização criminosa caracteriza delito permanente (art. 2º, da Lei nº 12.850/13), seria razoável que o colaborador fosse beneficiado, mesmo com a manutenção da prática delitiva, ou seja, com a subsistência vínculo associativo criminoso?

Nesse caso, é inexorável a exigência de que o colaborador rompa o vínculo existente com a organização. Isso porque os dispositivos acima mencionados exigem que a *concessão do benefício*[762] leve em consideração as *circunstâncias*, a gravidade e a repercussão social do *fato criminoso*, além da personalidade do colaborador e a eficácia da colaboração.

A permanência da infração para além da colaboração é *circunstância do fato criminoso* que impossibilita a concessão do benefício, mormente o perdão judicial. Pensamento em sentido contrário implicaria insustentáveis consequências de ordem prática. Veja-se. Na hipótese de se conceder perdão judicial pela prática de um crime que ainda está sendo praticado, a extinção da punibilidade poderia ganhar feições de um verdadeiro *alvará para delinquir*. Não se pode perdoar o infrator por um crime que ainda está cometendo.

Mesmo os outros benefícios, como a redução de pena ou a autorização para cumprimento em regime inicial aberto ou semiaberto[763], parecem funcionar, nesses casos, como incentivo à perpetuação da prática delitiva permanente.

---

[760] Como é o caso do crime de participação em organização criminosa na modalidade *integrar*.

[761] AGUADO, Javier Alberto Zaragoza. *Investigación y enjuiciamento del blanqueo de capitales*. In: CORDERO, Isidoro Blanco; CAPARRÓS, Eduardo Fabián; AGUADO, Javier Alberto Zaragoza. *Combate del lavado de activos desde el sistema judicial*. 3ª ed. Washington: s/d 327.

[762] Art. 4º, §1º, da Lei nº 12.850/13. A Lei de Proteção a Vítimas e Testemunhas, mais estritamente, ao estabelecer tais critérios, refere-se apenas à *concessão do perdão judicial* (art. 13, parágrafo único).

[763] Os benefícios de execução penal citados constam do art. 1º, §5º, da Lei de Lavagem de Capitais (9.613/98).

CAPÍTULO 4 – O PAPEL DAS PARTES NO ACORDO DE COLABORAÇÃO PREMIADA

Por essa mesma razão, em se tratando de colaborador vinculado à organização criminosa ou à associação para o tráfico, por exemplo, o rompimento com o grupo é sempre pressuposto da obtenção do benefício[764].

Por isso, pode-se dizer que os requisitos da concessão de benefício por colaboração premiada são: a) em qualquer caso: espontaneidade e relevância[765] da colaboração, circunstâncias favoráveis e nexo causal entre a colaboração prestada e a efetiva obtenção dos resultados que justificam o benefício; b) nos casos em que o infrator se limita a incriminar terceiros: todos os requisitos da alínea anterior, somados ao requisito da corroboração mínima e à posterior confirmação em juízo das informações, sob o crivo do contraditório; c) nos casos em que o colaborador for acusado ou investigado pela prática de crime permanente ou for associado a grupo criminoso: todos os requisitos da alínea "a" mais a cessação da prática delitiva permanente e o efetivo rompimento das relações do *delator* com a associação criminosa[766].

---

[764] Nesse ponto, interessante a leitura de Gustavo Henrique Righi Ivahy Badaró sobre os limites objetivos coisa julgada diante de crime permanente. O recebimento da denúncia, nos crimes de associação criminosa e de quadrilha ou bando, por exemplo, deve funcionar como "causa de interrupção judicial da permanência" delitiva. Assim, se, após o recebimento da denúncia, a permanência delitiva subsistir, deve-se admitir um novo processo pelo período não compreendido na primeira denúncia, ainda que se admita que, enquanto fato da natureza, há uma unidade delitiva. (BADARÓ, Gustavo Henrique Righi Ivahy. *Processo Penal*. 2ª Ed. p. 390. Rio de Janeiro: Elsevier, 2014).

[765] Relevante é a colaboração que proporciona o alcance do resultado que dela se espera. Pode-se aqui falar em *eficácia* da colaboração.

[766] É certo que a associação do infrator com grupo criminoso, em regra, caracteriza um delito permanente. Entretanto, não há redundância na redação, na medida em que se pretende reforçar a autonomia da associação criminosa com relação ao delito imputado ao colaborador. Não basta cessar a prática delitiva permanente, deve-se romper todo e qualquer vínculo com o grupo criminoso.

CONCLUSÕES

Com a proposta de identificar as causas do contraste existente entre as primeiras fórmulas legais concernentes à delação premiada no direito brasileiro e o regime jurídico instituído pelo art. 4º da Lei nº 12.850/13, dissecaram-se as informações normativas contidas no referido dispositivo legal, as quais manifestam a compreensão do instituto: a) como norma de direito premial; b) como instrumento de justiça negocial, abrangendo parcialmente a noção de processo penal como um modelo de disputa; c) compatibilidade do novo regime jurídico com o princípio da oportunidade.

Fala-se em parcial aceitação do processo penal como um modelo de disputa porque, ao contrário do que ocorre na tradição anglo-saxônica – pelas mais variadas maneiras de expressão do *plea bargaining* – o regime jurídico da Lei nº 12.850/13 põe à disposição das partes limitadas formas de solução consensual do processo.

Os benefícios que *dominus litis* e imputado podem pactuar estão previstos de maneira bem delineada no diploma normativo, não se admitindo, por exemplo, um completo *sentencing bargaining*, com pena previamente determinada, o que afastaria em absoluto os poderes discricionários do juiz sobre a dosimetria penal.

Também não se admite *fact bargaining*, de modo que às partes não é dado o poder de desenhar livremente como os fatos ocorreram, em dissociação do conjunto probatório coligido nos autos.

Dentre os citados elementos normativos, apenas um deles se fazia presente na primitiva[767] forma de delação premiada do direito brasi-

---

[767] Como esclarecido no trabalho, por questões metodológicas que interessavam à compreensão da relação de causa e efeito que culminou na Lei nº 12.850/13, foram desconsideradas

leiro – a formatação do instituto como norma de direito premial. O art. 8º, parágrafo único, da Lei nº 8.072/90 não concebeu um mecanismo de justiça penal negocial e não era compatível com o princípio da oportunidade.

Para esclarecer os motivos subjacentes a esse contraste, buscou-se identificar quais seriam as raízes jurídicas do modelo adotado pela Lei nº 12.850/13 e, nesse diapasão, promoveu-se uma reconstrução histórico-comparada: a) da colaboração premiada; b) da abertura de espaços de consenso, direcionando-se as duas abordagens ao processo penal praticado nos países com regimes jurídicos de tradição anglo-saxônica, representados majoritariamente pelo Reino Unido e pelos Estados Unidos, e nos países de tradição jurídica romano-germânica, representados majoritariamente pela Itália.

As reconstruções, embora materializadas por narrativas paralelas, nunca se afastaram da compreensão de que as distintas tradições jurídicas estudadas sofreriam, mais tarde, movimentos recíprocos de influência, o que, aliás, foi definido de maneira clara no segundo capítulo do trabalho por meio do estudo de sistemas processuais, dos movimentos de *transplante* e de *tradução* e, por fim, pela consciência de que a hibridização normativa é fenômeno indissociável de um mundo globalizado.

Inicialmente, foram rechaçadas as afirmações doutrinárias, não raro feitas sem qualquer embasamento histórico, de que o regime jurídico da delação premiada na Lei nº 8.072/90 encontraria suas raízes no direito italiano e no *plea bargaining*. Essa duplicidade de raízes apenas faria sentido a partir da Lei nº 12.850/13 e, a princípio, a delação premiada do direito brasileiro não tinha qualquer nota de influência da tradição anglo-saxônica.

No âmbito do *common law*, a reconstrução histórico-comparada nos conduziu às seguintes conclusões:

1 – As origens da colaboração premiada nessa tradição jurídica remontam ao instituto do *approvement*, que não se expressava como um mecanismo de solução consensual do processo e não era compatível com o princípio da oportunidade. O *approvement* tinha como pressuposto a propositura de ação penal contra o imputado colaborador que, já na posição

---

as raízes remotas da colaboração premiada no direito brasileiro, a exemplo das disposições conhecidas das Ordenações Filipinas.

de réu, apontava supostos coautores, dando início a um processo incidental entre *delator* e *delatado*, suspendendo-se a ação penal principal;

2 – Dois fatores acarretaram a queda do *approvement*. Primeiro, o elevado risco ao colaborador que, ao assumir a responsabilidade penal no que diz respeito à imputação original, sujeitar-se-ia invariavelmente à pena e morte, caso não lograsse êxito em comprovar a culpa do delatado. Segundo, o sistema probatório então vigente proporcionava poucas vantagens para a persecução penal que, a partir das reformas operadas por Henrique II, passou a ser de crescente interesse estatal. Antes, este permanecia praticamente alheio às controvérsias penais anglo-saxônicas;

3 – Paralelamente à queda do *approvement* e diante do emergente controle estatal sobre a persecução penal, o direito inglês instituiu órgãos oficiais de persecução que, aos poucos, assumiram a titularidade da ação penal. Na figura dos *Justices of the Peace* se identifica as origens do promotor de Justiça moderno e, muito embora não dispusessem eles de grandes poderes discricionários no século XVI, o interesse da Coroa na eficiência punitiva reconhecia a eles poderes de *nolle prosequi*, que poderiam ser utilizados em favor de acusados colaboradores. Apenas a partir desse modelo se vê uma relação entre discricionariedade do órgão de acusação e colaboração premiada – desenhando-se uma forma de solução consensual do processo penal, em favor do colaborador, por meio de promessa de não-persecução;

4 – Quando do transplante do sistema jurídico do *common law* para os Estados Unidos da América, os poderes discricionários de *nolle prosequi* dissociados da colaboração premiada, então reconhecidos exclusivamente ao *Attorney-General*, foram ampliados para muito além do que havia na origem, contemplando todos os *district attorneys* estadunidenses. Esses amplos poderes discricionários repercutiram sobre o regime jurídico da colaboração premiada, cujos benefícios, no *Crown witness system* limitavam-se à promessa de não-persecução penal.

5 – Essa não prevista expansão dos poderes discricionários do titular da ação penal nos Estados Unidos, com repercussão sobre os espaços de consenso do processo penal, parece ser a primeira considerável representação da analogia empregada por Máximo Langer – mecanismos de solução do processo penal por consenso, quando importados inadvertidamente, podem funcionar como um *cavalo de Troia*, trazendo em seu interior uma

lógica que pode pressupor a repaginação dos papeis que cabem aos atores do processo penal[768];

6 – Inicialmente, o *plea bargaining* norte-americano concebido e gerido por promotores de Justiça assumiu formas limitadas de *charge bargaining* e enfrentou resistência judicial. Após, com a adesão dos magistrados aos mecanismos de solução consensual do processo penal, o *plea bargaining* atingiu os mais elevados índices, praticados nos dias atuais. Da análise histórica, extrai-se que existe uma relação inversamente proporcional entre os poderes discricionários do *juiz* e do *titular da ação penal*. Quanto maiores os poderes discricionários do *dominus litis*, com mais ferramentas de barganha à disposição, menores os poderes discricionários do julgador;

7 – Na prática, os acordos de colaboração premiada são inseridos em cláusulas adicionais no corpo de termos de acordo mais amplos.

Já no âmbito da reconstrução romano-germânica, nota-se que a colaboração premiada italiana nos tempos modernos não resultou de uma natural e peculiar distribuição dos papeis dos atores do processo penal ao longo dos séculos, mas de uma legislação de emergência editada para fazer frente à criminalidade organizada. Não havia, nesse momento inaugural, espaços de solução consensual do processo penal na Itália.

A República Italiana, com inspiração no processo penal anglo-americano, todavia, inseriu mecanismos de solução consensual do processo penal, como o *patteggiamento* e o *giudizio abbreviato*. Havia uma pretensão de se abandonarem as características inquisitoriais do sistema pátrio, com adoção de figuras condizentes com o modelo *adversarial*. A importação planejada, contudo, não poderia ocorrer por meio de simples transplante, considerando as distintas culturas processuais existentes em torno do ordenamento de origem e do ordenamento de destino. Optou-se por um movimento de *tradução normativa*.

Na concepção italiana, as partes não poderiam receber na reforma poderes de disposição sobre o objeto do processo. Além disso, a cláusula de não-persecução não pode se materializar como ferramenta de barganha do *dominus litis*, haja vista que o princípio da obrigatoriedade possui envergadura constitucional na Itália (art. 112, *Costituzione della Repubblica Italiana*).

---

[768] Reconhece-se que aqui a analogia do autor não se encaixa perfeitamente, haja vista que, em sua reconstrução, Langer se refere à importação de mecanismos do *common law* por ordenamentos jurídicos de tradição *civil law*, o que reforça o fator surpresa do *cavalo de Troia*.

Paralelamente, ao imputado não se reconheceu o poder dispositivo que abrangesse a completa renúncia ao procedimento, de forma que a simples assunção de culpa justificasse, por si só, a prolação de sentença condenatória. A Itália rejeitou o *guilty plea*, mantendo a assunção de culpa no âmbito da *confissão*, como concebida tradicionalmente pelos ordenamentos jurídicos italiano e brasileiro.

De toda forma, dos mais recentes regramentos italianos correlatos ao instituto da colaboração premiada, vê-se que instrumentos de justiça penal consensual não contaminaram a colaboração premiada.

O que tornou a análise do direito italiano estratégica para o trabalho, todavia, foi o fato de que o *patteggiamento* e o *giudizio abbreviato* exerceram importante influência sobre o anteprojeto que deu origem à Lei nº 9.099/95 no Brasil, servindo-lhe de fonte de inspiração.

A partir dessa constatação, pôde-se concluir de plano que o ordenamento jurídico norte-americano influenciou indiretamente os espaços de consenso do processo penal brasileiro, funcionando o direito italiano como intermediador. Justamente dessa influência que surgiu a semente *adversarial*, carregando consigo elementos que viabilizaram a construção de uma nova compreensão do processo penal sob a perspectiva do modelo de disputa e dos papeis de seus atores, com o reconhecimento de poderes discricionários às partes.

Essa reconstrução esclarece o porquê do contraste entre as leis primitivas relacionadas à colaboração premiada no direito brasileiro e a normativa atual, apontando a origem das informações normativas extraídas do art. 4º da Lei nº 12.850/13 e repercutindo sobre a interpretação do diploma em questão em pontos sensíveis.

Ao longo de dois séculos, os mecanismos de solução consensual do processo penal norte-americano sofreram adaptações que tornaram mais equilibrados os poderes de *nolle prosequi* do *dominus litis*. Reconhecendo-se as raízes do instituto da colaboração premiada, tal como posto na Lei nº 12.850/13, bem como a lógica a ele subjacente, olhar para a experiência estrangeira nos proporcionou vislumbres interpretativos que, em um primeiro momento, foram negligenciados pelo direito brasileiro.

Como uma tentativa de equilibrar o manejo prático da colaboração premiada no direito pátrio, as análises de direito comparado viabilizaram as seguintes conclusões:

1 – O acordo de colaboração premiada pressupõe concessões recíprocas das partes legitimadas a figurar nos polos da ação penal. O imputado abre mão do direito ao silêncio e o titular da ação penal lança mão de poderes de *nolle prosequi* ou, alternativamente, concede benefícios de natureza penal. Diante desse cenário, apenas aqueles que são titulares de poderes, faculdades e posições processuais envolvidos no acordo podem nele figurar como parte, o que exclui juízes, defensores e autoridade policial;

2 – A homologação judicial do acordo lavrado por iniciativa do delegado de Polícia, sem aquiescência ministerial, viola o direito líquido e certo do titular da ação penal de perseguir em juízo a concretização do *jus puniendi* em toda a extensão prevista na norma penal incriminadora, tratando-se de ato impugnável mediante mandado de segurança;

3 – O delegado de Polícia pode lavrar um termo preliminar de colaboração com o imputado, de eficácia condicionada à aquiescência ministerial e à homologação judicial. No documento, a autoridade policial se limitará a expressar os benefícios que irá sugerir ao órgão ministerial, assumindo apenas o compromisso de pleitear junto ao *dominus litis* a concessão dos prêmios em questão;

4 – O imputado, ao contrário do que defende parcela doutrinária, não tem direito subjetivo ao acordo de colaboração premiada. Em se tratando de *negócio jurídico processual*, o princípio da autonomia da vontade do acusador e a própria lógica subjacente ao instituto forçam a conclusão de que não é possível ao pretenso colaborador pleitear a homologação da sua proposta de acordo à autoridade judiciária se com ela não concordou o Ministério Público;

5 – O acordo de colaboração premiada abrange concessões do imputado que repercutem de maneira definitiva sobre a forma como exercerá seu direito à ampla defesa, considerando que há necessária renúncia ao direito ao silêncio, o que o vinculará no processo penal. Diante disso, o direito à ampla defesa, notadamente na sua vertente de direito à informação, deve ser antecipado para a fase de negociações da colaboração premiada, a partir do momento em que é chamado pelo órgão de persecução penal a colaborar, ato que necessariamente converte o mero suspeito em *imputado*;

6 – O dever de lealdade processual das partes, apesar de não previsto no Código de Processo Penal, tem sido aplicado pela jurisprudência do Supremo Tribunal Federal, vinculando todos os atores do processo. Em

regra, a lealdade processual não se aplica aos meios de obtenção de prova, notadamente aqueles que se desenvolvem com o uso de *deceptive techniques*. A colaboração premiada, todavia, possui peculiaridades que justificam a antecipação do princípio da lealdade para fase pré-processual, se nela forem iniciadas as negociações;

7 – O dever de lealdade processual do colaborador foi tratado de maneira satisfatória pelo legislador, ao sancionar penal e processualmente a má-fé e a mentira;

8 – O dever de lealdade de *dominus litis* não foi tratado pela lei, mas, em construção doutrinária, projeta-se em uma vertente negativa – que impõe à autoridade estatal o dever de se abster de declarações falsas ou enganosas ao imputado durante as negociações, com o fim de convencê-lo a aderir ao acordo – bem como em uma vertente positiva, que se manifesta pelo dever de *disclosure*, em recortes peculiares que não prejudiquem, em nenhuma medida, a eficiência das investigações;

9 – A colaboração premiada no direito brasileiro não se expressa por meio de *guilty plea* do imputado, quando há necessidade de assunção de responsabilidade penal, mas por meio de mera confissão. Como consectário, o imputado não pode renunciar ao direito ao procedimento, de maneira que a homologação do acordo não torna despiciendo o curso regular do procedimento comum, considerando não haver previsão de um rito especial na Lei nº 12.850/13;

10 – Em verdade, a Lei nº 12.850/13 prevê apenas o procedimento de formalização do acordo, mas não dispensa o rito ordinário para a formação da culpa, o que se pode extrair, inclusive, do próprio art. 22 do estatuto.

Dentre outras conclusões contidas no corpo da obra, são essas a que merecem destaque. À evidência, o manejo prático da colaboração processual no direito brasileiro fará emergirem outros pontos controvertidos. O direito comparado, diante das agora conhecidas raízes do instituto, sempre poderá ser útil fonte de inspiração, desde que não se proceda a uma irracional mimetização que entre em conflito irremediável com as demais estruturas processuais existentes no direito brasileiro.

REFERÊNCIAS

ABADE, Denise Neves. *Direitos fundamentais na cooperação jurídica internacional.* São Paulo: Saraiva, 2013.

ABEL, Jonathan. *Cops and Pleas*: Police Officer's Influence on Plea Bargaining. The Yale Law Journal, New Haven, Vol. 126, nº 6, p. 1730-1787.

ABEL, Rick; LACEY, Nicola. *Jury Trials & Plea Bargaining.* Oxford: Hart Publishing, 2005.

ADEGBILE, Debo P. *Policing Through an American Prism.* The Yale Law Journal, New Haven, Vol. 126, nº 7, maio de 2017, p. 2222-2259.

ALMEIDA, Candido Mendes de. *Codigo Philippino ou Ordenações e Leis do Reino de Portugal*: recopiladas por mandado d'el Rey D. Philippe I. 14ª Ed. Rio de Janeiro: Instituto Philomathico, 1870.

ALSCHULER, Albert W. Plea bargaining and it's history. *In*: Columbia Law Review. Nova Iorque. Vol. 79, nº 01, janeiro de 1979.

–. The defense attorney's role in plea bargaining. *The Yale Law Journal.* New Heaven. Vol. 84, nº 6, p. 1179/1314, p. 01/43, maio de 1975.

–. The prosecutor's role in the plea bargaining. *University of Chicago Law Review.* Chicago. Vol. 36, nº 01, p. 50/112, 1968.

AMBOS, Kai. *Control de Drogas – Política e legislación em America Latina, EE.UU y Europa.* Bogotá: Ediciones Jurídicas Gustavo Ibañez, 1998.

–. *O Princípio acusatório e o processo acusatório*: uma tentativa de compreensão de seu significado atual, a partir de uma perspectiva histórica. *In*: AMBOS, Kai; LIMA, Marcellus Polastri. *O Processo Acusatório e a Vedação Probatória perante as realidades alemã e brasileira.* Porto Alegre: Livraria do Advogado, 2009.

AMODIO, Ennio. *I pentiti nella common law.* Rivista Italiana di Diritto e Procedura Penale, Milano, v. 29, p. 991-1004, 1986.

–. *Processo Penale, Diritto Europeo e Common Law.* Milano: Giuffrè, 2003.

ARAS, Vladmir. *Técnicas especiais de investigação. In*: VERÍSSIMO, Carla de Carli. (org.) *Lavagem de Dinheiro*: prevenção e controle penal. Porto Alegre: Verbo Jurídico, 2011, p. 426.

ASHWORTH, Andrew. *The Criminal Process – An Evaluative Study*. Oxford: Oxford University Press, 1998.

BALTAZAR JÚNIOR, José Paulo. *Crime organizado e proibição de insuficiência*. Porto Alegre: Livraria do Advogado, 2010.

BARBOSA, Alexandre de Freitas. *O Mundo Globalizado*: Política, Sociedade e Economia. São Paulo: Contexto, 2007.

BASSI, Guido Stampanoni. *Profilli Processuali Della Disciplina Sui Cosiddetti "Collaboratori di Giustizia*, Dissertação (Mestrado em Direito) – Facoltà di Giurisprudenza, Libera Università Maria Ss. Assunta, 2010.

BECHARA, Fábio Ramazzini. *Cooperação Jurídica Internacional em Matéria Penal*. São Paulo: Saraiva, 2011.

BECK, Francis Rafael. *Perspectivas de controle ao crime organizado e crítica à flexibilização das garantias*. São Paulo: IBCrim, 2004.

BERNASCONI, Alessandro. *La Collaborazione Processuale*: incentivi, protezione e strumenti di garanzia a confronto con l'esperienza statunitense. Milano: Giuffrè, 1995.

BIBAS, Stephanos. *Judicial Fact-Finding and Sentence Enhancements in a World of Guilty Pleas. In*: Yale Law Journal. New Haven, Vol. 110, abril de 2001.

BITTAR, Walter Barbosa. *Delação Premiada*: direito estrangeiro, doutrina e jurisprudência. Rio de Janeiro: Lumen Juris, 2011.

BOSS, Bary; ANGARELLA, Nicole L. *Negotiating Federal Plea Agreement Post-Booker*. Same as it ever was? Criminal Justice. Vol. 21, Nº 2, verão de 2006.

BRASIL. Câmara dos Deputados. *Parecer da Comissão de Constituição e Justiça e de Redação no Projeto de Lei 4.353/1993*. Rel. Dep. José Burnett. Diário do Congresso Nacional, Brasília, Seção I, 18 out. 1994, Brasília.

BRASIL. Câmara dos Deputados. *Exposição de Motivos da Lei nº 9.099, de 26 de setembro de 1995*. Disponível em: http://www2.camara.leg.br/legin/fed/lei/1995/lei-9099-26-setembro-1995-348608-exposicaodemotivos-149770-pl.html.

BRASIL. Câmara dos Deputados. *Projeto de Lei 6.578/2009*. Redação inicial. Disponível em: http://www.camara.gov.br/proposicoesWeb/prop_mostrarintegra?codteor=723727&filename=Tramitacao-PL+6578/2009. Acesso em: 09/01/2018.

BRASIL. Senado Federal. Projeto de Lei do Senado Nº 150, de 2006. Disponível em: http://legis.senado.leg.br/sdleg-getter/documento?dm=4809852&disposition=inline. Acesso em: 09/01/2018.

BRAVIN, Jess. *The terror courts*: rough justice at Guantanamo bay. New Heaven: Yale University Press, 2013.

BROWN, Darryl K. *Free Market and Criminal Justice*: how democracy and Laissez Faire undermine the Rule of Law. Oxford: Oxford University Press, 2016.

BUONO, Carlos Eduardo de Athayde; BENTIVOGLIO, Antônio Tomás. *A Reforma Processual Penal Italiana*: reflexos no Brasil. São Paulo: Revista dos Tribunais, 1991.

CALLEGARI, André Luis; WERMUTH, Maiquel Ângelo Dezordi. *Crime Organizado*: conceito e possibilidade de tipificação diante do contexto de expansão do Direito Penal. Revista Brasileira de Ciências Criminais. São Paulo: Rbccrim 79, p. 7/40, 2009.

CAMPBELL, Liz. *Organised crime and the law*: a comparative analysis. Oxford: Hart, 2013.

CAPEZ, Fernando. *Curso de Processo Penal*. 19ª Ed. São Paulo: Saraiva, 2012.

CASSESE, Antonio. *International Criminal Law*. Oxford: Oxford University Press, 2003.

CASTALDO, Andrea R.; NADDEO Marco. *Il Denaro Sporco*: prevenzione e repressione nella lotta al riciclaggio. Padova: Cedam, 2010.

CERVINI, Raúl; GOMES, Luiz Flávio. *Crime Organizado – Enfoques Criminológico, Jurídico e Político-criminal*. São Paulo: Editora Revista dos Tribunais, 1995.

CLEMENTE, Aleksandro; MACHADO, André Augusto Mendes. *O sigilo e a prova criminal*. In: FERNANDES, Antonio Scarance; Almeida, José Raul Gavião de; MORAES, Mauricio Zanoide de. *Sigilo no Processo Penal: eficiência e garantismo*. São Paulo, Revista dos Tribunais, 2008.

CORDERO, Isidoro Blanco; CAPARRÓS, Eduardo Fabián; AGUADO, Javier Alberto Zaragoza. *Combate del lavado de activos desde el sistema judicial*. 3ª Ed. Whasington, S/D.

DAMASKA, Mirjan R. *The faces of justice and states authority*: a comparative approach to the legal process. New Heaven: Yale University Press, 1986.

–. *Evidentiary barriers to conviction and two models of criminal procedure*: a comparative study. University of Pennsylvania Law Review. Vol 221. p. 506/589, janeiro de 1973.

DAVIS, Angela. *Arbitrary Justice*: the power of the American prosecutor. Oxford: Oxford University Press, 2007.

D'AMBROSIO, Loris. *Testimoni e Collaboratori di Giustizia*. Padova: CEDAM, 2003.

DANNEMANN, Gerhard. *Comparative Law*: study of similarities or differences? In: REIMANN, Mathias; ZIMMERMANN, Reinhard. *The Oxford Handbook of Comparative Law*. New York: Oxford University Press, 2006.

DELMAS-MARTY, Mireille. *A influência do direito comparado sobre a atividade dos tribunais penais internacionais*. In: DELMAS-MARTY, Mireille; CASSESE, Antonio (org.) *Crimes Internacionais e Jurisdições Internacionais*. Campinas: Manole, 2004.

DIDIER, JR. Fredie; BONFIM, Daniela. *Colaboração premiada (Lei nº 12.850/2013)*: natureza jurídica e controle da validade por demanda autônoma – um diálogo com o Direito Processual Civil. Civil Procedure Review, vol. 7, nº 2, p. 135-189, maio a agosto de 2016.

DONAHUE, Charles. *Comparative Law Before the Code Napoléon*. In: The Oxford Handbook of Comparative Law. Oxford: Oxford University Press, 2008.

DOSWALD-BECK, Louise. *Human rights in times of conflict and terrorism*. Oxford: Oxford University Press, 2009.

DOUGLASS, John G. *Can Prosecutors Bluff? Brady v. Maryland and plea bargaining*. Case Western Reserve Law Review. Vol. 57, Nº 3, 2007.

DUFF, Antony. *Discretion and Accountability in a Democratic Criminal Law*. In: LANGER, Máximo; SKLANSKY, David Alan. *Prosecutors and Democracy*: a cross-national study. Cambridge: Cambridge University Press, 2017.

EASTERBROOK, Frank H. *Plea Bargaining as Compromise*. In: The Yale Law Journal, New Haven, Vol. 101, nº 8, junho de 1992, p. 1969/1978.

ESSADO, Tiago Cintra. *Delação premiada e idoneidade probatória*. Revista Brasileira de Ciências Criminais. nº 101, v. 21, 2013. p. 203-227.

FERDINAND, Theodore. *Boston's Lower Criminal Courts – 1814-1850*. Newark: University of Delaware Press, 1992.

FERNANDES, Antonio Scarance. *Processo Penal Constitucional*. 3ª Ed. São Paulo: Revista dos Tribunais, 2002.

–. *Reação Defensiva à Imputação*. São Paulo: Revista dos Tribunais, 2003.

–. *Teoria Geral do Procedimento e o Procedimento no Processo Penal*. São Paulo: Revista dos Tribunais, 2005.

–. *Reflexões sobre as noções de eficiência e de garantismo no processo penal*. In: FERNANDES, Antônio Scarance. ALMEIDA, José Raul Gavião de. MORAES, Maurício Zanoide de. *Sigilo no processo penal*: eficiência e garantismo. São Paulo: Revista dos Tribunais, 2008.

–. ALMEIDA, José Raul Gavião; MORAES, Maurício Zanoide de. *Crime Organizado – Aspectos Processuais*. São Paulo: Editora Revista dos Tribunais, 2009.

–. *O equilíbrio na repressão ao crime organizado*. In: FERNANDES, Antônio Scarance. ALMEIDA, José Raul Gavião de. MORAES, Maurício Zanóide de. *Crime Organizado: aspectos processuais*. São Paulo: Revista dos Tribunais, 2009.

–. ZILLI, Marcos Alexandre Coelho. *Direito processual penal internacional*. São Paulo: Saraiva, 2013.

FERRAJOLI, Luigi. *Direito e Razão:* Teoria do garantismo penal. 4ª Ed. São Paulo: RT, 2014.

FISCHER, Douglas. *O que é garantismo penal (integral)?* In: CALABRICH, Bruno; FISCHER, Douglas; PELELLA, Eduardo (org). *Garantismo penal integral*. Salvador: JusPodivm, 2010.

–. FERNANDES, José Ricardo. *Resolução nº 181 do CNMP – artigo 15*. In: FISCHER, Douglas; ANDRADE, Mauro Fonseca. *Investigação Criminal pelo Ministério Público*. Porto Alegre: Livraria do Advogado, 2017.

FISHER, George. *Plea bargaining's triumph*. The Yale Law Journal. New Heaven. Vol. 109, p. 857-1086, 2000.

FRIEDMAN, Lawrence; PERCIVAL, Robert. *Roots of Justice*: Crime and punishment in Alameda County, California, 1870-1910. Chapel Hill: University of North Carolina, 1981.

GAITO, Alfredo. *La Prova Penale*. Vol. Primo. Torino: Utet, 2008.

GARNER, Bryan A. (ed.). *Black's Law Dictionary*. 10ª ed. Saint Paul: Thomson Reuters, 2014.

GIUNCHEDI, Fillipo. *Il coordinamento internazionale in funzione di contrasto della criminalità organizzata e del terrorismo*. In: GAIATO, Alfredo (org.). *La Prova Penale*. V. II, p. 22. Torino: Utet giuridica, 2008.

GLEASON, John Howes. *The Justices of the Peace in England*: 1558-1640. Oxford: Clarendon Press, 1969.

GLENN, Patrick. *Legal Families and Legal Traditions*. In: REIMANN, Mathias; ZIMMERMANN, Reinhard. *The Oxford Handbook of Comparative Law*. New York: Oxford University Press, 2006.

GLENN, Patrick. *Legal Traditions of the World*. 5ª ed. Oxford: Oxford University Press, 2014.

GOLDSTEIN, Abraham Samuel. *Reflections on two models*: inquisitorial themes in American criminal procedure. In: *Stanford Law Review*. Stanford. Vol. 26. Nº 5, p. 1.016-1.017, maio de 1974.

–. *The Passive Judiciary*: prosecutorial discretion and the guilty plea. Baton Rouge: Louisiana State University Press, 1981.

GOMES FILHO, Antonio Magalhães. *Direito à prova no Processo Penal*. São Paulo: Revista dos Tribunais, 1997.

–. Notas sobre a terminologia da prova: reflexos no processo penal brasileiro. In: YARSHELL, Flávio Luiz; MORAES, Mauricio Zanoide de. Estudos em Homenagem à Professora Ada Pellegrini Grinover. São Paulo: DJP, 2005, p. 308-309.

–. Provas: Lei 11.690, de 09.06.2008. In: MOURA, Maria Thereza Rocha de Assis (coord.). *As Reformas no Processo Penal: as novas leis de 2008 e os projetos de reforma*. São Paulo: Revista dos Tribunais, 2008, p. 268.

GRANDE, Elisabetta. *Comparative Criminal Justice*. In: BUSSANI, Mauro; MATTEI, Ugo (org.). *The Cambridge Companion to Comparative Law*. Cambridge: Cambridge University Press, 2012.

GRAZIADEI, Michele. *Comparative Law as The Study of Transplants and Receptions*. In: REIMANN, Mathias; ZIMMERMANN, Reinhard. *The Oxford Handbook of Comparative Law*. New York: Oxford University Press, 2006.

GREEK, Cecil. *Drug control and asset seizures: a review of the history of forfeiture in England and Colonial America*. In: MIECZKOWSKI, Thomas (org.). *Drugs, crime and social policy*. Boston: Allyn and Bacon, 1992.

GRINOVER, Ada Pellegrini. *O Crime Organizado no Sistema Italiano*. Revista Brasileira de Ciências Criminais. São Paulo: nº 12, p. 77/100, outubro-dezembro, 1995.

–. *Processo Penal Transnacional*: linhas evolutivas e garantias processuais. In: Revista Brasileira de Ciências Criminais, nº 9. São Paulo: Revista dos Tribunais, 1995, p. 40-83.

–. GOMES FILHO, Antônio Magalhães; FERNANDES, Antonio Scarance; GOMES, Luiz Flávio. *Juizados especiais criminais*: comentários à

Lei 9.099, de 26.09.1995. 5ª Ed. São Paulo: Revista dos Tribunais, 2005.

GROOT, Roger D. *The Jury of Presentment Before 1215. In*: American Journal of Legal History. Vol. XXVI, Oxford, p. 1-24, 1982.

HALE, Matthew. *Historia Placitorum Coronae*. First American Edition. Philadelphia: 1847.

HASSEMER, Winfried. *Introdução aos Fundamentos do Direito Penal*. Tradução da 2ª Edição Alemã. Porto Alegre: Sérgio Antonio Fabris, 2005

HAY, Doulgas. *Prosecution and Power: Malicious Prosecution in the English Courts: 1750-1850. In*: HAY, Douglas; SNYDER, Francis G. *Policing and Prosecution in Britain 1750-1850*. Oxford: Oxford University Press, 1989, p. 343-395.

HEINZE, Alexander. *International Criminal Procedure and Disclosure*. Berlin: Duncker &Humblot, 2014.

HENDLER, Edmundo S. *Sistemas Penales Comparados*. Buenos Aires: Didot, 2014.

HILGER, Johan Peter Wilhelm. *Resources Material Series nº 58* – Controlled Delivery. Unafei: Tokyo, 2001.

HOLLIS, Timothy. *An offer you can't refuse? United States v. Singleton and the effects of witness/prosecutorial agreements. In*: Boston University Public Interest Law Journal. Boston, Vol. 9, Nº 1, outono de 1999, p. 433-462.

INBAU, Fred. E. et al. *Criminal Interrogation and Confessions*. Fourth Edition. Sudbury: James and Bartlett, 2004.

JAKOBS, Günter. *Direito Penal do Inimigo*. Rio de Janeiro: Lumen Juris, 2009.

JÚNIOR, Aury Lopes. *Sistemas de Investigação Preliminar no Processo Penal*. Rio de Janeiro: Lúmen Juris, 2001.

KERR, Margaret H. Angevin *Reform of the Appeal of Felony*. Law and History Review, Cambridge, Vol. 13, Issue 2, p. 351-391, outono de 1995.

KING JR, Hon H. Lloyd. *Why prosecutors are permitted to offer witness inducements: a matter of constitutional authority*. Stetson Law Review, Gulfport, Vol. XXIX, p. 155-180, 1999-2000.

KOBOR, Susanne. *Bargaining in the Criminal Justice Systems of the United States and Germany*. Frankfurt: Peter Lang, 2008.

KUCKES, Niki (et. al). *ABA Standards for The Criminal Justice*: pleas of guilty. 3ª Ed. Washington: American Bar Association, 1999.

LANDAY, Jonathan S. *Senate 'torture report' stuck in declassification process*. Miami Herald, 08.05.2014.

LEGRAND, Pierre. *The same and the different. In: Comparative Legal Studies*: traditions and transitions. Cambridge: Cambridge University Press.

LANGBEIN, John H. *Shaping the eighteenth-century criminal trial: a view from the Ryder sources*. The University of Chicago Law Review, Chicago. Vol. 50. Nº 1, p. 1-136, 1983.

–. *The Jury of Presentment and the Coroner*. Columbia Law Review, vol. XXXIII, 1933, p. 1265-1329.

–. *The Origins of Adversary Criminal Trial*. Oxford: Oxford University Press, 2003.

–. *The Origins of Public Prosecution at Common Law. In*: The American

Journal of Legal History. Vol. XVII, Nº 4, Oxford, outubro de 1973.

–. *Understanding the Short History of Plea Bargaining*. Law and Society Review. Vol 13, p. 261-272, inverno de 1979.

LANGER, Máximo. *From legal transplants to legal translation*: the globalization of plea bargaining and the americanization thesis in criminal procedure. *Harvard International Law Journal*. Cambridge. Vol. 45. Nº 01, p. 1/64, 2004.

–. *Rethinking Plea Bargaining*: The Practice and Reform of Prosecutorial Adjudication in American Criminal Procedure. American Journal of Criminal Law, Houston, Vol. 33, Nº 3, Summer 2006, p. 223/298.

–. ROACH, Kent. *Rights in the Criminal Process: a case study of convergence and disclosure rights. In*: TUSHNET, Mark et. al. Routledge Handbook of Constitutional Law. Londres: Routledge, 2013.

–. SKLANSKY, David Alan. *Prosecutors and Democracy: a cross-national study*. Cambridge: Cambridge University Press, 2017

LAUAND, Mariana de Souza Lima. *O Valor Probatório da Colaboração Processual*. São Paulo, 2008. 204 f. Dissertação (Mestrado em Direito Processual) – Faculdade de Direito, USP, 2008.

LEVIN, Mark. *Men in Black: How the Supreme Court is Destroying America*. Washington: Regnery Publishing, 2005.

MAITLAND, Frederic William; MONTAGUE, Francis C. *A Sketch of English Legal History*. New York: G. P. Putnam's Sons, 1915.

MARINONI, Luiz Guilherme; ARENHART, Sérgio Cruz; MITIDIERO, Daniel. *Novo Curso de Processo Civil: tutela dos direitos mediante procedimento comum*. Vol. II. São Paulo: Revista dos Tribunais, 2015.

MAZAGATOS, Ester Eusamio; RUBIO, Ana Sánchez. *La Prueba Ilícita en la Doctrina de la Corte Suprema de Estados Unidos*. Cidade do México: Tirant lo Blanch, 2016.

MCCONVILLE, Mike; MIRSKY, Chester L. *Jury Trials & Plea Bargaining*. Oxford: Hart Publishing, 2005.

MCDONALD, William F. *The Longer Arm of the Law: The growth and limits of international law enforcement and criminal justice cooperation. In*: NATARAJAN, Mangai (ed.). *International Crime and Justice*. Cambridge: Cambridge University Press, 2005.

MENDRONI, Marcelo Batlouni Mendroni. *Crime organizado*: aspectos gerais e mecanismos legais. 4ª ed. São Paulo: Atlas, 2012.

MERRYMAN, John Henry; PÉREZ-PERDOMO, Rogelio. *The Civil Law Tradition*º 3rd Ed. Stanford: Stanford University Press, 2007.

MIRABETE, Julio Fabbrini; FABBRINI, Renato Nascimento. *Manual de Direito Penal: parte geral*. 27ª Ed. São Paulo: Atlas, 2011.

MIRANDA, Gustavo Senna. *Ministério Público e a Colaboração Premiada. In*: FARIAS, Cristiano Chaves *et.al.* (org). Temas Atuais do Ministério Público. Salvador: Jus Podium, 2014.

MIRFIELD, Peter. *Silence, Confessions and Improperly Obtained Evidence*. Oxford: Clarendon Press, 1997.

MORAES, Maurício Zanoide de. *Presunção de inocência no processo penal brasileiro: análise de sua estrutura normativa para a elaboração legislativa e para a decisão judicial*. Rio de Janeiro: Lumen Juris, 2010.

–. *Publicidade e Proporcionalidade na Persecução Penal Brasileira*. In: FERNANDES, Antonio Scarance; ALMEIDA, José Raul Gavião de; MORAES, Mauricio Zanoide de. *Sigilo no Processo Penal: eficiência e garantismo*. São Paulo: Revista dos Tribunais: 2008.

MOREIRA, Luiz; OLIVEIRA, Eugenio Pacelli de. *Modernidade e Direito Penal*. In JAKOBS, Günter. *Direito Penal do Inimigo*. Rio de Janeiro: Lumen Juris, 2009.

MORO, Sérgio Fernando. *Crime de Lavagem de Dinheiro*. São Paulo: Saraiva, 2010.

MOSSIN, Heráclito Antonio; MOSSIN, Julio Cesar O.G. *Delação Premiada: aspectos jurídicos*. 2ª ed. Leme: JH Mizuno, 2016.

MURPHY, Peter. *Murphy on Evidence*. 9th Ed. Oxford: Oxford University Press, 2005.

NANULA, Gaetano. *La Lotta Alla Mafia: strumenti giuridici, strutture di coordinamento, legislazione vigente*. 6ª Ed. Milano: Giuffrè, 2016.

NUCCI, Guilherme de Souza. *Manual de Processo Penal e Execução Penal*. 5ª Ed. São Paulo: Revista dos Tribunais, 2008.

OSBORNE, Bertram. *Justices of the Peace: 1361-1848*. Shaftesbury: Sedgehill, 1960.

PACKER, Herbet L. *Two Models of The Criminal Process*. In University of Pennsylvania Law Review. Vol. 113, nº 1. p. 01/68. Novembro de 1964.

PALMER, Vernon Valentine. *Mixed Legal Systems*. In: BUSSANI, Mauro; MATTEI, Ugo. *The Cambridge Companion to Comparative Law*. Cambridge: Cambridge University Press, 2012.

PARKER, James F. *Plea Bargaining*. American Journal of Criminal Law. Vol. I, n.º 2, Houston, 1972, 187-209.

PATRÍCIA, Maria Nunes Weber. *Cooperação Internacional*. In: *Lavagem de dinheiro – Prevenção e controle penal*. Porto Alegre: Verbo Jurídico, 2012.

PEREIRA, Frederico Valdez. *Delação Premiada: legitimidade e procedimento*. 2ª Ed. Curitiba: Juruá, 2014.

PETRUCCI, Rossana (coord.). *Codice di Procedura Penale Spiegato Articolo per Articolo*. 15ª Ed. Napoli: Simone, 2010.

PEZZOTTI, Olavo Evangelista. *Aspectos Processuais do Crime de Lavagem de Dinheiro*. Monografia apresentada à Escola Superior do Ministério Público de São Paulo, 2012.

PHILIPS, John Edward. *Writing African History*. New York: University of Rochester Press, 2005.

PLUCKNETT, Theodore F. R. *A Concise History of the Common Law*. 5ª Ed. Boston: Little, Brown and Co., 1956.

PORTUGAL. Procuradoria-Geral da República. Procurador-Geral da República Fernando José Matos

REFERÊNCIAS

Pinto Monteiro. *Despacho nº 01/2011*. Lisboa, 10 de outubro de 2011.

PRÉLOT, Marcel. *Prefácio*. In: ARISTÓTELES. *A Política*. São Paulo: Martin Fontes, 2000.

QUEIJO, Maria Elizabeth. *O direito de não produzir prova contra si mesmo: o princípio do nemo tenetur se detegere e suas decorrências no processo penal*. São Paulo: Saraiva, 2012.

REALE, Miguel. *Teoria Tridimensional do Direito*. 5ª ed. São Paulo: Saraiva, 1994.

RIQUERT, Marcelo A. *La Delación Premiada em el Derecho Penal: el arrepentido: uma técnica especial de investigación em expansión*. Buenos Aires: Hamurabi, 2011.

ROOSEVELT III, Kermit. *The Myth of Judicial Activism: making sense of Supreme Court decisions*. New Haven: Yale University Press, 2006.

ROSA, Alexandre Morais da. *Guia do Processo Penal Conforme a Teoria dos Jogos*. Florianópolis: Empório do Direito, 2017.

ROXIN, Claus. *Derecho Penal – Parte General*. Tradução da 2ª edição alemã. Madrid: Civitas, 1997.

–. *A Proteção de Bens Jurídicos como Função do Direito Penal*. 2ª ed. Porto Alegre: Livraria do Advogado, 2009.

RUGGIERO, Rosa Anna. *L'attendibilità delle dichiarazioni dei collaboratori di giustizia nella chiamata in correità*. Torino: Giappichelli Editore, 2012

SCHABAS, William A. *An introduction to the International Criminal Court*. 2ª Ed. Cambridge: Cambridge University Press, 2004.

SERRANO, Nicolás González-Cuéllar. *Ecos de Inquisición*. Madrid: Castillo de Luna, 2014.

SILVA, Eduardo Araújo da. *Crime Organizado – Procedimento Probatório*. São Paulo: Atlas, 2003.

–. *Organizações Criminosas. Aspectos penais e processuais da Lei nº 12.850/13*. São Paulo. Atlas, 2014.

SILVA, Ivan Luiz. *Crime Organizado: Caracterização Criminológica e Jurídica*. Revista dos Tribunais. São Paulo: RT-861, 96º ano, p. 455/465, julho – 2007.

SIQUEIRA, Galdino. *Curso de Processo Criminal*. 2ª Ed. São Paulo: Magalhães, 1937.

SKYRME, Thomas. *History of The Justices of The Peace*. Vol I. Chichester: BPCC Wheatons, 1991.

SLUITER, Göran. *Procedural lawmaking at international criminal tribunals*. In: STAHN, Garrsten; HERIK, Larissa van Den (org.). *Future perspectives on International Criminal Justice*. Haia: TMC Asser Press, 2010.

SMITS, Jan M. *Comparative Law and its influence on National Legal System*. In: REIMANN, Mathias; ZIMMERMANN, Reinhard. *The Oxford Handbook of Comparative Law*. New York: Oxford University Press, 2006.

SPENCER, John. R. *Le Prove*. In: CHIAVARIO, Mario; DELMAS-MARTY, Mireille (coord.). *Procedure Penale D'Europa*. CEDAM: Padova, 2001, p. 580.

STEINBERG, Allen. *The Transformation of Criminal Justice: Philadelphia, 1800--1880*. Chapel Hill: The University of North Carolina Press, 1989.

STESSENS, Guy. *Money Laundering: A new international law enforcement model*. Cambridge: Cambridge University Press, 2000.

STITH, Kate. *The Arc of the Pendulum: judges, prosecutors and the exercise of discretion. In*: The Yale Law Journal. Vol. 117, nº 07, New Haven, maio de 2008, p. 1420-1497.

SWANSON, Joseph. *Let's Be Honest*: A Critical Analysis of *Florida Bar v. Wohl* and the Generally Inconsistent Approach Toward Witness Inducement Agreements in Civil and Criminal Cases. *In*: Georgetown Journal of Legal Ethics. Vol. 18, nº 1, Washington D.C, outono/inverno 2004, p. 1083-1096.

SZNICK, Valdir. *Crime Organizado – Comentários*. São Paulo: EUD, 1997.

TAK, Peter J. K. *Deals with criminals: supergrasses, crown witness and pentiti*. In: European Journal of Crime, Criminal Law and Criminal Justice. Holanda. Vol. 05, p. 02/26, 1997.

TORNAGHI, Hélio. *Instituições de Processo Penal*. Vol. II. Rio de Janeiro: Forense, 1959.

TORRES, Sergio Gabriel. *Derecho Penal de emergencia: lenguaje, discurso y medios de comunicación*. Buenos Aires: Ad-Hoc, 2008.

TOURINHO FILHO, Fernando da Costa. *Processo Penal*. Vol. I. 34ª Ed. São Paulo: Saraiva, 2012.

TRAINUM, James L. *How the Police Generate False Confessions*. London: Rowman and Littlefield. 2016.

TUCCI, Rogério Lauria. *Direitos e Garantias Individuais no Processo Penal Brasileiro*. 4ª Ed. São Paulo: Revista dos Tribunais, 2011.

TULKENS, Françoise. *Negotiated justice*. In: DELMAS-MARTY, Mireille; SPENCER, J. R. *European Criminal Procedures*. Cambridge: Cambridge University Press, 2002.

UNGER, Brigitte. *The scale and impacts of money laundering*. Northampton: Edward Elgar, 2007.

UNITED STATES. *Boumediene v. Bush*. United States Supreme Court. Disponível em: http://ccrjustice.org/files/Supreme%20Court%20Decision%20Boumediene_0.pdf Acesso em: 08/05/2014.

UNITED STATES. *Detention of Enemy Combatants Act*. Library of Congress. Disponível em: http://thomas.loc.gov/cgi-bin/query/z?c109:H.R.1076.IH: Acesso em: 08/05/2014.

UNITED STATES. *United States District Court for the District of Columbia. United States of America v. Michael T. Flynn*. Plea agreement). Disponível em: https://www.lawfareblog.com/michael-flynn-plea-agreement-documents.

UNITED STATES. *State v. Conway*. 20 R.I. 270 R.I. 1897. Supreme Court of Rhode Island.

UNITED STATES. Supreme Court. Whiskey Cases, 99 U.S. 594 – 1978. Disponível em: https://supreme.justia.com/cases/federal/us/99/594/case.html.

VASCONCELLOS, Vinicius Gomes de. *Colaboração Premiada no Processo Penal*. São Paulo: Revista dos Tribunais, 2017.

VINEGRAD, Alan. *Justice Department's New Charging, Plea Bargaining and Sentencing Policy. New York Law Journal.* Vol. 243, nº 110, New York, junº 2010.

WATSON, Alan. *Legal Transplants. Legal transplants. An approach to comparative law.* Athens/London: The University of Georgia Press, 1974.

WHITING, Alex. *How should prosecutors exercise their discretion now that the Sentencing Guidelines are advisory?* Issues in Legal Scholarship. Vol. 08, n. 02, 2009.

WYNBRANDT, Katie. *From False Evidence Ploy to False Guilty Plea: an unjustified path to securing convictions.* The Yale Law Journal, New Haven, Vol. 126, Nº 2, p. 545-563.

ZAITCH, Damián; BUNT, Henk Van de; SIEGEL, Dina. *Global Organized Crime – Trends and Developments.* Londres/Boston/Dordrecht: Kluwer Academic Publishers, 2003.

ZIEGLER, Jean. *Os Senhores do Crime.* Rio de Janeiro: Record, 2003.

ZILLI, Marcos Alexandre Coelho. *A iniciativa instrutória do juiz no Processo Penal.* São Paulo: Revista dos Tribunais, 2003.

–. *Resquícios inquisitórios e a Lei 9.034/1998.* Revista Brasileira de Ciências Criminais. São Paulo. Vol. 12. Nº 46. março/abril de 2004.

–. *A Colaboração Premiada nos Trópicos. Autonomia das Partes e o Imperativo do Controle Judicial. Leituras Sobre a Lei 12.850/13 à luz da eficiência e do garantismo. In*: CUNHA FILHO, Alexandre J Carneiro da (et. al). *48 Visões sobre a Corrupção.* São Paulo: Quartier Latin, 2016.